AF275232

EL CAMINO HACIA LA DICTADURA DE SÁNCHEZ

Federico Jiménez Losantos

El camino hacia la dictadura de Sánchez

ESPASA

La lectura abre horizontes, iguala oportunidades y construye una sociedad mejor. La propiedad intelectual es clave en la creación de contenidos culturales porque sostiene el ecosistema de quienes escriben y de nuestras librerías. Al comprar este libro estarás contribuyendo a mantener dicho ecosistema vivo y en crecimiento.

En Grupo Planeta agradecemos que nos ayudes a apoyar así la autonomía creativa de autoras y autores para que puedan continuar desempeñando su labor. Diríjase a CEDRO (Centro Español de Derechos Reprográficos) si necesita fotocopiar o escanear algún fragmento de esta obra. Puede contactar con CEDRO a través de la web www.conlicencia.com o por teléfono en el 91 702 19 70 / 93 272 04 47.

© Federico Jiménez Losantos, 2024

© Editorial Planeta, S. A., 2024
Espasa, sello editorial de Editorial Planeta, S. A.
Diagonal, 662-664, 08034, Barcelona (España)
www.espasa.es
www.planetadelibros.com

Primera edición: febrero de 2024
Depósito legal: B. 3.082-2024
ISBN: 978-84-670-7304-1
Preimpresión: Safekat, S. L.
Impresión y encuadernación: Unigraf, S. L:
Printed in Spain - Impreso en España

*A la Resistencia española y al Gobierno
de Javier Milei, símbolo de la resistencia liberal universal.*

Índice

2019

2020

2021

Prólogo
Los cinco años de Sánchez para desmontar el régimen constitucional

El 9 de noviembre de 2023 se hizo público el acuerdo del PSOE con Junts, el partido del prófugo Carles Puigdemont, para hacer presidente a Pedro Sánchez. Los términos eran tan explícitos en la condena a España —a la que el texto presentaba como un Estado cuyos tribunales habían perseguido injustamente a los autores del golpe de Estado de 2017—, que provocaron una respuesta sin precedentes, en nuestros cuarenta y cinco años de democracia, por parte de todas las instituciones que configuran un Estado de Derecho. Desde que llegó al poder, nunca se había atacado de esa forma a Sánchez, en las calles y las instituciones: como un peligro mortal para el régimen constitucional.

Los términos del acuerdo eran muy amplios y redactados en la línea habitual de la manipulación separatista de la historia, pero hubo dos que calaron especialmente en la opinión pública: una Ley de Amnistía para los golpistas de 2017 y la persecución del *lawfare*, término que los regímenes y partidos del Grupo de Puebla, en especial Cristina Fernández de Kirchner, utilizan para deslegitimar a los jueces que los condenan por corrupción. Este párrafo resume el acuerdo sobre el precio que pedía Junts para investir a Sánchez:

> (…) *una ley de amnistía para procurar la plena normalidad política, institucional y social como requisito imprescindible para abordar los retos del futuro inmediato. Esta ley debe incluir tanto a los responsables como a los ciudadanos que, antes y después de la consulta de 2014 y del referéndum del*

2017, han sido objeto de decisiones o procesos judiciales vinculados a estos hechos. En este sentido, las conclusiones de las comisiones de investigación de esta legislatura se tendrán en cuenta en la aplicación de la Ley de Amnistía en la medida que se puedan derivar situaciones comprendidas en el concepto de lawfare o judicialización de la política, con las consecuencias que, si procede, puedan dar lugar a acciones de responsabilidad o modificaciones legislativas.

Había mucho más: la cesión del cien por cien de los tributos recaudados en Cataluña, una quita de 70.000 millones de euros (15.000 el primer año) de la deuda pública catalana; la promoción por parte del Gobierno de España del catalán como lengua oficial en la Unión Europea y, muy en especial, la presencia de un verificador internacional de los acuerdos España-Cataluña, entendidos como dos Estados del que uno, España, sería histórico deudor del otro. Pero, de todo ello, la Ley de Amnistía era lo más fácil de entender y provocó esa auténtica rebelión social e institucional contra Sánchez.

Sin embargo, y esto es lo que me mueve a publicar este libro, ¿había motivos para la sorpresa? ¿Había hecho Sánchez en la legislatura algo que permitiera sorprenderse al verlo demoler el régimen constitucional para seguir en el Poder? ¿No había colocado ya en cinco años suficientes hitos o mojones en el camino a una dictadura personal que fatalmente acarrea un cambio de régimen? ¿No había tomado ya el control de las instituciones cuya función era precisamente la de controlarlo, como la Fiscalía General del Estado, el Tribunal de Cuentas y el Tribunal Constitucional? Sí. Lo había hecho. ¿Y no se había denunciado la demolición del régimen del 78? Sí, unos pocos lo habíamos hecho ante cada atropello, delito o abuso de Poder.

Pero el eco fue escaso en una opinión que seguía abonada al «no será tanto» o «esto lo parará Europa». Como es obvio, nadie puede pretender que la opinión pública de un país de casi cincuenta millones de habitantes atienda lo que uno o unos cuantos denuncian como peligro grave e inminente. Ni es posible ni sería deseable. Lo desesperante es que la causa sea la ceguera voluntaria ante el ya conocido modelo comunista de vaciado y corrupción desde dentro de las instituciones que deben garantizar legalmente la libertad ciudadana. Y ese es el camino de Sánchez: el de todos los países del Grupo de Puebla.

¿Se trata de un camino irreversible? No. Si cayó el Muro de Berlín, también es posible impedir que cuaje en España. Y aun si en última instancia lo es (siquiera en parte, como explico al final de este prólogo), las únicas batallas que se pierden son las que no se dan, y las de la libertad hay que darlas siempre. Por eso este libro se llama *El camino hacia la dictadura de Sánchez*, y no simplemente *La dictadura de Sánchez*. La tenemos encima, pero aún no nos ha aplastado. Y será difícil que lo haga del todo en bastante tiempo.

La larga historia de la radicalización del PSOE

En este libro he querido recopilar los artículos largos y pequeños ensayos que publico cada domingo en *Libertad Digital* y que considero imprescindibles para entender este proceso. Al realizar una lectura de todos ellos en orden cronológico, se ve claramente el itinerario de ese cambio de régimen, cuya intentona máxima fue el golpe de Estado de 2017. Un fracaso que se convertiría en triunfo si cuajase el acuerdo PSOE-Junts y con todos los separatistas, etarras incluidos, y todos los comunistas, que han puesto a Sánchez en el Gobierno para que sea su mascarón de proa y que lo quitarán el día que no les sirva, algo difícil de imaginar en esta legislatura.

En toda enfermedad, y una dictadura lo es, lo importante es acertar en el diagnóstico. Por eso es fundamental entender que no estamos ante un hecho aislado, producto de un resultado electoral, la derrota de Sánchez, y de las alianzas para impedir la alternativa de un Gobierno de derechas. En rigor, es la continuación de un proceso, el de la demolición del régimen constitucional que nació hace casi medio siglo, fruto de la Transición a la democracia tras la muerte de Franco en 1975, y que, tras la votación en referéndum de la Ley de Reforma Política en 1976, culmina con las elecciones libres de 1977, y la Constitución por consenso votada de nuevo masivamente por el pueblo español, definitivamente dueño de su soberanía, en 1978.

Este régimen que elige como forma de Estado la de una monarquía parlamentaria tiene su fundamento en la Transición y en lo que el PCE llamaba «política de reconciliación nacional», presente en todos los pasos legales para el tránsito de la dictadura a la democracia. Pero se hizo en la forma deseada por la derecha, representada por UCD y AP, que, como explico en *El retorno de la Derecha*[*], sociológicamente provenía del bando nacional en la Guerra Civil y de la base social del franquismo desarrollista. La derecha aceptaba el cambio y la democracia, pero no de forma revolucionaria sino reformista, «de la ley a la ley», con plena seguridad jurídica para bienes y personas. Y un paso clave para que el PCE —la única izquierda real en el franquismo— lo aceptara, fue la amnistía para los delitos de la Guerra Civil, votada por unanimidad en las Cortes constituyentes y definida así por un parlamentario comunista: «Los españoles nos hemos amnistiado, nos hemos perdonado unos a otros».

Sin embargo, esa Transición que asombró al mundo y que cambió la imagen internacional de España (aunque nunca borró la siniestra Leyenda Negra protestante, estúpidamente asumida por toda la izquierda española) empezó a ser impugnada de manera implícita cuando el PSOE, que había llegado con comodidad al Gobierno en 1982, comenzó a ver en peligro su larga estadía de más de trece años en el Poder. La clave, no por casualidad, fue el asalto al Consejo del Poder Judicial en 1985, y a partir de ahí, con la ayuda del imperio PRISA, Felipe González creó una forma de régimen a la mexicana, un despotismo matizado por la corrupción, que, aunque mantenía el discurso constitucional y europeísta, hacía pedazos el Estado de Derecho («Montesquieu ha muerto», se reía el todopoderoso vicepresidente Guerra).

Empecé a escribir a diario, profesionalmente, en 1982, aunque mi primer libro sobre el peligro del nacionalismo, *Lo que queda de España*[**], es de 1979, antes de entrar en el periodismo. Y siempre

---

[*] Federico Jiménez Losantos, *El retorno de la Derecha. Entre la esperanza y la desesperación*, Espasa, Madrid, 2023.
[**] Federico Jiménez Losantos, *Lo que queda de España*, Primera edición en Ajoblanco, 1979.

he querido explicar en libros, más allá del comentario al día de los acontecimientos políticos, la trastienda institucional, no siempre visible, de los fenómenos ligados a la política. Presunción vana, si se piensa en la capacidad de cambio del curso de los acontecimientos, pero irrenunciable en el afán de entenderlos y explicarlos, como creo que es obligación de todo intelectual con un mínimo de decoro liberal y de sensibilidad nacional. Traté de definir la naturaleza política del entonces denominado «felipismo» en 1993 con *La dictadura silenciosa. Mecanismos totalitarios en nuestra democracia*[*]. Hoy, muchos de esos mecanismos, como toda la legislación en materia lingüística y escolar, siguen vigentes y agravados hasta el paroxismo. El golpe de 2017 no puede explicarse sin la política de «inmersión lingüística», que lo es de privación de derechos civiles a millones de españoles. Pero en su última legislatura, de 1993 a 1996, ante el peligro de perder el poder, el PSOE cambió radical y definitivamente su discurso europeísta y modernizador por el arcaico y guerracivilista, olvidando la Transición, que también había querido hacer suya en exclusiva, diseñada, según Guerra, «en la pizarra de Suresnes». Y ese cambio o involución se impuso con Zapatero en 2004 mediante la Ley de Memoria Histórica, que fue acatada estúpidamente por las derechas, y se consagró con Sánchez, a partir de la formación de gobierno con Podemos.

Ese cambio no obedece a ninguna mutación en la derecha española, al margen del éxito fugaz de Ciudadanos, la crisis del PP de Rajoy o el surgimiento de Vox. Es, simplemente, la traición de la izquierda al sistema de alternancia creado en la Transición y rubricado en el régimen de 1978.

El Pacto del Tinell y la alianza de la izquierda y el separatismo

Volvamos atrás para explicar las raíces de esa defección. Como antes decía, en los últimos años del felipismo, con guion del imperio PRI-

---

[*] Federico Jiménez Losantos, *La dictadura silenciosa. Mecanismos totalitarios en nuestra democracia*, Temas de Hoy, Madrid, 1993.

SA y la participación decisiva del PSC, en la campaña de 1996 se caricaturiza al PP Aznar como un «dóberman» vagamente nazi y que anunciaba la vuelta del franquismo. No volvió el franquismo con Aznar. Al revés, se vivió una época de gran prosperidad, pero cuando a mitad de su segunda legislatura, con Zapatero ya en la Oposición y Aznar de retirada, se vislumbraba una tercera victoria del PP, y un marasmo sucesorio en el PSOE, la izquierda no lo aceptó y se echó a la calle, a deslegitimar a un Gobierno elegido por mayoría absoluta, con violentísimas campañas como la del Prestige y la guerra de Irak, cuya génesis y desarrollo explico en *El adiós de Aznar*[*].

Pero lo más importante y de mayores consecuencias es que en 2003, justo al final de la legislatura de Aznar, el PSOE firmó con los nacionalistas el Pacto del Tinell, que el actor argentino izquierdista Federico Luppi llamó «cordón sanitario», un término muy de Lenin, que trataba a la oposición de gusanos, insectos, bacterias y virus, para «aislar a la derecha», es decir, para impedir la alternancia de poder. El Pacto lo firman ante notario en Cataluña el PSC, ERC y los comunistas, para darle la Generalidad a Maragall. Pero esa estrategia de toda la izquierda y el separatismo que suponía de hecho la impugnación del régimen constitucional, basado en la normal alternancia de izquierdas y derechas en el Poder, marca el discurso de Zapatero en la Oposición, cuando en la campaña catalana de 2003 dice «apoyaré la reforma del estatuto de Cataluña que apruebe el Parlamento de Cataluña». Y ya en el Poder, al que llega aupado por la campaña de la SER en plena masacre del 11M, promulga la citada Ley de Memoria Histórica, resucita a la ETA y condena de manera retrospectiva o prospectiva a la derecha, pasada, presente o futura. Entonces nace la satanización de la derecha —el PP, luego Ciudadanos, ahora Vox— como encarnaciones de un fascismo eterno al que combatir también eternamente.

Ese es el guion permanente del PSOE desde el final del felipismo: el de los siete años de Zapatero y los cinco de Sánchez. Lo fue tras la derrota a medias y posterior alianza de náufragos con los comunistas de Podemos. Lo sigue siendo, corregido y aumentado, tras

---

[*] Federico Jiménez Losantos, *El adiós de Aznar*, Planeta, Barcelona, 2004.

el acuerdo PSOE-Junts y el pacto encapuchado con la ETA, que, con los firmados con ERC y Sumar, marcan el inicio de una legislatura para liquidar el régimen constitucional. O sea, el plan de Zapatero, hoy consejero áulico de Sánchez. No hay, por tanto, un cambio en el PSOE, que, en el mejor de los casos, había cambiado ya en 2003, con el Pacto del Tinell, cuyo espíritu llega desde 2004 hasta hoy.

Lo que hemos visto al comienzo de la segunda legislatura sanchista es una aceleración del proceso, por la propia naturaleza revolucionaria del mismo, que le imprime una velocidad difícil de seguir y de frenar por la Oposición, y urgido por los intereses de los socios de Sánchez. De forma tan cómoda que ha sorprendido a los propios beneficiarios esa sumisión del Gobierno, que en ningún caso ha llegado a negociación, y que se ha traducido en la Ley de Amnistía para el golpismo catalán y en la entrega de Navarra y el País Vasco a la ETA. La guinda final solo puede ser el referéndum para implantar una República plurinacional, en la que la única nación sin Estado y sin derecho a tenerlo o reclamarlo será la española, que desde 1812 es el sujeto histórico y dueño único de la soberanía nacional. Pero el previsible apocalipsis lo abordaremos al final del prólogo. Volvamos a la rebelión de los jueces contra la Ley de Amnistía de Sánchez y Puigdemont.

Sánchez y sus asaltos a la independencia del Poder Judicial

La súbita rebelión de los jueces contra la Ley de Amnistía sorprendió tanto por la facilidad con que Sánchez venía minando desde su llegada al Gobierno la independencia del Poder Judicial. Veamos los hitos esenciales:

Fiscalía General del Estado

La primera institución asaltada, siguiendo la pauta de todos los regímenes bolivarianos (ver *La vuelta del comunismo*[*]) fue la Fiscalía

---

[*] Federico Jiménez Losantos, *La vuelta del comunismo*, Espasa, Madrid, 2020.

General del Estado. El 26 de febrero de 2020, Sánchez designó para el cargo a Dolores Delgado en sustitución de María José Segarra. Antes, Delgado había sido nombrada ministra de Justicia en aparente pago a su pareja, el juez prevaricador Baltasar Garzón, y su íntimo el juez De Prada por la «morcilla» condenando a Rajoy por la corrupción del PP y que fue anulada después por la Justicia. El relato de ese episodio que acabó con el Gobierno del PP se cuenta en detalle en *El retorno de la Derecha*.

Delgado no tenía el menor viso de independencia, ya que antes había sido ministra de Justicia de Sánchez y fue reprobada tres veces en el Parlamento, por su sectarismo y rabiosa incompetencia. Los fiscales de carrera criticaron durísimamente su nombramiento, pero Sánchez ya había declarado antes en RNE: «¿De quién depende la Fiscalía? Pues ya está». Su estadía en el Ministerio Público duró hasta julio de 2022, y protagonizó un escándalo tras otro, hasta que dimitió por supuestos problemas médicos. Pero Dolores Delgado colocó como sucesor a su mano derecha, Álvaro García Ortiz, que, como ella, forma parte de la minoritaria asociación izquierdista de fiscales, la Unión Progresista de Fiscales (UPF).

Durante el mandato de Delgado y García Ortiz, ratificado en el cargo tras revocar el Supremo el nombramiento de Delgado por García Ortiz para un puesto al que no tenía derecho a acceder, de los diecisiete fiscales ascendidos a la categoría de fiscal de Sala y que, en consecuencia, vieron incrementado su salario, catorce eran miembros de la Unión Progresista de Fiscales (UPF).

La ratificación de García Ortiz fue tan escandalosa que el 30 de noviembre de 2023 el Consejo General del Poder Judicial (CGPJ) rechazó por primera vez en su historia su nombramiento por «inidóneo», «uso espurio de su cargo» y «desviación de poder», fórmula equivalente a la de prevaricación en los jueces. Los ocho vocales del CGPJ votaron contra su idoneidad, mientras Vicente Guilarte (presidente suplente del Consejo) se unía a los cinco vocales izquierdistas para avalar la idoneidad de García Ortiz. La defección de Guilarte, nombrado por Rajoy, fue, como veremos, el preludio de su intento de respaldar la Ley de Amnistía.

Tribunal de Cuentas

La segunda institución judicial asaltada por Sánchez fue el Tribunal de Cuentas, supremo órgano fiscalizador de las cuentas y de la gestión económica del Estado, según lo define la Constitución. Sus doce miembros se eligen seis por el Congreso y seis por el Senado. Pero en noviembre de 2021, por razones nunca explicadas, pero atribuidas a su alianza con Moncloa para acabar con la carrera política de Isabel Díaz Ayuso, el PP de Casado pactó con el Gobierno la renovación de este tribunal y la presidencia de Enriqueta Chicano, activista de extrema izquierda y nulo prestigio profesional.

Chicano está vinculada a diversas organizaciones sociales y es autora de varias publicaciones relacionadas con la igualdad y la violencia de género. Al frente del Tribunal de Cuentas, Chicano desactivó al servicio de Sánchez un asunto político extremadamente delicado, preparado para el juicio por la presidenta anterior, Margarita Mariscal de Gante, persona de probada integridad y que fue la primera ministra de Justicia de Aznar. Era la causa por malversación de fondos públicos contra los responsables del golpe de Estado en Cataluña, en la que inicialmente se pidieron más de 400 millones de euros de responsabilidad contable por el referéndum ilegal del 1 de octubre de 2017 y por la promoción del golpe en el extranjero a través de una organización, paralela al ministerio de Exteriores, llamada Diplocat.

Tribunal Constitucional

La tercera y más importante institución judicial tomada por Sánchez fue el Tribunal Constitucional, en cuya presidencia siempre quiso colocar a Cándido Conde-Pumpido, y este, ser colocado, según sus propias palabras, para arreglar el problema de Cataluña como ya hizo con el del terrorismo. Pumpido fue, en efecto, el fiscal general del Gobierno de Zapatero y el supervisor de la resurrección política de la ETA. Colaboró estrechamente con aquel Gobierno desde el mismo día de su toma de posesión, en la que afirmó: «El vuelo de las togas de los fiscales no eludirá el contacto con el polvo del camino».

Apología de la suciedad que marcó su mandato. Hasta el punto de que en 2005, tras ser detenido por una causa de terrorismo, Otegui preguntó: «Pero ¿esto lo sabe Conde-Pumpido?».

En diciembre de 2022, el Consejo General del Poder Judicial acordó por unanimidad proponer al magistrado conservador César Tolosa y a la izquierdista María Luisa Segoviano como nuevos miembros del Tribunal. Tolosa y Segoviano se unieron a los dos nuevos magistrados izquierdistas que le correspondía elegir al Ejecutivo de Sánchez: el ex ministro de Justicia Juan Carlos Campo y la ex alto cargo de la Moncloa, Laura Díez.

Por razones inexplicadas, seguramente las mismas que le llevaron a entregar el Tribunal de Cuentas, el PP de Casado no exigió la designación del magistrado conservador que por cuota les correspondía tras la baja por enfermedad de Alfredo Montoya. Al no cubrirse esa vacante, el tribunal quedó configurado con una aplastante mayoría izquierdista de siete contra cuatro magistrados, lo que posibilitó la elección del nuevo presidente izquierdista.

Cándido Conde-Pumpido obtuvo seis de los once votos en relativa pugna con la también izquierdista María Luisa Balaguer a primeros de 2023. Desde su llegada al Constitucional, prácticamente la totalidad de sus decisiones han beneficiado al Gobierno y a los intereses del Partido Socialista. Su presidencia ha sido clave para avalar la constitucionalidad (en rigor, para crear doctrina jurídica), sobre las leyes ideológicas de extrema izquierda. Y su papel es clave para declarar constitucional la Ley de Amnistía pactada por el PSOE y Junts. En la práctica, el Constitucional se ha convertido en una cámara legislativa paralela, siempre esencial en los regímenes bolivarianos.

Consejo de Estado

En el último trimestre de 2022, Pedro Sánchez acometió la toma del Consejo de Estado. Designó a su ex ministra de Trabajo Magdalena Valerio como nueva presidenta y purgó a varios consejeros críticos con las leyes más ideológicas de su gobierno, como la ley trans y la ley del «sí es sí». Pero un año más tarde la Sala Tercera del Tribunal Supremo tumbó la elección de Valerio por no reunir el requisito de ser «jurista de reconocido prestigio». El Ejecutivo pondrá un presidente de transición para cubrir la vacante, ya que es también público que el pago previsto a Conde-Pumpido tras su jubilación en el Constitucional es la presidencia del Consejo de Estado.

Consejo General del Poder Judicial y Tribunal Supremo

La obsesión de Sánchez desde que llegó al Poder es el Consejo General del Poder Judicial, que le abriría la puerta del Supremo y el control ideológico de la Justicia durante una veintena de años. En el CGPJ, tras la dimisión de Lesmes, del PP, en octubre de 2022, y la jubilación del izquierdista Rafael Mozo en julio de 2023, la presidencia fue para Vicente Guilarte, supuestamente conservador, pero que, ante la Ley de Amnistía, apareció sometido, a través de Marlaska, al Gobierno.

Europa ha pedido incontables veces que «los jueces sean elegidos por sus pares». Pero el PSOE —que ya en 1985, con Felipe González, revocó el mandato constitucional, según el cual doce de los veinte vocales han de ser elegidos por los jueces, cuatro por el Congreso y cuatro por el Senado— se ha negado siempre a volver a la única doctrina legalmente constitucional. La presión al PP surtió efecto, eligiendo cada uno a jueces de su tendencia, pero los del PP propensos a la traición y los del PSOE a la fidelidad.

Encallada la renovación durante cinco años, los miembros del CGPJ siguen legalmente en funciones, pero una ley de Sánchez les privó de hacer nombramientos mientras estuvieran en esa situación —doctrina aberrante que el propio Sánchez nunca se ha aplicado a sí mismo cuando ha estado en funciones—. El resultado es un atasco monumental, que ha ido dejando pendientes de nombramiento cientos de magistrados y, sobre todo, cuarenta y ocho magistrados del Tribunal Supremo, que, en la sala de lo Penal, es el peor enemigo para la legalización de la Ley de Amnistía o los referéndums por Conde-Pumpido. Si triunfa Sánchez, tendrá el 65 por ciento del Supremo en todos los ámbitos y una mayoría aplastante para destruir el régimen democrático al modo de las dictaduras bolivarianas, mediante una sucesión de sentencias que vacíen de sentido la Constitución y destruyan, de hecho, la independencia judicial. Si el PP no cede por las buenas, Sánchez tratará de cambiar la ya ilegal Ley del Poder Judicial para elegir por mayoría simple en el Congreso dieciséis vocales y al presidente, sin pasar por el Senado, en el que tiene mayoría absoluta el PP. Esta es la mejor prueba de que el proyecto de Sánchez siempre fue a largo plazo, y que la situación al empezar su segunda legislatura no es casual.

La guerra civil en el CGPJ ante la Ley de Amnistía

En sus cinco primeros años en el Poder, Sánchez insistió de forma denodada, y sin duda paradójica, en que el PP «cumpliese la ley» para renovar el CGPJ, cuando su Gobierno la incumplía de manera sistemática en todos los ámbitos, desde el cierre ilegal del Parlamento por dos veces, con la excusa de la pandemia, a otros asaltos que ya apuntamos. La presión se produjo a través de los medios, mayoritariamente izquierdistas, e incidió en tres frentes: la debilidad de los «maricomplejines» del PP, la endeblez de los miembros de la alta judicatura que debían su cargo al PP, y el enorme número de plazas vacías en el Supremo y otros Tribunales.

Para agravar la presión, el Gobierno se sacó de la manga una ley que impedía al CGPJ proveer esos cargos vacantes por estar en funciones, fechoría cuyo nivel moral se delataba cuando el mismo Gobierno estaba en funciones, condición que, según su novedosa doctrina, le debería haber incapacitado para perpetrar la ley citada o cualquier otra. Como todo en Sánchez, se trata de una chapuza tras otra, una mentira tras otra, un delito que se pretende virtud o una virtud que no oculta su naturaleza delictiva.

Al final, volvemos a la clave del llamado sanchismo, que es la de cambiar el régimen sin consultar a los españoles, que podrían rechazarlo. Para ello debe conseguir, como en todo proceso bolivariano (que analizo en detalle en *La vuelta del comunismo*), una legalidad «habilitante», un mecanismo de apariencia legal pero que desnaturaliza la legalidad vigente y convierte sus sentencias en actos constituyentes. Para eso no basta la voluntad del Constitucional, hace falta la Sala Segunda del Supremo; y, para la desmembración del Estado, los Tribunales Superiores de Justicia de ámbito autonómico.

El debate interno sobre la declaración del CGPJ acerca de la Ley de Amnistía tenía una importancia crucial. En primer lugar, era la instancia superior que podía opinar al respecto, y las asociaciones judiciales y los medios de comunicación fueron conscientes de que allí dentro se manifestaban las dos posiciones, con o contra el Gobierno, sobre una apuesta sin retorno. El sector sanchista, todavía minoritario, quiso impedir ese pronunciamiento con diversas razones, que filtró a los medios de comunicación afines. En primer lugar, que «no se podía opinar sobre una ley que no existía». A ese argumento contestó la mayoría que, cuando el presidente del Gobierno ya había hecho público que existía esa ley, el pronunciamiento era obligado.

La segunda artimaña dilatoria, admitido que había ley, era esperar a conocer su literalidad. A esto contestaba el segundo punto del comunicado diciendo que lo importante era el concepto mismo de amnistía pactado por el PSOE y Junts, que ese era el problema, porque atentaba contra la existencia misma del Estado de Derecho y la independencia judicial en España. Y la tercera, a la desesperada, fue que había que hacer el informe sobre la ley antes de manifestarse. Argumento rebatido al recordar que la mayoría que iba a presentar la ley lo hacía mediante un mecanismo que buscaba evitar el informe, entre otros, del CGPJ. Y terminaba así el apartado II:

> Resulta (...) absurdo que se nos pida esperar a hacer algo que no se podría hacer porque deliberadamente se ha escogido la vía que lo impide.
>
> La presente declaración no pretende sustituir el informe que se elude con la vía de tramitación escogida para la iniciativa legislativa, pero se emite ante la imposibilidad de formularlo. Y para hacerla no es preciso conocer los aspectos objetivos y subjetivos que delimitarán los contornos de la ley que se anuncia. No es necesario porque lo sustancial ha sido anunciado ya por los diferentes responsables políticos que están negociando la futura ley, entre ellos algunos con responsabilidades pendientes de dilucidar ante los tribunales y

que están negociando y determinando su propia exención de responsabilidad. Y a ello hay que añadir que, en cualquier caso, la aprobación de una ley de amnistía, cualquiera que fuese su fundamentación, y cualquiera que fuesen sus aspectos objetivos y subjetivos, entra en conflicto con principios constitucionales diversos, como seguidamente se pondrá de manifiesto, entre ellos el de exclusividad de la jurisdicción, que justifican que este Consejo, como órgano constitucional cuya misión esencial es velar por la independencia judicial, exprese su preocupación ante la inminente tramitación de aquella.

Y en el apartado III iba directamente al fondo de la cuestión:

La presente declaración institucional parte de una serie de consideraciones que constituyen su fundamento: por un lado, que los derechos fundamentales vinculan a todos los poderes (artículo 53 de la Constitución); por otro, que la concesión de una amnistía en nuestro actual sistema constitucional constituye una grave vulneración de los derechos fundamentales y del propio sistema de división de poderes en que se inspira nuestra Constitución y sobre el que se asienta el Estado de Derecho. Este órgano constitucional no puede permanecer en silencio ante una iniciativa como la referida, por las graves consecuencia que tiene en la misma configuración del Poder Judicial que se hace en la Constitución, fuente de legitimidad de todos los poderes del Estado que condiciona el ejercicio de sus potestades.

Este Consejo no discute las potestades de los grupos parlamentarios con representación en las Cortes para realizar cuantas propuestas de leyes consideren pertinentes; pero tampoco puede aceptar que se acometa una iniciativa que cercene de una forma tan ostentosa los derechos fundamentales de los ciudadanos y las potestades que la Constitución reserva al Poder Judicial. (...)

Sin perjuicio del debate sobre si la institución de la amnistía puede ser constitucionalmente admisible —en los más de cuarenta años de vigencia de la Constitución los partidos de mayor implantación han venido sosteniendo que no es admisible, como la doctrina constitucionalista más autorizada— es lo cierto que no existe en nuestro ordenamiento una ley de amnistía, lo que obligará a que la proyectada amnistía que se pretende someter a las Cortes sea una ley singular que, siempre según palabras del presidente del Gobierno en funciones, tendría por finalidad solucionar el conflicto de Cataluña con España y desjudicializar el referido «conflicto político en Cataluña».

La vinculación al referido conflicto con la proyectada amnistía hace recaer en el ámbito de los Tribunales, si no la génesis de ese conflicto, sí al menos el haberlo sostenido. Con esa idea, que inspira la promesa de iniciati-

va, se olvida que la intervención de los Tribunales en los hechos acontecidos en Cataluña desde el año 2013, o incluso desde el año 2006, han sido, por lo que se refiere al Tribunal Constitucional, a la defensa de la Constitución que le viene encomendada por mandato constitucional. Por lo que se refiere a los Tribunales de Justicia (Tribunal Supremo, Audiencia Nacional, Tribunal Superior de Justicia de Cataluña, Audiencias Provinciales y Juzgados de dicha Comunidad), de manera especial, aunque no solo, los del orden penal, se han limitado a la persecución y punición de los delitos que se cometieron en relación con los mencionados hechos, como, por otra parte, era su cometido constitucionalmente impuesto. Esas actuaciones se han llevado a cabo con una pulcritud procesal que ha comportado la confirmación de todas sus decisiones en las vías procesales oportunas.

Una ley de amnistía como la anunciada por el presidente del Gobierno en funciones tan solo puede tener por objeto dejar sin efecto las decisiones —generalmente en sentencias— adoptadas por los Tribunales con relación a los mencionados hechos del pretendido conflicto catalán. Es decir, pura y simplemente, una ley de esas características solo puede suponer declarar la nulidad de esas decisiones. En otras palabras, que las Cortes vendrían a incidir en el Poder Judicial declarando la nulidad de las sentencias dictadas por los tribunales que se integran en él.

(…) El Parlamento podría, si es que realmente nuestra Constitución lo legitimase para ello, aprobar una ley de amnistía con las características propias de toda ley que es su imperatividad, generalidad y abstracción; y, en aplicación de esa normativa concreta, adoptar la decisión de aplicar la amnistía a supuestos concretos y determinados y con los efectos ya contemplados en la ley general que, por otra parte, deberán aplicar los mismos Tribunales. Lo que no es admisible es que una ley ad hoc reconozca la institución para su aplicación a un supuesto concreto y determinado.

Una ley de esas características no puede tener ni fundamento ni razón alguna y vanos resultarán los argumentos para su motivación. La Constitución no solo configura el Estado de Derecho que la inspira bajo el principio de la separación de poderes, sino que, de manera concreta, trata de preservar que ninguno de los poderes invada las competencias asignadas constitucionalmente a otro. (…) El Parlamento no puede, por una mínima lógica constitucional, arrogarse, al amparo de mayorías coyunturales —que son depositarias, pero no titulares de la soberanía nacional—, incidir en concretas sentencias de los Tribunales declarando su nulidad, cualquiera que fuese la motivación que motivara esa declaración.

Esta era la refutación de los argumentos que la minoría favorable al Gobierno había esparcido masivamente en los medios de comunicación. Y el apartado IV era el comunicado que a toda costa se trataba de impedir:

Expuestas las anteriores consideraciones, el Consejo General del Poder Judicial expresa con esta declaración su intensa preocupación y desolación por lo que la proyectada Ley de Amnistía supone de degradación, cuando no de abolición, del Estado de Derecho en España, que a partir del momento en el que se adopte pasará a ser una mera proclama formal que inevitablemente tendrá que producir consecuencias en perjuicio del interés real de España.

Cualquiera que sea la justificación formal o aparente que se le quiera dar en el preámbulo de la futura ley, su motivación real ya ha quedado expresada, y más allá de la discusión sobre si realmente son constitucionalmente aceptables leyes singulares de amnistía para soslayar la prohibición constitucional de indultos generales, lo que en ningún caso cabe aceptar es una amnistía, y ni tan siquiera un indulto particular de los admitidos genéricamente por la Constitución, con el fundamento real expresado por el presidente del Gobierno en funciones.

Confundir el «interés de España» con el interés del presidente del Gobierno en funciones para evitar la hipotética formación de gobiernos de partidos de una ideología diferente a la suya es algo manifiestamente incompatible con la alternancia política, ínsita en el principio básico de pluralismo político que, según el artículo 1 de nuestra Constitución, es un valor superior de nuestro ordenamiento jurídico. Pero hacerlo exceptuando la aplicación de la ley para impedir la acción en curso de los tribunales o dejar sin efecto la que ya se hubiese producido mediante sentencias firmes, convirtiendo en papel mojado esas sentencias, es algo rotundamente incompatible con el principio de Estado de Derecho en el que, nuevamente según el artículo 1 de nuestra Constitución, se quiso constituir España y efectivamente se constituyó… al menos hasta ahora. Utilizar la promulgación de una ley singular para invadir competencias propias del Poder Judicial como medio de negociación política constituye una perversión del régimen constitucional, porque nada impediría que mayorías coyunturales en la composición de las Cortes impongan su criterio por encima de las exigencias constitucionales, al amparo de que una norma con ese rango no puede ser cuestionada por los ciudadanos.

Ello es así, primero, porque no es compatible con el principio de Estado de Derecho proclamado por el artículo 1 de nuestra Constitución, y ni tan siquiera con el principio de responsabilidad de los poderes públicos al que se refiere su artículo 9.3, que los responsables políticos queden exentos de responder de sus delitos ante los tribunales, cualquiera que sea la naturaleza de sus delitos, para que un aspirante a presidente del Gobierno pueda conseguir el beneficio personal y político de impedir el gobierno de otras fuerzas políticas o, expresado por su reverso, para poder mantenerse en el Gobierno. Ello supone degradar y convertir nuestro Estado de Derecho en objeto de mercadeo al servicio del interés personal que pretende presentarse, desde el rechazo al pluralismo político, como el «interés de España».

Segundo, porque supone generar una clase política jurídicamente irresponsable e impune por sus delitos lo que, con no justificarse en ningún fin constitucionalmente legítimo, supone contravenir no ya el principio de responsabilidad de los poderes públicos, sino incluso el más elemental principio de igualdad de los ciudadanos ante la ley que proclama el artículo 14 de la Constitución.

Tercero, porque se violenta la independencia de los tribunales en su aspecto más básico: si la independencia es el instrumento necesario para que los tribunales puedan actuar con neutralidad y garantizar, mediante la efectividad de sus decisiones, el principio de seguridad jurídica, mal puede hablarse de independencia ni de seguridad jurídica cuando unas fuerzas políticas utilizan las leyes en su beneficio para impedir la acción de los tribunales. La enormidad de las consecuencias de lo que se ha anunciado por el presidente del Gobierno en funciones es que convierte la independencia de los tribunales y la seguridad jurídica, la justicia en suma, en una quimera.

Y, por último, este Consejo General del Poder Judicial no puede dejar de señalar que lo que se violenta con la medida anunciada por el presidente del Gobierno no solo es la Constitución con la que nos dotamos los españoles como marco de convivencia, sino también los compromisos asumidos por España en los artículos 2 y 19 del Tratado de la Unión Europea para que en todo momento prevalezcan los principios de Estado de Derecho e independencia judicial. El riesgo de que llegue el momento en el que la Unión Europea decida no ser la coartada de un Estado que no cumple con sus principios debiera estar muy presente, en este momento crítico, en la previsión de quienes pretendan realmente actuar en el «interés de España».

Votaciones y justificación del voto de los afines al Gobierno:

El texto ha sido aprobado con los votos a favor de los vocales José Antonio Ballestero, Gerardo Martínez Tristán, Juan Martínez Moya, Nuria

Díaz Abad, Carmen Llombart, Juan Manuel Fernández, José María Ma-
cías, Ángeles Carmona y Wenceslao Olea.

Los vocales Roser Bach, Mar Cabrejas, Clara Martínez de Careaga,
Pilar Sepúlveda y Enrique Lucas han votado en contra y el presidente del
Consejo General del Poder Judicial, p. s., Vicente Guilarte, lo ha hecho en
blanco.

Las vocales Bach, Cabrejas, Martínez de Careaga y Sepúlveda han
justificado su voto señalando que «con la proposición de declaración institu-
cional se corre el grave riesgo de confundir a la ciudadanía sobre la opinión de
los propios jueces y magistrados sobre el contenido de una norma que no
existe y que, de aprobarse por el poder legislativo, el competente para hacer-
lo, se verán obligados a aplicar, o en su caso a someter a los controles consti-
tucionales legalmente previstos».

Estas vocales añaden que «la declaración institucional propuesta, con el
argumento de proteger la independencia de los tribunales, daña su imagen,
ya que su independencia está suficientemente garantizada, y tan solo consi-
gue situar a este órgano de Gobierno en un campo de batalla política al que
nunca debe bajar por respeto y obligada protección de la imagen de indepen-
dencia e imparcialidad de aquellos a quienes gobernamos».

Por su parte, el vocal Enrique Lucas ha argumentado su voto manifes-
tando que siempre se ha opuesto a la aprobación de declaraciones institucio-
nales de este tipo.

Por último, el presidente del Consejo General del Poder Judicial, p. s.,
el vocal Vicente Guilarte, ha anunciado un voto explicativo de su decisión
en el que señalará que no se puede sustraer a la preocupación derivada de los
hechos que se describen en la declaración aprobada y que entiende como inde-
clinable labor institucional del CGPJ defender la actividad jurisdiccional
llevada a cabo por los órganos judiciales, que no puede verse cuestionada por
una hipotética normativa futura, y que de igual manera deberá defenderse la
actividad jurisdiccional futura que eventualmente se vincule con estos hechos,
sea cual sea.

Guilarte añadirá que, sin embargo, cree que en tanto no se conozca un
texto prelegislativo que plasme las ideas que se han avanzado, el debate de-
biera quedar residenciado en el terreno estrictamente político al que el CGPJ
debiera permanecer ajeno y, finalmente, que es su objetivo, reiteradamente
manifestado, buscar consensos para la renovación del Consejo que propicien
la plena independencia judicial y que entiende que la declaración aprobada
no ayuda a lograr ese objetivo.

El sinuoso comportamiento de Guilarte, típico de los jueces de Rajoy

Cualquier ciudadano encontrará entre disparatado y ofensivo el argumento del vocal Lucas diciendo que él siempre se ha opuesto a declaraciones institucionales de ese tipo. ¿Acaso ha habido alguna vez una iniciativa como la Ley de Amnistía de Sánchez? ¿Cómo, pues, ante un hecho no ya nuevo sino escandaloso para la mayoría de vocales del CGPJ, él se acogía a una costumbre que nunca había tenido ocasión de ejercer? Muchas son las máscaras del miedo o la cobardía, pero esta era realmente ridícula.

Con todo, el comportamiento del presidente en funciones del CGPJ, Vicente Guilarte, fue más allá de lo estrafalario. En los frenéticos días que precedieron a la reunión de la Permanente del CGPJ fue visto comiendo con el ministro del Interior Marlaska, lo cual no se compadecía con la presunción de independencia que quería aparentar. En realidad, esa reunión retrataba perfectamente la condición resbaladiza de los candidatos que el PP de Rajoy había promovido a las altas instancias judiciales. Ambos, Marlaska y Guilarte, cultivaron la cercanía de Mercedes Rajoy (q. e. p. d) para alcanzar sus cargos, y si el que una vez pareciera juez heroico del Caso Faisán acabó revelándose como un oportunista de la peor especie, Guilarte sentó plaza de pusilánime y en este caso acreditó los típicos sudores fríos de los magistrados de encaste rajoyano.

Unanimidad corporativa contra el lawfare

Si por él hubiera sido, la intención del Gobierno, que era impedir a toda costa el comunicado del CGPJ, habría quedado satisfecha. Claro que, incapaz de cumplir su deber moral, tampoco quería romper con el grupo «conservador» al que teóricamente pertenecía, así que anduvo dubitante mientras crecía la marea de la opinión pública. Y entonces se cruzó el segundo aspecto de la Ley de Amnistía: el llamado *lawfare*, es decir, el empeño de los golpistas en castigar a los jueces que los condenaron, y lo que no consiguió el respeto a su juramento lo logró el corporativismo. Las sentencias en manada, las unanimidades togadas que produjeron la afrentosa rebaja del delito de rebelión al de sedición en la condena del Supremo, se manifestó en todo su esplendor no solo en el trémulo Guilarte sino en los izquierdistas del CGPJ, salvo la señora de Conde-Pumpido, Martínez de Careaga. Todos, hasta el paseante Lucas, firmaron esta breve nota contra ese apartado de la Ley:

Madrid, jueves, 9 de noviembre de 2023

La Comisión Permanente del Consejo General del Poder Judicial, reunida hoy en sesión extraordinaria, ha aprobado el siguiente comunicado:

Ante las inadmisibles referencias, que lo son tanto semántica como sustantivamente, al lawfare —judicialización de la política— contenidas en el acuerdo suscrito entre el PSOE y Junts con la finalidad de facilitar la investidura y, especialmente, frente al anuncio de la eventual constitución de comisiones parlamentarias de investigación que puedan llegar a determinar lo que ambiguamente se denominan «responsabilidades» derivadas, precisamente, de advertirse situaciones de lawfare, nos hacemos eco y compartimos el frontal rechazo a tales iniciativas, en línea con lo ya manifestado por la totalidad de las asociaciones judiciales.

Tal repudio se funda, de manera muy justificada, en la evidencia de que ello implica potencialmente someter a revisión parlamentaria decisiones enmarcadas en la exclusividad del ámbito competencial de nuestros Tribunales que, por otro lado, entendemos se produjeron de forma plenamente acorde con la legalidad entonces enjuiciada. Por todo ello, la iniciativa apuntada implicaría una inadmisible injerencia en la independencia judicial y un flagrante atentado a la separación de poderes. La continuidad de tal iniciativa parlamentaria, de llegar a materializarse, determinaría nuestra más frontal oposición a través de los cauces legalmente establecidos.

Paralelamente hemos de expresar nuestro apoyo real y no meramente nominal a todos los órganos del Poder Judicial con ocasión de las futuras actuaciones que puedan llevar a cabo en el marco de la legalidad en cada momento, vigente garantía última de los derechos y libertades de todos nuestros ciudadanos.

El comunicado ha sido aprobado con los votos a favor del presidente del CGPJ, p. s., Vicente Guilarte; y de los vocales Roser Bach, José Antonio

Ballestero, Mar Cabrejas, Ángeles Carmona y Carmen Llombart. La vo-
cal Pilar Sepúlveda ha votado en contra.

> *La declaración ha sido remitida al resto de los vocales del órgano de Go-*
> *bierno de los jueces para que, si lo desean, expresen su adhesión a la misma.*
> *Hasta las 22:00 horas del jueves 9 de noviembre lo han hecho los vocales*
> *Nuria Díaz, Juan Manuel Fernández, Enrique Lucas, José María Ma-*
> *cías, Juan Martínez Moya y Wenceslao Olea.*

Como ya apunté, el debate en la opinión pública y, especialmente, en todos los ámbitos de una administración de la Justicia
que estaba en estado de *shock*, se produjo en los términos I, II y III
del comunicado del CGPJ. Solventadas las dudas teóricas y legales de
forma inequívoca, y en paralelo al comunicado de condena de la
Permanente del CGPJ, hubo una auténtica avalancha de comunicados contra la Ley de Amnistía. Entre otros muchos cabe citar el
de todas las asociaciones judiciales, los fiscales, los letrados, los
abogados, los diplomáticos, ¡y hasta los inspectores de Hacienda!
Pero los argumentos de fondo fueron, en esencia los muy disputa-
dos del CGPJ.

La apisonadora del golpe de Estado de Sánchez

Vale la pena señalar el comunicado conjunto que hicieron público todas las asociaciones judiciales, incluida la izquierdista Juezas
y Jueces para la Democracia, y la indiferencia con que el Gobierno reaccionó ante lo que en cualquier otro país de la UE —recuérdese Polonia y Hungría— supondría un punto de fricción
institucional gravísimo. Esa misma indiferencia prueba el peligro del proyecto dictatorial de Sánchez, que no se inmutó al leer
esto:

> *Ante el documento suscrito por PSOE y Junts para facilitar la investi-*
> *dura, las asociaciones judiciales firmantes mostramos nuestro rechazo por las*
> *referencias al «lawfare o judicialización de la política» y sus consecuencias.*
> *El texto del acuerdo alcanzado contiene explícitas referencias a la posibilidad*
> *de desarrollar comisiones de investigación en sede parlamentaria a fin de de-*
> *terminar la presencia de situaciones de judicialización de la política, con las*

consecuencias que, en su caso, pudieran dar lugar a acciones de responsabilidad o modificaciones legislativas.

Ello podría suponer, en la práctica, someter a revisión parlamentaria los procedimientos y decisiones judiciales con evidente intromisión en la independencia judicial y quiebra de la separación de poderes.

Los jueces han de estar sometidos únicamente al imperio de la ley, puesto que así lo establece expresamente el artículo 117.1 de la Constitución.

Estas expresiones, en cuanto traslucen alguna desconfianza en el funcionamiento del Poder Judicial, no son aceptables. El Poder Judicial en España es independiente, no actúa sometido a presiones políticas y dispone de un sistema de garantías jurisdiccionales que aparta el riesgo que se apunta.

Madrid, 9 de noviembre de 2023

Sánchez se convierte en un caudillo bolivariano más

Por supuesto, las comisiones contra el *lawfare* salieron adelante, y Sánchez se permitió un ataque contra la oposición, en su primer y último discurso en la Presidencia europea, digno de Nicolás Maduro. El momento más grave llegó al leer —no hubo improvisación— que el PP y Vox estaban reponiendo en las calles los nombres de las figuras más importantes del franquismo —cosa rigurosamente falsa, no hay un solo caso— y preguntó al alemán Manfred Weber, presidente del Partido Popular Europeo, si él estaba de acuerdo con esa política y si pensaba reponer en Alemania las calles dedicadas a las figuras del III Reich. Y cuando Weber, lógicamente indignado, quiso responderle, le dio la espalda y salió del hemiciclo.

Para muchos, fue una forma de descubrir ante toda Europa su mular condición. En mi opinión, fue algo más: la ruptura de todos los lazos de dependencia que hasta entonces había exhibido con respecto a la UE, cuyos valedores, en especial Von der Leyen, quedaron a la altura de su pupilo. Y esa ruptura de amarras con Europa fue solo un paso en la incorporación de hecho de España al Grupo de Puebla, alineándose con Venezuela, Brasil o Bolivia.

La ruptura de todos los consensos, nacionales e internacionales, se dejó ver antes, en Israel, en presencia del presidente Netanyahu, y en un lugar destinado al rescate de los cientos de rehenes capturados por Hamas. Sánchez criticó con gesto adusto, ante quien lo había invitado como presidente de turno de la UE, la anunciada respuesta militar de Israel a la masacre, la más atroz desde el Holocausto. Sánchez rechazaba así la política común de la UE y las democracias occidentales de respaldo a Israel, un gesto que fue expresamente agradecido de inmediato por Hamas en nota oficial. En Egipto, volvió a atacar a Israel, y ya en España, sus terminales mediáticas arreciaron en la condena, siguiendo la información, lógicamente parcial, de Hamas.

Esa deriva antisemita —no solo anti-Israel— de la izquierda se manifestó en todo el mundo, singularmente en las universidades de élite en los USA, convertidas en cubiles de odio a Occidente, incluido su país. Justificando el antisemitismo más descarado, las autoridades académicas de esos centros perseguidores de cualquier delito de odio en las aulas por razón de raza o religión —siempre, claro, que sean la negra y el Islam— «contextualizaron» la defensa de las violaciones masivas, la degollina de bebés, el asesinato de familias enteras y el exterminio de los judíos, fin último de Hamas. Las tres rectoras de Harvard, Penn y el MIT, santuarios de lo «políticamente correcto», mostraron con su condescendencia ante los representantes del Congreso norteamericano la catadura moral de esas instituciones. Luego se descubrió que una de ellas era una plagiaria contumaz, hasta de agradecimientos de otros, pero los responsables del centro se negaron a sustituirla. Quedó claro que se trata de centros de adoctrinamiento y absolutamente nada más.

Sánchez reincidió en su defensa del terrorismo chiíta, siempre con Teherán detrás, tras la crisis en el golfo Pérsico por el ataque de los huties a la navegación comercial, que amenazaba a todos los países occidentales. Primero, Sánchez usó su derecho de veto en la UE para no respaldar una acción militar de protección y represalia. Y solo lo levantó con la salvedad de que España no participaría en ninguna de las misiones militares para proteger el tráfico internacional. Ni que decir tiene que los terroristas volvieron a elogiar a Sánchez frente a «las mentiras de los occidentales».

Para que no hubiera dudas de que la España sanchista ocupa ya el lugar de Argentina en el Cártel de Puebla, Sánchez, que ya había insultado en campaña a Milei, volvió a despreciarlo tras su victoria, no mandó a un solo ministro a acompañar al rey en su toma de posesión (cuando hasta el comunista Boric fue) y actuó, en fin, como un caudillo bolivariano más, jaleado siempre por Zapatero, embajador plenipotenciario de ese Cártel, que es el gran apoyo del eje Moscú-Pekín-Teherán. Es decir, de los enemigos de Occidente, desde Israel hasta los USA y pasando, sí, por la Unión Europea.

En realidad, si la UE condena sus abusos en materia legal y judicial, Sánchez solo puede contar —pero no es poco en el plano mediático, que es el que le preocupa—, con el apoyo incondicional de ese Cártel cuya razón de ser es destruir las democracias liberales. De su mano, España se convertiría en una herida abierta en el sur de la UE y un miembro infectado de la OTAN, de cuyos compromisos militares ha desertado. Nuestros ojos y oídos en materia de defensa, que son los servicios de inteligencia, han acabado en la picota por orden de sus socios separatistas. La oscura detención de dos supuestos espías del CNI al servicio de los USA tras la destitución —por orden de los golpistas catalanes— de Paz Esteban, directora general del CNI, son apenas dos episodios de la destrucción de otro de los consensos básicos: el de Defensa y lucha contra el terrorismo islámico. Ese tabú ya empezó a romperse en marzo de 2020 con la entrada en el CNI de Pablo Iglesias, a la sazón vicepresidente del Gobierno. Y aunque la Justicia anuló el nombramiento un año después, con el de Iván Redondo, entonces hombre fuerte de Sánchez, lo cierto es que ambos se produjeron y Sánchez no puso ninguna objeción.

Dejo a los espeleólogos de la conciencia de Sánchez la disquisición sobre si todas estas fechorías en política exterior le vienen dictadas por las circunstancias —es decir, por sus dependencias parlamentarias—, o si viste de obligaciones ante su inmensa empresa de colocaciones y cargos políticos lo que, en realidad, son previsiones satisfechas, arterías ya antes imaginadas que la realidad pone a su alcance. Creo que ni él mismo lo sabe, y tampoco le importa. Lo esencial es el resultado. Y este es que España se va al garete.

Sánchez entrega Pamplona al Herodes etarra

El 28 de diciembre de 2023 —festividad de los Santos Inocentes, que rememora la matanza de los primogénitos de los judíos, ordenada por Herodes para matar al Mesías que según la profecía acababa de nacer—, Pedro Sánchez entregó Pamplona, la antigua capital de los vascones, a los terroristas de la ETA. Recordar todas las veces que Sánchez ha dicho lo contrario de lo que finalmente ha hecho se ha convertido ya en un género periodístico que cultivan sus enemigos nacionales e incluso internacionales.

Por ejemplo, Manfred Weber, tras ser tildado poco sutilmente de pronazi, y de profranquistas sus socios del PP, recordó en el Parlamento Europeo que solo tres días antes de las elecciones Sánchez proclamó que era imposible una ley de amnistía por ser anticonstitucional. Pero las veces en que Sánchez dijo que jamás pactaría con Bildu, o sea, con la ETA, no es que fueran muchas, sino todas. Y, por supuesto, todas las veces mentía. Weber dijo que mentir es impropio de las democracias, pero ¿quién dijo que Sánchez quiere presidir una democracia? Él quiere presidir, sin más. Si la democracia lo permite, perfecto; pero si lo dificulta, abajo la democracia.

El camino de la banda terrorista hacia un Estado comunista y racial o euskaldún tenía un objetivo claro, aparte de la liberación de sus presos: la anexión de Navarra, que con Iparralde, las tres provincias vascofrancesas, completan el ensueño de Sabino Arana. No es la primera vez que alguien alumbra un imperio, y el del racismo bizcaitarra parecía solo especialmente pintoresco. Pero después de sesenta años de asesinatos, de doscientos mil vascos que han tenido que abandonar su región, y, sobre todo, del inmenso operativo de blanqueo de los crímenes de la banda a cargo del PSOE, al que sus *Zutik* llaman despectivamente «los gorrinos», el pacto estratégico de Sánchez y toda la izquierda con la ETA estaba listo. Y la puesta en escena, propia de los que buscan «la propaganda por el hecho» (definición insuperada del terrorismo comunista del XIX), fue espectacular.

Un zangolotino llamado Joseba Asirón, el candidato de la banda, había sido ya antes alcalde de Pamplona, especialmente maleducado con las mujeres, sobre todo con la representante del PSOE, y

pavorosamente incompetente. La alcaldía la ostentaba Cristina Iba-
rrola, representante de UPN, el partido más votado, pero desde que
Bildu aseguró la investidura de Sánchez se dio por hecho que el precio, o una parte de él, era la entrega de Pamplona, que tiene el valor
simbólico de haber sido capital de reino y en clave española, aunque
la propaganda nacionalista lo proclame de lo más independiente.

En rigor, en el siglo XIX Navarra llegó a tener dos reinos, el liberal de Isabel II y el de su tío don Carlos, que quería volver al antiguo
régimen. Pero aquella inmensa matanza obedecía, como la menos
salvaje guerra de Sucesión entre Austrias y Borbones, a la definición
política de toda España. Los fueros eran privilegios nobiliarios, reli-
quia del Antiguo Régimen, que tras la tercera guerra carlista sirvieron para decorar el Abrazo de Vergara, aunque en segundo plano tras
el reconocimiento de los grados del ejército vencido. No obedecían
a un modelo de Estado independiente. Y menos al estilo de Argelia,
sobre el que se crea en los años sesenta el proyecto de la ETA.

Sin embargo, la propaganda separatista, asumida ya plenamente
por socialistas y comunistas, presenta hoy la guerra de sucesión al trono de España en 1714 como guerra de independencia de Cataluña
contra España, y las guerras carlistas, entre liberales y absolutistas,
como manifestaciones del espíritu de independencia euskaldún, ahora
típicamente vasco-navarro. La propaganda amartillada por los terroristas tiene un éxito pasmoso. Pero ninguna de las mentiras del separatismo catalán y vasco tendrían vigencia si la izquierda no las hubiera
hecho suyas para atacar la idea de España, la igualdad de los ciudadanos ante la ley y el Estado de Derecho. Y Sánchez es el gran deposita-
rio de esa herencia de traiciones e ignorancias, que en él alcanzan un
grado superior, por traidor nato e ignorante supino.

El carácter casi irreversible del pacto de Sánchez con la ETA

La entrega de Navarra —Pamplona es lo mollar; el resto, migui-
tas— a la ETA, una organización terrorista que no tiene motivo
alguno para dejar de serlo, no produjo en la opinión un rechazo

como el de la Ley de Amnistía. Es lógico, porque no supone la derogación del Estado de Derecho, el fin de la división de poderes y, en la práctica, el despido de la Administración de Justicia, supeditada a los soviets parlamentarios de golpistas y terroristas. Aun así, se trata de procesos paralelos en los que se anula la soberanía del pueblo español en favor de Estados dictatoriales imprecisos pero evidentes. En realidad, es más grave la rendición ante la ETA que ante los golpistas catalanes, más difícilmente reversible y, desde una perspectiva legal, de más difícil abordaje.

Apenas entregada Pamplona, Bildu reclamó lo que Feijóo, en feliz metáfora, llamó el «pacto encapuchado» para la investidura de Sánchez. En principio, Otegui reclamó Vitoria, la diputación de Guipúzcoa, Durango, tres municipios grandes de Navarra y otros más pequeños. Sea cual sea la fórmula del acuerdo de los etarras y sus «gorrinos», el cambio político, es decir, la radicalización del proceso separatista, está más que asegurado.

Lo más importante es dejar clara la indudable pervivencia de la ETA y su control del proceso político separatista, de su presencia institucional y de los cuantiosos fondos que su representación electoral puede recabar. Un dato inequívoco lo demuestra: en 2023 hubo, según el minucioso conteo de Covite, 466 actos de enaltecimiento de la ETA y de sus más feroces asesinos, aún en la cárcel. Ninguno ha sido perseguido de oficio por la Fiscalía de Sánchez. La Audiencia Nacional, a instancias de la benemérita asociación Dignidad y Justicia, siguió recibiendo denuncias, procesando y juzgando crímenes, a veces lejanos en el tiempo, pero no prescritos. Quedan, sin embargo, más de 350 asesinatos por juzgar, por la sencilla razón de que la ETA no ha querido colaborar en esclarecerlos. Su aparato de propaganda, que a todos los efectos es el Gobierno de Sánchez, puede repetir que el terrorismo no existe. Imposible, con tantas víctimas sin derecho a justicia. Pero a la izquierda le da igual. Diríase que se complace en recalcar el triunfo del terror sobre sus víctimas.

La desaparición del Estado, que, aunque no solo, es también España, es un proceso que lleva produciéndose con paso lento pero implacable tanto en el País Vasco como en Cataluña y, en los últimos tiempos, en Navarra. En un artículo célebre por su desvergüenza, Pasqual Maragall, líder del PSC, alcalde de Barcelona y presidente de la Generalidad, defendió el llamado *federalismo asimétrico*, para legitimar los privilegios del nacionalismo catalán, que era más igual que otros aspirantes a la desigualdad igualitaria. Semejante barbaridad teórica reflejaba, sin embargo, una realidad práctica: el trato de favor que el Estado lleva dispensando desde hace mucho tiempo a Cataluña.

Pero hubo otro gesto de sinceramiento que se comentó menos, y que, en el fondo, complementaba la obscena pretensión de privilegio ya citada, y fue asegurar que «la presencia del Estado es residual en Cataluña». En ese caso, Maragall no mentía, y hay que poner en el debe de todos los gobiernos —del PSOE, pero también del PP— esa desaparición. Hasta la más nítida agresión a los ciudadanos españoles en Cataluña en materia lingüística fue negada, desmentida o, como en el caso del último informe de la inspección general del Ministerio de Educación, escondida en un cajón, mientras el portavoz del Gobierno del PP, Méndez de Vigo, negaba la existencia de cualquier conflicto. El PSOE por acción traicionera y el PP por la cobarde omisión que en Rajoy se hizo costumbre son responsables de esa deserción silenciosa de la fuerza del Estado que deja desprotegidos a los ciudadanos.

Y si lo que proclamaba orgulloso Maragall era cierto, y lo es, aún lo es más en el caso del País Vasco y, en los últimos años, de Navarra. Mejor no perderse en sus carreteras, porque los letreros están exclusivamente en euskera y, a veces, no aparecen ni en los GPS. Los subvencionarán, claro, y aparecerán, pero nunca en español, ni siquiera en francés o en inglés. Uno tiene la impresión de entrar en un territorio ajeno y hostil, o sea, lo que es. Y si eso pasa en las carreteras, excúsese en el resto. En buena parte de los municipios del norte de Navarra, como en el País Vasco, los partidos no separatistas son incapaces de completar las listas electorales. Y, encima, en pueblos alaveses o de la Ribera navarra, donde siempre se habló español, el voto bildutarra, con mayor o menor camuflaje localista, es nutridísimo.

La táctica etarra de ir consiguiendo poder territorial con una careta ecologista y feminista, sin olvidar nunca la violencia soterrada, ha triunfado. Se perdona la vida a la gente a cambio de que vote algo que no sea el terror, aunque lo representen los terroristas, en muchos casos, asesinos conocidos. Más de cuarenta candidatos etarras presentó Bildu en las últimas elecciones, entre ellos, varios con delitos de sangre. Nada alteró los planes de Sánchez. Y una sociedad envilecida después de décadas mirando a otro lado para no ver los muertos agradeció la excusa para pasar página, esa que nunca leyó.

Esa conciencia de que los años heroicos de una parte de la sociedad vasca y navarra no han sido valorados por sus conciudadanos, más bien al contrario, ha sembrado en buena parte de la opinión pública española de derechas un hartazgo razonable y una hostilidad creciente tanto hacia el País Vasco y Navarra como hacia Cataluña. La opinión de izquierdas vive feliz asegurando que los homenajes a los asesinos nada tienen que ver con el terrorismo, y una legión de comentaristas y tertulianos lo repiten sin descanso en la gran mayoría de cadenas de televisión y emisoras de radio. Si eso sucede en RTVE y la SER, calcúlese en las televisiones en manos del separatismo. Otegui ha presumido de tener ya la hegemonía cultural. Y eso va calando en el resto de España de forma lenta, indirecta, pero cierta.

En resumen: entre el Estado español, que ya no está, y la ETA, que está más que nunca, la posibilidad de revertir el proceso secesionista en el País Vasco, incluida la anexión legal de Navarra, es apenas imaginable. Haría falta un esfuerzo de décadas, legal, policial, educativo y cultural, para dar la vuelta a tantas décadas de terror e impunidad. Y, la verdad, yo no veo en el presente ni en el inmediato futuro, salvo que cometan errores como el del referéndum y la independencia en Cataluña, a nadie capaz de intentarlo.

La salida de Sánchez: un referéndum para una Constitución «plurinacional»

Los procesos de disolución navarra en el País Vasco y el referéndum de autodeterminación catalán se producirían en un lapso de uno a dos años, que es lo más verosímil según el calendario electoral, y salvo intervención de la UE por vulnerar el Estado de Derecho y la independencia judicial. Pero incluso si eso llegara a producirse, la supervivencia de Sánchez, pagado el precio de su investidura, pasa por una reelección que deberá incluir algún tipo de respaldo a los dos frentes disgregadores de la unidad nacional.

Si Sánchez quiere seguir en el Poder, y está claro que nunca ha querido otra cosa, deberá plantear la reforma en un sentido plurinacional de la Constitución española. Yolanda Díaz llama ya «plurinacional» a su grupo parlamentario, y, si bien se mira, la única salida de la izquierda tras la crisis separatista es esa huida hacia delante: la liquidación de la Constitución de 1978 y la presentación de otra nueva que «albergue definitivamente la pluralidad», esa que Sánchez ha puesto en pie de igualdad, cuando no de superioridad, sobre la única nación legalmente reconocida desde que en España existe vida constitucional, nada menos que desde la de Cádiz en 1812, que es la española, «de la que emanan todos los poderes del Estado».

La nueva Constitución se planteará, claro está, como republicana federal. E incluirá el derecho a «reformular su participación» en el Estado por parte de las «nacionalidades históricas». También puede ser confederal, y la soberanía residir en las hoy comunidades autónomas, que de forma voluntaria se unirían a otras, en función de los lazos históricos, culturales, afectivos, etcétera, siempre dentro de un marco constitucional que «no imponga» la unidad de España a quienes no se consideran parte de ella. Es decir, que la soberanía dejará de residir en el pueblo español para migrar hacia un número impreciso de entes nacionales, estatales o administrativos.

El lío es morrocotudo, pero puede simplificarse si se presenta como un referéndum sobre la monarquía, que es lo que une a todas las izquierdas y a la pequeña parte de la derecha que ha convertido las manifestaciones frente a la sede del PSOE en Ferraz, tras el anuncio de la Ley de Amnistía, en un tebeo de los tercios de Flandes con la liturgia del Palmar de Troya. Al final, los obstáculos para la dictadura de Sánchez son esencialmente tres: los jueces; los partidos de oposición, cauces del sentir popular; y la Corona.

De los jueces ya hablamos al principio a cuenta de la rebelión de las togas contra la Ley de Amnistía. Estamos, en cierto modo, a merced de la UE, según sepamos defendernos. A los partidos he dedicado recientemente un libro, *El retorno de la Derecha. Entre la esperanza y la desesperación*, que trata de ir al fondo de sus deficiencias y también de la fortaleza de su base social, contraria a todas las variantes del socialismo y el nacionalismo. Añadiré que, tras las elecciones generales de junio, el camino del PP se ha ido distanciando de Vox y el de Vox ha ido derivando en enemigo del PP, salvo en el caso de los gobiernos autonómicos y ayuntamientos, en los que comparten cargos y sueldos, y donde reina una calma chicha, de digestión.

Los errores atávicos del PP, su «maricomplejinismo» o «chanquetismo», son lo único que evita, de momento, que Vox siga el camino a la extinción antes recorrido por UPyD o Ciudadanos. Pero es tan rápido el ritmo de destrucción del orden constitucional por Sánchez, que, entre muecas de hastío, PP y Vox han tenido que salir juntos a la calle y colaborar en las instituciones, empezando por las Cortes. Por desgracia, las elecciones exacerban los peores instintos tribales, y demasiado alterados están ya en el caso de PP y Vox como para abundar en ello. Sí diré que su desunión es trágica para la nación y que nadie debería presumir de un patriotismo que empieza y termina en el partido, la secta o el negociado de intereses. Y no me refiero solo a Vox, también en el PP sobran chulerías y jeremiadas.

A diferencia de los jueces, cuya situación es desoladora, y de los partidos, que no dejan de darnos disgustos —aunque hay novedades, como el nuevo grupo parlamentario del PP de Tellado, que alimentan la esperanza—, la Corona ha protagonizado en los meses de la gran traición de Sánchez el único espectáculo de grandeza, dignidad y patriotismo auténtico, a pesar de estar, por sujeción a las leyes, bajo la bota o el capricho de un déspota que lo envidia cuanto lo desprecia, y del que solo sufre desaires y coces.

La Corona, ética y estética de la nación española

El discurso de Navidad de 2023, cuarto de la serie que el rey inició con los de la jura de la bandera y de la Constitución por la princesa de Asturias y el de la apertura de las Cortes, fue de una calidad y densidad sencillamente extraordinarias. Por supuesto, para los del Palmar de Troya de Ferraz, ser un rey constitucional solo significa que no puede impedir que Sánchez sea presidente o que debe firmar una ley de amnistía repugnante. Para estos merluzos, el jefe del Estado debería ser legalista y golpista, según el día, como si se pudiera cambiar a capricho la naturaleza de una institución tan frágil como la monarquía parlamentaria, cuya fuerza radica precisamente en el cumplimiento de la legalidad, que a su vez depende de los gobiernos y mayorías parlamentarias de turno. No es fácil entender que la Corona es el símbolo de la unidad y permanencia de España, pero solo el símbolo, la razón histórica de la nación, no los mecanismos que aseguran su continuidad, y que, en un régimen constitucional como el de 1978, deberían garantizar los tres poderes, Legislativo, Ejecutivo y Judicial, que sustentan el Estado.

Cuando el Rey habló en Nochebuena, Sánchez ya había perpetrado todas las fechorías que hemos comentado. Había arrastrado por el fango la imagen exterior de España, había vendido la soberanía nacional por lotes para asegurarse una estadía indefinida en el Poder y había protagonizado espectáculos tan bochornosos como el del Parlamento Europeo, insultando a Manfred Weber, presidente del partido más importante de la Unión. O como el desprecio a los argentinos que acababan de votar masivamente a Milei, al que ningunea, como buen necio, al modo de Maduro o de Petro.

Para alguien como Felipe VI, estudioso hasta la obsesión de todos los matices de sus funciones legales como jefe del Estado, y cuidadoso hasta el detalle de la imagen internacional de España que él representa, todas las fanfarronadas tercermundistas, salidas de tono y zafiedades de Sánchez son tragos de acíbar que debe deglutir en silencio cada día, y hasta siete veces. Sin embargo, en el último trimestre aciago de 2023, la Corona no nos ha dado más que satisfacciones morales y estéticas.

Empezó el 12 de octubre, cuando Leonor, con uniforme del Ejército de Tierra, participó en los actos del desfile militar, con la ofrenda a los caídos, siempre al lado de su padre. Era el debut de la princesa Leonor con uniforme militar y, sencillamente, deslumbró. De pronto, aquella niña que vimos venir al mundo, ir creciendo y llevar *brackets* seguía llevando *brackets*, pero ya no era una niña. Y ver a una mujer tan joven, tan hermosa, tan formal, junto a su padre y junto a la bandera, saludando a nuestras tropas y rindiendo tributo a nuestros muertos bajo el maravilloso cielo de Madrid, fue un auténtico regalo, un bálsamo estético en medio de tanta desolación. Una semana antes, el 8, se había producido una gigantesca manifestación en Barcelona contra la amnistía, y solo cuatro días después, la imagen de la España presente y futura que ofreció la Corona fue realmente espectacular.

La jura de la Constitución por la princesa el 31 de octubre de 2023, día de su décimo octavo cumpleaños, no pudo ser más brillante, emotiva y significativa. El acertadísimo traje blanco de la princesa Leonor quedó definitivamente ahí, para la historia, y el discurso de su padre, para compensar el eructo sectario de la presidenta de las Cortes Armengol, fue una minuciosa defensa de la Ley y el Estado de Derecho. No hubo elogio que no pudiera ofender a Sánchez ni crítica que, de tener alguna sensibilidad, no le hiriera. Pero fue, ante todo, una jornada para la reivindicación estética: la hermosa España de Leonor frente al gesto avieso de Sánchez y el torvo de Pumpido. En esos dos días, la Princesa se ganó el corazón de los españoles, y no digo de los monárquicos porque lo que está en juego no es la monarquía sino España.

Pero el gran discurso del rey en defensa de la Constitución fue el de la apertura de las Cortes. No solo reivindicó la Transición frente a los que viven de desenterrar la guerra civil, con Sánchez al frente, sino que opuso aquella generosidad a esta mezquindad, aquella grandeza a esta miseria, la nobleza de entonces a la vileza de ahora. Y aunque los socios terroristas y separatistas se ausentaron de la sesión, lo que debería ser motivo de multa, las frases más importantes parecían estrellarse contra la cara de Sánchez:

> *Reivindicar el profundo significado de aquel gran pacto entre los españoles que está en el origen de nuestra democracia no es, en absoluto, mirar atrás con nostalgia; sí es, en cambio, una orgullosa y consciente reafirmación de nuestras mejores capacidades como país y del mejor logro que ordena, en*

nuestros días, la vida de la sociedad española: la Constitución. Y por ello, debemos honrar su espíritu, respetarla y cumplirla, para hacer efectiva la definición de España como un Estado Social y Democrático de Derecho.

Tres dimensiones de nuestro Estado que, como señalé ante estas mismas Cámaras en la apertura de la legislatura anterior, son los tres pilares esenciales, inseparables e indisociables entre sí de una misma realidad histórica y política, que es España, y que garantizan nuestra convivencia colectiva.

(...) cada elección es resultado de un camino anterior; es la consecuencia de un devenir histórico en el que hemos ido configurando nuestra identidad. Desde hace siglos, España ha sido una realidad compartida y edificada por mujeres y hombres de diversa procedencia social o geográfica con ideologías distintas, pero con una idea común: un mejor país para todos.

Un país que en 1978 alcanza su mejor expresión en el entendimiento mutuo sin imposiciones ni exclusiones y en la voluntad de integración que enriquece, con la diversidad y el pluralismo, nuestro proyecto común, nuestro vínculo emocional y solidario como Nación.

Esto fue lo que hicieron los españoles hace cuarenta y cinco años. Nos dejaron una Constitución, que es el alma de nuestra democracia y libertad, con un espíritu inclusivo de ideales y convicciones y un propósito común como jamás habíamos tenido. Una España serena, ilusionada, confiada en su futuro. Debemos honrar ese legado; un legado de grandeza, responsabilidad y sentido de la Historia.

Nuestra obligación, la obligación de todas las instituciones, es legar a los españoles más jóvenes una España sólida y unida, sin enfrentamientos ni divisiones.

Un gesto, una frase: «Y con la Constitución, España»

Se esperaba, a la vuelta de Argentina, el discurso navideño del rey. Los del Palmar de Ferraz habían pasado a enarbolar banderas de los tercios, que deben de ser de videojuegos, y banderas nacionales con un agujero en el lugar del escudo, se supone que como negación de la monarquía, cuando lo único que muestran es una bandera rota, sin, al menos, el águila de San Juan, la de los Reyes Católicos, vigente al aprobar la Constitución de 1978. ¡Qué saben ellos! La última moda de esa derecha tontita es llamar «inútil» a la Corona, como si fuera utilísimo rezar el rosario de rodillas en Ferraz.

Mientras, la izquierda, con Sánchez al frente, y los nacionalistas, que no le perdonan ni le perdonarán jamás su discurso frente al golpe de 2017, proponían la despenalización de los insultos al rey, la bandera, el Ejército y cualquier símbolo de España o con los que se identifique la derecha. En cambio, el delicado patán se mostraba ofendido por el «me gusta la fruta» de Ayuso tras ver cómo en su investidura Sánchez calumniaba a su familia. Ese afán de despenalizarlo todo y, al tiempo, de penalizar el menor gesto de reprobación al déspota es, por cierto, típico de los regímenes bolivarianos. Y ante el doble rasero o ley del embudo de la Antiespaña de Sánchez debía pronunciarse el rey en lo que para muchos era, si no el último discurso normal de Navidad, sí el de la última legislatura constitucional española.

Los discursos navideños acumulan convenciones retóricas que no deben molestar a nadie y abarcar nebulosamente los buenos deseos de esas fechas. Pero como la situación española es realmente dramática, el rey debía abordarla sin dramatizar, al tiempo que señalaba su gravedad. Y lo hizo de una forma todavía más clara que en el discurso de apertura de las Cortes. «Sin Constitución, no hay democracia» sería su mejor resumen. Y entonces, poco después de empezar el discurso, cambió de cámara y dijo, sin perder la sonrisa: «Y con la Constitución, España». Luego se extendió en el valor secular de nuestra nación como comunidad política, sin duda entre las que más y mejor han servido a la humanidad dentro de nuestra civilización, que es la occidental, liberal y democrática. Pero ya no hacía falta. Esa coma, que diferenciaba y unía la Ley y la Patria, era el mensaje. No hay Constitución sin nación; ni libertad para los españoles sin España.

Creyendo insultarlo, un portavoz oficial del golpismo catalán dijo que el discurso era «una continuidad del de 2017». ¡Por supuesto! Lo que ha cambiado es la postura del Gobierno de España, que con Sánchez se ha convertido en el primero de sus enemigos, pero no la del rey, que sigue defendiendo lo mismo que entonces: la igualdad de los españoles ante la Ley que proclama la Constitución y la vigencia de la nación española como base que legitima el orden legal y constitucional. España y la Constitución, exactamente lo que quieren destruir los socios del protodéspota Sánchez.

Si insisto en el papel del rey —limitadamente constitucional, porque esa es su función y no puede ir más allá sin desnaturalizar el régimen—, es porque es más que previsible una campaña incesante contra la Corona, para facilitar la liquidación del régimen y dar paso al tinglado plurinacional. Es algo que, en teoría, una nación como España podría dar de lado, porque la forma de Estado no es tan importante como la existencia misma del Estado. Pero lo que está en juego en España bajo los embates de Sánchez y sus socios no es la forma de Estado, sino la nación que lo sustenta. Y la Corona está fatalmente asociada a esa continuidad nacional. Incluso si España se encontrara ante el hecho consumado de su desguace o fragmentación, no debería renunciar a la monarquía parlamentaria, a la Corona de España.

Esto es lo que tenemos, que no es poco y vale infinitamente más que lo que se le opone. Y a ello nos tenemos que aferrar como Ulises al mástil. Sin embargo, para combatirlo, hay que prever el futuro que nos depara Sánchez y de qué forma hacerle frente. Lo primero y fundamental son las ganas de luchar, y, contra lo que cree el déspota, eso se va a mantener. Lo siguiente es ver a largo plazo los problemas institucionales que plantea esta dictadura en ciernes. Lo referente al régimen bolivariano que podría intentar Sánchez ya lo hemos tratado y solo tiene una solución: mantenerse unidos, no negociar nunca y no ceder jamás. ¿En qué? En nada. Las tentaciones del PP de fingir acuerdos de Estado con el golpe de Estado que encarna Sánchez son ridículas, inútiles y, además, contraproducentes. No hace falta quererse, pero tampoco pegarse con Vox. Cada uno a lo suyo y todos contra Sánchez.

Sin embargo, Sánchez cava en un terreno abonado por Zapatero y no remediado por Rajoy para la secesión territorial de España. En ese sentido, soy pesimista, a corto y medio plazo. Creo posible y hasta probable alguna fórmula de amputación territorial en Cataluña, el País Vasco y Navarra. Y eso va a suponer un conflicto de larguísima gestión, que consumirá muchas energías nacionales. Se trata, aun así, de problemas distintos que, con la ayuda de Sánchez, que necesita presentarse como gestor del problema nacional que crea, pretenderán plantear como uno solo pero que conviene separar. En el caso vasco estaríamos, estamos, ante una situación de fuerza: la evidente implantación de una dictadura totalitaria, una Cuba en el Cantábrico, fuente de conflictos de tipo revolucionario para España y toda la Unión Europea.

Ahí es fácil prever un proceso a plazos. La anexión de Navarra se planteará como la conquista de América, pero, en realidad, está prevista en la dichosa disposición transitoria IV de la Constitución. A la larga, las nuevas instituciones totalitarias controladas por la ETA chocarán con los regímenes liberales y democráticos de la UE, pero en el manual de los regímenes comunistas la primera lección es que hay que disimular los dos primeros años. En todo caso, la antigua idea de que el PNV iba a gestionar en la UE un balneario euskaldún, con la ETA jubilada y entregada a contar batallitas en las ikastolas, pertenece al pasado. Al final, en una situación de violencia como la que padece —y vota— la sociedad vasca desde hace décadas, son las pistolas las que mandan. Siempre lo han hecho; y en el futuro, mucho más. Pero ese proceso está legalmente más blindado y cabe suponer una cierta cautela en los tiempos. Una legislatura entera de Sánchez les convendría.

Distinto es el caso de Cataluña, donde la Ley de Amnistía ofrece a los partidos españoles muchas bazas que jugar, aunque no se debe olvidar que el Tribunal Constitucional de Pumpido está para legalizar la ilegalidad. El problema de fondo, que ya traté en el *epílogo balcánico* de la reedición de *Lo que queda de España*, es el de los españoles que al día siguiente de la secesión quedarían varados en un Estado sin concreción legal, poseído por la sempiterna fantasía imperialista de los llamados *Països Catalans*.

Su único aunque tristísimo consuelo es que llevan abandonados por el Estado que debería protegerlos desde 1980, así que no recuerdan otra situación. Muchos han votado más de una vez, tras el paréntesis de Ciudadanos, al PSC, creyendo que así evitarían la independencia; o que llegaría, pero ellos ya no la verían. Y de pronto, las urgencias del forajido Puigdemont y las necesidades del golpista Sánchez los despiertan de golpe y ven que el dinosaurio está sentado a los pies de su cama. Lo mejor que cabe decir de ese cáncer es que está enquistado, ni siquiera tratado. Y no es fácil entrever su curación. Condenados al desgaste, el hastío que en el resto de España provocan los abusos y fanfarronadas del nacionalismo catalán va más allá de Sánchez y de la endémica corrupción política o futbolística. Hay una desafección profunda, real, que tampoco tiene fácil remedio. La siembra obsesiva, profesional, de odio contra España y media Cataluña ha dado, sin duda, fruto. Media sociedad no comulga con las ruedas de molino separatistas, pero la traición de la izquierda la deja políticamente indefensa.

Resistir, resistir, resistir

Y en esa situación, ante la Ley de Amnistía y el referéndum a la vista, con Navarra entregada a los asesinos de Tomás Caballero y con Sánchez probándose el liquiliqui de cacique bolivariano, ¿qué podemos hacer los españoles? Tres cosas: resistir, resistir y resistir. Negarse a todos los apaños de la trujamanería monclovita, despreciar la continua presión del inmenso ejército de opinadores bifrontes, que esperan a ver qué argumento de ayer deben cambiar hoy y qué de lo que defendían anteayer deben atacar ahora. Nosotros, firmes, con nuestra Nación, nuestra Constitución y nuestro rey. Y si la dictadura de Sánchez cuajara, que es muy posible, con más motivo. Nos esperan años oscuros. Trataremos de iluminarlos con la luz de España.

2017–2018

En 2017, con el PP todavía en el poder, se sientan algunas bases innecesarias para la democracia pero imprescindibles para una dictadura posterior.

10 de enero. Junqueras dice que Soraya Sáenz de Santamaría se va de Barcelona «convencida» de que habrá referéndum.

20 de febrero. Pedro Sánchez propone suprimir el artículo 2 de la Constitución para que España sea «plurinacional» (presenta su proyecto para las primarias que se celebrarán en mayo).

13 de marzo. El TSJC condena a Mas a solo dos años de inhabilitación por desobediencia en el 9N y alienta al separatismo a organizar otro referéndum.

21 de mayo. Sánchez gana a Susana Díaz en las elecciones primarias.

17 de junio. El PSOE celebra el XXXIX Congreso del partido, en el que se proclama a Sánchez secretario general y se acepta la «plurinacionalidad».

14 de julio. Declaración de Barcelona: el PSOE y el PSC defienden el reconocimiento de «las aspiraciones nacionales» de Cataluña.

26 de julio. Junts y la CUP aprueban la reforma ilegal del reglamento del «Parlament» que da vía libre al referéndum y Rajoy responde pidiendo un dictamen al Consejo de Estado.

15 de agosto. El PP descarta definitivamente aplicar el artículo 155 en Cataluña «por razones temporales y jurídicas».

6 de septiembre. La Mesa del Parlamento catalán tramita ilegalmente la ley de referéndum y finalmente se vota y se aprueba. Los diputados de PP, Ciudadanos y PSC abandonan el pleno. La Fiscalía se querella contra los miembros de la Mesa. Puigdemont firma el decreto de convocatoria del 1-O.

1 de octubre. Referéndum ilegal en Cataluña.

3 de octubre. Discurso televisado del rey.

8 de octubre. Manifestación masiva y sin precedentes en Barcelona contra el golpe.

30 de octubre. Puigdemont se fuga a Bélgica.

2 de noviembre. A prisión Junqueras y ocho exconsejeros.

Un Gobierno de gallinas presidido por un avestruz

Mariano Rajoy Brey se añadirá hoy a la lista de los mayores felones, traidores, cobardes y desertores de nuestra historia. Ha sido tan larga y tan gloriosa la vida de España que por fuerza la lista es grande, pero ninguno como Rajoy combina de forma tan extrema la cobardía en la ejecución, la felonía en la traición y la estupidez en la previsión. El Rey Felón, Fernando VII, traicionó su juramento a la Constitución de 1812 y maniobró con astucia hasta recobrar el poder absoluto tras el Trienio Liberal, que se abre con el golpe de Riego y se cierra con su pública ejecución tras la invasión de España por las tropas francesas de los Cien Mil Hijos de San Luis. Eran las mismas que solo una década antes, con Napoleón al frente, fueron derrotadas en la Guerra de la Independencia, tan gloriosa como devastadora. Ahora eran acogidas con indiferencia y hasta con alivio. La nación había sido derrotada por la acción concertada de unos liberales exaltados absolutamente necios y un déspota astutamente traidor a todo lo que no fueran sus regias prerrogativas. Una década de terror y una guerra civil tan atroz, pero mucho menos noble que la de 1808 fueron su legado.

Fernando VII sí sabía lo que quería

Sin embargo, el Felón sabía lo que quería. Mintió, halagó, se acuclilló, se escaqueó y, cuando pudo, se irguió como una cobra y clavó sus colmillos en el cuello del estúpido liberalismo radical, muerto para una década. Pero Fernando VII sabía lo que quería y los que lo respaldaban, también. ¿Alguien sabe lo que quiere Rajoy repitiendo su cobarde actuación del 9N, hace dos años? Entonces también dijo que no habría referéndum, y, aunque ilegal y chapucero, lo hubo. Y luego aclaró que no había pasado nada porque no tenía valor legal. No se sabe entonces por qué dijo, si no tenía valor, que iba a impedirlo. En realidad, Rajoy es un mentiroso al que le mintieron los troleros de los que se rodea: los moragas, arriolas y demás. Esa doctrina mamarracha de que lo que no es legal no existe —si roban una joyería, no habría que preocuparse: robar joyerías es ilegal— ha sentado jurisprudencia en el PP. El portavoz del Gobierno hace chistes con el precio de las entradas de Roures y las urnas chinas, pero no puede ocultar el drama: un Gobierno de gallinas, presidido por un avestruz, ha llevado a Barcelona a quince mil policías para, al final, rendirse sin luchar.

Lo de las gallinas, símbolo secular de la cobardía, no merece mayor explicación. Lo del avestruz, sí. Esta gigantesca ave, de muy mal carácter, cuando intuye el peligro entierra en el suelo la cabeza y fía a sus enormes posaderas la defensa de su integridad física. De la realidad o no del peligro le informará su cloaca, que trae al mundo esos huevos de a kilo capaces de abastecer de tortillas a la innumerable tribu de los Pujol.

Como el avestruz moncloveo sobrevivió al butifarréndum de 2015 sin hacer nada, aunque tras prometer hacerlo todo, habrá pensado que de su reedición aumentada también escaparía sin esfuerzo, que para asustar a los Nois del FLA bastaba la Armada Piolín y que el pánico golpista cantaría su victoria. Lástima para don Mariano que los félidos del desierto y hasta los múridos del subsuelo conozcan bien su cobardía y se le rían en el pico. Trapero, Trampero o Trapacero, ese poli de guardería que asegura la explotación política de los niños catalanes por sus desaprensivos padres, se ha burlado del cordobés Nieto, representante de Zoido ante el Pescaílla del Prusés. Pero es Rajoy el que ha humillado a la nación y vendido al Estado.

El Gobierno gana, el Estado pierde

Porque pase lo que pase hoy, los amigos de Rajoy que se fingen Gobierno de España solo habrán ganado un día, pero habrán roto el reloj. Han corrido a cantar victoria por la actuación responsable y heroica de un par de juezas y alguna fiscal de verdad, pero a continuación han corrido a ofrecer toda clase de obsequios a los que tratan de romper España, por el mérito de no haberlo conseguido del todo, al menos por esta vez. Así que la victoria consiste en vencer hoy para ofrecer mañana la revancha a los que dicen que han derrotado. Así querría perder cualquiera. Y así, antes de Rajoy, no hubiera querido triunfar nadie. Si el Gobierno ha ganado un día, el Estado lo ha perdido casi todo: la vergüenza, la victoria y el calendario.

Sucede que el horizonte personal y político de Rajoy está pendiente de la moción de censura que, mezclando la crisis catalana y la corrupción, pueden presentarle en cualquier momento socialistas y podemitas según el pacto de Can Roures. Y la única posibilidad de evitarlo es que la hueste sorayesca, con Cebrián por detrás y Pedro Sánchez por delante, negocie esa reforma federal de la Constitución que nadie sabe en qué consiste, pero que, de ser real, supondría la liquidación de la soberanía nacional del pueblo español y el pacto de algún tipo de referéndum que, con condiciones que sean asumibles por los separatistas, permitiera la segregación de Cataluña y de otras comunidades autónomas. De momento, serían siete: Cataluña, Navarra, País Vasco, Canarias, Baleares, Comunidad Valenciana y Galicia.

Rajoy no cree en España, ni en el PP ni en nadie que no sea Rajoy. Lo normal es que se fuera y dejara los trastos de rendirse a Soraya, pero no hay que descartar la hipótesis de un cambio de Gobierno para afrontar esta crisis que no es la de Cataluña, sino la de la integridad nacional y la legalidad constitucional. Y total, pensará él, «¿quién mejor que yo para controlar al PP?». Y no le faltará razón. Si se queda Soraya al frente, se la merienda Cospedal en dos bocados. El pequeño, un pionono, se lo dejaría a Zoido.

La reacción espontánea y el papelón de los partidos

El envilecimiento de las Cortes no es solo estético, gracias a la permisividad de Ana Pastor con los rufianes y la horda podemita, sino ético, tras la deserción de todos los partidos dizque constitucionales y nacionales de las manifestaciones espontáneas de ayer en toda España. Que quince o veinte mil personas, da igual, marcharan bajo la lluvia por la Vía Layetana con banderas españolas, sin el respaldo de PP, Cs y PSC, ni siquiera de Sociedad Civil Catalana, prueba la crisis de representatividad que hasta ahora ha alcanzado a toda Europa y que si Abascal no hubiera jugado a Lepenito protagonizaría una sorpresa en las próximas elecciones.

Ya ha sucedido con UPyD, Podemos y Ciudadanos. Puede suceder con cualquier otro nombre y cualesquiera otras siglas, siempre que sea bajo la misma bandera. Podemos reunió a cincuenta mangutas y cien periodistas en Madrid. Juan Español o Joan Espanyol, quince mil en Barcelona, a pesar de los cien mil periodistas del Prusés. Hemos llegado a la incierta jornada de hoy por culpa del Gobierno y de la oposición, que es como decir del sistema político. ¿Y alguien cree que con España en peligro no peligrará el tinglado de estos representantes que tanto odian a sus representados?

Hoy muere simbólicamente el régimen constitucional de 1978, falto de gobernantes capaces de defenderlo. Podrá durar años o venirse abajo pronto, pero nada será igual después de la humillación de España a manos de sus gobernantes con el aplauso de la oposición. Nada será igual mañana. Lo trágico es que una ocasión que la torpeza de los golpistas nos brindaba para empezar la Reconquista de la legalidad constitucional se haya convertido en un homenaje a don Julián y al obispo don Oppas. Sí, también en 711 hubo un obispo traidor a España. Ahora es la propia Roma la que abre la puerta a los enemigos de la nación. Irán de cabeza al infierno.

P. D. *In memoriam.*
Esta semana ha muerto mi vecina Florentina Miguel, una persona extraordinaria, dueña de ese español magnífico que aún se oye en

los Montes Universales y que, como toda la gente valiosa del pueblo llano, estaba muy preocupada por España. La última vez que
nos vimos, me dijo, a propósito de Cataluña: «¿Pero es que no se
dan cuenta en Madrid de que están matando a la nación?». Esa
pregunta, para la que no tuve ni tengo respuesta, resume una vida
cumplida, la suya, que he de recordar siempre.

1 de octubre de 2017

En 2018, el golpe de Estado de la Generalidad ya se ha producido ante los incrédulos ojos del Gobierno de Mariano Rajoy. Ciudadanos aparece como dique catalán al separatismo. Llega el traspaso de poderes al nuevo régimen de Sánchez. Comienza el asalto.

8 de marzo. Huelga feminista, primer 8M masivo y partidista.

25 de marzo. La policía alemana detiene a Carles Puigdemont cuando trataba de llegar a Bélgica. En Cataluña se producen varias protestas con heridos y arrestados.

5 de abril. La justicia alemana determina que no existe delito de rebelión y deja libre a Puigdemont.

20 de abril. La banda terrorista ETA pide perdón en un comunicado, pero solo a las víctimas «que no tenían participación directa en el conflicto».

17 de mayo. Quim Torra toma posesión de la Presidencia de la Generalidad de Cataluña gracias a la abstención de la CUP y promete investir a Puigdemont. En el acto oficial prometió fidelidad al pueblo de Cataluña, omitiendo menciones al rey o a la Constitución.

31 de mayo. Primera sesión de la moción de censura contra Mariano Rajoy liderada por Pedro Sánchez. Con el apoyo de Podemos, ERC, PDeCAT, Compromís, EH Bildu y Nueva Canarias, se suma el del PNV.

1 de junio. La votación sale adelante y Pedro Sánchez se convierte en el primer presidente investido por una moción de censura.

21 de julio. Pablo Casado, elegido nuevo presidente nacional del Partido Popular al imponerse, con más del 57 % de los votos, a Soraya Sáenz de Santamaría.

24 de agosto. El Consejo de Ministros aprueba el decreto ley para la exhumación de los restos de Franco del Valle de los Caídos.

12 de noviembre. PSOE y PP pactan que el conservador Manuel Marchena presida un Consejo General del Poder Judicial progresista.

20 de noviembre. Manuel Marchena renuncia a presidir el CGPJ y el PP anuncia que rompe el acuerdo con el PSOE para renovar el órgano de Gobierno de los jueces.

2 de diciembre. Elecciones en Andalucía. Batacazo del PSOE y giro histórico a la derecha en las elecciones andaluzas. Vox irrumpe con 12 diputados en el Parlamento. La unión de PP, Vox y Ciudadanos les daría fuerza suficiente para gobernar.

QUE SORAYA PRESIDA EL TRIBUNAL CONSTITUCIONAL

Esta semana, hemos enterrado el rajoyismo y alumbrado el sorayato, un régimen político por delegación, porque se delega el Poder Ejecutivo en el Poder Legislativo y, preferentemente, en el Judicial. Si Rajoy elude su responsabilidad como presidente endosándosela a la vicepresidenta y constituyéndose en su preso político, celado por Ayllón, Soraya se la endosa formalmente al Parlamento y realmente a los jueces, que en el Supremo y el Constitucional son a su vez emanación del propio Parlamento, aunque a través de los dos partidos dominantes, PP y PSOE.

O sea, que el presidente solo preside lo que la vicepresidenta deja presidir a los magistrados del Constitucional y a los jueces del Supremo, que junto a la Audiencia Nacional han sido los encargados de las labores del Ejecutivo para afrontar el golpe de Estado de la Generalidad y medio Parlamento catalán. Así las cosas, sería un gran ahorro para España que Soraya presidiera a los jueces que realmente gobiernan, ya que lo hacen al dictado o al pairo de su infinito poder, que a la hora de la verdad es un poder a escondidas, un despoder. El sorayato es una pomposa abdicación.

Unanimidad en la oficiosidad

Tras la bofetada del Consejo de Estado y el feo de los letrados del propio tribunal, el Constitucional le ha dado al Gobierno el beso de Judas. Por un lado, dice que es elegible el delincuente Cocomocho. Por otro, dice que tiene que estar presente en su elección, y como es un delincuente, deja en manos del juez del Supremo, el imprescindible Llarena, si le deja o no asistir a su elección, es decir, si lo mete en la cárcel investido o sin investir.

Para legalizar a la ETA a la orden de Zapatero, al Tribunal Constitucional no le importó revocar una sentencia en firme del Supremo, pero si se trata de dirimir un asunto de garantías legales, exclusivamente suyo, no le importa dejárselo al Supremo. Siempre he defendido, como muchos otros, que el Constitucional debería convertirse en una sala del más alto tribunal, no en un tribunal de casación o Supremo del Supremo. Por lo visto, sus Altísimas Puñetísimas prefieren seguir a las maduras y a las podridas, pero a las duras, jamás.

Lo fundamental del Constitucional, como de costumbre, no ha sido hacer justicia, porque nunca lo es, sino alcanzar un acuerdo con sus grandes padrinos políticos, PP y PSOE, manteniendo lo que entienden que les da mayor apariencia de autonomía, que es la unanimidad. Yo me creería más la independencia de unos magistrados si hubiera votos discrepantes. Al no haberlos, entiendo que la patata caliente se la devuelven al Gobierno a través del Supremo, con lo que el Tribunal Constitucional muestra una total adecuación al sorayato: se ha instalado en el Reino de la Irresponsabilidad.

La cobardía patológica del Gobierno, respaldada por la mayoría del Parlamento, al limitar la aplicación del artículo 155 de la Constitución a una mera convocatoria electoral, ha acabado enlodando al Poder Judicial, al que se ha endosado en la práctica una responsabilidad que es del Ejecutivo. Así que el Ejecutivo delega en los jueces lo que no debería delegar y el Judicial, más honradamente en el caso de la Audiencia y del Supremo, y menos en la artería del Constitucional, ha acabado por hacer bastante mal lo que debería haber sido la coronación legal impecable de una actuación del Gobierno implacable y con el respaldo deseable, aunque no necesario, de un Parlamento responsable. El Ejecutivo ha desertado, el Legislativo se ha desvanecido y el Judicial se ha acabado enredando al asumir una serie de responsabilidades que no solo no son suyas, sino que impiden el ejercicio correcto de las que sí lo son.

Los tres poderes son indelegables

La naturaleza de la separación de poderes reside en que cada uno de ellos sea independiente y sus funciones rigurosamente indelegables. Ni los jueces deben legislar, ni los legisladores gobernar, ni los gobernantes juzgar. Por desgracia, el sorayato, enfermedad senil del marianato, se basa justamente en lo contrario: en la confusión interesada de poderes, pero no porque uno mande despóticamente sobre los otros, sino porque delega en uno de ellos o en los otros dos la parte más difícil de sus obligaciones. Mal puede resolverse en los tribunales lo que debería resolver el Gobierno. Mal puede gobernar quien aspira a disfrutar del poder dejando que sean los jueces los que afronten los actos de fuerza contra las instituciones, y el acto de fuerza más implacable, irrevocable e inesquivable es el golpe de Estado. Eso es lo que viene pasando en Cataluña y se sigue sin actuar en serio para destruirlo de arriba abajo y de abajo arriba. No hay otro modo.

En un momento de crisis, y España vive la más grave de su historia, es normal que una institución tome sobre sí la responsabilidad que otras no pueden afrontar. Es lo que ha hecho la Corona. Pero lo que no puede el rey es sustituir la acción de Gobierno. Y lo que no puede hacer el Gobierno es endilgarles a los órganos consultivos responsabilidades que son ejecutivas. La nación se sostiene hoy por el liderazgo de Felipe VI y la movilización de millones de españoles en defensa de su nación, que es su libertad y son sus derechos fundamentales. Lástima que los que tienen como profesión la defensa del derecho aplicándolo, que son los jueces, se vean enredados en unas tareas que, si de forma excepcional es difícil que desempeñen bien, de forma habitual es seguro que desempeñarán muy mal.

En fin, que el sorayato no ha podido empezar peor.

28 de enero de 2018

El derecho a estudiar en español en España

Ningún ciudadano español tiene por qué pedir que escolaricen a su hijo en español, ni en Cataluña ni en ninguna parte de España. El Estado, al que pagamos una monstruosa cantidad de impuestos, tiene la inexcusable obligación de garantizar que la lengua común sea vehicular en todos los tramos de la enseñanza, de la guardería a la universidad, en toda España. No se trata de pedir en una casilla el ejercicio de un derecho; no se pide el derecho a votar. Lo que debe hacer el Gobierno, que por cuquería electoral ha destapado el gran tabú de la política nacional, es asegurar que el año escolar próximo haya aulas y enseñanza en español para todos los alumnos que lo deseen. No que lo pidan; que puedan elegirlo porque lo haya. ¿Hay problemas técnicos? Mientras no se resuelvan, no empieza el curso. ¿No hay profesores? Miles del resto de España irán encantados a Cataluña a enseñar en español. Por los catorce mil que salieron a tiros o muertos de asco en 1981.

El maltrato educativo infantil

Lo único que podría pedir el Gobierno es explicaciones a los padres que priven a su hijo de la enseñanza en español, si es su lengua materna, ya que esa opción, si es libre, le garantiza el doble del fracaso escolar habitual en Cataluña (datos de Convivencia Cívica) además del adoctrinamiento contra España y sus familias perpetrado por unos predicadores totalitarios en los que la ideología nacionalista hace tiempo que ha sustituido a la enseñanza. No son todos, suele decirse. Pero sí son todos los que mandan. Y mediante ese abuso de poder, al maltrato infligido a los alumnos, por ser hijos de guardiaciviles o simplemente de andaluces —¡cómo ha asomado la patita racista, común a los lobos separatistas, el Baños de la CUP!—, colocan deliberadamente a los niños en una situación de autoodio y marginación. ¿Es justo para esos niños ser educados como inferiores por hablar español?

La dictadura separatista catalana y la destrucción programada de España empezó cuando el nacionalismo negó a los castellano-hablantes el derecho que, por las resoluciones de la UNESCO sobre educación, pedía —y obtuvo parcialmente— durante el franquismo para los catalanohablantes. El PSUC, el PSC, CiU, ERC, PSAN y Terra Lliure crearon desde que Pujol llegó al poder en 1980 un régimen de terror para que dentro de Cataluña nadie pidiera para todos los ciudadanos lo que ellos consideraban sagrado: la enseñanza en la lengua materna. Aquella reivindicación pedagógica se cambió por imposición soviética. Y siempre de la mano de la izquierda, por la siniestra influencia del PSUC de Vázquez Montalbán en el PCE y del PSC de los nacionalistas progres y los pedagogos de «Marta Sensat»; y la derecha acabó asumiendo el sacrificio de un derecho básico, la educación en su lengua materna, para tres millones de ciudadanos españoles de Cataluña. UCD y el PP lo acabaron aceptando. Socialistas y comunistas lo impusieron y aún lo defienden. Todas las variantes del terror, de la pistola a la burla, del *bullying* al despido, se han puesto en práctica, hasta llegar al colmo de la indignidad: que si una familia pide, arrostrando el acoso y el desprecio de los demás, que su hijo se eduque en español, este pase la hora en una clase solo en catalán hasta que el mismo profesor le resuma en unos minutos lo que ya ha explicado, para que los otros le tomen manía por raro, estúpido, friki, facha y español. La hermanita de Messi se volvió a Rosario. Las trillizas de Montilla van al Colegio Alemán. ¿Y a qué escuela pública catalana van los que no son ricos? Pues a la del adoctrinamiento separatista y el fracaso escolar: la única que hay.

Esta marginación teñida de racismo cuyo fin último es —a la vista está— la destrucción de España, es lo que defienden los socialistas del «PSO-Ex» y los comunistas de Podemos. La doma del inmigrante, porque doma es, en afortunada frase de Boadella, la inmersión lingüística, que es la base de la sumisión ideológica, usa un argumentario soviético u orwelliano, propio del ala «afgana» del PSUC, a cuyo imán Montalbán rinde culto la izquierda periodística catalana desde hace tres generaciones. En su discurso, lo que dicen sus comisarios es justo lo contrario de la realidad: a la segregación la llaman integración; al fracaso escolar, éxito; y aseguran que la inmersión es «un modelo de éxito y convivencia social», ¡cuando Cataluña está partida en dos mitades irreconciliables, identificadas por su lengua en casi el 95 %!

¿Ha fracasado la inmersión? ¿Fracasó el esclavismo?

Los medrosos del PP y de Ciudadanos que no se atreven a disentir de la ley sagrada del catalanismo, que es la de considerar legítimo cualquier atropello a España, a lo español y a la lengua española, dicen que no hay que meterse en el lío lingüístico porque, al cabo, la «inmersión lingüística», que busca en realidad el ahogamiento político de lo español, ha fracasado. La prueba, el relativo éxito de Arrimadas. Según eso, el esclavismo habría fracasado porque a los esclavos nunca les gustó del todo ser secuestrados, maltratados y violados y que nunca les pagaran un sueldo por su trabajo. Pero la verdad es que el esclavismo solo fracasó cuando fue prohibido por la ley y por la fuerza capaz de imponer esa ley, incluso al precio de una guerra civil. El *apartheid* en Sudáfrica no fracasó porque disgustase a los negros, sino porque fue derribado el régimen racista que lo mantenía. Y la dictadura nacionalista catalana dejará de serlo si es combatida y derrotada.

Si es combatida, será derrotada, porque el derecho de los ciudadanos no puede basarse en la exclusión del mismo derecho de otros ciudadanos. Lo importante es entender que en Cataluña se está conculcando un derecho de la mitad de la población que la otra mitad entiende como fundamental: el derecho a escolarizar a sus hijos en su lengua materna. Si es un derecho, lo es para todos. Cuando no lo es, como ahora, es que no hay derecho. Y no podrá decirse nunca que España es un Estado de Derecho mientras en ella se esté discriminando escolar y laboralmente —toda discriminación laboral empieza en la discriminación escolar— a los ciudadanos de lengua española.

El socialismo aragonés amaga con despertar

La ventaja del golpe de Estado catalán es que desde este Gobierno infame que ha abierto la caja de los truenos creyendo que los separatistas impedirán la lluvia, hasta los socialistas, que son el brazo tonto y siniestro del separatismo en toda España, empiezan a darse cuenta de que no pueden seguir respaldando un estado de cosas absolutamente insostenible.

Lambán, jefe del socialismo aragonés, dijo este sábado algo que su partido ha negado siempre: que el castellano está marginado en Cataluña y que el Estado no puede consentirlo más. Pero no porque haya que aplicar el 155, sino porque antes del 155 están la Constitución, las leyes y las resoluciones judiciales, ninguna de las cuales se ha cumplido. El 155 puede servir para suspender de inmediato a todos los funcionarios, de la Generalidad o de la enseñanza, que se nieguen a cumplir la ley. Y procesarlos si se empecinan. Pero el derecho no emana del 155, sino de la Constitución vulnerada, que tiene como herramienta de defensa el 155 y otras fórmulas de excepción.

Su análisis, ojalá que sincero, parte de ese error y de otro del mismo género conceptual, fácilmente corregible: no se margina a un idioma, sino a una parte de la población, por cierto mayoritaria y entre la que están los hijos de cuatrocientos mil aragoneses, más de un tercio del Reino, que emigraron a Cataluña, y que no son tan despreciados como los andaluces, pero sufren la misma aculturación y discriminación lingüística. En fin, si el argentino defraudador Echeminga defiende la política de la Generalidad catalana, es suficiente para que el PSOE y cualquier partido aragonés se opongan. Y mientras no desaparezca la amenaza golpista, que por la «ridiaplicación» del 155 está intacta, que pida la vuelta del archivo de la Corona de Aragón. Ah, y que prohíba esa majadería de la Confederación Catalano-Aragonesa, que por culpa de cierta izquierda editorial baturra se está enseñando en Aragón.

Los mandelas del Prusés

Por cierto, los patanes golpistas se han comparado con Mandela y Alain Delon, símbolos de superioridad ética y estética de la raza catalana sobre la sucia y feísima raza española. Lo estético, basado en la supuesta semejanza del ADN de catalanes y franceses, lo proclamó Junqueras. Cabe, pues, entenderlo como un lamento justificado. Pero que posen de mandelas los racistas del complejo y supremacistas de la inferioridad, esos matones que apalean muchachas con la camiseta de la selección española de fútbol; o que vayan de gandhis los que acosan a Arrimadas, los que rompen una y otra vez a martillazos, siempre impunemente, la sede de *Crónica Global*, es de risa. Mandela, aunque terrorista, luchó contra la segregación racial. Los boixos nois del Prusés, han impuesto el *apartheid* en Cataluña y pretenden que lo acepte y lo aplauda toda España. Cada vez van a tenerlo más difícil.

Pero insisto: no se trata de que haya o no una casilla para pedir que el español sea lengua vehicular en un centro escolar de Cataluña. Ese juego del escondite le será de utilidad dos o tres días al Gobierno del diálogo con el golpe, al que sigue financiando el FLA. La cuestión de fondo es que el Estado, sea cual sea su Gobierno, asegure la enseñanza en español en toda España. No hay nada más importante a largo plazo. Tampoco más urgente.

18 de febrero de 2018

EL GOBIERNO PLANTA AL REY EN BARCELONA

La Generalidad de Cataluña está presidida —155 mediante— por Mariano Rajoy, atareado presidente del Gobierno de España que la delega en la vicepresidenta del Gobierno, que dirige con éxito el CNI y la política de comunicación del Gobierno, amén de coordinar el antiguo Consejo de Subsecretarios que prepara semanalmente el Consejo de Ministros, y ha acreditado extraordinaria eficacia en la «política de diálogo» del Gobierno frente al separatismo catalán. Total, solo ha podido celebrar dos referendos ilegales para la destrucción de España —Rajoy aseguró en ambos casos que jamás se celebrarían y tras celebrarse que no tenían validez legal—, liquidar en dos días de septiembre la legalidad constitucional, estatutaria, el propio reglamento interno del Parlamento y los derechos de la oposición. Ah, y proclamar la República y organizar la huida de la Justicia del presidente.

Era lógico que, tras el éxito del CNI frente a los golpistas, desde las urnas a las papeletas y los Mozos de Escuadra, en los que pese a sus fechorías en el atentado de las Ramblas se siguió confiando, y tras el brillo en el 1 de octubre de la política interior y exterior, de la comunicación y la propaganda, áreas todas en manos de la vicepresidenta, Rajoy le confiara la Generalidad. Nada merece más crédito que una gestión eficaz, y nada más eficaz que la política sobre Cataluña desarrollada por la Gran Soraya.

Puigneró, empleado de Rajoy, insulta al rey

El martes 20 de febrero, cinco días antes de la celebración de la cena que la organización del Mobile World Congress (MWC) ofrece al rey de España, el secretario de Estado de Telecomunicaciones de la Generalidad, un tal Jordi Puigneró, dijo que no recibiría al rey por defender el orden constitucional en su histórico discurso del 3 de octubre. Lo hizo con la chulería que la impunidad asegurada por Rajoy y/o Soraya han asegurado en estos meses de aplicación exclusivamente electoral del artículo 155 a los golpistas que siguen insultando al pueblo español. Ese del que tan opíparamente viven.

Era el momento de destituir al tal Puigneró e instar a la Fiscalía a actuar contra todos los cargos públicos que pretendieran obstaculizar la presencia del Estado y la acción de Gobierno en Cataluña, sobre todo por la delicadísima situación en que el golpe de Estado ha puesto a la economía catalana, que tras la huida de miles de empresas teme, con fundada razón, que el MWC anuncie también que se marcha de Barcelona. De hecho, la presencia del rey se ha debido exclusivamente a la angustiada petición de sectores económicos que ven en la presencia del jefe del Estado el símbolo último de una legalidad que pudiera tranquilizar a los gestores del MWC.

Pues bien, ni el martes, ni el miércoles, ni el jueves, ni el viernes quiso destituir Rajoy a Puigneró y escarmentar a todo funcionario que no cumpla su obligación a satisfacción de su Gobierno de su Generalidad. Y como no lo hizo, porque la mezcla de rencor, celos y vergüenza que marca la relación del presidente del Gobierno con el rey se manifiesta en esos términos de mezquindad, ayer sábado la alcaldesa de Barcelona y otros cargos de la Generalidad se manifestaron en los mismos términos contra la presencia del rey, que es la de España, en el intento de salvar el MWC. Se recoge lo que se siembra. Rajoy siembra impunidad y cosecha desplantes. Pero el que planta al rey, en última instancia, es el que permite que lo planten sus empleados, o sea, el presidente del Gobierno y de la Generalidad: Mariano Rajoy.

El ministro de Justicia, con el golpe y contra los jueces

La política del Gobierno es la de favorecer como sea y cuanto antes que el Parlamento de Cataluña vote a cualquier golpista como presidente de la Generalidad, para lavarse las manos de toda responsabilidad y abandonar el famoso e inédito 155 a las hemerotecas, los historiadores y las termitas.

Anteayer viernes, dijo Rajoy que «una sola persona», en referencia al prófugo Puigdemont, «no puede ser un obstáculo para siete millones de personas», como si los siete millones de habitantes de Cataluña fueran uno solo, desearan lo mismo y quisieran que su futuro dependiera del prófugo, no de la actuación decidida del Gobierno de España y de la Generalidad, ambos presididos por Rajoy, para imponer lo que la ley y toda la fuerza que la respalda, que es la del Estado y la nación españoles, deban decidir.

¿Decidir, he dicho? Lo único que ha decidido Rajoy es no decidir absolutamente nada, sobre todo nada en contra del golpe, a ver si de una vez se ponen de acuerdo los golpistas, forman otro Gobierno golpista y vuelven a dar otro golpe, que será el mismo pero que no le tocará a él. O sí, o a saber, o ya veremos. «Aquí —dijo ayer— sobran comentaristas políticos». ¡Por lo visto, aún no hay bastantes papagayos del Gobierno y de Podemos!

Y esa predisposición de Rajoy a la actividad inactiva, ese empeño en boicotear toda forma de dignidad institucional, la ejemplificó el Ministro de Justicia (antes, de Codere) Rafael Catalá, que en un acto de los abogados de Cataluña, cuando Torrent, presidente del Parlamento regional, habló de «presos políticos», se negó a abandonar la sala como hicieron indignados los jueces y muchos de los presentes. La excusa del sedente Catalá fue que no quería faltar al respeto a los abogados convocantes. Cosa que por lo visto no hizo Torrent, pero sí los jueces que abandonaron la sala porque no admiten que trabajan para una dictadura, la española, con presos políticos.

Mariano piensa en el banquillo; Soraya, también

Esa mezcla de cobardía y parálisis, de aturdimiento y necedad, es la que viene marcando la acción de Gobierno en los últimos meses. Y no tiene aspecto de remitir, sino todo lo contrario. Al parecer, la única preocupación de Rajoy es que Rivera no le gane las elecciones el año que viene. Eso, al parecer. En realidad, la estrategia del Estafermo de la Moncloa es tan solo un intento de salvación personal, a costa del Gobierno, para evitar acabar en el banquillo por los casos de corrupción del PP que puedan alcanzarle.

La alternativa a este temblueque ayuno de alternativa la ha puesto en marcha Soraya, que a través del *alter ego* de Cebrián, Baltasar Garzón, ha pasado a coordinar la estrategia de los imputados del PP. Como descubrió Luis Herrero y comentamos en *Libertad Digital* —en muy pocos medios más—, la táctica de asumir personalmente el marrón y exculpar a los de arriba se ha trocado en culpar a los de arriba para exculparse del marrón. Ese cambio se verá en el gran guiñol del Congreso que arrejuntará a Cifuentes, Aguirre, González y Granados, cuatro personajes con una sola cosa en común, que no es el PP de Madrid: todos estaban bajo las órdenes de Rajoy. Pero él es el Gran Sorayo, el responsable de que el juicio a la corrupción en el PP, en medio de filtraciones ashishinas por falta de un heredero, no acabe de terminar.

Mientras tanto, el golpe de Estado en Cataluña ha vuelto a empezar.

25 de febrero de 2018

Respuesta a las mentiras de *Bild*

El diario *Bild* se sumó ayer a la campaña mediática del golpismo catalán y sus aliados —*El Periódico, La Vanguardia*, TV3, La Sexta, Prisa— achacándome nada menos que llamar a cometer atentados contra los alemanes. *Bild* tituló literalmente, sin hablar conmigo, contrastar la noticia ni informarse del asunto: «¡Periodista español pide terror contra los alemanes!». Esta es la información completa de *Bild* y completamente falsa:

> *Muchos españoles están enfadados porque un tribunal alemán ha puesto en libertad al líder separatista catalán Carles Puigdemont. ¡Y un extremista ha llamado a cometer actos terroristas contra alemanes! El periodista Federico Jiménez Losantos dijo el sábado en su programa de radio: «Las cervecerías pueden explotar en Baviera. Por supuesto, propongo acciones. Está claro que hay que reaccionar». Y más: «En las Islas Baleares hay alrededor de doscientos mil rehenes alemanes». Losantos también dirige el sitio web de derechas Alerta Digital, que celebró el atentado en Münster del sábado: «¡El karma existe!». El titular ha sido cambiado, pero aún puede verse en la URL del artículo correspondiente. Aunque el periodista derechista Losantos es un ejemplo extremo, el caso Puigdemont acusó muy bien la relación entre Alemania y España. (...)*

Y tras un largo repaso al apoyo del Gobierno Merkel al golpista catalán, *Bild* remata su artículo en apoyo del golpista fugitivo de la Justicia:

(…) Carlos Puigdemont (55) debería sentirse cómodo en Berlín. Desde aquí tiene un gran escenario para sus mensajes y muchos seguidores, no todos compatriotas. «Somos una familia», dice Thommy, quien califica de «golpe» que el Gobierno de Madrid esté encarcelando a «políticos democráticamente elegidos».

Bild publica una información injuriosa y falsa por la que hará frente a graves acusaciones legales. Yo no tengo programa el sábado, ni «opero» la web Alerta Digital, cuyo titular, si es cierto, me parece execrable. El periódico que «opero» se llama *Libertad Digital* desde hace dieciocho años —es el decano de los nativos de Internet en España, no cuesta nada informarse— y no ha celebrado los asesinatos de Münster, del mismo modo que yo no he llamado al «terror» contra los alemanes como propalan los medios golpistas catalanes y recicla *Bild*, tan falto de ética periodística como de información contrastada, lo que, insisto, debería acarrearle graves consecuencias legales.

Yo no he llamado nunca al terrorismo; al revés: soy una víctima del terrorismo catalán. Si me refería las cervecerías de Múnich, en las que hay hasta circuitos turísticos recordando el nacimiento del nazismo, es porque el Tribunal Constitucional de Karlsruhe condenó precisamente el intento de referéndum sobre la independencia de Baviera hace dos años. Y solo desde un racismo apenas disimulado puede defenderse que para España es bueno lo que Alemania prohíbe, el separatismo, incluyendo a partidos como los catalanes, que buscan destruir el Estado y fragmentar la nación. ¿Es legal para *Bild* el separatismo bávaro y la destrucción de Alemania? Y si no lo es, ¿por qué defiende el catalán?

Al citar los «doscientos mil rehenes» alemanes en Mallorca, y los millones de europeos jubilados en España, yo no busco secuestrarlos o agredirlos, como sugiere *Bild*. Es la ministra de Justicia de Merkel, al proteger al golpista Puigdemont y negar groseramente que exista un Estado de Derecho en España, la que deja desprotegidos a sus compatriotas, por pura reciprocidad: si en Alemania no rige la ley europea para los españoles, en España no regirá tampoco para los alemanes. En fin, los argumentos están explicados en mi artículo del domingo en *Libertad Digital* y del lunes en *El Mundo*. Léanlos los que sepan leer.

Desconozco quién habrá informado y de qué sobre mí a la policía de Múnich. Nunca he ido a visitar la cuna política de Hitler, que me repugna. Si la base de su información es *Bild* o el forajido Puigdemont, estaría muy mal informada y burdamente manipulada por los medios que buscan liquidar el orden legal europeo mediante la destrucción de España. En tiempos de mi tocayo Federico el Grande se acuñó la frase «¡Todavía hay jueces en Alemania!». Espero encontrarlos para hacer justicia a *Bild*. En cuanto a la ministra de Justicia alemana, debería estar en la calle, tan rápido como Puigdemont en la cárcel. Si es que Alemania respeta a España y a la ley.

9 de abril de 2018

ETA SE DISUELVE PORQUE YA NO HACE FALTA

Es natural que la enésima noticia de la disolución de la ETA haya pasado inadvertida, cosechando incluso algunos coscorrones mediáticos. No seguir hoy la moda jeremíaca del separatismo es como gritar sin voz. ¡A quién se le ocurre pedir solo un poco de perdón a los que mataron por error! Que el conductor beodo alegue buena fe tras atropellar a doce niños en un paso cebra ya no cuela en unos medios que piden teatralizaciones convincentes, hipocresías más ensayadas. Pero, sobre todo, ¿quién va a prestar atención a esa supuesta disolución cuando el terror separatista es más fuerte que nunca?

La etasunización de Navarra, Baleares, Comunidad Valenciana y Cataluña

En su extraordinaria crónica del juicio a los linchadores de Alsasua —oficialmente apoyados por el Gobierno navarro y agasajados en las Cortes por la horda podemita, con el clásico y cejijunto permiso de Ana Pastor, que solo finge severidad tras permitir la fechoría—, escribía ayer en *El Mundo* Cayetana Álvarez de Toledo:

> *La exhibición de lazos amarillos en la fachada de una consejería es más grave que el sabotaje de una autopista por parte de un comando de los CDR. El linchamiento sistemático de los no nacionalistas en TV3 es peor que el puñetazo que pueda propinar un partidario de la CUP. La implicación de*

los mandos de la Policía autonómica en una revolución contraconstitucional es más peligrosa que la existencia de grupúsculos con reminiscencias o incluso tentaciones terroristas. Y la presencia de un Gobierno autonómico en una manifestación de apoyo a los autores de una paliza xenófoba hace más daño que la paliza en sí. Cuando la libertad de expresión degenera en libertad de intimidación, cuando las fuerzas de seguridad se convierten en fuente de inseguridad, cuando el propio poder te dice con quién está y que cuidadito con plantar cara o incluso con resistir, la democracia pasa de juez a víctima. *

Y es que nunca, ni en los peores tiempos de la ETA, España ha estado tan sometida a la violencia intimidatoria del separatismo en tantas regiones y bajo tantos Gobiernos regionales, mucho más peligrosos que los terroristas callejeros. Con el permiso ni siquiera cejijunto, sino cejilelo, cejiciego y cejimudo de Rajoy, Soraya y la cejimema pandilla de abobados del Estado, no hay un solo día en el que cinco comunidades autónomas no den motivos sobrados para su inmediata intervención, aplicando de verdad el artículo 155. Navarra ha sido entregada a la ETA, a través del PNV; el País Vasco, al PNV, contando con la ETA; Baleares y la Comunidad Valenciana, al golpismo catalán, a través del PSOE; y Cataluña, devuelta a los golpistas del 1-O, a los que, con la ayuda de Alemania, trata de rescatar de los jueces en los que había delegado la defensa del orden constitucional y ahora estorban su plan de devolver cuanto antes la Generalidad a un «candidato limpio», naturalmente golpista.

El golpismo catalán, más allá de Cataluña

Mientras, en Cataluña, los CDR campan a sus anchas; los Mozos de Escuadra legalistas pasan a la clandestinidad porque Zoido prefiere jefes que acrediten veteranía y experiencia en insultar a España y los españoles; los medios golpistas —empezando por TV3,

---

* Cayetana Álvarez de Toledo, «La democracia intimidada», *El Mundo*, 21 de abril de 2018.

Godó y *El Periódico* de Soraya—, siguen siendo subvencionados por el Gobierno del 155, que también se sigue negando a publicar las grabaciones de un centenar de policías heridos el 1 de octubre, porque no quiere molestar a Merkel, aunque apoye a Puigdemont.

En Baleares y la Comunidad Valenciana, calcando el modelo golpista de Cataluña, no hay un solo día en el que los Gobiernos regionales socialcatalanistas no atropellen los derechos civiles de la ciudadanía, con la lengua como arma de marginación y exclusión social en todos los ámbitos de la vida pública, de la educación a los concursos públicos. Y el Gobierno calla; hasta cuando en Valencia el heroico PP de Isabel Bonig le implora que haga algo.

Las ruedas de prensa de Méndez de Vigo se han convertido en un agravio semanal a la ciudadanía en general y, en particular, a cuantos le creyeron cuando dijo que el Gobierno garantizaría la libertad de lección de lengua vehicular en la enseñanza en toda España. No es que finalmente y sin explicarse se haya negado a garantizar nada en Cataluña. Es que no garantiza nada en ningún sitio y se niega incluso a comentar tan desagradable asunto. Y la oposición está feliz, ya que socialistas y comunistas son los grandes responsables del desastre educativo que se está imponiendo a toda velocidad.

La violencia contra los jueces

Hace mucho, casi desde el principio, y estoy harto de denunciarlo, que en la propia Audiencia Nacional, el estúpido garantismo progre se convirtió en permiso para agraviar sádicamente a las víctimas. La insensibilidad al respecto de jueces y fiscales es pavorosa y el Supremo empieza a padecer sus efectos. El juicio de Alsasua ha permitido ver a unos jueces permitiendo a los abogados del terror infligir más castigo, por no decir repatear, en la sala, a las que lincharon en la calle. Álvarez de Toledo citaba en su crónica la frase de una de las víctimas, novia de un guardia civil, una mujer que no ha merecido ni una palabra de los millones de feministas de la famosa huelga no se sabe contra quién, pero no contra la ETA ni el separatismo, ni la violencia que al menos la mitad de la población padece diariamente si se opone a los separatistas. La frase es esta:

> *Si ellos están deseando que nos vayamos de Alsasua, ni se imaginan las ganas que tengo yo de irme.*

¿Qué falta hace ya la ETA? La abogacía del linchamiento le hizo decir lo que ayer, ante las capuchas y pistolas etarras, quizás nunca hubiera dicho. Pero la intimidación a la ciudadanía, que es el fin político del terror, está más fuerte que nunca, alcanzando rincones de España que nunca había alcanzado. ¿Cuántas empresas, cuántas familias, cuántos ciudadanos han tomado ya o están a punto de tomar la decisión de irse de su tierra natal o de adopción, porque ni se puede vivir, ni te ayuda nadie a defender tus derechos civiles?

El error esencial al tratar a la ETA

De todo lo que pasa en España, esto es lo más grave: la ETA ya puede disolverse porque no hace falta. Las instituciones al servicio del separatismo hacen mucho mejor su tarea, y sin manchar de sangre las aceras. Ahora bien, si alguien cree que esta destrucción por parcelas de la soberanía nacional va a continuar así, sin más violencia que la que vemos, se equivoca del todo. El terrorismo es una herramienta del separatismo, cuyo fin es la destrucción de España. Cuando esta tarea de demolición se frene, si se frena, volverá al tiro en la nuca, cumplido ya el tiempo de lloriqueo catalán que hoy manda en el duopolio televisivo y el triopolio radiofónico, brazos y piernas del Gobierno. Para entonces, si hay entonces, habremos perdido tiempo, dinero y fuerzas. Será difícil rehacer lo que en 2004 era un formidable frente cívico anti-ETA. Deshecho aquel frente por el PSOE y el PP, o viceversa, la ETA se eclipsa. No ha desaparecido. Simplemente, ha tomado la calle desde las instituciones. O sea, que ha tomado lo que le han dejado tomar. Que es prácticamente todo.

El gran error ha sido y sigue siendo tratar a ETA como una banda asesina y no como una banda separatista que asesina para conseguir sus fines. Mientras se repita el mantra de que «todas las ideas son legítimas», referidas al separatismo, nunca a la defensa de España y el orden constitucional, los asesinatos para imponer esas ideas estarán, *a priori* o *a posteriori*, justificados. Eso es lo que estamos viendo: ya no hace falta la ETA para conseguir lo que durante cincuenta años no ha conseguido la ETA. Qué éxito.

22 de abril de 2018

¿Es un pájaro? ¿Es un avión? ¡Es Super-Sánchez Falconetti!

Una de las pocas ventajas que tiene la llegada del PSOE al poder a lomos del golpismo separatista y el comunismo tinajero es que, como se están retratando a velocidad supersónica, los ciudadanos podrán castigarlos también muy rápido: en las elecciones de octubre, de mayo y de termidor, que es cuando llegará Doña Urna con la rebaja para el CIS del compañero Tezanos, alias Tenazas. Por cierto, que entre los entes cuya desaparición debería plantear ese contrato con España que prepara Casado, tiene que figurar en lugar destacado ese engendro demoscópico en el que hoza cada Gobierno y se extravía cualquier oposición, sin que aproveche más que al periodismo de saldo. Cuando sale, han pasado un mes o dos desde que se preguntó, y eso, que en Suiza será poco, en España linda con la eternidad.

Una incompetencia atómica

Dos cosas han retratado al mini-PSOE (solo 84 escaños) de Super-Sánchez: la primera, el afán por colocar a los amigos y cuates en cualquier latisueldo del Estado, con total desprecio de su capacitación técnica. Hay ya una lista larguísima de cargos publicada en varios medios, que se han confiado a sociatas sin la menor posibilidad intelectual de gestionarlos. Es verdad que si el 44 % de la Ejecutiva Federal ha encontrado acomodo en el pesebre del *BOE*, antes matará Sánchez al PSOE que este llegue a rematarlo. Pero más allá de las triquiñuelas de partido, comunes a todos, hay que procurar un mínimo de decoro en las designaciones, siquiera para evitar accidentes que pasarán factura al jefe. Entre los casos más obscenos de amiguismo, muchos han destacado que Super-Sánchez haya obsequiado a su antiguo jefe de gabinete nada menos que con Correos, una empresa muy moderna y de indudable importancia estratégica que cuenta con setenta mil trabajadores. Confieso que a mí me ha escandalizado más que al frente de una Comisión de Energía Nuclear encargada de tratar el uranio enriquecido, y que desde hace veinte años —tres Gobiernos— dirigía un técnico sin duda competente, se haya colocado a un señor de Valencia que estudió Filosofía y se doctoró en Ciencias de la Educación hace treinta años, o sea, en reforma educativa, que es como se llamaba el achatarramiento de la enseñanza en el felipismo.

No conozco a ese señor. Es más: no voy a nombrarlo. Pero nadie me convencerá de que un antiquísimo burócrata del socialismo valenciano, no precisamente próvido en talentos, que una vez estudió a Platón y que desde hace décadas vive de luchar contra la caverna (un PP tirando a aristotélico) es alguien idóneo para disponer del uranio, ni enriquecido ni desahuciado. La bachillera Adriana Lastre (Lastra, antes de la bablización que el PSOE va a imponer en Asturias con Podemos y Cascos, que ahora va de Revilla) fue sincera ante las críticas por colocar a gente sin más preparación que el carné para cargos delicados: «¡No íbamos a poner a gente de derechas!». Eso presupone que solo los de derechas en España son competentes para los puestos de responsabilidad, o que solo con el PP prospera la izquierda competente. En cualquier caso, retrata a este PSOE como una pandilla de inútiles. Eso sí, felicísima de haberse conocido. ¡Ni que fuera de Podemos!

Propaganda al estilo podemita

La segunda característica que retrata al Gobierno es su estúpido afán en convertir el Gobierno en publicidad, la publicidad en Gobierno, y ambos, en pomposa flatulencia, en un globo o un dirigible mal dirigido. Apenas se formó ya dije aquí que esto no era un Gobierno, sino un anuncio, con un presidente presidido por la harka separata y comunista que lo había puesto. Nada ha cambiado en lo que se refiere a escaños, alianzas o compromisos, tan apresuradamente comprometidos que resultan legalmente inasumibles. Lo nuevo es la infatuación de Sánchez, Supermán de la Supernada. Todos los diarios de papel —salvo el *Izbestia* (con *b*) prisaico, que prefirió callar a defenderlo— criticaban ayer editorialmente la rueda de prensa de Sánchez. En lo económico, por atribuirse méritos que solo corresponden al Gobierno anterior. En lo político, por el verbalismo ridículo que pretende convertir en soluciones institucionales los cambios de vocabulario, como si cada palabra cobrara un nuevo sentido tras rebautizarla la Hacademia de Carmen Calvo.

Entre las majaderías conceptuales emitidas por Super-Sánchez, llama la atención la que dicen que va a arreglar definitivamente, aunque a largo plazo, no nos dicen cuánto, el separatismo catalán: la «lealtad federal». En su rueda de prensa, la primera en dos meses, y solo como paso al vídeo de autobombo ridículamente carmenoso y podemita, al que solo le falta Pitita de presentadora y con el que obsequió a los atónitos periodistas, Snchz insistió en la patología semántica de lo federal, ¡pero aplicándoselo al 155! Insistamos, a ver si lo entiende: en España, si fuera federal no sería constitucional, y si lo es, no será federal. En Babia, puede. Aquí, no.

Sandeces escogidas del nuevo Falconetti

Pero recordemos algunas de las sandeces que prodigó el viernes y que, dada la chulería exhibida por el nuevo Falconetti (un malísimo de teleserie antigua que no llegó a ver a *The Killers*, aunque lo era), serán solo el prólogo de una enciclopedia de necedades oceánicas:

> *Vamos a blindar la educación pública, blindar la dependencia, blindar las pensiones y blindar la sanidad pública.*

Con 84 escaños, presidente presidido, lo único que hay que blindar, si se puede, es el ridículo. Ya se ve que no se puede.

La inmigración no ha empezado con este Gobierno, con este Gobierno ha empezado la política migratoria.

González y ZP, veintidós años de Gobiernos del PSOE, ni lo sospecharon. Si se entera de la afrenta «Típex» Caldera, lo estrangula.

Es bueno que el prestigio entre en una institución como la televisión pública.

Luego todos los que Iglesias y él mismo quisieron colocar en RTVE antes de que colara Rosa María Mateo solo buscaban... desprestigiarla.

[La de Cataluña] es una crisis que se viene larvando desde hace más de una década y se va a exigir mucha paciencia, mucha pedagogía y mucha altura de miras (...). Aquellos que no quieren diálogo, ¿cómo quieren hacer política?

Esto ya pasa de castaño oscuro. ¡Como tú cuando apoyabas el 155! ¿Ya no te acuerdas? ¿Y de cuando llamabas nazi a Torra? ¿Pero cómo te atreves a llamar «radicales» al PP y a Cs mientras defiendes al catanazi que a diario los agrede? ¿Cómo se atreve tu gogó Iceta a comparar a los CDR con Arrimadas? ¿Ya no te acuerdas de cuando bailoteabais juntos delante de una bandera nacional, o sea, española, de catorce metros? ¿Cómo puedes calumniar ahora al PP diciendo que quiere «discriminar a los españoles por origen y por raza», cuando eres tú el socio y cómplice del golpista y racista redomado Torra?

La estocada final, o sea, el infame golletazo: «En resumen: cambio de época, esto es lo que significó la moción de censura, reivindicación de una democracia sana». Y el descabello despótico: «España se reconoce en su Gobierno».

Si la llegada al poder de este orate fue un golpe contra la nación y la libertad, esta palabrería necia, entre bolivariana y cretinoide, ofende al civismo más elemental. Déjennos votar y veremos quién reconoce a quién.

4 de agosto de 2018

LA GENERALIDAD GOLPISTA SUBCONTRATA AL GOBIERNO FALCONETTI

Un año después del atentado en las Ramblas del islamismo catalán (su origen fue la mezquita de Ripoll) que, descaradamente manipulado por los separatistas, supuso el primer acto internacional del golpe de Estado, se ha repetido el desprecio a las víctimas y la exculpación de los verdugos, a los que el año pasado se compadeció y este se ha ignorado. La razón última fue, el año pasado, la cobarde actitud del Gobierno Rajoy, que dejó solo al rey en la defensa del orden constitucional. Este año, la cobardía ha dejado paso a la complicidad: Falconetti ha respaldado y su Gobierno ha defendido la infinidad de fechorías, injurias y mezquindades del catanazi Torra, que junto a Ada Colau (tras decir que «Barcelona responde al terror con amor» se negó a quitar una gigantesca pancarta contra el rey que ha visto todo el mundo), ha alardeado de su dominio en las calles y de su desprecio a la legalidad que se supone representa. Por supuesto, contando con la siembra de odio a España y los españoles, en especial los catalanes no nacionalistas, que a diario destilan la TV3 y demás medios catalanes apesebrados en la Generalidad, un verdadero dineral al que, aunque español, no hacen ascos.

La Generalidad debería estar intervenida

La razón última está clara. La Generalidad, que debió ser intervenida y la autonomía suspendida *sine die* tras el golpe de octubre de 2017, fue mantenida por Rajoy y Soraya, con el respaldo condicionado del PSOE: no tocar TV3. Las elecciones absurda y rápidamente convocadas por Rajoy para quitarse de encima el muerto, o, en su jerga, el lío, arrojaron, con idénticos medios, resultados semejantes. En el lugar de Puigdemont, se colocó a un siniestro racista llamado Torra que presume de que sus hijos forman parte de las bandas de matones —CDR— que atropellan y apalean a los catalanes que no comulgan con el separatismo. Y unos meses después se produjo lo que realmente supone un cambio radical, y radicalmente a peor, de la situación nacional: Rajoy fue depuesto por los golpistas, que entronizaron a Sánchez. La Moncloa quedó subcontratada por los golpistas.

Seguimos sin saber por qué Rajoy se negó a dimitir en la moción de censura, impidiendo que se consumara la elección de Sánchez y el acceso de los golpistas al Gobierno, que desde entonces está a merced de los separatistas. Es una de las muchas deudas que el lamentable registrador de Pontevedra tiene contraídas con la opinión española y no parece dispuesto a pagar. Tampoco sabemos en qué términos se fijó el acuerdo del PSOE y los golpistas, aunque como ha recordado Xavier Salvador en *Crónica Global*[*] se ajusta como un guante al pacto de Iglesias y Jonqueras en Can Roures. Da igual: los hechos acreditan el compromiso, más o menos explícito, de un Sánchez que se niega a convocar elecciones para disfrutar del Falcon en sus asuetos veraniegos, aunque al precio de ignorar las actividades golpistas, cuando no las comparte mediante Batet, ministra del golpe en su Gobierno.

Sin embargo, el aniversario del 17A, convertido por los separatistas en reedición del primero, con manifiesto desprecio a las víctimas, utilizadas como mero pretexto para recordar sus presos y reafirmarse en su proyecto de *apartheid* para media Cataluña y voladura del régimen constitucional, ha dejado tan groseramente claro el estado de sumisión a los golpistas en que Sánchez pretende seguir en la Moncloa año y medio, que puede decirse sin duda alguna que su Gobierno no solo es ilegítimo —no ilegal— por in-

---

[*] Xavier Salvador, «¿Ha bajado los brazos España?», *Crónica Global,* 18 de agosto de 2018.

cumplir la promesa que, en vez del programa de Gobierno, hizo en el Parlamento de convocar elecciones a la mayor brevedad posible (tan grave, decía, era la emergencia nacional tras la caquisentencia del bufete Garzón y Asociados), sino por negarse a cumplir sus obligaciones para con el Estado y la nación.

Las ofensas públicas al rey no son personales

El jefe del Estado ha sido sometido a un rosario de humillaciones —que parece considerar parte de su oficio, y no lo son— y ha sido defendido solo por el PP y, muy especialmente, por Inés Arrimadas y Cs, que fue la fuerza más votada en las elecciones y con la que debería entenderse un Gobierno de España si no se hubiera forjado contra ella y para destruirla. Pero no solo el PSC-PSOE ha aparecido como mero apéndice golpista, sino el propio Gobierno, que se niega a cumplir sus obligaciones indeclinables. La primera, proteger al jefe del Estado, de nuevo expuesto no solo a unas humillaciones que no se le hacen a él en persona, sino a todos los españoles, sino también a unas condiciones de inseguridad verdaderamente criminales.

La pancarta criminal contra el rey

Criminal pantalla perfecta para un francotirador era la pancarta de quince metros que ha presidido el acto oficial para las televisiones de todo el mundo. Gracias a la actuación de un ciudadano ejemplar, Opazo, *Libertad Digital* ha contado con todo detalle cómo eran mozos de escuadra los que la protegían en el mismo edificio usado para colgarla. Luego hemos sabido que se dio la orden de retirarla a las cinco de la mañana y se revocó a las seis, pero la fechoría fue luego defendida por Ada Colau y por el mismísimo consejero de Interior, un tal Buch, responsable de la seguridad del acto: «Los mossos protegieron la pancarta contra el rey porque hay libertad de expresión», dijo o mugió en la radio golpista del conde de Godó, ¡godó que conde!

La única libertad respetable en Cataluña es la de los no nacionalistas que se enfrentan a la dictadura de los nacionalistas, estos fatuos matoncillos cebados con dinero público. Sin embargo, la gentuza que desde Torra a sus CDR injuria a diario por ser mujeres —sin que las femirrojas digan ni pío— y amenaza de muerte a Inés Arrimadas y otras representantes de Ciudadanos, es, por culpa del Gobierno anterior y en vez de una celda, la Generalidad catalana, máxima representación de ese Estado español que Torra llama a combatir, pero del que cobra, como sus S. A. y la mediocracia del Pessebre.

El Gobierno de España tiene el deber de proteger esa libertad, no la de agredir a los españoles, a sus instituciones y a sus símbolos, delitos penados que se niega a perseguir. Al revés. Torra ha perpetrado en apenas 48 horas tal cúmulo de fechorías que si Sánchez no fuera Falconetti habría roto cualquier relación con él y convocado elecciones generales, ya que depende de una mayoría parlamentaria que, ay, del hilillo de Torra pende.

La ministra de Justicia, con Torra

Recordemos: ese desafortunado cruce entre Popeye y Cocomocho no fue al recibir al rey, luego le plantificó delante a la mujer del golpista Forn, el que distinguía tras el atentado entre muertos catalanes y españoles, convirtió oficialmente los actos que debían homenajear a las víctimas en algaradas en favor de los golpistas presos y del propio golpe, ha llenado los medios de declaraciones injuriosas y ha llamado a combatir al Estado que oficialmente representa, y, por último, pero en primer lugar por su gravedad, ha respaldado la carta de Junqueras y demás patulea reclusa acusando al Estado, a través del CNI, del propio atentado de las Ramblas.

José García Domínguez ha analizado en un soberbio artículo de *Libertad Digital** la repugnante fechoría moral del masajista de

---

* José García Domínguez, «La calaña moral de Oriol Junqueras», *Libertad Digital,* 17 de agosto de 2018.

Soraya Sáenz del Diálogo. Pero un Gobierno no puede quedarse en el aspecto moral. Debe asumir en el ámbito legal una atrocidad como la que se le imputa a un órgano que él dirige, el CNI, y responder de inmediato. Lo ha hecho y precisamente la que debía, la ministra de Justicia, pero para elogiar calurosamente a Torra.

Mucho le debe el Gobierno a Garzón, pero no tanto como para hacer ministra a su entrañable. La entrevista en la SER tras el 17A prueba que si Delgado es, en lo político, una calamidad, en lo intelectual es una nulidad, y encima cursi, a lo Colau, lo que no encarece su excelencia como fiscal. La actuación de Torra, que incluyó un mitin de apoyo a los golpistas frente a la cárcel de la que no se atreve a sacarlos —lástima, volverían juntos— le pareció «correcta»; la pancarta contra el jefe del Estado, que ha aparecido en las televisiones de todo el mundo, «no alteró el acto»; en fin, la siniestra exculpación del islam a cargo de Gemma Nierga, otra nulidad perita en pedir diálogo con el terror y que tuvo que recurrir al Sisa de «Zeleste» y a su *qualsevol nit pot sortir el sol*» para hacer como que decía algo, «le gustó muchísimo». Vamos, una cursi rematada, rendida políticamente al golpe. Como *El País*, convertido en el *Izbestia* del Gobierno de Falconetti.

La utilidad mediática de la masacre

El balance de este aniversario de la masacre de las Ramblas no puede ser más triste. Ha quedado impune, mediática y políticamente, la gravísima responsabilidad de la alcaldesa Colau, que se negó a poner los bolardos que había pedido la Policía Nacional. También la de los Mozos de Escuadra que recibieron alarmas desde Bélgica y los USA sobre los islamistas y sobre el atentado inminente *«in a street named la Rambla»,* pero nada hicieron para impedirlo. Peor: tras la explosión de Alcanar, un mozo chulito echó de la escena del crimen a la mismísima jueza; y otro, no sabemos quién y nadie pregunta, mantuvo una larga conversación telefónica con el conductor de la furgoneta criminal. Por no hablar del fusilamiento en campo abierto de los terroristas, a los que no se intentó siquiera capturar para averiguar datos sobre la organización y el propio atentado que hubieran sido muy útiles.

Pero es que, para entonces, como se ha vuelto a ver en el aniversario, la utilidad de la masacre era servir de plataforma mediática internacional al golpe de Estado. Un año después, todo sigue impune, todo parece igual, todo, Falconetti mediante, está muchísimo peor.

P. D. La canción de Sisa dice: *«Oh, benvinguts, passeu, passeu; / de la tristor en farem fum; / à casa meva es casa vostra / si es que n'hi ha casa de algú».* O sea: «Bienvenidos, pasad, pasad; / convertiremos la tristeza en humo; / mi casa es vuestra casa, / si es que hay casa de alguien». Más o menos lo que dice Torra contra «los que hablan la lengua de las bestias», los que llaman «mala puta» a Arrimadas o le dicen que «que se vaya a Jerez», los que reciben amablemente a todos, pero quieren echar a media Cataluña. Es lo que va de la Barcelona de los setenta a la Cataluña actual. Solo una indigente intelectual citaría esta canción para un fin tan opuesto al que le vio nacer.

19 de agosto de 2018

En Cuelgamuros
nace el sanchismo-leninismo

La tumba de Franco no debería ser saqueada por Falconetti y la checa gubernamental por muchas razones. La primera y básica, por civilización: en una sociedad civilizada, no digamos si se proclama Estado de Derecho, el Gobierno no puede sacar un cadáver de una fosa donde lleva medio siglo como venganza por su significado político. Solo podría hacerlo la familia. Y eso, teniendo en cuenta ese significado para la gente que así lo valora.

La segunda es, precisamente, el significado político del muerto. En 1936, Franco —como han recordado centenares de militares de todas las armas— era ya el militar español más prestigioso de España, de ahí los encendidos elogios de Indalecio Prieto en Cuenca poco antes de que sus pistoleros asesinaran a Calvo Sotelo, y solo por casualidad no pudieron hacerlo, aunque a sus casas fueron, con Gil-Robles y Goicoechea, los jefes de la oposición parlamentaria. Tras organizar la Legión ideada por Millán Astray se desempeñó con extraordinario valor en más de cien combates —por esos méritos de guerra fue el general más joven de Europa—, pese a no ser republicano, aceptó públicamente, por disciplina, el arbitrario cierre de la Academia Militar de Zaragoza, que dirigía. Y en 1934, coordinó desde Madrid, por orden del legítimo Gobierno de la Segunda República, la represión del golpe de Estado del PSOE y ERC, los mismos partidos que de forma ilegítima, aunque legal, forman la actual mayoría de Gobierno con el PNV, los bildutarras y los representantes en España de la dictadura genocida de Venezuela, los comunistas de Podemos. Los que ahora van a desenterrarlo.

En 1936, Franco fue el último general importante en sumarse al Alzamiento, y solo se decidió tras el asesinato de Calvo Sotelo, como tantos otros, civiles y militares, que formaron lo que pronto se llamó el bando nacional en la Guerra Civil. En nuestra guerra, como en la rusa, se decidió fundamentalmente si en España se imponía, como quería el PSOE, un régimen revolucionario calcado de la URSS o si la contrarrevolución lograba impedirlo. Si triunfaron los blancos sobre los rojos fue en buena medida gracias a Franco, que unificó el abigarrado bando nacional, militar y políticamente, y logró una victoria que en 1936 parecía imposible.

El respeto debido a media España

La dictadura que siguió, en sus primeros años, fue una consecuencia directa de la guerra y de la guerra de guerrillas que ordenó Stalin y ejecutó el PCE de Carrillo, duró desde 1945 a 1949 y provocó miles de muertos. Pero durante la Guerra Civil y la guerra de guerrillas, «el maquis», que los comunistas declararon al régimen para continuar y ganar la guerra perdida en los campos de batalla, Franco no solo mantuvo el apoyo de la media España que se unió tras él, no con él, y ganó la Guerra Civil que le habían declarado el PSOE y los partidos del Frente Popular, sino que logró un apoyo pasivo masivo de los que, aun viniendo del otro bando, no querían seguir en perpetua guerra civil.

Ese rechazo fue la base del amplísimo respaldo popular al régimen franquista, que, además, desde 1959 dirigió la política económica más eficaz y próspera de nuestra historia moderna. En dieciséis años, de 1959 a 1975, fecha de su muerte, la España de Franco se convirtió en la octava potencia económica del mundo, y sentó con Ullastres las bases de adhesión al Mercado Común Europeo, clave en la integración política que culminó ya en democracia y a pesar de Francia, con UCD y el PSOE. Sin el «milagro económico» del franquismo es inimaginable una economía española, incluidos los servicios sociales, plenamente integrada en Europa. Por respeto a esa España de Franco, ningún Gobierno debería desenterrarlo.

La Transición enterró el franquismo

Pero hay una razón más que todavía no entienden los defensores del régimen constitucional, y es que no fue la dictadura, sino la Transición, es decir, la democracia, la que quiso enterrar a Franco en Cuelgamuros. Esa Transición incruenta y que incluyó una amnistía general a todos los delitos de sangre cometidos en la guerra y la dictadura, hasta los abyectos etarras, supuso la autodisolución voluntaria del régimen que habían apoyado todos los que con Franco ganaron la guerra. Y eso supuso también el perdón de los vencidos en la Guerra Civil. Dos generaciones después, cuando media España se había ya casado con la otra media, el perdón republicano, por fuerza o patriotismo, era fácil. Lo difícil, lo milagroso, es que una dictadura militar y civil, con todos los ases en la mano para seguir disfrutando del poder, lo abandone y lo haga «pasando de la ley a la ley», en frase de Torcuato que sirvió al designio del heredero de Franco, el rey. Y así fue.

Juan Carlos I decidió, como prueba de respeto al bando nacional, el militar y el civil, que dejaba voluntariamente el poder, enterrar a Franco junto a José Antonio, las dos figuras, míticas e históricas, de la media España que había ganado la guerra y aceptaba la democracia si garantizaba la paz y la convivencia civil. El rey actuó con un gran sentido estético e histórico, no solo porque la Corona había sido reinstaurada por Franco —no restaurada en la persona de su desnortado y denostado padre don Juan, un zascandil—, sino porque el Ejército de Franco debía convertirse, bajo su mando, en el garante del cambio de régimen. Sin el Ejército, el nacional, el que había, ni hubiera sido posible la Transición, ni la democracia ni la llegada al poder de la izquierda, cuya primera manifestación, antes de ganar las elecciones el PSOE, fue ver a la Pasionaria presidiendo la Mesa de Edad de las Cortes y a Carrillo, el genocida de Paracuellos, como figurón del nuevo régimen.

Las mentiras del *Izbestia* sanchista-leninista

Es mentira como dice el *Izbestia* (antes *El País*) que el Valle de los Caídos se levantara como monumento a la victoria del bando nacional —ya solo por eso merecería respeto— o para enterrar a Franco —todavía más—. La basílica expresa la idea de reconciliación nacional que en los años cincuenta tenían Franco, la Iglesia, el Ejército y la gran masa civil que coincidía con ellos en apreciar la victoria o, al menos, los logros sociales del régimen. Si a unos no les gusta, basta con que no vayan a verla. ¿Por qué destruirla?

Si Rivera tiene la idea, cateta y ridícula, de un Arlington manchego, que lo haga donde quiera o le dejen, pero sin profanar tumbas ni memorias respetables. Si Casado recuerda o insiste en recordar que tuvo un tío represaliado por el franquismo, que piense en Paracuellos y se le pasará. Le bastaría recordar —como hacen muchos de sus posibles votantes— que si es católico bautizado es porque Franco defendió a los católicos del genocidio perpetrado y conseguido a medias por los partidos asaltatumbas de hoy. Y que la familia y la propiedad, de la que dimanan todas las libertades y que él también defiende, fueron respetadas y protegidas por Franco y los suyos frente a los que, como los predecesores de Falconetti, querían destruirlas.

¿Qué es el sanchismo-leninismo?

Pero hay algo más, que, enredados como están PP y Cs con el destape bolivariano de Falconetti, no acaban de entender. Si gobierna por decreto ley contra la ley, si en tres meses ya ha demostrado que aspira no solo a cargarse el régimen de la Transición, sino a eternizarse en el poder, ¿a qué esperan ellos para impedirlo?

Recordemos que, de golpe y porrazo, al mejor estilo del Gorila Rojo, el Gobierno de Sánchez y Torra, de Iglesias y los sabinotarras, se ha cargado la patria potestad y la jurisdicción ordinaria en favor de no se sabe qué cuidadoras sociales para vengar a la secuestradora Juana Rivas. Con el Estado de Derecho en manos de su elector Torra, Falconetti, vía Delgado, ha apuñalado vilmente al juez Llarena. Ha tomado, de la mano de Pablenin, RTVE, y ha echado a los profesionales que no fueran de su cuerda, en la que se ha ahorcado la noticia del empleo de Begoña como sacamantecas del Erario. Y ha decidido, siempre por decreto, cargarse el techo de gasto, para lo cual la bachillera Adriana Lastra ha decretado que el Senado se opone a la soberanía nacional, que hasta ahora ostentaba con el Congreso.

Antes, Falconetti rompió con el numerito del Aquarius cualquier política contra la inmigración ilegal, negocio de esas ONG para las que atracaba dinero público Begoña, Reina del Estrecho. Antes, el ministro del Interior, fantasma del Marlaska que fue grande, dijo que quitaba las concertinas de las vallas de Melilla y ahora se calla cuando los asaltos son con ácido y heces contra nuestros agentes. En Cataluña, sencillamente, mandan los golpistas. En Cultura, han puesto a un Maximini, pero que ha dicho tales gansadas sobre Franco y del Valle que solo la Ignorante Mayor del Reino, Carmen la de Cabra, puede superarlas. Eso sí, con facilidad.

El sanchismo-leninismo es un régimen de arbitrariedad y saqueo de fondos públicos perpetrado por analfabetos. Una tribu de necios que ha descubierto en la superioridad moral de la izquierda y la omnipresencia y omnipotencia en los medios de comunicación el chollo de su vida, a costa de la ruina de la nuestra. O se les echa cuanto antes o no va a haber manera de echarlos. Ellos quieren hacer irreversible lo que hace tres meses decían momentáneo e instrumental: echar a Rajoy. Lo que realmente quieren es imponer y administrar a conveniencia el régimen que soñaba la ETA y que Roures actualizó en su dacha con Pablenin y Junqueras, el del Pacto del Tinell, del 11M y ZP: una derecha sin derechos y un Estado sin España.

Lo que no entiende la derecha

Lo que no entienden el centro ni la derecha, porque no entienden a la izquierda, es que la cuna simbólica de ese régimen sanchista-leninista, con Falconetti a la cabeza y Pablenin en la sala de edición, es precisamente la fosa abierta, profanada por consenso parlamentario, de Franco. Y que la cuna del populismo instalado ya en la Moncloa es la tumba del régimen constitucional. No solo porque se cargue el Senado o las leyes a decretazos, sino porque impone una legitimidad nueva que parte de la negación del franquismo y de la Transición, de la paz civil pactada hace cuarenta años y refrendada masivamente por la nación en 1978. Por razones morales, éticas y estéticas no debería desenterrarse a Franco. Por razones políticas y de partido, PP y Cs deben impedirlo o, al menos, votar en contra. Si aceptan este trágala siniestro, acabarán tragando lo que venga.

¿Qué vendrá? Fácil es preverlo. Al cumplir cien años, el PSOE quiso blanquear su pasado de latrocinios con una campaña de carteles que, bajo las enharinadas sienes de González, decían: «Cien años de honradez». Los excomunistas, la única oposición al franquismo, agregaron «y cuarenta de vacaciones». Un liberal corrigió: «¡Y ni un minuto más!». Este año, al cumplirse los cuarenta de la Constitución, Falconetti y el régimen de sus enemigos, que eso es el sanchismo-leninismo, dirán también: «Y ni un minuto más». Y se irán a celebrarlo a Cuelgamuros, donde, con la estúpida incomparecencia de la oposición, nace esta miserable dictadura.

24 de agosto de 2018

EL GOBIERNO-CLOACA
DE SÁNCHEZ-GARZÓN

Una de las cosas más tristes de la España actual es constatar el éxito de la desmemoria programada sobre nuestra historia reciente, desde los años ochenta del siglo pasado hasta ahora, entre los menores de cuarenta años. En los veinteañeros, es ya como si una lija hubiera dejado su cerebro listo para albergar mil notifalsas —*fake news*— y ocultar toda noticia de la verdad. Y, sin embargo, para los que llevamos en el tráfago periodístico casi desde la Transición —en mi caso desde la llegada del PSOE a la Moncloa, que en el poder mediático ya lo estaba—, lo que hemos podido oír esta semana no es el sonido de los planetas que cantan los poetas y buscan los yoguis, sino todo lo contrario: el ruido del delito en el desagüe de las cloacas del Estado.

Repóquer de delincuentes y la musa del delito

Un dibujo de la web moncloa.org, difusora de esas voces que vienen produciendo un ruido insoportable en las cloacas del Estado durante las dos últimas décadas, muestra con aterradora sencillez algo que cabía sospechar, pero no estaba probado. Ahora sí. En la mesa de Rianxo a la que se sienta Dolores Delgado, ministra de Justicia e íntima del exjuez Garzón —«ella bebe de mi copa», dice Balta—, está totalmente rodeada por delincuentes ya condenados o en espera de juicio: Garzón (inhabilitado por prevaricación), Villarejo (comisario, imputado y preso), Gabriel Fuentes (alto comisario, imputado), Eugenio Pino (DAO imputado), García Castaño «el Gordo» (comisario, imputado) y Fernández Chico (comisario, el único fallecido).

Sus delitos son los más graves que cabe imputar a togas o placas: valerse del cargo para chantajear a ciudadanos ricos o poderosos y forrarse. Es un repóquer de delincuentes adornado con la musa del delito, también delincuente como parte de la banda. Reto al historiador más memorioso a encontrar un ministro de Justicia europeo en situación tan comprometida durante el último siglo y que, descubierto, no haya dimitido de inmediato.

Pues bien, lo terrible es que lo insólito en la historia de Europa es en la España actual previsible y normal. En ciento quince días, han sido destituidos o deberían haber dimitido cinco ministros —Huerta, Duque, Montón, Celaá, Delgado—, la vicepresidenta Calvo y el presidente del Gobierno, Dr. Pedro Sánchez-Fraude. Por delitos fiscales, plagios intelectuales o amenazas a las libertades, medio Consejo de Ministros debería estar fuera del poder y ante los jueces. Algo difícil si la autora del peor delito es la ministra de Justicia.

Unas charlas zafias pero elocuentísimas

El presidente Dr. Fráudez presumió ante su telenanny Ana Pastor del «alto grado de ejemplaridad moral» asumido por su Gobierno. Nunca algo tan estúpidamente fatuo ha quedado tan escandalosamente desmentido. La ministra, que, de forma sucesiva, en día y medio, dijo no haberse reunido nunca con Villarejo, luego tal vez haber coincidido, y después haberlo visto no más de tres veces, quedó retratada como la mentirosa compulsiva más incompetente en la historia de los ministros del PSOE, que ya es retratarse.

Y entonces llegaron las grabaciones. En la primera, Delgado respalda a Garzón para echar a dos comisarios de un caso en el que molestan al juez, objetivo cumplido de inmediato por los policías-delincuentes del Rianxo y delito más que probable. A continuación, la fiscal que hasta ahora solo bebe cerveza, pero luego «bebe el vino de mi copa» pide permiso a Garzón para decir «lo que es» el entonces juez y hoy ministro del Interior Grande-Marlaska. Cuando cincuenta sombras de Balta se lo da, Delgado dice: «Maricón». «¿Quién?», dice Villarejo. «Marlaska», recalca la ministra. Y todos se ríen. Delgado añade que «George Cloony» (López) es guapo, «eso no se puede negar» pero «nenaza», y ella prefiere «los tribunales de tíos y no de tías». La prensa necia se escandalizó con el dicho «maricón», no con el hecho de que la ministra estuviera con delincuentes de toga y placa... como una más.

Las menores de Colombia

La segunda jornada auditiva nos permitió oír a la aún ministra Delgado revelando a unos policías ya entonces famosísimos por sus grabaciones a diestro y siniestro, nada menos que el supuesto delito de perversión de menores en Cartagena de Indias de un grupo de jueces del Supremo y miembros de la Fiscalía General del Estado que se habían ocultado de sus colegas femeninas. ¿Pero revelaba algo de difícil comprobación —la edad de las chicas— o daba una pista a los corruptos sabuesos para chantajearlos? Me inclino por lo segundo. Y ello, por el tercer día de audios escandalosos.

En él, la, insisto, ministra de Justicia «que no piensa dimitir» y a la que todo el Gobierno, empezando por el presidente, «apoya y sostiene» oye complacida y augura «éxito seguro» al prostíbulo montado por Villarejo para chantajear a gente «dura y correosa» en «consejos de administración», pero que le cuentan todo a «la chorbita» que les pone. No se trata de sacar información a espías o terroristas o delincuentes internacionales, que eso es cosa del CNI, sino de chantajear para conseguir una información que luego sirve para lograr favores de jueces, fiscales, políticos o periodistas. Del tipo de favores que pagaría a precio de oro un narco o un empresario corruptor de políticos para no ser extraditado a un país donde se pudriría en la cárcel.

Y así volvemos, tras pasar por una exhibición fecal de Garzón en el cuarto día de audios, que prueban la íntima relación de Balta y Lola con los policías corruptos, porque no se habla de diarreas mexicanas con gente que no es de confianza, al origen de todo este asunto: la investigación por el juez Egea de un pago de seis millones de euros por parte del empresario Pérez-Maura al comisario Villarejo para evitar su extradición a Guatemala donde sería juzgado por sobornar al presidente de la República. Su abogado es… Garzón. Y la fiscal que apoya la no-extradición… Dolores Delgado.

Promesa rota, guerra de mafias

Es decir, que estamos ante lo que parece una banda organizada de togas y placas corruptas que se valen de todo, desde prostíbulos ilegales a cambios de policías y delaciones sexuales para chantajear a jueces y fiscales y hacerse millonarios. Esta banda facilitó a Pedro Sánchez la sentencia-excusa del juez De Prada, metiendo con calzador una frase que delata no la mentira de Rajoy —que obligaba al juez a deducir testimonio—, sino la costumbre de mentir, manipular y prevaricar de una pandilla que ha hecho de la Justicia un negocio particular, contando con la aquiescencia interesada de los dos grandes partidos, PP y PSOE, y todos sus Gobiernos.

Se dice que la parte judicial de la banda prometió a la policial que la sacaría de la cárcel. Y no ha cumplido. Con setenta años y el juicio de la dermatóloga de López Madrid por delante, o a Villarejo se le facilita una salida a lo Paesa o se morirá en la cárcel. Es muy natural que se resista y se vengue, a través de los periodistas a los que durante años ha suministrado «información sensible», siempre favorable a sus bolsillos, de los Garzones, sus cómplices en tantos enjuagues y delitos, en las sombras de los estrados y de las comisarías, y es muy posible que entre hoy y mañana remate la jugada. Al final, a este Gobierno-cloaca Sánchez-Garzón, no lo disolverán los comunistas venezolanos ni los golpistas catalanes. A Sánchez puede obligarlo a convocar elecciones el más que presunto delincuente Villarejo.

30 de septiembre de 2018

EL FRENTE POPULAR Y LA DERECHA IMPOPULAR

El miércoles pasado, en uno de esos debates sobre la nación que promueven desde hace un año las fundaciones Villacisneros y Valores y Sociedad en el auditorio de la Mutua, tan abarrotados que el otro día no le dejaron pasar a Isabel San Sebastián, que es como si a Letizia no le dejaran entrar en la Zarzuela, tratamos de precisar la naturaleza histórica del Frente Popular, si lo que hoy gobierna en España, varias comunidades y grandes ayuntamientos, es una forma actualizada de Frente Popular, y especialmente el papel de los medios de comunicación en la configuración de este Frente. Aunque con este Gobierno cada semana es una voltereta y con el golpismo catalán cada día es carnaval, cabe pasar de la anécdota a la categoría y definir qué es, de dónde viene y adónde va esta vieja estrategia comunista.

Una fórmula de Stalin para la conquista del Estado

Porque lo primero que hay que recordar, incluso para entender lo que España padeció en 1936 como herramienta para llevarnos a la Guerra Civil, es que fue una idea de Stalin para que los comunistas llegaran el poder en Estados demasiado fuertes para tomarlos por la fuerza de las armas. O sea, cuando no se tiene un ejército como el que permitió a Stalin, por la vileza de Occidente, ocupar militarmente los países de Europa Oriental, asaltar sus instituciones e imponer la dictadura roja del Partido-Gobierno-Estado.

En el Frente Popular de León Blum en Francia, el de España y, antes, el de Mongolia Exterior, la fórmula empleada fue siempre la misma: una alianza del Partido Comunista con otros partidos de izquierda y sectores capitalistas, a los que se promete pluralismo político y libertad económica. Lo mismo pasó en plena Guerra Fría en China, Cuba, Laos, Nicaragua o Venezuela. Y la razón era que o bien el Partido Comunista (PC) no era bastante fuerte o bien a la URSS no le convenía exhibir esa fuerza. Su programa era establecer una «democracia de nuevo tipo», de «transición al socialismo», pero respetando la propiedad privada de los trabajadores, los pequeños agricultores y la llamada «burguesía nacional». En Nicaragua, los sandinistas usaron el delicioso arcaísmo «bienes bien habidos» para esa propiedad respetable. Hasta que, un día, el PC decidía lo que estaba «bien habido», que era nada, y «mal habido», que era todo. De la «democracia de nuevo tipo» se pasaba a «profundizar la democracia social», eliminando a los «saboteadores» y «chupasangres», que eran fusilados, encarcelados o privados de la cartilla de racionamiento, que sustituía al dinero como vehículo para poder comer. Maduro no hace nada que no hiciera hace un siglo largo el genocida Lenin.

El doble Frente Popular de Roures

Hay dos razones para que la opinión pública en general y la derecha en particular no entiendan el carácter revolucionario de la política de Frente Popular. La primera es el desconocimiento total de la ideología y la táctica del comunismo; la segunda, que el factor comunista se alíe al separatismo, aparentando ser dos cosas distintas cuando se trata de un mismo proceso cuyo fin es el derribo semilegalizado del sistema constitucional español. Pero el Frente Popular fue perfecta e inteligentemente diseñado por Roures cuando llevó a su casa en una furgoneta de cristales tintados a Junqueras e Iglesias para diseñar el pacto de Gobierno con el PSOE de Pedro Sánchez.

Esta es la clave: Sánchez fue expulsado de la Secretaría General por intentar esa alianza de Gobierno con Podemos y el separatismo catalán. Al derrotar a Susana Díaz estaba claro que volvería a las andadas. Lo esencial era que los dos elementos que podían llevarlo al poder, Podemos y ERC, tuvieran clara la alianza. Era una posibilidad que dependía, en parte, del PNV, siempre dispuesto a traicionar, y de Rajoy, encantado de rendirse.

Y ese cúmulo de circunstancias, complicado, pero no imposible, se produjo. Había que impedir un Gobierno de Ciudadanos en Cataluña, y Podemos, al vetar la Presidencia del Parlamento que, por votos, era de Cs, lo impidió, aliado con ERC, el PdCat y la CUP. Y siempre que haga falta, como ha pasado esta semana, los Comunes votarán junto a los golpistas.

Esa alianza dibujaba un tripartito en el que el PSC no era necesario en Barcelona, sino en Madrid. Y así pasó: el PSC decidió que ERC fuera la clave del pacto para la moción de censura contra Rajoy. Algo contra lo que nunca iba a oponerse el PNV, al que siempre favorecerá la debilidad del Gobierno central. Máxime si es del PSOE y con solo 84 escaños. Tenemos así a un Gobierno socialista, con un programa comunista, en Madrid; y a un Gobierno golpista en Barcelona, apoyado por el de Madrid y los comunistas. No se romperá esa alianza ni en la parte de izquierdas ni en la separatista, porque les conviene a ambos que dure, al menos, hasta el mayo electoral. Si pueden hacer unos presupuestos comunistas, los harán. Y todos los medios que puedan acumular, que en lo audiovisual son casi todos, los acumularán.

La imagen impopular de las tres derechas

Por supuesto, porque la naturaleza profunda de todo Frente Popular no es de tipo parlamentario, sino antisistema, no estamos ante una alianza electoral, sino ante una alternativa de régimen, que supone dinamitar el orden constitucional y sacar a toda la izquierda de los consensos de la Transición. Es la culminación del diseño de Zapatero, del Pacto del Tinell, del de Estella y del de Perpiñán.

Es el PSOE que vuelve a Largo Caballero, al guerracivilismo como alternativa a la pérdida del poder. Falto de apoyo policial y militar, sin armas, pero ojo: el terrorismo catalán puede brotar en cualquier momento y el CNI ya ha acreditado incapacidad para verlo venir. Se dirá que el terrorismo no puede cambiar el régimen por la fuerza. Pero eso es ignorar la naturaleza del terrorismo, la «propaganda por el hecho», como la definían los comunistas bakuninistas en la Cataluña de los años veinte.

Y aquí topamos con algo que parece mentira, que, después del 11M y los dos años de golpismo callejero que le precedieron —Prestige, Guerra de Irak, ruptura del pacto PP-PSOE en el País Vasco, «cordón sanitario»—, siga pendiendo sobre la derecha en España: su inexistencia en el ámbito audiovisual, sobre todo en todos, todos los canales de televisión de masas. Esto permite amplificar la eficacia del terrorismo, como hoy vende la nulidad y corrupción del Gobierno Fraude como un paso liberador del pueblo y los pueblos esclavizados por la España franquista y/o derechista.

Los partidos han olvidado las manifestaciones el 8-O

Del maricomplejinismo del PP de Aznar pasamos a la traición directa del de Rajoy, sin que Cs se haya ocupado más que de salir en la tele. Vox presume del boicot de la aplastante mayoría mediática izquierdista, pero no lo hará por mucho tiempo. La campaña electoral, ya comenzada, es «contra las tres derechas». Y si se pelean entre ellas, como hasta ahora, las tres saldrán perdiendo, las tres se las verán y desearán para frenar al Frente Popular, como sin duda quieren los votantes del PP, Ciudadanos y Vox.

El aniversario de las gigantescas manifestaciones tras el mensaje del rey contra el golpe en Cataluña ha pasado sin pena ni gloria. Señal de que la derecha política sigue siendo incapaz de conectar con su base social y de ampliarla en lo que resulta más sencillo: el sentimiento nacional. En cuanto a la izquierda, simplemente ha traicionado lo que su base tenga de bueno, que, cegados los cauces socialistas, no sabemos cuánto es. La necesidad de crear no uno sino dos Frentes Populares prueba que la izquierda y el separatismo no tienen fuerza social suficiente para imponer el cambio de régimen. Pero les sobra capacidad mediática y cuentan con la ceguera de una derecha, o dos, o tres, a las que no les importa ser impopulares. Este suicidio ideológico y cultural es, sin duda, lo peor de todo lo que nos pasa.

7 de octubre de 2018

La rebelión del Gobierno
en apoyo de la rebelión separatista

Este martes, Jorge de Esteban publicaba en *El Mundo* una tribuna tan sólida como oportuna: «Rebelión o rebelión»[*], en la que abundaba en los argumentos de Llarena y la Fiscalía para acusar de ese delito a los golpistas catalanes, junto a los de sedición y malversación de fondos, que acarrean penas menores, aunque en ningún caso pequeñas. Había comenzado ya la campaña de intimidación a la Justicia del Gobierno Sánchez y sus secuaces comunistas y separatistas, y era bueno acopiar todos los datos teóricos con los que el régimen constitucional debe defenderse prácticamente, ley en mano, contra los que quieren destruirlo.

El Estado podría y deberá hacerlo, si persiste la rebelión, con toda la fuerza de que legalmente dispone para reprimir el alzamiento de una parte de la Administración contra los administrados, que eso ha sido y es el golpe de la Generalidad de Cataluña. Y deberá hacerlo, si la persuasión de los tribunales no es suficiente para aplastar el golpe. Pero, de momento, el peligro no está en la fuerza de los golpistas en la cárcel, sino en los que los apoyan desde fuera, con el Gobierno de España y sus socios a la cabeza.

El ámbito completo del golpe de Estado

Al impecable artículo de Jorge de Esteban, solo le añadiría dos datos que probablemente utilizará la acusación particular de Vox, en este y

[*] Jorge de Esteban, «Rebelión o rebelión», *El Mundo*, 1 de noviembre de 2018.

en otros juicios que, a este paso, habrá que hacer contra los que como Sánchez y sus cómplices tratan de blindar el golpe ya perpetrado y hacerlo impune. El primero se refiere a la violencia armada explícita: no hace falta sacar una pistola para violar a alguien, a veces basta amedrentarla físicamente, usar la sorpresa o someter a la víctima a una intimidación inesperada. Y los catorce mil mozos de escuadra estuvieron, como grupo armado, respaldando el golpe contra la Policía Nacional, el día del referéndum prohibido por el Tribunal Superior de Justicia de Cataluña (TSJC). Lo hicieron de forma jerarquizada, sorprendiendo y reduciendo al máximo la libertad de los ciudadanos que les pagan y confían en ellos para respaldar la ley, no para vulnerarla en contra del mandato expreso del TSJC.

Por cierto, es un error habitual decir que se trata de un golpe catalán, cuando se hace contra España y no solo en nombre de los que allí viven y padecen la dictadura nacionalista desde hace décadas, sino de los que ya la están padeciendo en lo que llaman «Països Catalans», la «Catalunya Gran» del separatismo racista y violento —como el actual— antes de la Guerra Civil. Los ilusos que creen que cediendo a la presión, que es simple corrupción desde tiempos de Pujol (ver artículo de Santiago Trancón en *elCatalán.es*[*]) se quitarían un problema permitiendo aduanas en el Ebro, se equivocan. El antropoide Tardá lo dejó muy claro en cualquier televisión —todas son más o menos favorables al golpe— ante la pregunta de si lo perderíamos de vista en el Parlamento español de existir una Cataluña independiente: no, estaría en el mismo sitio, defendiendo la ruptura con España de las Baleares, la Comunidad Valenciana, parte de Aragón, el País Vasco, Navarra y Galicia.

Las armas traperas del golpe

El segundo dato es el de la supuesta falta de armas —y de violencia— en el golpe. ¿Nadie favoreció pistola en mano la votación ilegal? Sí: los Mozos de Escuadra, que llevaban su arma aunque no

---

[*] Santiago Trancón, «Del 'procés' al proceso», *elCatalán.es,* 31 de octubre de 2018.

la desenfundaran, y eso bastaba para amedrentar a los ciudadanos que sabían y saben que Trapero y compañía tienen esas armas y las usan, en las ruedas de prensa y en el fusilamiento de islamistas desarmados a campo abierto. Milans del Bosch no hizo disparar a sus tanques el 23F en Valencia, le bastó pasearlos. Armada ni siquiera sacó la pistola. Pero a ambos les cayeron treinta años de cárcel. Por cierto, al segundo, tras el recurso del Gobierno de UCD, que así entendió que combatía el golpe en ejercicio de su sagrada obligación legal.

Exactamente al revés actúa el Gobierno de Falconetti, que utiliza con descaro todos los medios del poder, empezando por los judiciales pero sin renunciar a los violentos —no han tratado de disolver las FAS, aunque ese sea el plan último de los comunistas y los separatistas en general— con el fin explícito de apoyar la impunidad de los golpistas y negociar con ellos sus objetivos. La presión a la Abogacía del Estado para prescindir del delito de rebelión y meterse a interpretar el de sedición (cuando solo debería entrar en cl de malversación, ya que su tarea es defender los bienes materiales del Estado) supone un ataque indirecto a la Fiscalía y un ataque directísimo al Tribunal Supremo, ya iniciado por la amiga de Garzón y Villarejo que aún okupa el Ministerio de Justicia por facilitar que Sánchez okupe la Moncloa.

El Gobierno y la alta traición contra España

El Gobierno está además cometiendo un acto de alta traición, contra España como Estado y la nación que la sustenta, atacando a su soberanía en el ámbito judicial y asumiendo los argumentos golpistas esgrimidos por los tribunales alemanes o belgas en abierto menoscabo de la Justicia española. Sánchez y su Consejo de Ministros deberían ser juzgados, y lo serán si sus trabajos finalmente conducen a la ruptura violenta del orden constitucional, por atacar a España en el ámbito europeo e internacional, para mantenerse en el poder y desde él acometer la demolición del Estado con los golpistas.

Como ha dicho Arcadi Espada, el indulto al golpismo ha comenzado. En realidad, la sumisión de la Abogacía, la presión a la Fiscalía y la burla al Supremo son actos perpetrados desde un acto continuado de prevaricación. Por eso mismo, no debería continuar la relativa inacción y, sobre todo, la desunión de los partidos que defienden a nuestra nación y su Constitución: Ciudadanos, PP y Vox. Urge una moción de censura pedagógica, no para ocupar la Moncloa, sino para explicar a los ciudadanos desde las Cortes la gravedad de la situación nacional por culpa de Sánchez, Iglesias y demás. Lógicamente, con el compromiso de convocar, no como el traidor okupa, elecciones generales inmediatas y formar un Gobierno que actúe contra el golpe de Estado y no a favor. No todos los golpistas están en el banquillo. Pero habrá que sentarlos a todos, o el golpe, definitivamente, triunfará.

3 de noviembre de 2018

John Fitzgerald Sánchez, del atentado falso al golpismo verdadero

Ningún país ha padecido tanto una noticia falsa como España el 11M de 2004, cuando los informativos de la SER, dirigidos por García Ferreras, dijeron que el Gobierno ocultaba la existencia en los trenes de Atocha de «al menos dos islamistas suicidas, con varias capas de calzoncillos». Todo lo que ha sucedido después, hasta el golpe de Estado contra el régimen constitucional que estamos padeciendo, viene de aquella inmensa trola, que, hábilmente manipulada por las cloacas policiales de villarejos y garzonejos y las sentinas mediáticas del imperio del PRISOE, provocó la salida del Gobierno de aquel PP que Aznar legó voluntariamente a Rajoy.

Vox salva del Franco-tirador a JFK Sánchez

Tras esa trola y las que se amontonaron después en la instrucción del caso y la sentencia posterior, monumentos a la prevaricación continuada, la de esta semana, el supuesto atentado que un francotirador preparaba contra el heroico Sánchez, que acababa de infligir un golpe terrorífico a la banca anulando por decreto ley la sentencia del Supremo sobre el IAJ hipotecario, es muy poca cosa. Sobre todo, cuando, para servirla a la teleplebe, se aliña con una cantidad pasmosa de mentiras adjuntas. El atentado solo existió como comentario en un grupo de WhatsApp, que una dirigente de Vox, no se sabe por qué, denunció a los Mozos de Escuadra. Y estos, que nunca se caracterizaron por su pulcritud legal ni por su transparencia operativa, lo llevaron ante un juez que lo guardó siete semanas, tal vez para ver si así se parecía a lo que Echeminga y su banda llamaron «proyecto de magnicidio».

El último magnicidio en España fue el asesinato de Carrero Blanco, del que siguen haciendo chistes los podemitas. Y fue obra de la ETA, socia de Sánchez e Iglesias, como los dos últimos, afortunadamente frustrados. Uno fue contra el avión del presidente Aznar, al que, siendo todavía jefe de la oposición y aprovechando su desprotección por el Gobierno del PSOE, ya le colocó una bomba al paso de su coche, de la que escapó de milagro, aunque mató a una anciana en un edificio cercano. Del otro, contra Juan Carlos I, en Mallorca, sí se encargaba un francotirador de verdad, que tenía, como todo asesino que se precie, su cómplice para huir, amén de los planos y horarios para el asesinato. Creo recordar que la Policía detuvo a dos, que fueron juzgados y condenados. Si viven, que no sé, tal vez sean concejales.

Hablaba de Cataluña, no de Franco

El Franco-tirador, un tío de Tarrasa de 62 años, no tenía ni planos ni horarios para matar al Dr. Fraude. Tan poco sabía de su víctima verbal que pidió ayuda a ese grupo whatsappero amigo de la policía para que le dijeran por dónde andaba y adónde iba. Primer caso en la historia del magnicidio en que el criminal lo anuncia en una red social… ¡y luego se olvida de él! Lógico, si no sabía ni siquiera que en la Presidencia del Gobierno existe una agenda oficial con el calendario de actos del inquilino monclovita. Los que sí sabían qué hacer con el magnicida más inútil de todos los tiempos eran los Mozos de Escuadra, que el día anterior habían hecho el ridículo al dejar circular con una presunta granada que era una hebilla de cinturón el AVE Barcelona-Madrid, desalojando hasta Atocha y sin detener a la lista de la hebilla ni parar el tren, ni cosa semejante.

A diferencia de la ejecución en campo abierto del único islamista vivo del atentado de las Ramblas, heroica tarea de la que presumieron, esta vez los Mozos llevaron al aprendiz de terrorista al juez, que lo mandó a la cárcel, no han dicho por qué. Moncloa lo supo todo desde el principio, pero no dijo nada en siete semanas del supuesto magnicidio. Lo que sí hizo fue cambiar el móvil, que en la red dijo que era el pacto con el separatismo catalán y se convirtió en venganza franquista por la exhumación venidera. Al efecto, la versión oficial añadió que era un expertísimo francotirador, de ahí el grave peligro que había corrido el presidente, aunque nunca lo corrió.

Lo malo es que tampoco resultó un experto tirador. Coleccionista de armas, sí, en el caso de que no hayan puesto los mozos el arsenal del preso, pero como tirador, malísimo, según el encargado del club de tiro olímpico del que era socio. «Es muy mediocre: de cuatro niveles, el cuarto», reveló.

La mentira abrumadora por televisión

Para este Gobierno de las *fake news* y del Fakesidente cum fraude, la verdad no existe. Solo cuenta la propaganda, y para eso tiene el control absoluto de todas las televisiones, obsequio de Rajoy, amén del periodismo pardillo, que aún sigue digiriendo las trolas del 11M. Durante dos días —y los suplementos semanales— nos han estremecido con el dizque atentado del dizque francotirador que iba a asesinar a Sánchez, ocultando —el *Izbestia* tuvo que cambiarlos— los datos que no encajan con el cuento de miedo del gran peligro que corre España: Franco, sí, que través de un zombi se habría querido vengar de J. Fitzgerald Sánchez por sacarlo del Valle, no dejarlo entrar en la Almudena y tentar al Vaticano con el escote de Carmen Calvo.

«Lamento ser el involuntario protagonista de la noticia», dijo Fráudez muy repuesto del susto tras revelarse el sensacional complot franquista que nunca existió. Pero ya llevaban medio día contando la trola las televisiones, para disimular la inmensa fechoría de la víspera: el golpe, vía decreto ley, del Ejecutivo contra el Judicial a cuenta del IAJ, ese impuesto que no existe en media Europa y que en la otra media cuesta diez veces menos que aquí.

JF Sánchez nos prepara para el Gran Golpe

John Fitzgerald Sánchez ha matado así tres pájaros de un tiro: se ha adornado contra la banca, se ha fingido víctima ilesa de Lee Harvey Franco y nos ha acostumbrado a una normalidad genuinamente golpista: que el Gobierno puede enmendar sobre la marcha y sin cambiar siquiera las leyes cualquier sentencia del Tribunal Supremo. Humillarlo en el ámbito de lo contencioso-administrativo es lo de menos. Lo esencial es hacerlo en el de lo penal, cuando llegue la sentencia sobre el golpe de Estado en Cataluña. Sánchez quiere anularla indultando a los golpistas y asegurarse sobre ese golpe de mano contra la legalidad constitucional la Presidencia de lo que Iglesias gobernará como Bloque de Progreso, del Cambio, o contra las tres derechas; o sea, el Frente Popular Separatista que venimos denunciando y que está resueltamente decidido a liquidar el Estado y a destruir la nación.

11 de noviembre de 2018

El felón Judas Sánchez contra el Supremo, la nación y la Constitución

Desde las abdicaciones de Bayona, por las que Fernando VII y Carlos IV entregaron cobardemente la Corona de España a Napoleón, no existe en la bimilenaria historia de España una traición tan miserable, tan innecesaria, tan abyecta y de tan terribles consecuencias como la perpetrada este jueves por Pedro Judas Sánchez, alias Falconetti. Por lo menos, los dos reyes que rindieron la corona de España y las Indias al genocida francés claudicaban ante el primer ejército del mundo. Este felón *cum fraude* lo ha hecho ante una pandilla de mamarrachos racistas, de legendaria cobardía y que cobra cada mes lo que a los españoles nos quita el Gobierno, porque no tienen donde caerse muertos. Fernando VII, el Rey Felón, se rindió por cobardía. Judas Sánchez, el Presidente Felón, se ha rendido por puro vicio.

En una cuartilla, todas las traiciones

En solo una cuartilla, el que no cabe considerar presidente legítimo, ni siquiera legal, del Gobierno del Reino de España, renunció a la soberanía del pueblo español, denigró al Tribunal Supremo que debe juzgar en un mes a los golpistas de 2017, redujo a escombros la imagen internacional de España renunciando al apoyo internacional ante el reto separatista, asumió que la «ciudadanía catalana» se limita a los golpistas, condenando así a los catalanes a la guerra civil y privando a los leales de la ayuda de su Estado. Si algún día, como sería deseable, se juzga a Judas Sánchez y a su infame Gobierno por alta traición, bastará la hojita perpetrada por dos lerdas, Batet y Artadi, la Noia de Falconetti y la Noia del Cocomocho, para condenarlos. He aquí el texticulillo íntegro, cuajado de memeces y todas ellas delictivas:

> *Tras la reunión celebrada hoy entre el presidente del Gobierno de España, Pedro Sánchez, y el president de la Generalitat de Catalunya, Quim Torra, y miembros de ambos Gobiernos, se señala lo siguiente:*
>
> *Coinciden en la existencia de un conflicto sobre el futuro de Cataluña. A pesar de que mantienen diferencias notables sobre su origen, naturaleza o sus vías de resolución, comparten, por encima de todo, su apuesta por un diálogo efectivo que vehicule una propuesta política que cuente con un amplio apoyo en la sociedad catalana.*
>
> *Por ello, y con el objetivo de garantizar una solución, deben seguir potenciándose los espacios de diálogo que permitan atender las necesidades de la sociedad y avanzar en una respuesta democrática a las demandas de la ciudadanía de Cataluña, en el marco de la seguridad jurídica.*
>
> *La vía del diálogo requerirá del esfuerzo de todas las instituciones, de los actores políticos y de la ciudadanía. Ambos Gobiernos se comprometen a trabajar para hacerlo posible.* [*]

El engendro plebiscitario de Judas, Calvo y Batet

A las pocas horas de la infame nota, Calvo dijo en la radio que la «solución del conflicto» es una cosa que debe resolverse «entre catalanes», es decir, que los que no somos catalanes no pintamos ya nada en lo que se perfila como un plebiscito para liquidar nuestro Estado y nuestra nación. Antes, genuflexo ante el catanazi Torra, que ahuecaba su voz de ratafía ante la flor marchita del empresariado favorable al golpe —adecuadamente presidido por un Sánchez Llibre, de la acreditada banda de Durán y Pujol—, el Presidente Felón se adentró en el entusiasmo alcohólico del mal

---

[*] Comunicado tras la reunión entre el presidente del Gobierno de España y el presidente de la Generalidad de Cataluña, 20 de diciembre de 2018.

bebedor y si no se morreó, al modo de Brezhnev y Honecker o Iglesias y Doménech, con el que él mismo llamaba «fascista», sería porque a Torra no le apeteció. Pero proclamó la primacía absoluta del «diálogo» sobre la ley, como si no se sintiera obligado por la Constitución que juró «guardar y hacer guardar».

Y es que, en rigor, no se siente atado más que a su ambición. Hará lo que sea —ya lo ha hecho— para estar todo el tiempo posible en la Moncloa, evitando las urnas hasta donde pueda. Y para ello, destrozará España por dentro y por fuera, hundirá a su partido y colocará a la ciudadanía ante un conflicto civil tan innecesario como ineluctable. Le da absolutamente igual.

Sánchez es el elemento más amoral que ha padecido nunca la política española, Zapatero incluido, que ya es decir. Ni los asesinos de Viriato; ni el conde don Julián, que abrió el Estrecho al islam; ni el traidor Vellido Dolfos, hijo de Dolfos Vellido; ni el felón por antonomasia, Fernando VII; ni siquiera Juan Negrín, sicario de Stalin en la Guerra Civil, quisieron nunca destruir España: venderla, pignorarla, alquilarla, esclavizarla, sí. Cuartearla, despiezarla y desguazarla para siempre, no. Y eso busca Judas Sánchez, presidente ilegítimo de un Gobierno fuera de la ley: instalarse en el poder mientras va entregando a los enemigos de España, trozo a trozo, el cuerpo del Estado y el alma de la nación, que es su unidad o comunidad política.

La moción de censura y la sombra de Vox

Libertad Digital ya ha pedido editorialmente que Casado y Rivera presenten de inmediato una moción de censura contra Sánchez que brinde al PSOE la oportunidad de deshacerse del que, con toda probabilidad, será su verdugo en las elecciones municipales, autonómicas y generales: el letal pacto con los separatistas que coloca definitivamente al PSOE fuera de la Constitución y contra la nación a la que, en principio, debería representar. Lo de menos es sumar escaños. Lo esencial es retratar a Sánchez ante la opinión pública nacional como lo que ha elegido ser: el cabecilla del golpe.

Si Rivera, por un proyecto de poder puramente personal, prefiere cargarse a Ciudadanos como Sánchez al PSOE, allá él. Casado tiene la obligación de exponer ante la opinión pública la gravedad de la situación y hacer que Rivera elija entre un PSOE imaginario que, con el PP, lo haría presidente, o el de verdad: el que ha entregado España a sus enemigos, el que quiere liquidar a plazos o por entregas el Estado que debería defender. No nos basta que ambos denuncien que Sánchez ha entregado la soberanía nacional. Queremos que ellos hagan algo para defenderla, y ese algo no puede ser esperar a las elecciones de mayo. Para entonces, a buena parte de sus electores, solo les quedará Vox. Y no tengan duda de que lo votarán.

23 de diciembre de 2018

2019

El avance golpista desata la reacción de la sociedad civil: la ilusión de Colón que la propia derecha enterró por complejos, soberbia e incompetencia.

10 de febrero. La famosa foto de Colón. PP, Ciudadanos y Vox, unidos contra Sánchez en una manifestación masiva en Madrid.

12 de febrero. Comienza el juicio a los acusados por el 1-O. La Sala de lo Penal del Tribunal Supremo juzga a 12 líderes independentistas (faltan los que huyeron de España: Puigdemont y varios consejeros del Gobierno catalán) por el denominado «Procés» en Cataluña, la organización de un referéndum ilegal de 2017 y los intentos de desobedecer las decisiones judiciales. Las penas a las que se enfrentaban oscilaban entre los 7 y los 25 años de cárcel. La cuestión fundamental es si el desafío al Estado se hizo con violencia y supuso rebelión o sedición, además de desobediencia o malversación de fondos públicos. La Fiscalía alude en una veintena de ocasiones a la existencia de violencia en su escrito de conclusiones provisionales para sustentar su acusación por rebelión.

28 de abril. Elecciones generales. El hundimiento del PP de Casado da a Sánchez una victoria suficiente para gobernar. PSOE (123) y Podemos (42) suman 165 y PP (66), Cs (57) y Vox (24) solo 147.

17 de septiembre. Pedro Sánchez anuncia la repetición de las elecciones y fija la fecha el 10 de noviembre, tras no llegar a un acuerdo con Podemos. Acusa a Iglesias de bloquear la formación de un Gobierno progresista de manera reincidente.

14 de octubre. Sentencia del juicio a los acusados por el 1-O.

Días posteriores a la sentencia. Violencia en Cataluña alentada por la Generalidad de Torra: 288 agentes resultaron heridos de diversa consideración y 194 personas fueron detenidas.

24 de octubre. Exhumación de Francisco Franco del Valle de los Caídos y traslado al cementerio de Mingorrubio.

10 de noviembre. Elecciones generales. PSOE y Podemos salvan los muebles y suman mayoría con los separatistas. En la derecha el PP mejora un poco, Ciudadanos se hunde (de 57 a 10 escaños) y Vox se dispara (de 24 a 52).

12 de noviembre. Pedro Sánchez cede a las exigencias de Pablo Iglesias y solo dos días después de las elecciones cierra el pacto con Podemos (abrazo con Iglesias incluido) tras asegurar en campaña que no lo haría («no dormiría por la noche...»).

19 de noviembre. Sentencia de los ERE: seis años de cárcel para José Antonio Griñán y nueve de inhabilitación para Manuel Chaves, expresidentes socialistas de la Junta de Andalucía.

¡A Colón!

Hay muchas razones para que un español que no padezca invalidez, enfermedad, agorafobia o lejanía insalvable de la patria se acerque hoy, a las 12:00, a la Plaza de Colón, en el centro mismo de la capital de España. La primera, claro, es que nos convocan los tres partidos que defienden la nación y la Constitución, tras saberse que el traidor Sánchez pretende negociar la independencia de Cataluña con mediadores internacionales, tal y como la ETA, autora histórica de ese guion, pretende desde que empezó a matar españoles para doblegarnos y privarnos de lo que es nuestro: España.

La segunda es que todos los enemigos de España y de la libertad, sin excepción, están en contra de la manifestación de hoy. No hay una sola rata periodistiprogre, un escriba lamelibranquio, un millonario telemaduro o un vocero radiopodrido que no himple, como las hienas, ante una convocatoria hecha aprisa y corriendo, pero sin duda oportunísima, viendo a todos los que molesta. Si *El País*, la SER, *La Vanguardia*, *El Periódico*, La Sexta, Cuatro, TVE y Telemadrid aúllan contra la llamada de Rivera, Casado y Abascal, es señal inequívoca de que nubla el horizonte golpista mediático y político, empezando por la ETA y terminando por Felonetti. Si los buenos llaman, hay que pensarlo. Si los malos tratan de impedirlo, hay que acudir.

Apoyar al Supremo, a la ley contra el golpe

La tercera razón es que este martes empieza en el Tribunal Supremo el juicio a los principales autores del golpe de Estado del 1 de octubre de 2017, aunque en realidad viene perpetrándose desde hace cuarenta años, cuando el nacionalismo racista-pujolista y la miserable izquierda catalana declararon políticamente incorrecto el nombre de España y toda pretensión de libertad e igualdad ante la ley en nombre de la Constitución de 1978.

Lo que se juzga, como bien aclaró Javier Ortega en esRadio este viernes [*], no es un acto más de violencia, sino de rebelión contra el orden constitucional, para liquidar la soberanía nacional española, base de la ordenación legal. El golpe de Estado no es un acto contra una ley, sino contra todas las leyes. Lo que busca es privar de toda protección legal a toda la ciudadanía. Por eso es el delito más grave de todos. Y así debe ser juzgado. Y debe ser condenado.

Acudir hoy a Colón es apoyar a los siete jueces, los cuatro fiscales, al juez instructor, a los abogados del Estado decentes que este indecente Gobierno apartó cuando se negaron a firmar el cambio de la base legal de la acusación, resultado lógico de la colocación por los golpistas en la Moncloa de su hombre, el traidor Pedro Sánchez, Falconetti o Felonetti. Es también respaldar a los que anónimamente han contribuido a crear las bases jurídicas para el juicio, empezando por la acusación popular de Vox, que se presentó y empezó a trabajar cuando nada hacía suponer que Rajoy y toda la oposición no harían nada contra el golpe, ni que se iba a producir la gran reacción nacional que los ha llevado al dulce momento que ahora disfrutan.

Y aunque la convoquen tres partidos políticos que, seguramente, hoy están representando a la mayoría de los españoles, el gran acto en Colón es también una manifestación contra la política en su acepción más rastrera, la partidista, que busca un beneficio particular a costa del interés general. Sin mediar atentado terrorista, esta es la primera vez que tres partidos grandes y varios chicos convocan a la ciudadanía por un problema nacional. Es cierto que, esta vez, quieren robarnos nada menos que la nación,

---

[*] Entrevista de Federico Jiménez Losantos a Javier Ortega Smith en *Es la Mañana de Federico*, esRadio, 8 de febrero de 2019.

pero hasta ahora nunca se había dado de forma tan clara la voz de alarma. Esta es la política en su acepción más noble, que debemos rescatar: la que trabaja para todos.

No una, sino veintiuna manifestaciones

En fin, hay una razón última para acudir, aunque no se tengan ganas, y es que es bastante fácil que no sea un gran éxito. Además de convocarse como un acto testimonial tras la rueda de prensa de Carmen la de Cabra, que confirmó lo de los mediadores internacionales, relatores o mamporreros, nada había preparado nadie el jueves para un acto de masas este domingo. Sin embargo, hay un precedente: la gigantesca manifestación de Barcelona el 8 de octubre de 2017, tras el discurso del rey en defensa de España y de la Constitución frente a los golpistas y a la cobardía del Gobierno de Rajoy.

Naturalmente, un milagro así solo se produce una vez. Pero como el golpe de Estado sigue, ahora con el apoyo directo del Gobierno del Felón, es preciso empezar a manifestarse no una, sino veintiuna veces, el número de las humillaciones que ha aceptado negociar el Felón con los golpistas. Hay que demostrar a los funcionarios fieles al Estado y a la nación, con el rey a la cabeza, que estamos con ellos. Hay que demostrar a los políticos decentes que los vamos a apoyar. Hay que demostrar a los traidores que no vamos a olvidar su felonía. Y hay que demostrar a los golpistas, camino del banquillo, huidos en el extranjero o escondidos en sus guaridas mediáticas, que España ni olvida ni perdonará jamás a los que pretendieron liquidarla.

Además, a los buenos ciudadanos, a todos los españoles reunidos en Colón, les saldrá el sol. A los malos les espera la sombra.

9 de febrero de 2019

Pedro Sánchez, sin vergüenza

El discurso de investidura que Falconetti no pronunció ante el Parlamento en la moción de censura contra Rajoy, porque dijo que era solo para convocar elecciones «a la mayor brevedad posible», y que endilgó este viernes a los periodistas atónitos es el mayor ejercicio de desvergüenza en la historia de los inquilinos de la Moncloa. Y mira que hemos alojado allí a basura intelectual o moral de toda laya y condición: de aquel González del «OTAN, de entrada, no» al «Sí a la Alianza [que era la OTAN] por el bien de España», al Rajoy que tras irse de copas y no dimitir de la Presidencia del Gobierno evitando la llegada de los golpistas al poder dimitió de la del PP pocos días después porque «es lo mejor para mí, para mi familia y para España», pasando por el infame Zapatero, resucitando a la ETA y la Guerra Civil, hemos soportado discursos arteros, abyectos y repugnantes. Como el ejercicio de mendacidad protagonizado este viernes por Sánchez, ninguno.

Refundando una legitimidad

Solo alguien carente del menor decoro intelectual, o sea, un doctor *cum fraude*, cuya tesis doctoral fusilan varios «negros» y cuyo último libro lo ha escrito otra, se atrevería a recordar precisamente la moción de censura que le aupó al poder sin pasar por las urnas, y encima explicar el carácter «constructivo» que, copiado de la alemana, tiene en nuestra Constitución. ¡Pero si él mismo renunció a presentar un discurso alternativo de Gobierno, porque se trataba solo de echar a Rajoy «por corrupción», y eso por media línea corrupta deslizada en una sentencia por un prevarijuez de la banda de Garzón! ¿Y qué programa de Gobierno podía salir de la alianza del PSOE con el golpismo catalán, el separatismo vasco y el comunismo venezolano?

Pues bien, va el tío y, sin descomponer la quijada equina, dice que su Gobierno, como si hubiera gobernado algo, siempre ha buscado el bien de los españoles, sin sectarismo ni crispación. ¡El asaltatumbas! Y que Él lo ha hecho siempre «dentro de la Constitución». Si las trolas aumentaran la presión cardíaca, en ese momento habría caído fulminado por un infarto. Recordemos que este sujeto, que si no sabe mentir es porque desconoce la verdad, anunció en la SER un referéndum exclusivamente para los catalanes que «tienen un Estatuto que no han votado» y que recuperarían los artículos anulados por el Tribunal Constitucional, precisamente los que establecían una Justicia al margen de la española, refugio de todo delito nacionalista.

Humillaciones ante el separatismo catalán

Pero propugnar desde la Presidencia del Gobierno un referéndum contra la soberanía nacional española y el orden constitucional, tan ilegal como el de los que se sientan en el banquillo del Supremo o merodean como forajidos por los arrabales de la Europa corrupta y antiespañola, significa que los ocho meses de su Gobierno lo han sido de gestos de humillación de los españoles ante los golpistas catalanes, que lo colocaron en la Moncloa. Este Gobierno, que nació legal, se convirtió en ilegítimo desde el momento en que Sánchez no convocó elecciones, como prometió en el Parlamento. Pero es que luego recibió a Torra con lazo amarillo, que ha sido el símbolo de la Presidencia de Falconetti, y ha perpetrado una miríada de fechorías.

Recordemos algunas: retiró los recursos contra las ilegalidades de la Generalidad, regaló miles de millones a Cataluña —la última en los fallidos Presupuestos Generales— en detrimento de otras regiones españolas, intentó cambiar el criterio de la Fiscalía en el juicio al golpe y liberar al golpista Forn, acaudilló una campaña contra la juez Lamela por encausar a Trapero en la Audiencia Nacional, apuñaló al juez instructor Llarena cuando lo denunció Cocomocho, destituyó al abogado del Estado y todo su equipo por negarse a cambiar su informe contra los golpistas, porque se negó a firmar «una ilegalidad». Multiplicó los gestos de acatamiento al discurso y los símbolos del golpe, pasando siempre bajo el lazo amarillo gigante que es el pórtico de la Generalidad del catanazi, el que escribió que el español es «la lengua de las bestias salvajes» y que los españoles, sobre todo los catalanes que hablan español, tienen «un bache en el ADN».

Y lo realmente imperdonable, delictivo y delictuoso: Sánchez ha aceptado negociar las veintiuna condiciones impuestas por los golpistas para aprobarle los Presupuestos, lo que supone la liquidación de la soberanía nacional, de toda seguridad jurídica, de la monarquía y del Parlamento, aceptando una «mesa de partidos» que sustituiría la representación de los ciudadanos por la de unos partidos comprometidos con el golpe de Estado. Y esto último no fue solo «sentarse a hablar de todo», como dice el Felón. Fue refrendado por la vicepresidenta en rueda de prensa cuando presentó los cuatro puntos que, como alternativa, ofrecía a los golpistas presos o huidos. Y antes, Iglesias los había negociado con Junqueras ¡en la cárcel!

Por tanto, si la campaña electoral emprendida con la excusa de un mensaje institucional, porque para Sánchez la única institución es él, y su enemigo son «las tres derechas de Colón» —las tres carabelas del cambio—, está meridianamente claro que su propósito es insistir en lo que llevó a la manifestación a partidos y ciudadanos: la seguridad de que Sánchez solo contempla el futuro junto a los golpistas catalanes, presos y sueltos. Y que ese es el único horizonte de la izquierda: destruir España con sus enemigos.

Programa comunista, corrupción socialista

Las cesiones y humillaciones ante el golpismo catalán han sido la primera de las tres notas de continuidad de la legislatura ochomesina. La segunda ha sido cumplir el programa económico de la franquicia política del régimen de Maduro: Podemos. Además de su esquiva política sobre la tiranía comunista en Venezuela, a Pablo Iglesias le ha entregado TVE y la parte económica de los Presupuestos, cuya gran hazaña política ha sido la subida del salario mínimo, con el inmediato balance de la destrucción de cien mil puestos de trabajo. A los comunistas, eso les da igual. Desconocen desde sus orígenes el trabajo real, salvo para usurpar su representación. Y, como típico sociata, Top Falcon se ha apresurado a nombrar amigachos de archiprobada incompetencia para dirigir empresas públicas como Correos.

Pero el nepotismo no ha sido el aspecto más notorio de la corrupción en un Gobierno déspota que asalta el Gobierno de España de la mano de los enemigos de la nación. Nunca, en ocho meses, ha tenido ningún Gobierno tantos y tan graves casos de corrupción como el gabinete del Doctor Falconetti. Empezando por la estafa de la tesis doctoral que no hizo y de las mentiras que acumuló proclamando en el mismísimo Parlamento su originalidad y la dimisión de Montón, por otro multiplagio, hasta el primer dimicesado Máxim Huerta, recuperado por la banda de los Goya para la causa progre, los casos de corrupción alcanzan a más de la mitad del gabinete Fráudez.

Recordemos algunos casos: la condena judicial de Borrell por la venta de acciones de Abengoa para su primera esposa, usando información privilegiada del Consejo donde entró como esposo de la segunda, Narbona. También esta, acusada de corrupción por obligar a Acuamed a financiar las campañas del PSOE. El astronauta Duque tenía una sociedad instrumental bastante tramposa para no pagar impuestos, como otros ministros. Celaá mintió en la preceptiva declaración de bienes al Congreso sobre el valor de su patrimonio inmobiliario: declaró trescientos mil, cuando supera los cinco millones.

Pero el caso más escandaloso de corrupción es el de la ministra de Justicia, a la que hemos oído en comilonas con el hampa policial y judicial, elogiar el «éxito asegurado» de los burdeles clandestinos de Villarejo para extorsionar a jueces, fiscales y empresarios con «información vaginal». Tarea a la que se unió delatando la tendencia sexual de Marlaska y la supuesta corrupción de menores de miembros del Supremo en Colombia. Su entrañable Garzón tenía, por ejemplo, un empresario como cliente, en favor del cual la fiscal Delgado informó en la Audiencia Nacional y evitó que fuera extraditado a Guatemala por sobornar al mismísimo presidente. La ojiplática con fantasías trifálicas ha sido el pago a la pandilla garzonita por la media línea de Prada contra Rajoy en la sentencia del caso Gürtel.

Votar y botarlo es de absoluta necesidad

Nueve ministerios, dos secretarías de Estado y la propia Presidencia del Gobierno han sido alcanzados por la maldición de Frankokammon. Lo último, al anunciar la exhumación, ha sido la inhumación de la legislatura. Sin embargo, Sánchez insiste en pasear la momia como la plebe parisina exhibía en una pica la cabeza de la mejor amiga de María Antonieta ante la ventana de la celda donde esperaba la muerte, tras afrentarla con la peor de las calumnias: la falsísima seducción de su hijo, el delfín de Francia. Así empezó el imperio de la izquierda totalitaria: con el terror y la calumnia. El Felón ha tenido al terrorismo como socio, la telecalumnia como costumbre y el anuncio de las cosas como hazaña de Gobierno. No ha gobernado en serio un solo día, pero ha mandado una barbaridad en todos ellos. Y aspira a seguir haciéndolo. Derrotarlo en las urnas es tan necesario como respirar.

17 de febrero de 2019

Ni Iglesias ni Errejón:
el líder bolivariano es Sánchez

Tras la emisión en la cadena pública TVE de su *Aló presidente*, que nada tuvo que envidiar al autobombo del Gorila Rojo en sus días de gloria, nadie ya puede dudar de que la caída en las encuestas de las dos facciones comunistas, Podemos-Galapagar y Podemos-Madalenas, se debe a una sola razón: Pedro Sánchez es el nuevo y verdadero líder bolivariano en España. Ni en su programa económico de extremísima izquierda, ni en sus alianzas internacionales, ni en su sumisión a los golpistas y separatistas, ni en su desprecio a todo lo español, ni en su indiferencia a la distinción entre lo público y lo privado, ni en su odio a la monarquía parlamentaria, ni en su obsesión con Franco, ni en su propósito de eternizarse en el poder, ni en su desprecio a los jueces y al Estado de Derecho, ni en el uso sistemático de la mentira en cualquier ámbito se diferencia YoSánchez de Iglesias y Errejón.

Con Maduro y Corbyn

Solo la estupidez congénita de Maduro le impide comprender que su hombre en España es el secretario general del PSOE, no los dos cabecillas enfrentados de Podemos. Aunque siguiendo la inspiración de sus sicarios en España, el que ha paralizado, junto con los esbirros de Putin, la acción diplomática en la Unión Europea ha sido Sánchez. El que cuando expulsan a eurodiputados españoles de Venezuela sale a defender al narcorrégimen es Borrell, el escupido —y agradecido— ministro de Exteriores de Sánchez. Y el que sintoniza con su protector mexicano, López Obrador, es Sánchez.

Sánchez es el que hace que una periodista mexicana amaestrada le pregunte a Celaá por la «enorme preocupación» que asegura que hay en México por el auge de Vox. Ojo: no por el narcotráfico, la corrupción, la subida del combustible o la ruinosa demagogia del exdirigente del PRI, aliado de Putin y enemigo de los USA, sino por el auge del apoyo a Vox entre los españoles que viven en México. En fin, el único Estado de la UE en el que, pese a reconocer tardíamente a Guaidó, la televisión pública y todas las cadenas izquierdosas se prestan a la justificación del régimen asesino de Caracas, más asesino que nunca, y atacan a diario a los antichavistas es el país que desgobierna Sánchez.

El eje Londres-Madrid-Caracas

Pero nada refleja mejor el alineamiento de Sánchez con los partidos de extrema izquierda antioccidentales y prochavistas que la elección de su socio político preferente en el inicio de la campaña al Parlamento Europeo: Jeremy Corbyn. Ni Mélenchon ni Die Linke podrían igualar, nunca superar, el continuado empeño de Corbyn en atacar, insultar y degradar todos los símbolos, causas, ideas y valores que definen a las democracias liberales. El líder laborista inglés es un feroz antisemita, capaz de rendir homenaje a los terroristas palestinos de Septiembre Negro que, en represalia por el asesinato de once deportistas olímpicos judíos en Múnich, mató el Mosad. Su afecto por los terroristas muertos se extiende a los cinco del IRA que mató el SAS en Gibraltar, y por los vivos, en su invitación a Gerry Adams.

Y sobre todo, ningún representante de un partido democrático ha sido tan explícito como Corbyn en su homenaje fúnebre a Hugo Chávez, apoyo que sigue manteniendo a su sucesor al frente del narcorrégimen. Sus tuits elogiando al Gorila Rojo, que convirtió Venezuela en una mezcla de checa cubana, narcopiso colombiano y fábrica de muertos de hambre son más emotivos que los de Monedero, Willy Toledo o Pablo Iglesias. Y con el valor añadido de estar en inglés, que los hace pasar por más respetables.

Maduro, también con el separatismo catalán

En Venezuela se concentran cuatro de los cinco viejos reyes que, según Henri Lévy en su último libro, aspiran a ocupar el trono ausente del Imperio norteamericano: Rusia, China, Irán y Turquía. Falta Arabia Saudí, y porque, como sunnita, es incompatible con el chiita Irán. A ese nuevo eje o madeja del mal se añade Cuba, ya unida desde tiempos de Fidel Castro con Irán, también ligado al peronismo de los Kirchner en el atentado a la AMIA en Buenos Aires, cuya denuncia le costó la vida al fiscal Nisman. Si bien se mira, con la excepción del Brasil de Bolsonaro y El Salvador tras las últimas elecciones, son los mismos países que protegían el socialismo del siglo XXI, el de Chávez, con Nicaragua, las FARC y, sobre todo, Cuba.

Este bloque neosoviético, con Maduro por delante y Putin por detrás, mantiene una gran atención al separatismo catalán, como hacía la URSS con todos los conflictos nacionalistas en los países occidentales. De hecho, en la era de Stalin, durante la Segunda República y la Guerra Civil, el PCE-PSUC defendía el derecho de autodeterminación de Cataluña y la desmembración de España en una vaga confederación de repúblicas ibéricas... soviéticas. No es de extrañar, pues, que Maduro sea el único jefe del Estado, antes de ser declarado ilegítimo por la Asamblea Nacional, que haya enarbolado la bandera separatista catalana. Tal vez por eso la señora de Piqué, Shakira, no quiso participar en el gran festival de Cúcuta en apoyo a la libertad de Venezuela.

En España, el abogado de la causa separatista ya no es Podemos, sino el PSOE de Sánchez. Los esfuerzos de Iglesias para que los separatistas apoyaran los Presupuestos del Gobierno Sánchez para el que trabajaban —se ve que lo suyo es siempre trabajar para otros Gobiernos— han fracasado. El único interlocutor válido para ellos es Sánchez como presidente o jefe de la oposición, que es lo que se decidirá en las elecciones dentro de dos meses.

El voto útil comunista será Sánchez

A medida que se vaya deshaciendo el complejo tinglado podemita, el voto útil de la extrema izquierda y del separatismo se volcará en Sánchez. Ya ha demostrado que es capaz de lo que sea capaz Iglesias e incluso más. Por tanto, lo normal es que ese magma de confluencias, mareas y demás tinglados separatistas-comunistas se vaya diluyendo en favor del PSOE.

Sánchez tratará de presentarse a las generales como una especie de Carmena, al margen de sus apoyos de extrema izquierda. La alcaldesa de Madrid ya ha devorado a los que la apoyaron en la campaña anterior, pero el que la puso en el Ayuntamiento tras perder ante el PP fue Pedro Sánchez. Esa alianza entre dos demagogos de extrema izquierda con enorme apoyo mediático es la que representa la continuidad de un golpismo disimulado cuyo fin es la demolición del régimen constitucional y en el que Podemos ya no es necesario, ni por la cantidad menguante de sus votos ni por la calidad ideológica de su propuesta, que ha hecho suya totalmente Sánchez.

Ante esta decantación del voto del Frente Popular Separatista en favor del PSOE, es una excelente noticia la candidatura de Inés Arrimadas por Barcelona. Todos los votos que los tres partidos constitucionales logren conseguir en las generales de abril serán pocos, y puede que insuficientes, para derrotar a ese bloque electoral bolivariano cuyo caudillejo es YoSánchez.

24 de febrero de 2019

Iceta y Sánchez piden diez años para desespañolizar España

Del programa político de Sánchez, explicitado por Iceta en un diario separatista vasco, ha sorprendido ese 65% del electorado en un referéndum catalán al que, a pregunta del entrevistador y en respuesta del entrevistado, considera suficiente el líder sociata para que un electorado exclusivamente catalán liquide la soberanía nacional española. ¿Qué razón hay para que sea el 65% y no otro porcentaje, el que, para el más peligroso de los golpistas catalanes, el oblongo saltimbanqui, bastaría para que los socialistas, que por todos habla Iceta, aceptasen anular la soberanía del pueblo español, base de todos los regímenes constitucionales desde 1812 hasta la fecha? La respuesta la da el propio Iceta en otro pasaje que apenas ha merecido la atención de los medios: «Los independentistas deben renunciar a plantear un referéndum de independencia en diez o quince años hasta que haya un cambio de mentalidad en la opinión pública española».[*]

Del «Estado residual» a la nación «residualizada»

Hasta ahora, el alarde separatista más explícito del socialismo catalán como cabeza real del socialismo español, no en balde el PSC lo ha impuesto a todos los dirigentes socialistas desde Zapatero, era el

---

[*] La Vanguardia (redacción), «Iceta rechaza que se plantee otro referéndum como salida a la crisis catalana en diez o quince años», *La Vanguardia*, 29 de marzo de 2019.

de Pasqual Maragall en *El País*, cuando en defensa de su «socialismo asimétrico» dijo que «el Estado español es residual en Cataluña».[*] Eso suponía que la Generalidad presidida por él se consideraba ya fuera de la legalidad que representa un Estado. Nadie dijo entonces que esa legalidad podía ser, finalmente, la barrera infranqueable frente al intento de culminar esa *residualización* del Estado con su liquidación total en el golpe del 1-O, que juzga el Supremo.

Pero cuando el Gobierno eunuco de Rajoy, la limitada oposición de Cs y la colaboración dubitativa del PSOE con y contra el golpe tropezaron con el rey y la movilización nacional contra el golpismo, la izquierda, con el PSC a la cabeza, vio que basta esa condición residual del Estado para defender a la nación española y dar jaque a sus enemigos.

Se impone, pues, cambiar de táctica: lo que hay que hacer residual es la conciencia nacional que se resiste a perder su soberanía, la tarea esencial es desespañolizar la parte de España suficiente, o que socialistas y comunistas creen suficiente, para imponer un régimen supuestamente legal, pero abocado al desguace del Estado y la anulación de los españoles como sujetos soberanos. ¿Y hasta dónde podría llegar esa desespañolización? No más allá del 65%. ¿En cuánto tiempo? Entre diez y quince años, contando con el dominio total de los medios de comunicación y educativos. Eso calculan los socialistas catalanes y vascos, ambos separatistas durmientes, que hace falta para desenraizar a una mayoría suficiente de la opinión pública no en algunas comunidades autónomas sino en los diecisiete pedazos en que se ha troceado el cuerpo del Estado y dispersado el alma de la nación. Al menos, eso creen.

Las frases clave del catanazi Iceta

El florilegio conceptual del compañero Iceta explica a la perfección su plan. Me remito a la última síntesis de Cristian Campos en

---

[*] Josep Garriga, «Maragall compara el Estatuto con una nueva Constitución que deja residual al Estado», *El País*, 10 de agosto de 2006.

El Español. Por ejemplo, así blanquea al catanazi Torra, al que Sánchez llamó el «Le Pen catalán»:

> *Si tú de Quim Torra solo conoces sus textos, no te lo llevarías a cenar. Ahora, cuando has conocido a Quim Torra, tienes ganas de llevártelo a cenar.*[*]

Eso, si la cena queda en cena, y el catanazi no sale caníbal. Como Iceta no le hablará en «la lengua de las bestias salvajes», salvará su yugular. Pero, aunque Torra sea un racista que escribe lo que piensa y luego bala y muge suavemente hasta entrar en Moncloa con el churro amarillo, a la clave del discurso de Iceta, que explica lo dicho en *Berria* sobre los años necesarios para descerebrar a los enemigos del separatismo, es que esta es una tarea solo al alcance de los socialistas españoles, dirigidos, claro, por el PSC.

La clave son los medios de comunicación: hay que utilizar los públicos, o sea, los del Estado español, para acabar con su nación:

> *Necesitamos a los medios públicos para fabricar catalanistas. Querríamos que fuese catalanista gente que no lo es. (…) Algunos, en la búsqueda de un Estado, nos harán perder una nación.*

Traduzco: con lo que nos ha costado a las izquierdas que la mitad de los charnegos vayan tragando eso de que su nación es Cataluña y no España, corremos el peligro de que, obligados a escoger ya un Estado, elijan el español, y se vuelvan a la nación de la que les arrancamos. ¿No lo veis?

O dicho de otro modo: solo los socialistas en toda España podemos convencer a una mayoría de españoles para que renuncien a su soberanía y acepten la nuestra sobre la suya, como la del PSC sobre el PSOE. Para eso están los medios de comunicación audiovisuales, públicos y privados. TV3 no basta. Los castellanohablantes de Cataluña ya hace años que no la ven. Para dejarlo claro: solo los socialistas podemos conseguir la independencia de Cataluña

---

[*] Cristian Campos, «Los ocho desmarques de Iceta que cuestionan la credibilidad de Sánchez sobre Cataluña», *El Español*, 29 de marzo de 2019.

sin que España se nos eche encima, incluida media Cataluña. Pero tenéis que aceptar que seamos nosotros los que lideremos el Procés. Hoy, paciencia e indultos; mañana, referéndum pactado e independencia.

Un ejemplo sevillano de discurso eficaz

No puede estar más claro el proyecto del PSOE. Y nadie lo puede vender mejor a la atocinada sociedad catalana que el ajamonado Iceta. Lo penoso, a un mes de las elecciones, es que los tres partidos del centro y la derecha no hayan concentrado su fuego argumental en el punto débil de la mayoría en el poder que quiere reeditar Sánchez: los separatistas.

El viernes, entrevistando al ya clásico alcalde de Tomares y número 1 al Senado por Sevilla, José Luis Sanz, y al flamante presidente de la Junta de Andalucía, Moreno Bonilla, al que veía por primera vez y cuya tranquila resolución me sorprendió gratamente, ambos hicieron el único discurso que conviene a su partido y a España. Nada que ver con las gansadas de Illana y demás espontáneos del telecupón electoral: el PP solo tiene un enemigo, Pedro Sánchez, que traerá consigo el separatismo y la ruina económica.

En un programa en directo ante cientos de personas, proclive al arranque mitinero, no hubo ni una palabra contra Ciudadanos, ni una sílaba contra Vox. El futuro que defienden solo vendría de la mano de esa triple alianza que, tras desterrar al PSOE de la Junta, está desenterrando unos casos tan espeluznantes de corrupción y desidia administrativa que superan todo lo imaginado y denunciado por los más ilustrados enemigos (ahí estaban Paco Rosell y Pedro de Tena) del susanato, el griñanato, el chavismo, el pepotismo y demás avatares del guerrismo-felipismo, garantía de atraso y corrupción.

El efecto de este discurso en el público era balsámico y vivificante. No hace falta, aunque nunca estará de más, el heroísmo exhibido ayer por Vox en Barcelona contra la mafia separata, pero al lado mismo de Sevilla, gente tranquila que votará a Rivera, a Casado o Abascal se veía unida, todo el tiempo que haga falta, hasta acabar con la pesadilla separatista y socialista, valga la redundancia. ¿Tan difícil es que el discurso de Sevilla, compartido por los que hasta ayer eran enemigos de partido, se extienda a toda España?

31 de marzo de 2019

O Reino de España o
Repúblicas Socialistas Catalanas

Pedro Sánchez, a través de sus socios comunistas y separatistas, ha cometido el primer error serio de su campaña electoral, que sería decisivo si la derecha plural no anduviera singularmente errática, confusa y caótica. Tienen días suficientes para enmendarse, lo que no sé es si son capaces de rectificar o seguirán haciendo una campaña electoral digna de Atapuerca, cuando no había redes sociales, los mítines servían para algo más que salir medio minuto en la televisión y los líderes, se creía, eran más importantes que las marcas electorales, que suelen ser más importantes que los partidos.

Podemos iza la bandera de la República y la Guerra Civil

Pero comunistas y separatistas rufianescos ya han izado la bandera de la Segunda República, que es la de la Guerra Civil, y han exigido que su socio Sánchez someta a referéndum la independencia catalana y la monarquía, es decir, que someta a España a dos plebiscitos de disolución: el del Estado, o sea, la monarquía parlamentaria, y el de la nación, es decir, su unidad. Lo han dicho claramente Iglesias y Rufián, y ninguno de los tres brillantes y jóvenes líderes del centro derecha ha sido capaz de entender que los socios imprescindibles para la entronización de Pedro I Cum Fraude han colocado el terreno electoral cuesta arriba para ellos, y su causa, jugándose el todo por el todo: una victoria que acarrearía la disolución inmediata del régimen.

Solo la incomprensiblemente alicorta, gallinácea campaña electoral de Casado y Rivera y la algo sonámbula de Abascal, que tal vez se refugia demasiado en las impresionantes masas de adictos y olvida el no menos impresionante ejército de indecisos, puede explicar que cuando el enemigo, porque en esta campaña hay adversarios dentro de los bloques —socialistas y comunistas, PP, Cs y Vox—, pero los bloques son enemigos irreconciliables, no se hayan lanzado de cabeza a defender el Reino de España. Y más con un rey que es el símbolo de la resistencia legal y nacional al golpismo separatista y tiene un nivel de popularidad extraordinario, viva prueba de que la nación y el orden constitucional prevalecerán frente a la alternativa socialcomunista-separatista, que son las repúblicas bolivarianas catalanas, o la URSI, Unión de Repúblicas Socialistas Ibéricas, si la República de Euskadi y Navarra se une a los Països Catalans para hacer bulto en Europa.

Dicho de manera que los estólidos jefes de campaña, es decir, los *agradaores* de los césares de las derechas, puedan entenderlo: si las izquierdas meten miedo a los suyos con la derecha, las derechas deben meter miedo a los suyos y la parte menos enajenada de los ajenos con la Segunda República, única forma de continuidad del bloque izquierdista-separatista, y con la balcanización de España y las guerras civiles en los Països Catalans. Si las derechas pueden perder por el miedo que difunden las izquierdas, las izquierdas pueden perder por el miedo que siembren las derechas. Y nada de caer en la trampa mariacomplejinada de «dejar al margen la Corona», como ya me parece estar oyendo a casadistas y riveristas. La suerte de la dinastía está ligada de forma irrevocable, por la valerosa actuación del rey frente al golpe y al vacío acobardado de Gobierno y oposición, a la unidad nacional y al régimen constitucional, que es la monarquía parlamentaria.

En su gran discurso[*] ante esa cofradía de la cobardía subvencionada que es el Círculo Ecuestre de Barcelona, Cayetana Álvarez de Toledo hizo muy bien en reivindicar el discurso del rey

---

[*] Cayetana Álvarez de Toledo, Carta hablada a S.M. el rey Felipe VI, 4 de noviembre de 2019.

frente a la claudicación infinita de esa burguesía catalana que, a fuerza de dimisiones, ha acabado por no ser una cosa ni la otra. El rey está con España y los españoles estamos con el rey. No hay más que discutir. Lo primero que hay que hacer en esta campaña electoral es defender a los que nos defienden, del jefe del Estado al Tribunal Supremo, pasando por las Fuerzas Armadas, la Policía Nacional y la Guardia Civil, garantía constitucional última de la unidad nacional.

No hagamos como los judas vaticanosos del Cristo de Mena, que han pedido a Rivera, Casado y Abascal que no vayan al emocionante acto «para no politizarlo». Antonio Banderas, con el pío Hollywood mediante, sí. Y si fueran los que quieren prohibir la Semana Santa y volar la cruz del Valle de los Caídos, todavía mejor. Pero las derechas, ay, no, que nos politizan. ¿Habrá peor politización que negar a los políticos su apoyo a la religión? La Iglesia institucional española, otra cosa son los católicos, está muerta. Y sin trazas de volver a la vida ni el Domingo de Resurrección. ¡Qué pena da!

España, por el camino de Sevilla o el de Barcelona

Y el otro error, este propio, cometido por Sánchez ha sido el de ligar el miedo a la derecha a la formación de un Gobierno como el de Andalucía. Ayer recordaba Javier Somalo algunas frases electoralmente suicidas de Falconetti ante ese inmenso sindicato de vagos que la política de claridad y reformas de la nueva Junta de Andalucía, obra de las tres fuerzas diestras, pone ante el temible peligro de acudir al INEM y, tal vez, tener que trabajar.

En su discurso de Dos Hermanas, estúpidamente sincero y por eso mismo aprovechable, Sánchez *pixit et dixit*:

> *Si la derecha suma, se van a entender y van a hacer en España lo que están haciendo en Andalucía. (...) Hay un riesgo importante de que la derecha sume, por eso es importante que vayamos a las urnas.*[*]

---

[*] Javier Somalo, «Si la derecha suma», *Libertad Digital*, 13 de abril de 2019.

Y exactamente eso, sin quitar ni poner una palabra, es lo que debería estar haciendo cada uno de los tres partidos que pueden quitarle la Moncloa a Sánchez, como le quitaron San Telmo a su íntima enemiga Susana Díaz: decir que van a hacer en toda España lo que están empezando a hacer, y muy bien, en Andalucía. Yo no sé los votos que puede ganar la izquierda en esa región y con ese discurso, pero estoy seguro de que, en las regiones sometidas a la corrupción socialista, uncida siempre a la de comunistas y separatistas, la derecha plural ganaría muchos más. También en Andalucía. Hay que plantarse en Sevilla y decir que la izquierda quiere llevarnos por el camino de Barcelona, que es el de la tiranía, el matonismo y la corrupción.

Hay tiempo todavía para sembrar en la opinión la simiente de la pura realidad: si gana Sánchez vamos camino de la recesión económica y de la Tercera República, camino de la balcanización y el guerracivilismo en toda España. Pero no se puede perder ni un minuto más en mamarrachadas sectarias. Hay que centrar el mensaje en destruir políticamente a Sánchez e Iglesias, no en ver qué líder de la derecha sale mejor parado en la derrota electoral.

El peligro que corre Abascal

No lo ha cometido, aunque en su partido los hay que juegan a ser cabeza de ratón antes que cola de león, pero Abascal cometería un gran error si cree que, tras esa derrota y la inmensa decepción consiguiente, se abriría ante Vox un camino victorioso. Todo lo contrario: la culpabilización generalizada en las derechas llevaría a sectores del PP y Cs a acercarse al PSOE, aunque el PSOE siguiera alejándose de la ley y de la nación.

Lo que haga Vox en el futuro —amén de su aportación esencial, que es romper los tabúes de lo políticamente correcto, sumiso ante la izquierda— lo hará con el PP. Lo que Rivera —que ha comprometido su carrera política en el «no es no, Sánchez»— haga tras las elecciones, lo hará con el PP y Vox. No se trata de lo que quieran ni de que se quieran. Es que o lo hacen juntos o se suicidan. Porque los españoles ni queremos ni vamos a suicidarnos con unos políticos incapaces de explicar a la ciudadanía lo que nos jugamos en estas elecciones, que es bien sencillo: o Reino de España o Repúblicas Socialistas Catalanas. Más sencillo, imposible. Que lo entiendan los tres partidos nacionales, improbable.

14 de abril de 2019

La humillación de la nación y las urnas de la salvación

Nunca en la moderna Historia de España, ni siquiera en el golpe del 23F, fue tan humillada la nación española como en esta semana de vísperas electorales. Nunca la sede de la soberanía nacional fue tan miserablemente traicionada como en estos aciagos días del 20 al 24 de mayo. Dice Cayetana Álvarez de Toledo que lo ocurrido ha sido tan grave que aún no nos hemos dado cuenta del todo de la enormidad que presenciamos. Y si una ciudadanía que ve cómo su propia condición se ve menoscabada, disminuida y ridiculizada por una pandilla de maleantes no es capaz de reaccionar hoy, la última ocasión de hacerlo, merecerá todo lo que le pase, que sin duda será gravísimo, y además a muy corto plazo.

Los tontos que no votarán, pero creen que se salvarán

Si tras ver a Junqueras, cabecilla político del golpe de Estado en Cataluña, pasar por el escaño del presidente del Gobierno en funciones, decirle de forma admonitoria: «Tenemos que hablar» y responder Sánchez: «No te preocupes», alguien cree que no tiene que preocuparse, estamos rodeados de imbéciles.

Si tras ver a la presidenta del Congreso Prevaritxell (antes Meritxell) Batet, prevaricando desvergonzadamente durante cuatro días, negándose a suspender a los diputados golpistas que están en la cárcel y en el banquillo del Supremo, como mandan con toda claridad la Ley de Enjuiciamiento Criminal y el Reglamento de las Cortes, alguien cree que la sede de la soberanía nacional lo será en esta legislatura, o es muy estúpido o es muy cobarde.

Si tras ver al presidente del Senado, Quecruz, decir en *El País* que una absolución de los golpistas podría ser el comienzo del arreglo de todo (por más que hayan tratado de cambiarlo, esa es la esencia de lo que dijo), alguien imagina que los golpistas instalados en el Gobierno y en las Cortes van a respetar a la Justicia y la sentencia del 1-O, o es tonto o se lo hace.

Y si hay alguien al que no se le oculta la gravedad de lo vivido, que es la traición a España de más de la mitad de los que deberían representarla, pero este domingo se queda en casa y en vez de votar dice esa popularísima sandez «que disfruten lo votado», como si a él no fuera a alcanzarle la misma ruina que a los demás españoles, la nación está para que la entierren. Que es exactamente el propósito de los que han perpetrado su humillación, el viacrucis político de la desventurada España, antesala de su crucifixión.

El agasajo a los golpistas de Mari-Ana Pastor

No ha sido solo el bloque socialcomunista-separatista el que se ha significado por su desprecio al pueblo español que les paga el sueldo, a la nación española que deberían representar y a los ciudadanos españoles cuya sensibilidad les trae al pairo y para los que solo tienen un proyecto: el lavado de cerebro de «diez o quince años» anunciado por el viscoso Iceta, el ideólogo del golpe de Estado con anestesia en que se basa la estrategia socialista del PSC, que ha devorado del todo al PSOE. Más indignante, por innecesario, fue el desayuno con que la vicepresidenta de Prevaritxell, Mari-Ana Pastor, agasajó a los golpistas presos al llegar al Congreso de los Diputados para humillar con su mera presencia a la nación.

Lo trágico para el PP y para cuantos creen que Pablo Casado debería encabezar la alternativa de derechas al Frente Popular Golpista es que lo que la fiel escudera de Rajoy demostró con el homenaje a los que pretenden acabar con España y su régimen constitucional es la voluntad del rajoyismo de colaborar mediante su estrategia de apaciguamiento a cloroformizar a la sociedad española para que vaya haciéndose a la idea de que el proyecto de desmantelar España, pero a plazos, es no solo inevitable sino compatible. Vamos, que a lo que aspira ese búnker del PP, derrotado pero no enterrado, es a que su partido se pase al bloque anticonstitucional sociata y comparta la dirección para evitar la confrontación directa entre partidos de izquierda y derecha, nacionales y antinacionales, con la Constitución o contra ella.

Al final, para impedir la acción popular, así como la institucional de la Corona y del Ejército, cuya función constitucional es la de mantener la integridad nacional, un PP sumiso a la izquierda cogestionaría en nombre de la paz civil la liquidación del régimen del 78 en favor del golpismo catalán, mediante el diálogo que ya protagonizó, con Soraya al frente, en sus seis años perdidos. Esto no es maledicencia ni adivinación. Responde a la pura lógica política. Las magdalenas de Mari-Ana Pastor son como las de Carmena: incomestibles, pero eficazmente publicitarias, nos venden como veniales pecados requetemortales, disimulan su veneno con azúcar glas.

El futuro del PP se juega hoy

La suerte de Casado, cuya cabeza buscan los arteros resucitadores del término «moderación» como solución para los problemas del PP —como si uno pudiera curarse moderadamente, o estar moderadamente muerto— y la del PP va a depender de lo que pase hoy en Madrid. Como demostró el lunes con su silencio ante la formidable intervención de Rivera, Casado no se ha recuperado del golpe de las generales, más que previsible, pero ante el que se refugió en la ensoñación estadística y entre los cuates cercanos. Si se rinde, como Rajoy ante Zapatero en 2008 tras perder las elecciones, el PP será cómplice y no obstáculo infranqueable en el cambio de régimen.

Hay quien cree, jugando a componedor de un centro izquierda que respete la Constitución, que el proceso será largo y que «tenemos muchos años de Sánchez por delante». Error absoluto, que la humillante semana pasada ha demostrado con creces. Un proceso revolucionario no es como una recesión económica, y, a lomos además de una recesión económica, vamos a entrar en ese proceso revolucionario que pasa necesariamente por el pacto de las izquierdas con el golpismo y el comienzo de una supuesta reforma de la Constitución que, en rigor, solo puede ser de su liquidación.

Los que piensan en cuatro, ocho o doce años de Sánchez en el poder se olvidan de que este PSOE no es el de González, ni puede reinar al modo del PRI, sino del gorilato venezolano, dentro de un plan de golpe de Estado a plazos, que alternará fases de aceleración y de estiaje, de diálogo con la oposición y de campañas de asesinato civil de sus líderes políticos. En *La Vanguardia*, Juliana ya ha empezado a alabar a Casado frente a Rivera. Va a ser la tónica desde ahora. Y es lo que pasó con Rajoy en 2008, cuando rompió públicamente con los medios que habíamos apoyado al PP en los dos años atroces —y heroicos— tras el 11M, y decidió «huir de la crispación» como un Gallardón cualquiera y esperar el fallo del contrario, que gracias a la crisis económica, se produjo tres años después.

El voto ante el abismo

La situación ahora es muy distinta, y lo será mucho más a partir del invierno. Con Podemos dentro del Gobierno y con el golpismo blando del PSC al frente de las Cortes, la crisis en todos los ámbitos —políticos, económicos y mediáticos— será aceleradamente convulsa, imprevisiblemente rápida. Un proceso revolucionario es, por su propia naturaleza, incontrolable. Y que nadie dude de que a eso vamos de cabeza. Podremos combatirlo con ciertas perspectivas de éxito si esta madrugada, tras contarse los votos de Madrid, hay lugar para la esperanza y la resistencia. Si no, entraremos en una crisis de una magnitud aterradora y con una perspectiva impredecible.

El que se quede hoy en casa sin votar cumplirá la profecía de Lenin: «Estos tontos burgueses rusos nos van a vender la soga para ahorcarlos».

Y los ahorcó.

26 de mayo de 2019

El Gobierno PSOE-Podemos-ETA-ERC y las futuras «manadas» judiciales

La situación a la que nos aboca el destape del pacto de Gobierno del PSOE, alias Sánchez, *aka* Falconetti, con la ETA, ERC y Podemos, es tan grave que se disculpará el empeño de tantos comentaristas políticos en que Cs y PP se abstuvieran y Sánchez gobernara solo, no como voluntario rehén del tripartito socialcomunista-separatista diseñado por Roures. No llegaré al extremo de Alfonso Ussía, que por intentar lo mismo que yo y quedar en ridículo tras la entrega de Navarra al PNV y ETA por el PSOE, se ha declarado públicamente «gilipollas» —prefiero «tonto intenso», como corrigió *ABC* a Campmany cuando llamó «tonto intonso» a Tusell— y se dice dispuesto, en penitencia, a ir a La Sexta para ser injuriado en directo por las huestes que acaudilla Ferreras con sus tres capas de calzoncillos. Si hubiera combate y no manteo, yo mismo le acompañaría; pero todo en la situación actual es trampa y engaño, puñalada golpista por la espalda y legalización trapacera del Plan Roures contra la nación y la Constitución.

Aladino Sánchez y sus togas mágicas

A legalizar el golpe vuela ya Aladino Sánchez en las togas mágicas del Supremo y del Constitucional, a los que busca convertir en Congreso y Senado del golpe de Estado. ¿Cómo? Con sentencias plebiscitarias, hijas del «ambiente social» creado por manadas de opinión teledirigida para que los altos jueces legalicen lo ilegalizable. El Supremo acaba de revisar de forma escandalosa la sentencia de La Manada. Y casi todos los medios y todos los partidos excepto Vox, por miedo al hembrismo y a La Sexta, han tragado. Por la misma vía, este otoño, el Constitucional podría recalificar las pruebas que justifican la condena del Supremo a los golpistas del 1-O y rebajarla o anularla. Lo que la Constitución, ley de leyes, no permite, se lo permiten ciertos jueces de cloaca amancebados con políticos fangosos.

Pero volvamos a Navarra, prueba definitiva del plan golpista. Que Sánchez es un estafador intelectual y un político sin vergüenza ni decoro, lo sabíamos por su tesis *cum fraude* y su trayectoria de saltimbanqui. Pero la abyección a que ha llegado esta semana supera los juegos de manos —que, en el viejo refrán, lo son de villanos— de David Copperfield. Tras fingir en primera votación que no aceptaba el órdago de PNV-ETA, en la segunda el PSOE colocó al partido de Otegui y Ternera en la mesa del Parlamento, y el peneuvista agraciado con la Presidencia se sacó del bolsillo el discurso de aceptación que ya llevaba escrito y que, obviamente, no pudo redactar en la media hora de supuesta negociación. Son zafios hasta en la traición.

Los cascanucas y los recogenueces

Ya no mienten por necesidad, sino por vicio, o porque su aplastante superioridad mediática les permite camuflar con engañifas esa sumisión a los enemigos de España y de la libertad. No solo le dan a La Sexta media hora de audiencia, sino excusas para justificar que el partido de Fernando Múgica se arrodille ante sus asesinos, que son los de Miguel Ángel Blanco y también los secuestradores y torturadores de Ortega Lara.

Esa vil traición la ha perpetrado el Gobierno de España en funciones —en las dos funciones de traicionar a los vivos y a los muertos— y en el aniversario de la matanza de Hipercor. Ni simbólica ni realmente cabría mayor abyección. Pero cabrá.

La prueba de que hasta ahora Sánchez ha estado mintiendo, tal vez incluso a los suyos, es que el mismo día en que desvelaba el pacto con la ETA, con el PNV de notario y socio de los cascanucas —no solo recogenueces—, Ábalos, que representaba el sanchismo con rostro humano, partidario de un Gobierno de coalición con Cs, se despedía del Ministerio, dando a entender que también del Gobierno. Y su papel como portavoz de Sánchez desde las elecciones generales lo ocuparon Calvo y Celaá, piezas probatorias de la decadencia de Occidente y la ruina intelectual de Europa.

La ventaja que tienen ambas es que son tan romas o lerdas que dejan en ridículo lo que Ábalos dejaba en duda, favoreciendo al PSOE. Cada vez que hablan, se retratan. Ha bastado una rueda de prensa de Celaá para darle a Rivera la razón, añadiendo hipocresía a la vileza del pacto con la ETA. A las preguntas de Ketty Garat sobre la evidente contradicción de decir que Vox debía salir de las instituciones y que Bildu-ETA es un partido legal y legítimo, Celaá se enredó tanto que acabó recordando que ha sido ilegal. Y debería seguir siéndolo por sentencia firme del Supremo, respaldada luego por el Tribunal de Estrasburgo, que anuló el Tribunal Constitucional obedeciendo a ZP. Tras la ilegalización de Batasuna, el sicario de Caracas barbotó: «Esto lo arregla el Constitucional». Y aquella obra del PP de Aznar que Rosa Díez pidió en vano al Rajoy de la mayoría absoluta que recuperase sigue desarreglada.

Porque el Tribunal Constitucional no arregló nada, simplemente prevaricó. Y de forma tan escandalosa que el Supremo procedió a denunciarlo y estaba dispuesto a juzgarlo, porque el Tribunal Constitucional ni tenía ni tiene capacidad legal para cambiar su sentencia. Conviene recordar este precedente tras el alarde de *justicia de género* del Supremo revocando la sentencia de La Manada, cediendo a esa manada de opinión que brilla por su ausencia si la manada es de argelinos. Es difícil encontrar mayor número de disparates y arbitrariedades que en esta condena no a los ya condenados, sino a los jueces de Pamplona y al Tribunal Superior de Justicia de Navarra, saltándose la ley en la valoración de pruebas y reinterpretando los hechos, cuando lo único que debe hacer un tribunal es aplicar las leyes.

Las sólidas razones del juez Serrano

El juez Serrano ha hecho en Twitter —menos mal que hay restos de vida inteligente en Vox, incluso en esa red poblada de besugos— una crítica demoledora en lo técnico-legal de la sentencia, aunque la literalidad del texto es aún peor. Ayer, *El Mundo* decía en portada: «El Supremo lanza un mensaje duro contra los delitos sexuales». Pero aparte de chulear a sus colegas navarros para demostrarles que sabe más de leyes, diciendo que «la pena podría ser mayor» (¿y por qué no lo es?), lo que emite el Supremo es el mensaje de que, tras una agresión sexual, es mejor asesinar a la víctima, ya que caen menos años de cárcel por homicidio que por violación real, no por esa reinterpretación machitonta como violación de un *gangbang* (sexo consentido en grupo) que los jueces naturales entendieron en su día como agresión (dos) y ni siquiera delito (el tercero). Y por eso los condenaron.

Justamente esa reinterpretación de las pruebas es lo que hizo el Constitucional con la ilegalización del partido de la ETA por el Supremo. Y por esa ilegalidad flagrante lo denunció el Tribunal Supremo, aunque luego los partidos lograron que la cosa quedase en calentón corporativo. No lo era. No debe serlo. Pero esa interpretación creativa, o sea, ideológica, de la ley, típica del derecho alternativo de Jueces contra la Democracia, es la que hizo entonces el Constitucional, ha repetido ahora el Supremo y se repetirá en el proyecto del PSOE, que es legalizar la ilegítima destrucción de España mediante plebiscitos supuestamente legales. Y a eso vamos de cabeza con un Gobierno que se ha constituido, repito, en rehén voluntario de la ETA y ERC. Sin intentar siquiera otra compañía.

Hacia una Justicia montonera y golpista

No es casualidad que Podemos y el Gobierno, que pretenden liquidar la Constitución mediante referendos ilegítimos pero legalizables por una Justicia montonera, eco del «clamor por la paz» o la «solución al conflicto», hagan suya la sentencia del Supremo sobre La Manada, porque suya —y de Catalá— es, como suyo fue el linchamiento de los jueces, sobre todo del que emitió el voto particular contra la condena y al que los medios injurian sin haber visto el vídeo, prueba clave del caso. Tal vez en esa sala que tanto ha humillado a los jueces navarros los haya felices con el aplauso del PSOE y los sicarios de Maduro. Los incómodos en tan vil compañía deben saber, si lo ignoran, que son los bautistas de la prevista crucifixión de la sentencia de Marchena y la Sala Segunda. Y me temo, dados los protagonistas, que ese viacrucis del Estado de Derecho en España ha empezado ya.

23 de junio de 2019

La «banda de Sánchez» es la ETA

El peligro que Santiago Apóstol, patrón de España, ahuyentó el 25 de julio volverá a amenazar a la nación y la libertad el 23 de septiembre. No ha pasado una semana de la desvestidura de Sánchez y ya vemos el intento de remendar cuanto antes la desastrada túnica que quiso poner sobre sus hombros sin saber si tendría sastre para ella, que no lo tuvo. Ya ha salido Garzón reclamando para Izquierda Unida su condición de pitufo preferente del PSOE, a cambio de nada, salvo el perdón de su amo. Ya ha salido el sorayismo sonámbulo, esa Santa Compaña que persigue al PP de Casado para devolverlo al Reino del Sopor, como cuando recibía del finado Rubalcaba los planos de la rendición ante la ETA. Y ya ha salido la propia ETA a recordar su condición de socio preferente de Sánchez y viceversa, porque eso es lo que supone la entrega de Navarra al separatismo vasco: la garantía de una alianza de sangre, muerte y dinero, que son las que duran.

Lo de Navarra es para toda España

Este sábado publicó *El Mundo* la prueba documental del pacto PSOE-ETA que garantiza esa condición de aliado incondicional que Sánchez otorga a los asesinos, seguro de que Navarra le garantiza los votos del PNV y la ETA. Pero, ojo, lo hace en los términos que la banda a través de su fachada legal ha hecho públicos:

Hay que evitar la recomposición del Régimen tal y como lo hemos conocido. (...) Por ello, en esta investidura debemos intentar impedir que eso suceda y cerrar el camino a esa posibilidad.

Se refiere a la investidura de Chivite, pasada al separatismo vasco que durante toda la legislatura combatió, pero la frase vale para la que en septiembre ya ha anunciado que volverá a intentar Sánchez. De nuevo la ETA es la primera en anunciar su apoyo al candidato del PSOE. Otegui se adelantó a todos cuando dijo que un Gobierno PSOE-Podemos era «lo mejor para el Estado», es decir, lo mejor para destruirlo. Y ese «evitar la recomposición del régimen» no se refiere solo a Navarra, sino a España. El PSOE es la puerta del Estado; ERC y la ETA, la llave; y Podemos, la cerradura para abrir y desvalijar el régimen constitucional del 78, base legal y legítima de la nación española cuya destrucción es la razón de su existencia. Volverán a intentarlo de nuevo antes del 23 de septiembre. No dejarán nunca de hacerlo. La izquierda ya se ha rendido. Y si la derecha sigue tan despistada como hasta ahora, les está facilitando mucho la tarea.

Sánchez y la orden de la Anchoa

Ha escandalizado mucho la metáfora, para mí bastante realista, que utilizó Albert Rivera durante la desvestidura: «La banda de Sánchez». En términos coloquiales, el abigarrado conjunto de apoyos del candidato para su investidura era exactamente eso: una banda, tan atrabiliaria que al final Sánchez acabó con la aceitosa condecoración de dos anchoas en la solapa.

Pero lo genérico de la banda del Frente Popular Separatista Anchoil, tan caricaturesco, perdía de vista lo esencial: el apoyo de la ETA a Sánchez para formar Gobierno, obviamente como vía para la destrucción de España. Al reunir o amalgamar a todos los socios de Sánchez como una banda, se difuminaba la auténtica banda terrorista, ni arrepentida ni disuelta, la ETA, que sigue siendo esencial en el golpe de Estado catalán, en la anexión de Navarra al País Vasco y en la voladura del régimen que dan por hecha en el Antiguo Reino y por hacer, pero factible, en la monarquía parlamentaria.

Rivera no «se pasó» al hablar de la banda de Sánchez, sino que se quedó corto, porque no insistió en que los apoyos del PSOE se congregan en torno al terrorismo sin arrepentir y al golpismo dispuesto a reincidir. Y ese era el gran argumento moral. Luego está el material de lo difícil que le sería gobernar. Pero ¿quién piensa en gobernar? El PSOE… y poco. Sus socios vienen a desgobernar, descomponer, desajustar, deshacer y destruir. Sucede que Sánchez debe someterse al laxo examen de la Unión Europea y sus socios tan solo deben examinar cómo acometen la desunión de España.

El error de fondo de Rivera

Esta hipérbole o exageración en el ataque de Rivera a Sánchez tal vez puede entenderse como una reafirmación frente a lo que tanto y tan injustamente se le ha criticado: no ofrecerse, a cambio de nada, a investir presidente a Sánchez, como si no hubiera demostrado ya en Navarra su decisión de pactar solo con los enemigos de la nación y la Constitución. Como si no lo hubiera adelantado ya en la constitución de la Mesa del Congreso, colocando allí a la separatista Batet y al antiespañol Pisarello. Como si no lo estuviera demostrando a diario Iceta en Cataluña. Como si Carmen Calvo y Marlaska no hubieran hecho objeto a Ciudadanos de la más abyecta política de *apartheid* por dejarse apoyar por Vox, mientras el Gobierno de Sánchez y sus cloacas se apoya en la ETA y en los catanazis.

Sin embargo, ese ataque en tromba de Rivera, tan aparatoso y eficaz en un primer momento, encubría una fragilidad de fondo que se advirtió en la segunda parte: el autobombo de sí mismo y su partido como la única y verdadera oposición a la banda de Sánchez, el único valladar en la defensa de España, el único resorte moral actuando en la vida pública española. No hay un solo «valiente», como definió a los ovacionistas de su bancada, en el PP.

Todos en Vox son cobardes. Nadie más que Rivera puede liderar la oposición a Sánchez, aunque tenga más votos y más escaños. Nadie le gana a progresista. Nadie le gana a europeísta. Nadie le gana a español. En realidad, nadie le gana en insolvencia intelectual y desamparo personal. Si Rivera no tiene a nadie que le diga cuándo desbarra, está realmente fatal.

¡Santiago y Suma España!

Lejos de pensar, como algunos, que Ciudadanos ha cubierto su ciclo y ha abandonado su razón de ser, yo creo que Ciudadanos es especialmente necesario para la tarea que aguarda a las fuerzas políticas españolas, que son fundamentalmente tres: las que gobiernan en Andalucía y Murcia, pero siguen sin gobernar en Madrid. Hasta ahora, el obstáculo ha sido Vox, pero veo claros indicios, ojalá superficiales, de que Ciudadanos pretende hacer de la ingobernabilidad de Madrid el escaparate de su singularidad política.

Vox, por la pomposa fatuidad de los *baby-boomers* de Saint-Tropez, ha sido hasta ahora el gran obstáculo para que Díaz Ayuso sea presidenta y empiece a organizarse la resistencia territorial a las bandas de Sánchez, la ETA y las otras. Pero desde la semana pasada es Aguado, o sea, Rivera, el que miente, trapacea y acaba huyendo por la puerta de atrás de los bares, con tal de no dar la cara para defender lo indefendible.

Lo malo no es que Ciudadanos se niegue a firmar un acuerdo que es idéntico al de Murcia, sino que mienta descaradamente para no firmarlo. Y peor sería que Rivera pensara esperar a que se despeje el horizonte de Sánchez, algo difícil antes del 23 de septiembre, y nos lleve a elecciones en Madrid, con evidente riesgo de que gane la izquierda. La mejor prueba del desnortamiento de Rivera y su pérdida de sentido de la realidad no es el no a Sánchez, sino en el no a Vox y al PP, que eso significa el no a Ayuso.

Total, que mientras las bandas de Sánchez toman Navarra y Aragón, en Madrid, Il Pensieroso Catalano sigue devanando la madeja del futuro de la derecha. Tras el susto mortal del 25 de julio y sin contar con el Apóstol en septiembre, está claro que el único futuro para los enemigos de Sánchez es su unión electoral. Cabría actualizar el histórico grito de guerra de la Reconquista «¡Santiago y cierra España!», que, por cierto, no significa cerrar nada, sino atacar en formación cerrada, digamos «¡ataca, España!». Podríamos ampliar el lema ya estrenado en Navarra: «España Suma». Pero mucho me temo que los líderes de la derecha no están por sumarse a España.

28 de julio de 2019

La rebelión institucional en Cataluña puede revolucionar las elecciones

Todo lo que pasa en España desde hace años es el fruto podrido de lo más podrido de la política nacional, que es la complicidad de los Gobiernos de Madrid con el nacionalismo-separatismo-golpismo catalán, que todo es uno y lo mismo desde hace casi cuarenta años, cuando Pujol se hizo con el poder en Cataluña y con los escaños suficientes para someter al PP y al PSOE a sus planes. Algo que ni sociatas ni peperos han lamentado jamás.

En los últimos cuatro años, el golpismo catalán se ha llevado por delante al partido y luego al Gobierno de Rajoy. Y dado que Sánchez sigue exactamente el mismo camino, sería lógico que corriera la misma suerte en las urnas del 10 de noviembre. Algunos dicen que, dada la acreditada falta de escrúpulos del Greto del PSOE, podría aplicar un 155 que no fuera solo el anuncio como el de Rajoy, apoyado en su inacción por Rivera y el propio Sánchez, sino de verdad, con todas las consecuencias. ¿Sánchez oportunista y heroico? Lo dudo muchísimo.

El Parlamento catalán vitorea a los terroristas

Sobre todo, tras ver la abyecta actuación de Iceta ofreciendo apoyo a Torra si se porta mejor o disimula un poco, en el aquelarre golpista del Parlamento catalán, cuya mayoría asnal —el burro es el símbolo del separatismo— proclamó a gritos y con Torra a la cabeza su apoyo a los terroristas encarcelados por la Audiencia Nacional cuando preparaban, con abundancia de explosivos, una cadena de atentados por el 1-O y la sentencia del golpe. Nunca en el Parlamento Vasco se levantaron nacionalistas y comunistas a apoyar a los etarras. Solo el partido de la ETA. Y a los cedarras los han jaleado Torra, ERC, JxCat y la CUP, con la abstención cómplice de los Comuns de Asens, un separatista que parece más de la CUP que de ERC. La diferencia prueba que el nacionalismo mal llamado «moderado» está más radicalizado que el PNV, EA, Madrazo y demás cómplices de la ETA. Y que el nuevo terrorismo catalán cuenta con absoluto apoyo institucional.

Es evidente el paralelismo con las jornadas de desconexión del 5 y 6 de septiembre (incluido el aviso de los letrados) que precedieron al golpe callejero, con el referéndum permitido por Rajoy y la proclamación de la República por 64 parlamentarios durante unos minutos —los suficientes en cualquier país serio sin pena de muerte para pasar veinte años en la cárcel—. Pero esta vez es aún más grave, porque se trata de una rebelión previa a la posible condena por rebelión —cuando la vea me la creeré— de los golpistas de 2017. Con el aderezo esencial del terrorismo como parte legítima de ese golpe que Rajoy no quiso desactivar y Sánchez ha querido reactivar para que los separatistas lo apoyen en su estadía monclovita, que anhela eterna. Veremos si no se lo lleva por delante, por cobarde, como al propio Rajoy.

Celaá, Marlaska y un Gobierno desnortado

El calendario de rebelión institucional de la Generalidad y su banda en Cataluña se ha visto alterado por la acción de la Audiencia Nacional y la Guardia Civil a espaldas del Gobierno, que, como se ha visto en la reacción de Sánchez, Marlaska y Celaá, no es que hubiera perpetrado otro faisán, sino que lo ha echado de menos. Marlaska no ha dudado en corear a Torra y Torrent atacando a la Audiencia Nacional, a la que perteneció cuando parecía juez. Celaá ha calificado de «declaraciones» los vítores al terrorismo, como si el Supremo no fuera a juzgar una «declaración», la de la República Catalana. Y el Gobierno en general, con Sánchez falconeando por Nueva York, ha dado la sensación de estar absolutamente superado por los acontecimientos.

Han coincidido dos circunstancias para esta especie de colapso en la habitualmente arrolladora presión publicitaria del Gobierno. La más grave es que le salgan vitoreando a la ETA catalana todos sus socios de moción, pero la que realmente les ha afectado es la evolución de las encuestas, que empieza a ser, sencillamente, calamitosa. Por resumir, el PSOE ya no sube, sino que hasta baja en escaños, Podemos se ha roto, pero debilitar a Iglesias no refuerza a Sánchez, aunque drene la abstención de izquierdas; el PP sube, Vox se mantiene, y lo único positivo es el desplome de Cs. Pero el PSOE no podría formar Gobierno ni siquiera juntando a Podemos, Errejonemos y el PNV. Necesita a ERC, que a la hora de la verdad siempre se pliega a Cocomocho y Torra, con los cedarras como fuerza de choque.

La abstención de la derecha puede frenarse

Si el hecho de no formar Gobierno PSOE y Podemos alentaba una gran abstención de izquierdas —que se frena fletando el partido de Errejón—, la abstención de las derechas, desanimadas por la falta de cualquier acuerdo electoral, puede convertirse en movilización ante el golpismo catalán, que es algo que solivianta al votante derechista más que los pactos de partidos. Vox se ha blindado, creo yo, quedándose solo en la defensa de la tumba de Franco. Casado ha dado una asombrosa voltereta y ha vuelto al discurso de Rajoy, asumido ahora por Sánchez: veremos si esas «declaraciones» son tan graves y en su momento se verá si se aplica el 155, que ahora no está claro. Así que Ciudadanos tiene la posibilidad de salir de la fosa que cavó Rivera.

Lo único sobre lo que no se puede decir que Rivera no haya insistido hasta la extenuación en las dos sesiones de investidura frustradas ha sido en la necesidad de aplicar ya, pero ya, el 155 en Cataluña. Y lo que parecía prematuro o aventurado, porque Junqueras y los presos andaban indecisos antes de la sentencia, de pronto se ha convertido en el principal argumento electoral. Porque ya no se trata de la estabilidad del Gobierno, sino de la continuidad nacional. Y el votante de Ciudadanos, que es siempre el que más duda antes de votar y por eso el que menos se clarea en las encuestas, se puede movilizar, olvidando los dislates, ausencias y caprichos de Rivera, ante un factor que, como a los que votaban al PP y votan a Vox, les saca de quicio y de casa: el golpismo catalán y la inacción del Gobierno de España. Si se añade la gallarda actuación de Carrizosa —ah, si fuera el candidato— la vuelta del voto naranja decepcionado puede ser algo más que una hipótesis.

La resurrección de Rivera

Esa cobardía, esa pasividad, ese recurso al recursito a los tribunales que patentó Rajoy con la brigada Aranzadi de Soraya, y que está siguiendo al pie de la letra Sánchez, es lo que, tras la deserción de voto por la izquierda, que se fue a Cs, llevó a la salida del voto del PP por la derecha, hacia Vox. Cuando pareció que Rajoy iba a aplicar el 155 en letra y espíritu, acabando con las instituciones golpistas, de TV3 a la Generalidad, el PP subió una barbaridad. Cuando se vio que huía convocando nuevas elecciones y sin tocar el poder golpista, se hundió. Y Vox pasó de 40.000 votos a 2.700.000. Tal vez, casi seguro, podría haber subido, pero no esa barbaridad en un año.

Si el PP rebla, vuelve al sorayismo y se pega al Gobierno del PSOE, deja a Vox campo libre para asentarse; y a Ciudadanos, para recuperarse. El factor nuevo es que la movilización de la derecha contra el golpismo favorece a Cs, Vox y PP; y perjudica a las izquierdas, sobre todo al PSOE. Y tanto la participación como la resurrección del centro nacional español puede poner patas arriba todos los cálculos que llevaron a la repetición electoral. Cuanto peor se porten los golpistas catalanes, mejor le irá a Rivera, que es lo peor que le puede pasar a Sánchez. Hete aquí como el mal, sin pretenderlo, por su propia maligna naturaleza, puede ayudar al bien, aunque no pase de regular.

29 de septiembre de 2019

La cúpula judicial prosigue, siempre por unanimidad, la demolición del régimen constitucional

Muy probablemente, mañana dará un gran paso la demolición del régimen constitucional del 78 por la cúpula judicial (Tribunal Supremo y Tribunal Constitucional) que empezó con la Ley Orgánica del Poder Judicial de 1985, epítome de la sentencia de Rumasa, y, tras los repartos de jueces del Consejo General del Poder Judicial (CGPJ), alcanzó su pico de infamia en la sentencia del 11M, un «Himalaya de mentiras», como definió Besteiro la Guerra Civil contada por los suyos.

Ahora llegará la tabarra de «cerrar heridas», «buscar salidas», «tender puentes», «abrir cauces para el diálogo» y, sobre todo, «acatar la sentencia judicial», o sea, como dije la semana pasada, ovacionarla. La unanimidad mediática debe coronar la unanimidad judicial y la casi total unanimidad de los partidos políticos, como en el 11M. Los ayer conspiranoicos, seremos golpistas mañana por pedir más severidad contra el golpe. «La mentira es la primera de las fuerzas que mueven el mundo», dijo Revel. Y lo clavó.

Condenado por rebelión, solo Franco

En pocos días, el Tribunal Supremo, en dos salas distintas, pero no muy distantes, la de lo Penal y la de lo Contencioso-Administrativo, habrá condenado a Franco por el delito de rebelión contra el orden revolucionario del Frente Popular hace ochenta años, ordenando su exhumación y entierro donde diga el Gobierno, contra el deseo de la familia y tomando la abadía donde yacían sus restos hace 44 años. A cambio, habrá absuelto del delito de rebelión a los golpistas de Cataluña hace dos, que según los marchenas habrían cometido un delito de sedición contra el orden público, no de rebelión contra el orden constitucional. El juez instructor Llarena, los cuatro fiscales, el abogado del Estado cuando lo hubo (Edmundo Bal) confundieron absurdamente una algarada con un golpe de Estado. Y, en justo castigo a su ceguera, quedarán unánimemente desacreditados.

Resulta que, unánimemente confundidos por la brutal elocuencia de los hechos probados y ayunos de la astuta ceguera de la casta politijudicial, el juez instructor, la Fiscalía y la Abogacía del Estado coincidieron en que, al producirse la anulación de derechos constitucionales en el Parlamento catalán el 5 y 6 de septiembre, al celebrarse violentamente el referéndum ilegal, al cercar y asaltar la Consejería de Hacienda haciendo huir a los funcionarios, y al proclamarse la independencia de la República Catalana, con la complicidad de los Mozos de Escuadra, se produjo un golpe de Estado y se incurrió, según el Código Penal, en el delito de rebelión por «declarar la independencia de una parte del territorio nacional», y encima, por las instituciones que lo representan y deberían proteger su integridad. Pues no, abolir un Estado y crear otro no es un golpe de Estado, ¡idiotas!

El caso Liaño y la corrupción judicial

Esta misma semana, hemos tenido noticia de lo que hace décadas se barruntaba: el pago de doscientos mil dólares por el Grupo Prisa al juez del Supremo Enrique Bacigalupo, argentino montonero acogido por el PSOE, para echar de la carrera al juez del caso Sogecable Javier Gómez de Liaño. En la compleja red denunciada poco antes de que prescribieran los delitos, el excomisario Villarejo denuncia también al exjuez Garzón como urdidor de la trama y a otros miembros del Grupo Prisa, jueces y policías entonces en ejercicio y privanza gubernamental socialista, como el propio Villarejo, que habrían espiado a periodistas como Jesús Cacho, que denunciaron a Polanco, así como a Liaño, a su mujer Dolores Márquez de Prado y a otros ciudadanos que la investigación, de haberla, podría establecer. La pista del dinero de Prisa para Bacigalupo, hoy abogado de Messi, está muy clara. Lo demás, depende de archivos que la Justicia debería investigar. Me gustaría.

En esta terrible semana de liquidación de la credibilidad judicial, *El Mundo* reveló también la intromisión de la ministra de Justicia, Dolores Delgado, en favor de la secuestradora de niños favorita del PSOE y Rajoy, Juana Rivas, ante la Justicia italiana, escandalazo solo relativo en la amiga entrañable de Garzón, a la que hemos oído en la famosa cinta de la Cloaca Máxima judicial y policial aplaudir delitos de policías y revelar presuntos delitos judiciales ella misma, que no denunció pese a ser fiscal en ejercicio[*]. Es el estilo de la casa o la banda. El juez de Prada, gran amigo de Garzón y de Bildu, en la sentencia contra el PP que urdió la moción de censura para encumbrar a Sánchez, dice que Rajoy miente… y no deduce testimonio. Lo guarda en una carpeta para cuando convenga desempolvarlo. Puro Garzón.

Los eurocomplejines de Marchena

Veinticinco años estuvo Garzón, con Gobiernos del PSOE y el PP haciendo lo que le dio la gana en la Audiencia Nacional, mientras sus colegas miraban, unánimemente, a otro sitio. La corrupción del politijuez llegó a tales extremos que tuvieron que echarlo de la carrera, por cierto, gracias a un tal Marchena, que ahora será perdonado por su tino, mesura y mano maestra llevando el juicio más importante de nuestra democracia y porque una condena por unanimidad evitará que Estrasburgo nos condene por atrevernos a juzgar un golpe de Estado. Sin golpe, no hay Justicia, pero tampoco condena. Y si nos condenan un poco, abrigaditos lo superaremos.

---

[*] «La ministra Dolores Delgado escribió al ministro italiano para mediar a favor de Juana Rivas», *El Mundo*, 10 de octubre de 2019.

Naturalmente, los eurocomplejines de Marchena, que se pusieron de manifiesto en la primera sesión de Junqueras, pero que fueron compensados por la contundencia de Zaragoza y el resto de los fiscales, tenían fatalmente que desembocar en esa lanar unanimidad que teje las togas que ascienden. Lo mismo que la sentencia de Franco, que no hay por dónde cogerla, salvo por el afán profesional de ascenso de unos jueces y el sectarismo de otros. Por el descaro autista de una casta que ya no es judicial, sino politijudicial, y que haciendo política y méritos ante los grandes empleadores, que son los partidos políticos, enarbolando la Ley de Memoria Histórica y la Ley de Violencia de Género, rabiosamente inconstitucionales, van poniendo las bases técnicas, las teóricas ya lo están, para liquidar el régimen de 1978.

El rey y la nación estaban muy equivocados

La sentencia encantará al Gobierno y temo que al PP de Pablo Rajoy y al partido de Rivera. Fingirán un poco de indignación, no demasiada, los partidos comunistas, el de Pablenin el de la Mansión y el de Greto Errejón. Vox es la única incógnita. Supongo que acatará, recurrirá y protestará lo justo para recoger la indignación de los españoles empeñados en aspirar a ser tratados como ciudadanos, no como imbéciles. Que eso supondría, es de temer que supondrá mañana, una sentencia que dice que no hubo rebelión.

¿Y el rey, y la nación española que se echó a la calle enarbolando sus banderas o colgándolas en los balcones contra el golpe de Estado, y el millón de manifestantes en Barcelona, y el juez Llarena, y el difunto del juzgado 13 de Barcelona, y los cuatro fiscales, y Edmundo Bal? ¿Todos estaban, estábamos, unánimemente equivocados? Evidentemente, sí. Nadie atentó contra el orden constitucional, sentencia, unánime, el Supremo. Solo contra el orden público. ¿Y qué fin perseguía semejante atentado? Eso no se juzga, niño, no enredes. Ya dijo Soraya, cuyo espíritu algodonoso y tontuelo sobrevuela este desastre, que legalmente no pasaba nada, un poco de lío y ya. Lo que pasó apenas pasó. No hay que darle más vueltas. Ha hablado el Supremo, y todo el mundo al suelo. O a callar, que es lo mismo.

Otros lo harán. Nosotros, no.

Acatamiento de las sentencias, reforma de la Justicia

Naturalmente, acataremos la sentencia del Supremo sobre el 1-O y sobre el asalto a la tumba de Franco y su entierro donde diga el Gobierno. No hay más remedio y cabe recurso legal, aunque el Supremo ha privado de ese derecho a una familia española y a una causa histórica respetable. Si aspiramos a vivir en un Estado de Derecho, hay que reconocer la autoridad de los jueces. Pero todas las sentencias son criticables; y lo que vivimos en España desde la imposición de mostrencas criaturas jurídicas como la Ley de Memoria Histórica o la de Violencia de Género es un vaciamiento de la sustancia de la legalidad, que es el orden constitucional y sus bases: la soberanía nacional y la igualdad de los ciudadanos ante la ley. Hace años que en Cataluña no hay igualdad ni se cumplen las sentencias, con permiso de los mismos tribunales. Una sentencia leve para el 1-O hará aún mayor la sensación de impunidad separatista; y la repetición del golpe, más rápida.

En sus primeras palabras en el juicio del 1-O, el fiscal Zaragoza dijo: «este es un juicio en defensa de la democracia española». Y el sentido de la sentencia que ayer se filtró es un revolcón a esa razón de fondo, por mirar demasiado a la UE o, como yo creo, por razones corporativas y políticas, con la excusa de Bruselas. No hay atajos, sin embargo, en el cumplimiento de la ley. Pero debe cumplirse la ley, no interpretarse a conveniencia. Y para ello es fundamental que los partidos no pringados en el grosero reparto de miembros del Poder Judicial —UPyD, Ciudadanos y Vox— insistan, y no hay mejor momento que la campaña electoral, en la reforma de la Justicia española, quitándole las esposas de la elección de los jueces del Supremo, el Constitucional y el CGPJ por los partidos, aunque medie el Parlamento.

Ciudadanos, Vox y la reforma judicial

La independencia judicial y la reforma de la Ley Electoral son los mejores argumentos para defender la existencia de partidos al margen del PP y el PSOE, que comprometen la primera y se benefician de la segunda. Esa es una de las vías para que Ciudadanos sobreviva a las volteretas de su líder. Pero la sentencia del 1-O, como la de Franco, no son razones para desacreditar la Justicia en España, sino para defenderla y acreditarla ante sus enemigos, que son los separatistas y los países racistas de la UE que se ríen de toda soberanía nacional que no sea la suya. ¿Alguien imagina a un golpista contra Francia o Alemania hallando refugio político en Bélgica? Pues Alemania permitió, con el aplauso de Rajoy, que un tribunalillo local y una ministreja izquierdista insultasen la soberanía y el Estado de Derecho españoles, que, aunque muchos jueces, partidos y medios no lo vean, son y solo pueden ser una misma cosa. Ni soberanía sin ley, ni ley sin Estado. Hay que reconducir esta deriva judicial contra el régimen constitucional antes de que sea demasiado tarde. Europa nunca nos ayudará a ayudarnos.

13 de octubre de 2019

Después de Franco, la cruz y la Corona

«Esto no ha hecho nada más que empezar», confió feliz en la SER a la «querida Pepa» (Bueno) la ministra de Justicia, tras haber participado en la profanación de la tumba de Franco, la humillación de la familia y el hórrido espectáculo de necrofagia electoral montado por el Gobierno: más de quinientos periodistas acreditados para demostrar al mundo que ahora sí que España, gracias a Sánchez, va camino de ser una democracia. Hasta ahora, habíamos padecido 42 años de franquismo, la mayoría bajo Gobiernos del PSOE, para mejor disimular, pero franquismo al fin, como siempre han dicho la ETA, el separatismo catalán y los comunistas de Podemos, que, como la ETA, condenan la participación del PCE en la Transición a la democracia. Ahora, el PSOE asume estas tesis rupturistas. Y ante este alarde de golpismo histórico, el PP y Cs ni saben ni contestan.

Perfil ético de los asaltatumbas

El perfil ético de los políticos que han perpetrado esta ceremonia siniestra lo marcan el autor de la tesis *cum fraude*, su vicepresidenta —que solo quince días antes aseguró que no habría medios de comunicación para no perturbar la intimidad de la familia— y la propia ministra de Justicia, cuyo contacto delictivo con las cloacas judiciales y policiales comprobamos en las grabaciones del comisario Villarejo, que le comenta que tiene un prostíbulo clandestino para chantajear a empresarios, políticos y jueces, «información vaginal», según sus palabras, y la «querida Lola», que diría la «querida Pepa», lo celebra así: «Éxito asegurado». Villarejo compartía amistad y clientela con Garzón, expulsado de la carrera por prevaricación, que presume así de su intimidad con Delgado: «Esta bebe de mi copa».

La entonces fiscal añade en la grabación que conocía a fiscales y jueces del Supremo que fueron «de menores» en Colombia, que prefiere jueces «hombres, porque se les ve venir», y valora así al ahora ministro del Interior: «¿Marlaska? ¡Ese es maricón!». Ni denunció los delitos que le contaban ni los que contó. Pero en pago a la sentencia contra el PP del íntimo de Garzón y Batasuna, De Prada, clamorosamente descalificada por la Audiencia, es ministra de Justicia. Hecha a la política de contactos, su última hazaña ha sido la de contactar con la Justicia italiana para ayudar a la secuestradora Juana Rivas, también condenada por la Justicia española. Pues bien, esta fiscal que debería estar tan apartada de la Justicia como su entrañable Garzón, actúa como notaria mayor del Reino. Ética asegurada.

Necrosánchez quiere otros 34.000 cadáveres

Compitiendo en alegría y función profesional con García Ferreras, el presidente de Funeraria PSOE explicó al de las tres capas de calzoncillos:

Hemos empezado ayer a resignificar el Valle de los Caídos porque las 34.000 víctimas de la dictadura ya descansan en paz porque el verdugo ya no descansa con ellos. A mí me parece que debe ser un lugar de justicia y de perdón, es decir, un lugar de reconciliación. (…) La deuda no está saldada del todo. Necesitamos reparación, justicia, dignidad…, apoyar e impulsar las exhumaciones para que los restos de sus familiares puedan ser sepultados como se merecen.[*]

_____

[*] Entrevista de Antonio García Ferreras a Pedro Sánchez en *Al Rojo Vivo*, La Sexta, 25 de octubre de 2019.

Y la ministra de «información-vaginal-éxito-asegurado» confió a su «querida Pepa» que la «resignificación» del Valle podía tener como modelo el Museo del Holocausto. Supongo que el de Jerusalén, aunque con esta pandilla de indocumentados nunca se sabe.

Que Casado y Rivera se hayan callado tras estas declaraciones nada menos que del presidente y la notaria de profanaciones del Estado no se debe solo a que se abstuvieron o apoyaron en el Parlamento el proyecto de necrofagia guerracivilista del PSOE y sus socios comunistas y separatistas. El problema esencial de esta derecha es de orden moral, porque el día de la profanación del Valle de los Caídos Casado se limitó a hablar de la EPA, y Rivera, al día siguiente, dice que el centro es «no estar con los inhumados ni con los inhumadores». ¡Como si hubiera habido más de un inhumado o como si esperase a esos 34.000 que ahora quiere exhumar Pedro Sánchez! Por cierto, de los 34.000 cadáveres que Sánchez quiere exhumar en las urnas, la mitad al menos lucharon junto a Franco. ¿Lo creerían su verdugo?

De la cruz del Valle a la cruz y la Corona

Además de su incuria moral, de su falta de patriotismo y de su nula sensibilidad estética ante la profanación de la tumba de un muerto ante sus nietos, que imagino que ambos ven como modelo para tratar a sus abuelos, Casado y Rivera sientan plaza de idiotas al no ver el calado del proyecto de Sánchez. Como la Conferencia Episcopal, que ha callado a cambio de un año de silencio administrativo sobre el IBI, el PP, hijo de los dos partidos fundados por franquistas, la AP de Fraga y la UCD de Suárez, no se entera o no se quiere enterar de que detrás de Franco va la cruz, y detrás de la cruz, la Corona, reimpuesta por Franco como forma de Estado y que la Constitución de 1978 resignificó como la monarquía parlamentaria actual.

No solo la cruz del Valle, que es incompatible con la demolición de la abadía y el templo para convertirlo en un homenaje a los que fusilaban a Cristo Rey en 1936, violaban, torturaban y asesinaban a casi ocho mil monjas, curas y frailes, y a decenas de miles de católicos solo por el hecho de serlo. Delgado y Sánchez ya han dicho que el asalto a la tumba de Franco es el primer paso para «acabar con la herencia del nacional-catolicismo». Claro que Blázquez y Osoro, que siguen canonizando mártires de la Guerra Civil tras pedir perdón «por el comportamiento de la Iglesia en el franquismo» pueden decir que se han adelantado en la execración de aquel régimen que salvó a los católicos, recristianizó España y fue ensalzado, amedallado y enaltecido por todos los papas y por todos los responsables de la Iglesia española, sin excepción. Mientras vivió, claro. Ahora no lo conocen.

«¡Profanaréis como en el 36!»

Recomiendo al respecto el esclarecedor librito *La Iglesia reconoció a Franco: declaraciones de la Iglesia sobre la figura de Francisco Franco y la Guerra Civil, desde 1936 a 1975.*[*] Si, tras leerlo, no sienten vergüenza los representantes de la Conferencia Episcopal injustamente llamada Española, porque tolera el satanismo de los curas separatistas catalanes, como antes de los curas proetarras vascos, será que la obediencia al papa kirchneriano, que acaba de traicionar también a los mártires chinos al aceptar una Iglesia subordinada al Partido Comunista, les prohíbe reconocer la palabra, el concepto y la conducta a que obligan.

Sé que, para muchos católicos, incluida la mayoría de los obispos, habrá sido humillante y mortificante ver el horrendo espectáculo necrófago de los herederos de los que destruyeron tantas vidas de ministros y fieles y el patrimonio histórico de la Iglesia entre 1936 y 1939, persecución de la que les libró Franco. Y aún se habrán sentido peor al ver la desprotección en que la Iglesia ha

---

[*] VV. AA., *La Iglesia reconoció a Franco: declaraciones de la Iglesia sobre la figura de Francisco Franco y la Guerra Civil, desde 1936 a 1975*, Puerto de la Cruz, Producciones Armada, 2019.

dejado a los monjes del Valle, que serán los próximos expulsados del futuro Museo de la Checa. Quedémonos con ese admirable prior que ha salvado, solo, el respeto que la cruz del Valle debe a la cruz.

No menos humillante, desde un punto de vista puramente político, es que solo Vox haya alertado sobre la gravedad del proyecto de Sánchez, que forzosamente llevará a los que se proclaman herederos de los profanadores y asesinos del 36, el bloque de socialistas, comunistas y separatistas que llevó al poder a Sánchez con la ayuda del hampa judicial, a derribar o, al menos, intentarlo, la monarquía parlamentaria. Casado y Rivera, en Babia.

Franco no tiene la culpa del PSOE

El trámite es sencillo: se la declara ilegítima, por ser en buena parte producto del franquismo, para eso está la Ley de Memoria Histórica, que consiste en el derecho del Gobierno a imponer a los ciudadanos lo que deben pensar sobre la historia de nuestra nación, que tampoco será ya nación. La ministra de la «información-vaginal-éxito-asegurado», notaria de Ataúdes Sánchez, ya ha anunciado también, excitada y ojiplática tras su hazaña de ultratumba, que piensa modificar el Código Penal y prohibir cualquier tipo de elogio o disculpa del régimen franquista. Antes de que, con la complicidad de Casado y Rivera, lo hagan, que lo harán, quiero decir, como antifranquista que fui cuando estos pelanas sociatas no habían nacido, que lo mejor que hizo Franco fue, sin duda, derrotar al PSOE que declaró la guerra a media España. Como toda tarea humana, no podía ser eterna. Pero cúlpese de su maldita resurrección a los vivos, nunca al muerto. Franco es responsable de muchas cosas, unas buenas y otras malas, pero de la vuelta del PSOE guerracivilista, no.

27 de octubre de 2019

LOS COMUNISTAS EN EL PODER, SÁNCHEZ EN EL TRONO Y LA DERECHA... EN BABIA

El 12 de noviembre, dos días después de las elecciones generales, Pedro Sánchez anunció un acuerdo de Gobierno y de legislatura con los comunistas de Podemos. Tras mandar al rey a humillarse en Cuba ante los Castro, Fráudez asumió el papel de jefe del Estado, se encargó a sí mismo la formación de Gobierno y anunció que lo ha formado con los que votaron en contra de su investidura hace cinco meses, aunque para bien de España y tranquilidad suya, según ha repetido durante toda la campaña electoral:

> Ni antes ni después el Partido Socialista va a pactar con el populismo. El final del populismo es la Venezuela de Chaves (sic), la pobreza, las cartillas de racionamiento, la falta de democracia y sobre todo la desigualdad.

> Lo que el señor Iglesias defiende es un referéndum de autodeterminación en Cataluña que partirá en dos definitivamente a la sociedad catalana. Iglesias y Podemos defienden que hay presos políticos en España.

> Hoy podría ser presidente del Gobierno, con plenas competencias, pero de un Gobierno de coalición en el que tendría que haber aceptado perfiles sin experiencia. Un Gobierno de coalición hubiera fracasado.

> Sería un presidente del Gobierno que no dormiría por la noche... junto con el 95 % de los ciudadanos, incluida la mayoría de votantes de Podemos, que tampoco se sentirían tranquilos.

Ayer, 16, Sánchez pidió a la militancia aprobar justo lo contrario: un pacto de Gobierno y legislatura con Podemos: «Es imprescindible», «el único medio para evitar el bloqueo», «para hacer frente al auge de la ultraderecha» y para asegurar «la igualdad entre hombres y mujeres, que defienda los servicios públicos y la cohesión social, que apueste por el crecimiento y la innovación en la economía, que avance en el reconocimiento de nuevos derechos, que lidere la lucha contra el cambio climático, que fortalezca la cohesión territorial desde el diálogo y las leyes y no promueva la confrontación y el enfrentamiento entre españoles».

O sea, todo lo que no podía garantizar Podemos hasta hace seis días.

Antes de entrar en el Gobierno, Podemos ya manda

La claudicación de Sánchez ante Iglesias ha sido absoluta y cabría decir que innecesaria, de no mediar un proyecto: liquidar el régimen del 78, en lo que coincide con Podemos y los socios necesarios para ser investido, desde Otegui a Junqueras pasando Puigdemont —en el ámbito criminal—, y por el PNV y varios partidos regionales y provinciales —en el ámbito civil—. Ayer decía Javier Somalo que se nos viene encima un Gobierno PRESOE[*]. Dada la preeminencia comunista, será un Presídium, como el de la URSS.

El poder político de Podemos en este Gobierno no Frankenstein sino Drácula anunciado por el falsario de la Moncloa es tan evidente que antes del encargo del rey, de la sesión de investidura en las Cortes, y de formar ese Ejecutivo cuya misión es enterrar el régimen constitucional y acometer el troceamiento de España mediante la desmembración del Estado, los ministros que no quieren dejar de serlo ya obedecen la política comunista. El de Exteriores calificó este viernes, como hubiera hecho Iglesias en defensa

---

[*] Javier Somalo, «El Gobierno del PRESOE», *Libertad Digital*, 16 de noviembre de 2011.

de su amigo cocalero, de «golpe militar» la resistencia civil y militar al golpe de Evo Morales, denunciado por la Organización de los Estados Americanos como el mayor fraude electoral de la historia de Bolivia.

El de Educación negó el derecho a la enseñanza concertada, e incluso el derecho a la libertad de enseñanza, que consta en el artículo 27 de la Constitución y ha sido ratificada en todas las sentencias del Tribunal Constitucional salvo una, hace décadas, única esgrimida por Celaá ante dos mil atónitos representantes de centros concertados, casi todos católicos. Por supuesto, ambos hacen ya méritos ante Podemos para formar parte de ese Gobierno de concentración (léase Gulag) contra España y la libertad.

La tarea de Podemos es servir de puente con el golpismo catalán, para lo cual Sánchez allanará los obstáculos legales, como la fiscal general del Estado, que se interpongan entre el sedicioso Junqueras o el forajido de Waterloo y su investidura al frente de un Gobierno realmente dirigido por la ETA, ERC y el cártel de Caracas. El PSOE, o sea, el PSC, hará bulto. La política correrá a cargo de sus socios, que lo despedirán si no les obedece.

La parálisis de la derecha ante el cambio de régimen

El remedio que para sus dos fracasos electorales —los 750.000 votos perdidos por el PSOE y los 700.000 perdidos por Podemos— han encontrado el Doctor Cum Fraude, alias Don Trola, y el Marqués Rojo de Galapagar ha sido tan rápido como exitoso, porque se han encontrado con las tres derechas tan desunidas y despistadas como en toda su estadía de okupa en Moncloa. Rivera se ha largado con Malú, dejando a Ciudadanos en la morgue. Y Vox, el gran triunfador, ha pedido al PSOE, PP y Ciudadanos que formen Gobierno, ya que los tres forman parte del «consenso progre». Es evidente que el Gobierno de Sánchez e Iglesias no tiene nada de consenso ni de progre, es un pacto para triturar el régimen constitucional con el apoyo del separatismo criminal, desde Otegui a Junqueras.

Sin embargo, Abascal dice creer que no habrá Gobierno del Frente Popular o que Sánchez lo formará con PP y Cs, que considera menos malo esto último, pero que la cosa no va con él. Y exactamente lo mismo dijo Casado antes de desaparecer de escena el martes: que Sánchez forme Gobierno con sus socios naturales. Como si la liquidación de la monarquía parlamentaria, la destrucción del orden constitucional, la suelta de etarras y golpistas, la venta de plebiscitos separatistas y la ruina total ante la recesión económica fueran accidentes parlamentarios fáciles de enmendar. Como si los comunistas, cuando llegan al poder, tuvieran por costumbre devolverlo.

Los tres grandes partidos que defienden la nación y la Constitución han decidido sentarse a ver qué hacen comunistas, socialistas y separatistas. Los dos mayores, PP y Vox, a mirarse de reojo, a ver quién supera a quién. Es una actitud suicida y abyecta. Y que no vengan con la monserga de que prometieron a sus electores no pactar con Sánchez. Lo que trae Sánchez es el Gobierno de las tres erres: ruina, represión, república. Y no dirán que prometieron a sus votantes no hacer nada contra la crisis económica, en defensa de las libertades o ante el jaque mate de la izquierda a la Corona.

Abascal, el único que no parece noqueado tras las elecciones de la semana pasada, fue de hecho el más clarividente en la campaña ante esos tres problemas, sobre todo el último, que por importancia es el primero. Pues bien, ni siquiera Abascal ha ofrecido sus escaños para tratar de evitar que el rey, tras la puñalada trapera de Marchena y sus Unánimes, tenga que deambular de dictadura en dictadura, a las órdenes de Sánchez, como ya hemos visto en Cuba. ¿Acaso espera, como el heredero de Rajoy, que le venga de rebote, primero el liderazgo de la derecha y después el Gobierno?

La obligación de Casado sería presentar, como dice Cs, una oferta de Gobierno formal a Sánchez. ¿No la acepta? Peor para él. Nadie podrá decir que toda la derecha prefirió el interés de partido al nacional. Y la obligación de Abascal sería respaldar la oferta de Casado. Me temo que ninguno de los dos ha entendido de qué ha muerto Rivera: de inutilidad.

La trágica enseñanza de la historia

Uno, muerto en la carretera, otro, muerto de miedo, y otro, de risa: así están los tres líderes de la derecha que hace una semana concurrieron a las urnas. Los comunistas están en el poder; Sánchez, en el trono, y la derecha, en Babia. De nada sirve la trágica historia del siglo xx. Por la real cobardía en 1931 y por la cobardía gubernamental en 1934, la derecha tuvo que echarse al monte en 1936. Nadie vio llegar la República, y la tenían encima. Nadie vio llegar el golpe, y lo estaban anunciando. Nadie vio llegar la guerra, y ya la había proclamado el PSOE de Largo Caballero.

Uno se pregunta qué necesitan Casado y Abascal para convencerse de que es verdad lo que hasta el domingo denunciaban: que el Gobierno del Frente Popular Separatista busca acabar con España y con nuestra libertad. Es como si no fuera con ellos. Ni la una, ni la otra. Es como si todo fuera reversible, como si cuando ellos manden todo tuviera remedio. Pero a este paso, lo irreversible se impondrá y ellos, ilegalizados, jamás gobernarán. Lo malo es que, para entonces, el problema ya no será suyo, sino nuestro. De los que los hemos votado para que hagan algo. Y ese algo no era esperar.

17 de noviembre de 2019

SI LO DE CATALUÑA ES UN «CONFLICTO POLÍTICO», TENEMOS UN CONFLICTO CON LOS POLÍTICOS

En vísperas de que el mayor embustero de la historia de España se arrastre hasta Waterloo para mendigar el apoyo del forajido Puigdemont y su valido Torra, el mismo al que en otra de sus piruetas llamó «el Le Pen catalán», el PSC (PSOE) y ERC, las dos «izquierdas históricas», como acertadamente, aunque por error, claro, las ha hermanado Calvo, han dicho por escrito que lo de Cataluña es un «conflicto político». Si a un golpe de Estado, a la rebelión del Parlamento catalán contra el Constitucional, a la persecución de los catalanes no separatistas y a la toma violenta de calles, autopistas y hasta del Prat, se le llama, como los terroristas urbanos, «un conflicto político», el conflicto lo tenemos los españoles con un Gobierno y unos partidos que asumen el discurso golpista. Y, en menor medida, con los que esperan en la oposición que la situación empeore y heredar lo que vaya a quedar tras esta peste: una nación semimuerta y un Estado agusanado.

Pero cuando Barcelona y casi todas las ciudades y pueblos catalanes ardían impunemente, porque el Gobierno Fráudez ordenaba replegarse a la Guardia Civil y no ayudar a la Policía, el ministro del Interior, Faisando Marlaska, dijo que lo de Cataluña era solo «un problema de orden público». Vamos, que no hacía falta activar, como hubiera hecho un Gobierno digno de ese nombre, la Ley de Seguridad Nacional y todos los mecanismos que la Constitución prevé para que millones de ciudadanos no queden inermes ante los terroristas callejeros e institucionales, ante esos

CDR de la *famiglia* Torra, el de la Generalidad y los matones que cortaban la autopista AP-7.

Sánchez, a la cabeza del golpe

¿Qué ha pasado para que «un mero problema de orden público», o «de convivencia entre catalanes», se convierta en «un conflicto político»? Que un presidente en funciones de enterrador nacional necesita el voto del partido que intentó en 2017 un golpe de Estado, que, siendo legal y que dice que volverá a intentarlo, vote su investidura. Cuando el PSC y el PSOE, que no fueron juntos a las elecciones, pero donde manda el PSC, dicen que hay que «encauzar el conflicto político en Cataluña desde el diálogo y el entendimiento institucional», y responde ERC que «ambas partes han establecido un punto de partida común al constatar la necesidad de abordar políticamente un conflicto que es, esencialmente, de naturaleza política», está claro que PSC-PSOE y ERC asumen juntos el golpe del 1-O que ha condenado el Supremo. Es decir, que se sitúan fuera de la legalidad. Y esto plantea un grave problema a la ciudadanía: ¿puede considerar sus legítimos representantes a quienes niegan la legitimidad del Estado, del régimen legal y de la unidad nacional, que es la base de la Constitución?

No se trata de creer sus promesas de mantenerse dentro del orden constitucional (todo lo que diga Pedro Sánchez será indudablemente falso), sino de la acción conjunta de un partido liberticida, ERC, y otro, PSOE, que pretende comprar el Gobierno renunciando a su legitimidad nacional. Lo que anuncian es algo peor que un acuerdo, que bien podría incumplirse; es un plan para actuar conjuntamente a fin de alcanzar los objetivos del fallido golpe de 2017. Y siendo uno de los firmantes de esos comunicados paralelos el que piensa asumir la Presidencia del Gobierno de España, eso significa que el presidente del Gobierno de España se pone a la cabeza del golpe de Estado, a medias fallido, para rematar el régimen constitucional.

Nace el FGJ: Frente Golpista Judicial

Dado que ni el Ejército, ni la Guardia Civil, ni la Policía Nacional son proclives a respaldar con las armas la liquidación del Estado español para convertirlo en un batiburrillo vagamente confederal de diecisiete repúblicas, los partidos golpistas, que son todos menos PP, Cs y Vox, los tres mudos, el poder fáctico para cumplir el pacto que investirá a Sánchez y desvestirá a España son los jueces, para ser precisos, los politijueces del Constitucional, el Supremo y el CGPJ, nacidos del asesinato de Montesquieu: la LOPJ/85. No es casualidad que Xiol, mano derecha de Ledesma, el ministro que la alumbró, sea el que ha liquidado la sagrada unanimidad de los jueces de derechas, y, además, en defensa del golpista Junqueras, socio de Sánchez.

Y no es casualidad que una secta progre disfrazada de asociación de jueces, la izquierdista Jueces para la Democracia, haya saludado el Abrazo de la Vergüenza de Sánchez e Iglesias. Es decir, que, renegando de la ley, se haya puesto a las órdenes del Gobierno del Frente Popular Separatista antes de darlas. Los movimientos de Pumpido y Xiol, disfrazados de afán de ascender o percibidos así en las togas y puñetas, desacreditadísimas tras las sentencias del Supremo contra la familia Franco y en favor del golpe, adelantan lo que se nos viene encima, sin que, en el PP, que ha sido y sigue siendo el único componedor posible de mayorías con el PSOE para proveer los puestos en los altos tribunales, parezcan enterarse de lo que se pretende.

Y no puede estar más claro: deshacer el camino de la Transición. En vez de ir «de la ley a la ley», como diseñó Torcuato Fernández–Miranda para traer la democracia y que los españoles vivieran dentro de un régimen constitucional que enterrara los restos de la Guerra Civil, el Frente Popular Separatista, con el Frente Judicial Golpista como mamporrero del golpe, irá «de la ley contra la ley», liquidando la democracia, la Constitución del 78 y abriendo el camino a la balcanización del Estado y la ruina de España.

Los diputados de las Cortes Constituyentes contra el golpe

Si estará claro que lo que busca esta mayoría escuálida de partidos y bandas, cuya fuerza radica en los medios audiovisuales, es liquidar el régimen constitucional, que más de cincuenta diputados, de todos los partidos que formaron parte en 1977 de las Cortes Constituyentes, han publicado un manifiesto que, más que voz de alarma, es un grito de dolor. Desde AP y UCD hasta el PSOE y el PCE han pedido encarecidamente al PSOE que no pacte con ERC un Gobierno que sería rehén de los enemigos de lo que tan milagrosamente consiguió España en 1977 y refrendó en 1978: pasar de una dictadura a una democracia sin tiros, venganzas ni rencores.

Si viendo a Guerra, Múgica, Redondo o Virgilio Zapatero, entre otros socialistas históricos, firmar junto a los diputados de la derecha de entonces, muchos venidos del franquismo, que no se le ocurra vender a la nación y al Estado a cambio del poder, Sánchez, sus barones y la baronesa de los ERE no son capaces de avergonzarse de la infamia que pretenden es porque no tienen vergüenza. Ni perdón de Dios, diría, si la Iglesia no fuera parte de esta demolición nacional que ha contado con su total y miserable beneplácito.

1 de diciembre de 2019

2020

El Estado de Alarma por la pandemia de coronavirus agrava la crisis institucional y allana la senda autoritaria de Pedro Sánchez.

7 de enero. Pedro Sánchez es investido presidente del Gobierno de coalición con Podemos. Pablo Iglesias llora a moco tendido.

13 de enero. Pedro Sánchez nombra a la exministra de Justicia Dolores Delgado fiscal general del Estado.

8 de marzo. El Gobierno desoye todas las advertencias y oculta que el coronavirus ya circula por España para celebrar la manifestación feminista a la que acuden todas las ministras del Gobierno y la esposa de Sánchez. La mayoría acaban contagiadas. En los días previos, el Gobierno animaba a acudir y en los medios afines se burlaban de la enfermedad.

13 de marzo. Sánchez decreta el estado de alarma por pandemia de coronavirus.

14 de marzo. Sánchez asume el «control absoluto», deja sin competencias a las comunidades autónomas y a Pablo Iglesias sin funciones. Comienza una cuarentena que se prolongará hasta junio.

15 de marzo. La Casa Real comunica que el rey Felipe VI renuncia a cualquier herencia que le pudiera corresponder de parte de su padre el rey emérito Juan Carlos I y le retira a este la asignación que le corresponde de los Presupuestos del Estado.

9 de abril. Segundo estado de alarma. Comienza la campaña para culpar a Madrid de la tragedia. Isabel Díaz Ayuso responde a los «infundios» de Pedro Sánchez y Mónica Lastra: «Nos atacan para eludir su responsabilidad».

19 de abril. La Guardia Civil dice que vigila las críticas contra el Gobierno. El jefe del Estado Mayor de la Guardia Civil, el general José Manuel Santiago, dice que trabajan para minimizar ese clima contrario a la gestión de la crisis por parte del Gobierno.

12 de mayo. Caos absoluto: el Gobierno es incapaz de abastecer al país de mascarillas. El director del Centro de Coordinación de Alertas y Emergencias Sanitarias del Ministerio de Sanidad, Fernando Simón, desprecia su uso: «La mejor mascarilla son dos metros de distancia».

25 de mayo. Cese del coronel de la Guardia Civil Diego Pérez de los Cobos por no permitir el control político de la instrucción judicial del 8M en la COVID.

21 de junio. Finaliza el estado de alarma tras 100 días y 6 prórrogas. Casi 30.000 muertos, según cifras oficiales. Casi todos los medios de comunicación sospechan que son muchos más.

12 de julio. Se celebran las elecciones al Parlamento de Galicia de 2020 y las elecciones al Parlamento Vasco de 2020. Victoria del PP en Galicia y del PNV en el País Vasco.

3 de agosto. La Casa Real comunica que el rey emérito Juan Carlos I abandona España.

22 de octubre. Fracasa la moción de censura presentada por VOX, que solo obtiene los votos favorables de sus propios diputados y el voto en contra del resto. Discurso de Pablo Casado contra Vox y ruptura del PP con el partido de Santiago Abascal.

25 de octubre. Sánchez decreta un nuevo estado de alarma de 6 meses con toque de queda nocturno, solo 10 días después de que Fernando Simón predijese un descenso de los contagios. Ese día se habían acumulado en España 1.046.132 positivos y 34.752 muertos, según datos oficiales.

19 de noviembre. El Congreso de los Diputados aprueba la Ley Orgánica 3/2020, también conocida como Ley Celaá, por la que se modifica la Ley de Educación de 2006.

10 de diciembre. El Pazo de Meirás deja de ser propiedad de la familia Franco y pasa a ser patrimonio del Estado.

Ante el Frente Popular Separatista, ¿qué puede hacer la derecha nacional?

Lo más difícil ante una enfermedad es hacer un diagnóstico acertado, a partir del cual se puede buscar el remedio. Esta semana echará a andar, o mejor, a tropezar, el Gobierno más peligroso de la España contemporánea. Pero ¿en qué consiste ese peligro? ¿Qué cabe temer a corto y medio plazo? ¿A qué nos enfrentamos? Y una vez identificada la naturaleza del peligro que nos acecha, ¿cómo afrontarlo y, si es posible, cabe intentar resolverlo?

Entre el viernes y el sábado se han hecho tres análisis por parte de tres personas especialmente cualificadas, en tres entrevistas: Jaime Mayor Oreja en esRadio, Mikel Buesa en *El Mundo* y Jon Juaristi en *Vozpópuli*. Los tres son vascos, siempre han estado en la acción y la reflexión política, y no tienen ningún lazo en común, salvo dos esenciales: buscan entender lo que nos está pasando y la mejor manera de defender España y la libertad.

Un proceso revolucionario

Mikel Buesa, cuyo hermano Fernando fue asesinado por ETA, militó en el PSOE, fundó y abandonó UPyD y entre sus últimos libros destacan *ETA S. A.* y *La pachorra conservadora**, responde

---

* Mikel Buesa, *ETA S. A.: el dinero que mueve el terrorismo y los costes que genera*, Barcelona, Planeta, 2011, y *La pachorra conservadora*, Madrid, La Esfera de los Libros, 2015.

así a Fernando Palmero, en una gran entrevista, a la pregunta clave:

—*¿Estamos ante un proceso constituyente?*
—*Estamos a las puertas de un proceso revolucionario. Lo de constituyente es un eufemismo para ocultar que estamos ante un cambio constitucional fuera del cauce que establece la Constitución. Y a eso se le llama revolución. Creo que no va a ser violento, pero no descarto totalmente la posibilidad de que lo sea. En cualquier caso, ese proceso revolucionario, si finalmente se va asentando, no va a ser un proceso de ruptura en un momento, sino de pequeñas rupturas que en su conjunto conducirán a una situación completamente distinta. Por ejemplo, de combatir las noticias falsas, como dicen que van a hacer, a tener censura previa o autocensura, que es todavía peor, hay un paso.* [*]

Juaristi no está de acuerdo —yo tampoco— con la opinión positiva que Buesa tiene de Rubalcaba, pero comparte su preocupación ante un proceso poco claro salvo en lo que tiene de temible. Preguntado por Karina Sainz Borgo, contesta:

—*Tenemos Gobierno de coalición. ¿Qué opinión tiene al respecto?*
—*Muy mala. Habrá que esperar a que se produzca la catástrofe, para no ponerse la venda delante de la herida. Esta situación, que antes parecía privativa del País Vasco y después de Cataluña, es decir, sociedades antagonizadas y divididas, ya es una realidad general en toda España gracias a los socialistas. Pero esto es un proceso largo que comenzó con Rubalcaba el 13 de marzo de 2004, cuando lanzó a sus bases al asalto de las sedes del PP en la jornada de reflexión electoral. Continuó luego con Zapatero y hemos llegado hasta aquí. Es terrible, pero aún no sabemos cuáles serán las consecuencias. (…)*
  Los consensos básicos ya habían saltado por los aires en 2004. Lo que sí es nuevo es la radicalización extrema del PSOE, que se ha convertido en un partido populista de izquierdas, vamos, un partido bolivariano. Lo ha hecho por mimetismo con respecto a Podemos. En lugar de desplazarse hacia

---

[*] Fernando Palmero, «Mikel Buesa: "Estamos a las puertas de un proceso revolucionario"», *El Mundo*, 10 de enero de 2020.

el centro, el PSOE ha optado por la radicalización que ya había comenzado con Zapatero. Convendría recordar que él se refirió a sí mismo como el más rojo de todos.[*]

La duda de la derecha sobre sí misma

Lo esencial en la reflexión de Juaristi es definir la naturaleza del PSOE. Recuérdese que, hasta el raudo abrazo de Sánchez e Iglesias tras las elecciones generales, muchos en el PP y Cs situaban al partido de Sánchez en el campo constitucional, pese a la evidencia de su pacto con comunistas y separatistas en autonomías y ayuntamientos, incluyendo Navarra. Es como si la derecha no se atreviera a plantar cara al golpe de Estado catalanista en solitario, sin ayuda de la izquierda, léase PSOE. La realidad ha destruido esa quimera, que no expresaba certeza sino miedo. Y la permanente duda sobre su propia legitimidad, sin esa forma de pedir permiso para existir a la izquierda que es la manía del consenso.

Esto tiene consecuencias decisivas al plantear la oposición a un Gobierno que es socialcomunista en su composición y separatista en su vocación. Si las derechas se ven frente a un todo, un Frente Popular para destruir España, han de agruparse y prescindir de los tres liderazgos insuficientes: PP, Cs y Vox. Decía este sábado Rafa Latorre en un brillante análisis que comunistas y separatistas, unidos en el poder, tratarán de convencernos de que lo que está unido es toda la oposición, que en el fondo es Vox hablando por sí mismo y a través de PP y Cs. Sucede justo lo contrario: por encima de sus diferencias, todas las extremísimas izquierdas y las extremísimas derechas separatistas se han unido para gobernar. En cambio, los tres partidos de centro derecha siguen desunidos en la oposición.

---

[*] Karina Sainz Borgo, «Juaristi: "El PSOE se entiende con ETA, Podemos o quien lo ayude a ganar la Guerra Civil que perdió"», *Vozpópuli*, 11 de enero de 2020.

Bastaba ver este fin de semana a Cs manifestándose contra Díaz Ayuso junto a los comunistas para comprobar que el centro sigue idiotizado y se cree capaz de presentar, no se sabe desde dónde ni a través de qué medios, nada menos que una alternativa. El PP no deja de declinar ciegamente el verbo «liderar». Y Vox sigue creyendo la propaganda que hace contra ellos la izquierda, viéndola como un anuncio de un triunfo futuro, que le vendrá a las manos por los errores del Gobierno, que no es un Gobierno, sino un nuevo régimen revolucionario, que no se sabe cuántos pasos precisará para alcanzar su fin, la destrucción de España, pero que, evidentemente, no tiene otro camino que seguir dándolos y a toda prisa. Es decir, que cada partido sigue pensando solo en sí mismo, cree que basta acudir a su electorado, real o supuesto, por separado y dejar los acuerdos para cuando se aclare su único problema: no quién gobierna sino quién mandará en la oposición.

Tres citas electorales a vida o muerte

Y entramos en el análisis de Jaime Mayor Oreja en *La Mañana*[*]: la base del nuevo Gobierno, que no es un Gobierno, sino un proceso que supone la extensión del Prusés a toda España, son ETA y ERC. Con el respaldo de los demás partidos separatistas, de los comunistas, y, con una estrategia más gradualista, del PSOE. El núcleo duro de este poder en proceso, o de esta revolución en marcha, no está en el PSOE, sino en la izquierda separatista y Podemos, que no duda, estando ya prácticamente en el Gobierno, en manifestarse en favor de los asesinos etarras y de los golpistas catalanes. Es un proceso cuyo fin lo marcan los extremos y en el que no hay guion: cada cuál desafinará del modo más teleestridente que pueda.

Esto obliga a PP, Cs y Vox, explicaba Mayor, recordando aún la ruina de UCD, de la que le costó salir catorce años a la derecha, a llegar en solo catorce meses a diversos acuerdos, según las carac-

---

[*] Entrevista en *Es la Mañana de Federico*, esRadio, el 10 de enero de 2020.

terísticas en cada lugar, para salvar los tres obstáculos que afrontan las fuerzas nacionales y constitucionales: las elecciones gallegas, vascas y catalanas. Si en ese terreno minado son incapaces de llegar a ningún pacto electoral —siquiera PP y Cs—, porque los postelectorales no valdrán, la derrota de esta oposición ratonera está asegurada. La ruina de España, también.

Estoy de acuerdo en lo sustancial con los tres análisis citados: estamos ante un régimen en marcha cuyo fin último es liquidar la nación en cómodos plazos, a través de la permanente y sistemática violación de la Constitución. Si Casado, Abascal y Arrimadas no son capaces de enfrentarse con él de forma conjunta, ellos se irán al guano, pero antes nos habrán descalabrado a todos.

12 de enero de 2020

Los hijos no son de los padres: son de Sánchez y sus trillizas cacofónicas

«De ninguna manera», dijo Celaá. A pregunta de Ketty Garat, sobre si no era «judicializar la política» recurrir ante los tribunales el mal llamado «pin parental» en Murcia mientras se inhibe ante el adoctrinamiento racista en Cataluña, la ministra de Educación fue contundente: «Los hijos no son de los padres, de ninguna manera». En España, el Gobierno no cría niños salvo en las casas de acogida por falta de padres en condiciones de hacerlo, y los cría tan mal que acaban, como en Mallorca y por docenas, en redes de prostitución y drogas o, como en Valencia, padeciendo abusos de sus muy oficiales cuidadores, como el marido de la ultraizquierdista Mónica Oltra. En ambos casos, esa educación por prostitución o venopunción está tan acreditada como ocultada por alguna Fiscalía de Menores, ahora bajo Lola Delgado, relatora y no denunciante de menoreos fiscales en el extranjero.

Las ideólogas del Ministerio de Igualdad

Una de las trillizas cacofónicas que han debutado como portavozas esta semana, la ministra de Igualdad al modo comunista, o sea, de rabiosa desigualdad, ha encumbrado oficialmente a dos ideólogas, la Boti y la Gimeno, de esas charlas extracurriculares contra las que se rebelan tantos padres y madres sensatos, insultados este fin de semana por los opinadores desinformados o descerebrados, que no distinguen entre información sexual y adoctrinamiento de género criminógeno, como que la heterosexualidad es algo que solo han aceptado históricamente las mujeres por la violencia. Ya que no hay camisas de fuerza para las brillantes pensadoras del Instituto de la Mujer, ¡qué menos que recurrir al derecho de los padres a saber si a su hijo le educan para castrar a su progenitor o castrarse él mismo, y aprobar!

La Boti se jactó en *La tuerka* del Vicepresidente —bien ganancial de la ministra— de haber seducido a una alumna de diecisiete años y huido con ella a Barcelona, mientras la madre de la menor «la perseguía con la plancha». ¡Qué graciosa es la Boti! Y la Gimeno es la pastosa versión académica de esa famosa lesbiana vegana, muchos años carnicera, que dice junto a su Boti que «el gallo viola a las gallinas». Vamos, que las gallinas tienen la misma capacidad intelectual y volitiva, el mismo cerebro y sensibilidad que las mujeres, lo que pasa es que aún no se ha sabido traducir del idioma gallináceo el «no es no». De hecho, no se sabe distinguir del «sí es sí». Pero si le dan medios a esa infeliz pareja lo distinguirán. Y la ministra aplaudirá.

Que los hijos no son de los padres, o sea, de sus familias, además de ferozmente inconstitucional, como todo lo que hace este Gobierno golpista, solo lo han afirmado los regímenes comunistas, y no en todos los casos, y el régimen nazi, aunque con cautelas. Claro que, como Cautela y Sánchez son antónimos, la híspida cacofónica Celaá dice que «de ninguna manera». Ábalos, dispuesto a arruinar su pasado prestigio como hombre sensato, ha añadido que el «pin parental» de Murcia es «la antesala del fascismo». O sea, que a los hijos de Ábalos pueden adoctrinarlos en las horas fuera del programa oficial de asignaturas diciéndoles que todo socialista es criminal, ya que el socialismo real o comunismo ha matado a más de cien millones de personas, y deben alejarse de los padres que compartan esa ideología. Y si se queja Ábalos es porque trata de emular descaradamente a Mussolini.

La victoria del marxismo cultural

Una titiritera progre, valga la redundancia, ha aprovechado unos premios del cine para asociar la lucha contra el pin parental y la lucha antifascista. La pobre no conocerá al sabio que, el siglo pasado, anunció que los comunistas del futuro se llamarían antifascistas. Y lo dijo antes de que Hitler y Stalin firmaran el acuerdo para partir Polonia y repartirse la Europa Oriental, dejando libre al régimen nazi para tomar la Occidental. Dos años pasaron los comunistas de todo el mundo elogiando al régimen «de los trabajadores alemanes» y jaleando sus éxitos contra la plutocracia capitalista franco-británica. Y si Hitler no ataca la URSS, aún seguirían.

Pero lo primero que hicieron las democracias tras derrotar a los nazis fue borrar esos dos años de total complicidad entre los dos totalitarismos. No hay más que ver el documental del angelical Frank Capra, uno de los cinco que se rodaron para la propaganda militar norteamericana en la Segunda Guerra Mundial, elogiando la «lucha por la libertad» del ejército de Stalin. Tampoco entendieron los norteamericanos el carácter comunista de Mao, ni el de Fidel Castro, ni el de Chávez, ni el de Deng Xiaoping, ni el de Putin. Y si los USA, que han defendido militarmente a las democracias liberales durante sesenta años, nunca han entendido la naturaleza del comunismo, ¿cómo lo harán esas protegidas, mimadas y desagradecidas democracias?

Sin embargo, la victoria del marxismo cultural está superando, con mucho, al marxismo político. Y una de sus apisonadoras ideológicas, junto al hembrismo, el animalismo y el ecologismo, es la anulación de la familia como referente de legitimidad en cualquier organización social, tanto en lo que se refiere a valores religiosos y morales como a la diferenciación más elemental de los sexos, que es la biológica. Todo parte, siempre, de negar la propiedad, y la libertad para defenderla, a las personas y las familias. Hay que deslegitimar todo lo individual, por egoísta, y lo familiar, por antiguo. Se dice que hay «otras formas de familia», como si nunca hubiera habido adopciones ni fórmulas de filiación y herencia harto variadas.

La crisis irreversible del movimiento LGTBIetc.

Hay gente tan obtusa, al estilo de la Boti y la Bea, que niega hasta la diferencia biológica entre los sexos, afirmando dogmáticamente que el sexo solo es una construcción ideológica, heteropatriarcal y artificial, que ha impedido a las mujeres su auténtica realización. Y defienden la paradoja de que los hombres son malos de nacimiento, pero que no hay mujeres, ya que esa media humanidad a la que le gustan los hombres está alienada por unos déspotas que son mera basura biológica, desechable a voluntad.

Este es el punto de ruptura del tinglado LGTBIetc. Si no hay mujer biológica, ¿qué se protege? ¿Si no hay hombre biológico, sino ideología de género, ¿qué se manda a la cárcel? Si no son comportamientos individuales, sino diferencias sexuales, ¿cómo la Ley de Violencia de Género puede condenar a un sexo por actuar contra otro, que es ficción? ¿Cómo van a permitir que adopten los homosexuales masculinos, si son hombres? Por eso están en contra de la reproducción asistida, a la que equiparan a la prostitución, pero no a la masculina, que para ellas no existe.

La radicalización feminazi ha destruido, por dogmática, el carácter de liberación de costumbres del feminismo. Hoy es la burocracia de unas fanáticas que pastan en el dinero público para vivir del cuento y del odio. Les da lo mismo que sea racial, estético, sexual, cultural o social: el caso es dividir la sociedad e imperar sobre ella. La fórmula comunista tradicional.

Unirse en defensa de la libertad de los padres

PP, Vox y Cs tienen la oportunidad de formar un frente contra este fanatismo que niega los derechos humanos más elementales y pretende entregar a los niños a unos adoctrinadores que, en muchos casos, deberían ser adoctrinados en los psiquiátricos. Las sandeces liberticidas y disparates negacionistas de cualquier cosa, desde la biología hasta la historia, y las instituciones básicas de la sociedad occidental, especialmente la familia, son la caricatura ridícula de un proyecto muy serio: destruir las bases de una sociedad de libertad, igualdad, legalidad y responsabilidad. Buscan convertir a los individuos en parte de un todo, negando el todo que cada individuo tiene dentro.

Mezclar la religión en esta lucha por las libertades, entre ellas la de conciencia, exige salir de la propaganda izquierdista y afirmarse en lo más sagrado del modelo de sociedad que se quiere: el liberal, en el que deciden las personas y las familias, o el dictatorial, en el que deciden los políticos y el individuo se somete al Estado. Nunca debió aprobarse el adoctrinamiento sexista, como hicieron con la ideología LGTBI el PP y Cs, pero ahora que se ve el fin último de ese adoctrinamiento, que es destruir la célula básica de la sociedad, que es la familia, es hora de rectificar. Y Vox, si es capaz de prescindir de una visión solo religiosa y no también y sobre todo civil, no debería hacer el juego a los que quieren enfrentar a la cruz y a la hoz, seguros de que ganará el martillo, que otros llaman televisión. Si no son capaces de aparcar sus naderías partidistas y defender la libertad de las familias, empezando por la propiedad de sus hijos, no merecen que los vote nadie: ni las gallinas de las veganas, ni las zumbadas del Ministerio de Igual Dá. Habrán ganado las trillizas cacofónicas, ese esperpento intelectual que esta semana representaron la Maricelaá, la Marimontero y la Marisú.

19 de enero de 2020

LA TRAICIÓN A ESPAÑA DE MADRID, BARCELONA Y PARÍS

La última semana de febrero de 2020 ha sido, sin duda, la más lamentable que ha padecido España desde el final de la Guerra Civil. Empezó con la bochornosa rendición del Felón de la Moncloa ante el inhabilitado Torra, en un acto casi multitudinario, por la cantidad de ministros y delincuentes golpistas congregados en torno a una Mesa de Partidos tan rabiosamente ilegítima que solo la indiferencia de la sociedad española ante la liquidación de su soberanía y sus derechos cívicos explica que no se echara a la calle por millones, como tras el 1-O. Y terminó con el acto multitudinario de Puigdemont en Perpiñán, la llamada capital de la Cataluña Francesa, que desde el pacto de Carod Rovira con Ternera para que la ETA matase en Aragón y no en Cataluña, merece serlo del Asco.

Iván Riefenstahl televisa la traición

Si un día llegara a juzgarse a Sánchez y a su banda por el delito de alta traición, la primera prueba de convicción sería la coreografía que Iván Redondo, disfrazado de Leni Riefenstahl, ofreció a todas las televisiones. *El triunfo de la voluntad*, la gran película de la propaganda nazi, tenía la originalidad de empezar con el viaje de un señor corriente, un tal Adolf Hitler, a Núremberg, la catedral de masas del nacionalsocialismo alemán, donde era ungido como *führer* de aquel Reich que debía durar mil años.

La imagen del estólido Hitler mirando por la ventana de la avioneta se salía de todo lo conocido en materia de propaganda. Pero entroncaba con el ritual sagrado del cristianismo, paganizándolo. La entronización de Napoleón, tomando del papa la corona imperial y ciñéndosela él mismo, o Juana de Arco en el Sacre de Reims, el rey del cielo coronando al rey de Francia para expulsar de su suelo a los ingleses, son precedentes de esas formas que a veces adopta la historia para pervertir, fingiendo respeto, los ritos del poder religioso para legitimar a un caudillo político providencial. En España, cuando Franco salvó a los católicos de su exterminio ganando lo que la propia Iglesia Católica llamó Cruzada de Liberación, entraba a los templos bajo palio. Ahora ha dejado que lo desentierren como a un perro. Pero en su día tuvo el sentido, religioso y político, de agradecer a Dios un triunfo casi milagroso, no de la voluntad, sino de la fe de tantos mártires.

En cambio, Hitler es coronado por las masas militarizadas nazis en nombre del pueblo alemán, de la raza aria, como un moderno Sigfrido que tras la venganza de Grimilda volviera a nacer en la cueva de los nibelungos y, a través de la humillación de Versalles, reforjara otra espada invencible. No hay Dios en Núremberg, porque todo es triunfo de una doble voluntad: la de un caudillo que es un pueblo y la de un pueblo que elige a su caudillo. Es la actualización germánica del totalitarismo comunista, de esa Unión Soviética en que Lenin encarna al proletariado y este se encarna en Lenin. Sin intermediarios, sin elecciones ni votos, sin discusión, que sería traición.

Puede parecer ridículo comparar a dos mamarrachos como Torra y Puigdemont con Hitler, Lenin, Mussolini, Stalin o Mao. No lo es tanto si se atiende a la verdadera fuerza de los totalitarismos, que es una masa rabiosa pero ordenada, oscuramente tribal pero escolarmente disciplinada. Es la de las diadas que precedieron al golpe blando de Mas y al duro de Junqueras, con la coreografía de Roures y TV3, aventajados alumnos de Riefenstahl. Desde el final de la Segunda Guerra Mundial no hay en Europa Occidental nada comparable a la coreografía televisual totalitaria de la política catalana.

La disputada herencia de Pujol

Al lado del alarde golpista diario de TV3, servido por los infinitos pesebres mediáticos que pagamos todos los españoles, el videoclip de la Moncloa presentando el paseo de Torra y Sánchez como el de dos jefes de dos Estados terminando una guerra mundial, es una chapuza de aficionado. Pero lo importante es el gesto, la imitación, servil como el saludo de Iván Redondo a Torra en Barcelona, en el primero de los sainetes de emulación golpista entre los tripartitos de Madrid y Barcelona, Sánchez y Junqueras.

En el designio socialcomunista y catanazi, Jordi Pujol habría sido un Hindenburg, que llevó al poder a Hitler garantizando un cierto respeto a la legalidad y se murió a tiempo de no arrepentirse. Y sus hijos, respetuosos con su papel de huérfanos, deberían ser Mas, Torra y Puigdemont. Lo que pasa es que ninguno quiere jubilarse. Todos quieren la herencia de Pujol. Ese es el problema de Sánchez: la guerra civil entre las SA y las SS del separatismo, la negativa de los exconvergentes a entregar pacíficamente el poder al tripartito ERC-PSC-Podemos, gemelo del PSOE-Podemos-ERC.

En teoría, los dos tripartitos tienen todas las de ganar. En la práctica, habrá que verlo, porque la experiencia reciente demuestra que mientras el gran cobarde del 1-O, el forajido de Waterloo, tenga TV3 en sus manos —y la tiene—, puede darle la vuelta a las elecciones, como ha hecho dos veces.

La traición francesa y la división de Ciudadanos

Aunque la responsabilidad fundamental de lo que pasa en España es de los españoles, o, mejor dicho, de los traidores a España que pueblan el Consejo de Ministros, Francia ha mostrado su cara más penosa brindando a Puigdemont tratamiento de jefe de Estado o caudillo de pueblo irredento. Y ha sido un candidato del partido de Sarkozy, Los Republicanos, el que ha agasajado al golpista y lo ha recibido como si fuera un Mandela paliducho. Cayetana Álvarez de

Toledo, que muchas veces parece la única política que se entera de las cosas y obra en consecuencia, ha escrito una durísima carta al presidente de la Asamblea Nacional para que condene ese acto de clara hostilidad contra España. Me sorprendería tanta dignidad francesa, sobre todo teniendo tanta indignidad española a la que acogerse para disimular.

Para colmo, aunque nada más miserable que el comunicado conjunto de los Estados de Sanchilandia y Pujolonia, gramaticalmente lerdo, políticamente necio e históricamente abyecto, una de las tres fuerzas que deberían prepararse para luchar contra el separatismo catalán, vanguardia de todos los demás, se encamina a una división, una escisión o ambas cosas. Ciudadanos está dando muestras de que tiene en su interior dos familias de huérfanos de Rivera: la de Inés Arrimadas, viuda legítima, y la de Francisco Igea, que está resultando mucho más fuerte de lo que parecía.

Unos tratan de salvar el partido aliándose al PP; los otros, apelando a un PSOE que no existe, o buscando un espacio de centro izquierda que los dos tripartitos han barrido, tal vez para siempre. Ambos tienen parte de razón, pero ambos se niegan a reconocer una realidad tan opuesta a sus intereses, ideas e ideales que no deja lugar para equilibrios. La cuestión de fondo es si Cs se sacrifica por España uniéndose al PP o si se reserva para cuando resucite el PSOE, si resucita, sacrificando de momento la nación al partido. Me gustaría equivocarme, pero creo que eso también acabará fatal.

1 de marzo de 2020

El coronavirus pone en cuarentena el cambio de régimen

El numerito de autoridad ternurista protagonizado ayer por el Felón satisfará las expectativas de los sociatas y medios anejos, pero no garantiza en absoluto que se vaya a cumplir el estado de alarma ni que las medidas económicas incógnitas remedien la catástrofe que tan concienzudamente ha labrado el Bigobierno socialcomunista, incapaz de entender la economía como un conjunto de decisiones de los ciudadanos a través de las reglas del mercado y no un juguete a merced de un poder político tan lerdo como ladrón. Por de pronto, las decisiones económicas se aplazan hasta el martes. Y con toda probabilidad, el martes volverán a aplazarse, jibarizarse o nulificarse. No hay Gobierno con dos Gobiernos. Con un pasmado y un tirano, menos.

Tras la pompa del Irresponsable vendrán las rebajas de los socios. Si tardó siete horas en sujetar al marido de la Infectada, más le costará sujetar al catanazi Torra, que, como siempre, arrastrará a ERC; amén del aizkolari Urkullu y a la harka separatista, atlántica y mediterránea, cuyo embajador es el cuarenteno Iglesias, que se cisca en la gente y en el Estado y quiere sacar partido de una situación de excepcionalidad, como a él le gustan. Lo único que debía concretar es lo que no concretó: las medidas económicas. Lo último que debía hacer es prometer. Y en realidad es lo único que hizo. Podemos y sus socios dejaron el alarde caudillista en alarde... sin caudillo.

Setenta días de irresponsabilidad, hasta el 8M

El *komisar* Oliver no le pasó esta vez preguntas sobre el 8M, cuyas víctimas empezarán a llenar esta semana las UCI de Madrid y toda España. Pero en esa jornada está la cima de la culpabilidad criminal y criminosa de las izquierdas y sus infinitos medios televisuales. ¿Es posible que nadie preguntara sobre la infección de Montero y sí sobre la cuarentena rota por su marido? No. ¿Es verosímil que ni un solo medio recordara que seis días antes del 8M las autoridades sanitarias de la UE habían prevenido contra las aglomeraciones o reuniones multitudinarias? No. Es que se ha decretado el estado de alarma contra la memoria. Y con razón, porque los setenta días que van desde el 31 de diciembre, fecha en que China informa a la OMS de la epidemia, hasta el 9 de marzo, al día siguiente del alarde femirrojo, fecha en que el Gobierno se declaró alarmado a través del ojiplático ministro de Sanidad Illa, el comportamiento de Sánchez y Asociados ha sido atroz. Repasemos, con Luis del Pino, esa cronología de la irresponsabilidad.

31 de enero: primer diagnosticado por coronavirus en España —un turista italiano en Tenerife—. Pedro Sánchez se prepara para acudir al día siguiente a la cumbre de Beja, donde piensa hablar de cambio climático con sus socios europeos. Diez días antes, ha declarado la emergencia climática en España. Ese mismo 31 de enero, Fernando Simón declaraba que España no iba a tener «más allá de unos cuantos casos diagnosticados».

9 de febrero: segundo diagnosticado en España. Pedro Sánchez se ha reunido tres días antes con Quim Torra para su «operación diálogo» y ha firmado con Ada Colau dos días antes un convenio de colaboración. Después se ha recluido con su Gobierno en Quintos de Mora para abordar los planes legislativos y presupuestarios.

13 de febrero: tres casos diagnosticados. Pedro Sánchez ha anunciado dos días antes su Ley de Eutanasia. El día anterior, en el Congreso, ha anunciado también que actualizará la Ley de Memoria Histórica. El mismo 13 lamenta en Twitter la cancelación del Mobile World Congress, pese a que llevaban semanas desertando todas las grandes empresas. Dice que la cancelación es «una decisión que, de acuerdo con los expertos y la información disponible, no responde a razones de salud pública en España». Fernando Simón insiste en que en España «no hay coronavirus», «no existe riesgo de infectarse», y que la ansiedad social está «un poco fuera de lo razonable».

24 de febrero: cuatro casos diagnosticados. Cuatro días antes, Pedro Sánchez ha empezado a discutir con nuestros socios de la UE los presupuestos europeos tras la salida del Reino Unido. Dos días antes, Pedro Sánchez hablaba en Twitter de la supuesta brecha salarial y de Antonio Machado. El día anterior presentaba la candidatura del PSOE a las elecciones gallegas.

25 de febrero: ocho casos diagnosticados. Pedro Sánchez se hace la foto en la reunión interministerial sobre el coronavirus, sin tomar ninguna medida, y anuncia el calendario legislativo, afirmando en Twitter que «España necesita un Gobierno de acción, resolutivo y ejecutivo».

26 de febrero: catorce casos diagnosticados. Pedro Sánchez reafirma en el Congreso su compromiso con el diálogo en Cataluña, recibe a Torra con todos los honores en Moncloa y sentencia en Twitter que «el machismo mata». El Ministerio de Sanidad decía en Twitter que aquellos que hubieran venido de zonas de riesgo podían hacer vida normal.

27 de febrero: veintiséis casos diagnosticados. El Congreso aprobaba, a solicitud del Gobierno, el nuevo techo de gasto.

28 de febrero: 45 casos diagnosticados. Pedro Sánchez declara en Twitter: «Somos un Gobierno resolutivo, de acción, comprometido con el diálogo territorial», y preside la reunión de la Comisión Delegada para el Reto Demográfico.

29 de febrero: 59 casos diagnosticados. Pedro Sánchez habla en Twitter de las medidas que piensan tomar para hacer frente a la revuelta de agricultores y ganaderos.

1 de marzo: 84 casos diagnosticados. Pedro Sánchez presenta en Vitoria la candidatura del PSOE a las elecciones vascas y vuelve a defender lo que él llama «diálogo» en Cataluña.

2 de marzo: 125 casos diagnosticados. Pedro Sánchez reúne al Comité Federal del PSOE para hablar del proyecto de nueva Ley Educativa. Reafirma en Twitter el compromiso de su Gobierno con la descarbonización.

3 de marzo: 169 casos diagnosticados y un muerto. El Gobierno Sánchez presenta sus proyectos de Ley Educativa y de Ley de Libertad Sexual.

4 de marzo: 228 casos diagnosticados y dos muertos. Pedro Sánchez se hace la foto con el personal del Centro de Coordinación de Alertas y Emergencias Sanitarias, mientras sigue sin tomar ninguna medida de contención. Eso sí, transmite por Twitter sus «condolencias a las familias de los fallecidos con coronavirus en Euskadi y Valencia» y su «solidaridad con las personas afectadas por este virus». Participa también en el Consejo de Seguridad Nacional, al que asiste por primera vez Pablo Iglesias.

5 de marzo: 282 casos diagnosticados y tres muertos. Pedro Sánchez anima a través de Twitter a participar en los actos del 8M.

6 de marzo: 365 casos diagnosticados y ocho muertos. Pedro Sánchez sigue animando a través de su cuenta de Twitter a conmemorar el 8M, porque «sin feminismo no hay futuro».

7 de marzo: 430 casos diagnosticados y diez muertos. El PSOE dice en su cuenta de Twitter que «hay que salir a llenar las calles» al día siguiente.

Simón: «Casi todos [los casos] están asociados a grupos bien identificados que se han producido a partir de casos conocidos, con lo cual no han aumentado, sino que incluso se han reducido algunas de las zonas con las que teníamos dudas sobre el origen y una posible transmisión comunitaria asociada a esos posibles casos». Así que «no hay una avalancha de casos».

A preguntas de periodistas sobre la manifestación del 8M, aclara que «él no iba a decirle a nadie lo que tenía que hacer», pero si su hijo le preguntaba, le diría «que haga lo que quiera». «Es una convocatoria para nacionales en la que en principio participan nacionales, pero no quiere decir que no haya extranjeros ni tampoco algunos de alguna zona de riesgo, pero no es una afluencia masiva de personas de zonas de riesgo».

8 de marzo: 674 casos diagnosticados y diecisiete muertos. Pedro Sánchez y el PSOE echan el resto en las redes animando a conmemorar, también en las calles, el Día Internacional de la Mujer. Solo en Madrid, acuden 120.000. Irene Montero, según un vídeo ocultado, ya está enferma, y tose a Boti, pero no quiere dejar el protagonismo a Carmen Calvo y Begoña Gómez.

9 de marzo: el Gobierno despierta, Salvador Illa alega que el «cambio de la situación» del coronavirus se produjo «el domingo al anochecer». «Hemos tomado las medidas que hemos considerado oportunas en el momento en que las hemos considerado oportunas. (...) La situación del lunes no es la misma que la del domingo, o que la del sábado. Esto va a ser así». En realidad, la víspera ya conocían el repunte en Madrid de los casos de virus, pero no quisieron anular una apuesta propagandística que creían decisiva.

13 de marzo: con más de 6.000 infectados y de cien muertos, el Gobierno anuncia el confinamiento de todos los españoles en sus casas.

15 de marzo: Sánchez convoca un borrascoso Consejo de Ministros, al que acude Iglesias pese a estar en cuarentena. Pretende intervenir las empresas eléctricas y evitar que el estado de alarma anunciado deje sin funciones a Cataluña y País Vasco. Urkullu y Torra denuncian «un 155 camuflado». Rumores de crisis de Gobierno. Se aplazan las «medidas económicas urgentes» hasta el martes, pero Iglesias queda fuera del grupo de aplicación del estado de alarma. En su círculo, Iglesias anuncia que «dará la batalla». Abascal ofrece su respaldo al Gobierno contra los separatistas. Casado dice que «el Gobierno no ha estado a la altura». Mientras habla, miles y miles de madrileños responden a una movilización espontánea en las redes sociales y salen a sus balcones para aplaudir a los sanitarios por su abnegada labor.

El coronavirus parece lograr el fin de la LOAPA: recuperar para el Estado las competencias en Sanidad, Educación y Seguridad. La oposición, entre el positivo de la cúpula de Vox en Vista Triste y la cautela de Casado, se diluye y desvanece.

La maldición de Francokammon

Hace algunos meses vaticiné la maldición de Francokammon a los que lo sacaron de su tumba de mala manera y lo enterraron en contra de los derechos civiles de su familia y de la base de toda civilización: el respeto a los muertos. Añadí que, si bien el mérito de Franco era haber derrotado al comunismo y traer, aunque a la fuerza, una gran prosperidad económica para la inmensa mayoría de los españoles, los comunistas sobrevivieron a su dictadura. En cambio, el PSOE nunca pudo con Franco. Se empeñó en declarar la Guerra Civil a media España y Franco lo derrotó. Luego perdió la posguerra con el franquismo; y la Transición ante franquistas y comunistas. El 99% de los afiliados del PSOE, según sus datos, lo fue tras la muerte de Franco. Ni un minuto antes, ni un minuto después. Sabio temor al muerto.

Creerse invulnerables a las lecciones de la historia es lo que, como en la bolchevización de las facciones de Largo y Prieto contra Besteiro en la Segunda República, que acabó en la ruina de 1939, produjo la zapaterización de 2008, de la que Sánchez es hijo político. Y cuando menos lo esperaba, zas, a su Gobierno, asociado a separatistas y comunistas, los grandes enemigos de Franco, le alcanza el coronavirus, la peor crisis sanitaria del siglo. Si no es venganza de desenterrado, lo parece. Si no España, Sánchez lo merece.

Los comunistas siguen en el poder

El asalto a la tumba de Franco se produjo al tiempo que Sánchez, con el respaldo de los separatistas catalanes, vascos y gallegos, formaba Gobierno con los comunistas de Podemos en noviembre de

2019, ochenta años justos después de que los socialistas los echaran a bombazos del único Gobierno de España al que habían pertenecido, el socialista. Entraron con Largo Caballero y salieron tras alzarse toda la izquierda contra Negrín y el PCE, por empeñarse, al servicio de Stalin, en alargar una guerra ya perdida.

Ese recuerdo fue borrado legalmente, con la derecha de menordomo, por Zapatero y su Ley de Memoria Histórica, que deslegitimó la Transición a la vez que el franquismo, porque de él provino. También la Constitución, basada en la soberanía nacional, que el PSOE de Zapatero estaba dispuesto a liquidar junto a los separatistas. Y Sánchez, junto a ellos y con Podemos. Su voluntaria alianza parlamentaria con los golpistas catalanes ha llevado al PSOE y a Podemos a prohijar la liquidación del régimen constitucional. Ayer, Sánchez perdió la ocasión de echar del Gobierno a Iglesias, pero la oposición tampoco aprovechó la cuarentena impuesta por el coronavirus al proyecto de cambio de régimen, que, por desgracia, continuará. También la maldición de Francokammon: ya han caído Irene y Begoña. Habrá más.

15 de marzo de 2020

EL DECRETO DE ESTADO DE ALARMA
O CÓMO PASAR DEL CORONAVIRUS
A UN RÉGIMEN COMUNISTA

Desde que el Gobierno socialcomunista decretó el estado de alarma contra el coronavirus, crisis que él tanto ha contribuido a desatar, nuestro país se ha ido deslizando hacia una forma de dictadura camuflada y que cuenta con la herramienta legal para liquidar el sistema constitucional: el decreto del estado de alarma en toda España, acogido con gran alivio por muchos sectores que renunciaron hace tiempo a la aburrida costumbre de leer. De haberlo hecho y sacado las necesarias consecuencias no habrían dejado pasar el artículo 13, que reza —o encadena, esputa y blasfema— así:

> *Medidas para el aseguramiento del suministro de bienes y servicios necesarios para la protección de la salud pública. El Ministro de Sanidad podrá: (…) c) practicar requisas temporales de todo tipo de bienes e imponer prestaciones personales obligatorias en aquellos casos en que resulte necesario para la adecuada protección de la salud pública, en el contexto de esta crisis sanitaria.*

Sin propiedad, adiós abastecimiento sanitario

Un informe de *Libre Mercado* del 19 de marzo, «La confiscación decretada por Sánchez deja sin material sanitario a España en el peor momento», mostraba con casos fehacientes y sangrantes, como el robo de ciento cincuenta mil mascarillas a una empresa privada que abastecía a la Junta de Andalucía, a la que además injuriaron minuciosamente en la TVE del Gobierno y en el Duopolio Televisivo, al que se hace una ley especial para que no sean opados por empresas extranjeras (¡Berlusconi y D'Agostini!).

Todo lo que ha hecho este Gobierno que se burla en público de esa cuarentena que impone a los demás —Pablenin primero, Falconetti también— desde que se promulgó el estado de alarma es confiscar el material que ya estaba en marcha y no saber ni lo que tiene ni adónde lo manda. Y la clave de este desastre no es solo su incapacidad para gestionar nada, típico del colectivismo comunista —que roba todo a todos, y a todos mata de hambre—, sino la propia redacción del decreto que no ofrece garantía alguna para la propiedad y ni siquiera establece un justiprecio para cualquier requisa. El resultado ha sido que las empresas privadas nacionales se han parado y las extranjeras nos dejan de abastecer porque el Estado no compra. La requisa es típicamente comunista: se queda con todo y no sabe qué hacer con nada.

Del 11M al Prestige y al coronavirus

Que una oposición que denuncia habitualmente los desmanes de sociatas y comunistas haya sido incapaz de ver la terrorífica herramienta que este estado de alarma suponía para la propiedad y la libertad de los ciudadanos, además de asegurar su ineficacia por romper las bases de un tratamiento serio de la crisis, solo puede deberse a dos cosas: no leyeron siquiera el decreto o están tan aterrorizados ante la campaña del Gobierno para culparlos si no lo respaldan, que han preferido no leerlo y apoyarlo.

La razón de esa ceguera voluntaria es que la derecha nunca ha olvidado las campañas contra la guerra de Irak y el Prestige, y el cerco a las sedes del PP, criminalizando al Gobierno Aznar por el 11M. Aquella atroz manipulación mediática, con el bulo de Ferreras en la SER de «terroristas suicidas islamistas con tres capas de calzoncillos», ha dejado una huella terrible en el sistema democrático español. Tanta, que no se ha repuesto.

Porque, además de corromper el sistema judicial hasta el tuétano con la sentencia, las radios, televisiones y periódicos enfeudados al Gobierno ZP y sus socios nacionalistas perpetraron una caza de brujas al modo de Stalin, contra los pocos medios —tres: *El Mundo*, la COPE y *Libertad Digital*— que nos negamos a tragar las groseras mentiras y la siembra de pruebas falsas por las cloacas policiales del Gobierno Zapatero y sus secuaces. Aquella campaña llevó al PP a abandonarnos públicamente en el juicio de Gallardón contra mí, tarea de vasallaje completada por Rajoy purgando al PP en el congreso búlgaro de Valencia. En *El linchamiento*[*] cuento lo que me hicieron a mí para que todos escarmentaran. Y el escarmiento funcionó. Sigue funcionando ahora.

Podemos, que es la verdadera dirección política del Gobierno Felón, ha captado perfectamente este miedo de la oposición y ha perpetrado un vídeo en el que mezcla el 11M y el Prestige con la crisis del coronavirus. Y hasta ahora los gabinetes de comunicación del PP, Vox y Cs no han sido capaces de responder. Y mira que es fácil, con el rastro de responsabilidad criminal que comunistas, socialistas, catanazis y su escoria mediática han dejado desde comienzos de año hasta ahora, especialmente en torno al 8M.

Mientras la oposición no pelee con la izquierda en la propaganda, es imposible que la izquierda pague sus errores y hasta sus crímenes. Siempre repiten lo mismo: «Si esto lo hace el PP...». Pero siguen mudos y aterrados.

La única oposición, Madrid

Menos mal que, representando a aquel Casado que prometió acabar con el maricomplejinismo del PP, quedaron en Madrid la presidenta de la Comunidad, Isabel Díaz Ayuso, y el alcalde, José Luis Martínez Almeida. Ellos han sido la única oposición de verdad, con hechos y con palabras, al continuo disparate, al permanente atropello, a los dislates cotidianos de lo que actúa como un Gobierno bolivariano, con Iglesias como gran estrella. Porque Sánchez está demostrando que lo suyo es presidir, pero no hacer polí-

---

[*] Madrid, La Esfera de los Libros, 2011.

tica. Esta —entendida como propaganda, odio y amenaza, le faltan las checas— es cosa del vicepresidente afincado en la mansión de Galapagar.

La campaña de la horda podemita, incluido el hijo pródigo Errejín, apunta a tres blancos: Madrid, el PP del pasado y el rey del presente. Otra vez Sánchez se ha negado a defender a Felipe VI de las injurias de sus socios. Otra vez el catanazi Torra ha usado los medios extranjeros como la abyecta y embustera BBC para arremeter contra España imputándole trolas. Otra vez ha seguido silente Falconetti ante su huésped del churro amarillo. Peor aún: al amparo de ese cajón de sastre desastroso que es el decreto del estado de alarma, ha facultado la entrada de Iglesias al CNI, indultos al golpismo catalán y, rematando todo el proceso, ha cerrado el Parlamento.

Todo esto es propio del régimen de Hugo Chávez, con el estado de alarma como burladero legal y el terror de la oposición al qué dirán las televisiones del poder, incluida Telemadrid, bastión republicano protegido por el vicepresidente Aguado, tan enemigo de Arrimadas como de Ayuso. Pues qué van a decir, acémilas: que fuisteis, sois y seréis unos criminales.

Con lo que no contaban es con que Ayuso y Almeida plantaran cara a la parálisis y a la desinformación, que tomarían las iniciativas que es incapaz de tomar un Gobierno infecto e infectado, y que no callarían ante los ataques de la jauría política y mediática, que son idénticas. La entrevista de Ayuso en esRadio marcó el comienzo de una reconquista: la del espacio público como responsabilidad personal y política de los representantes de los ciudadanos. Y la actividad desplegada por los líderes del PP de Madrid, con el respaldo expreso de Villacís y la aquiescencia de Rocío Monasterio, está dejando, por su agilidad, en evidencia al Gobierno socialcomunista.

Solo se salva Defensa

Solo un ministerio, para ser justos, se libra de este fracaso absoluto de un Ejecutivo que nació ejecutado por el comunismo y el separatismo: el de Defensa, que, con Margarita Robles al frente, está poniendo la enorme capacidad operativa del Ejército al servicio de sus ciudadanos más débiles. Lo que en dos días ha montado en Ifema, coordinándose con la Comunidad y el Ayuntamiento, es realmente admirable. Y también lo está siendo la tantas veces añorada sociedad civil, aquella «España de los balcones», que no apoya las miserables caceroladas de Podemos contra el rey y aplaude cada noche a los heroicos trabajadores de todo tipo en los centros de salud.

Pero la clave es que la oposición se caiga del guindo. Podemos está haciendo lo que manda el leninismo de manual: aprovechar una ocasión excepcional, en ese escenario de excepcionalidad que, según el propio Iglesias —véase *Memoria del comunismo*[*]—, es en el único en que pueden prosperar el comunismo y el fascismo, para convertirse en alternativa de poder. Lo está haciendo. Groseramente, saltándose la cuarentena y lo que haga falta, arrastrando de paso al grotesco Simón a decir que «hay que hacer excepciones» con sus amos, no ha hecho otra cosa desde hace dos meses, pero lo hace. Y seguirá su vía al comunismo si la oposición no lo para.

Lo patriótico no es apoyar el mal, sino combatirlo

Hay algunos signos esperanzadores y, sobre todo, hay una situación que permite que la oposición recupere todo el terreno perdido. Parece que Abascal ya puede empezar a salir en pantalla; a Casado le basta defender en serio a su fiel infantería madrileña; y a Inés, pegarse a Begoña Villacís y advertir a Aguado que, si sigue protegiendo las fechorías republicanas de Telemadrid, lo echa. Vamos, que le monta una gestora que lo desmonta.

Juntos deben denunciar patrióticamente esta inacción con la que, al socaire de un decreto tiránico, negación comunista del Estado de Derecho, Sanchinflas y sus socios están abandonando a los españoles a su suerte. A la mala suerte de estar en la peor situación y bajo el peor de los Gobiernos.

22 de marzo de 2020

---

[*] Madrid, La Esfera de los Libros, 2018.

EL SANCHISMO-PODEMISMO
O EL COMUNISMO EPILÉPTICO

El viernes 27 de marzo de 2020 demostró la deriva abiertamente comunista del Gobierno Sánchez-Iglesias, en rigor, Iglesias-Sánchez. La ministra de Empleo Yolanda Díaz, comunista, anunció un decreto ley, con fecha del mismo día, que prohíbe a todas las empresas el despido, anunciaba una minuciosa revisión de todos los expedientes de regulación de empleo temporal (ERTE) y, para añadir oprobio al atraco, advirtió, con su carita de vinagre, al empresariado que debía dar pruebas de «sensibilidad social».

Pero después de que Podemos se jactara y hagstara todo el viernes de su #ProhibidoDespedir, paso de gigante hacia la bolivarianización de la economía, el sábado por la mañana llegó al *BOE* en letra pequeña una pequeña rectificación: no se prohíbe despedir, solo se encarece aún más: 33 días y sometidos al juez. O sea, que como las empresas cerraban por ruina, sin que les rebajaran ni un euro de impuestos, ahora cerrarán más deprisa. La arbitrariedad y la comunistización son idénticas: leninismo de 1917 o de la NEP, pero leninismo al fin. ¿Qué pasó en una noche para que ese alarde de expropiación de todas las empresas mitigara su letra, que no su música?

La crisis como posibilidad totalitaria

Pasó que los empresarios, algunos medios y los incansables Ayuso y Almeida, por una vez respaldados por el PP, dijeron que eso equivalía a cerrar empresas y crear más paro, una forma de señalar a los culpables de la ruina que ya tenemos encima. Y los tecnócratas monclovitas matizaron la furia bolchevique, aunque solo en la cantidad, no en su calidad totalitaria.

Pero lo fundamental es entender que tenemos una política comunista epiléptica, un Gobierno que cambia cada día, sin un minuto de explicación ni un segundo de disculpas. Murcia pidió y el Gobierno rechazó la semana pasada lo que ayer anunció Sánchez: el paro de todos los sectores llamados no esenciales. O sea, todos. Hay argumentos, sin duda, pero el Gobierno no los da. La razón es que los tiene de dos clases: unos quieren aprovechar la crisis para ir hacia el modelo de Venezuela y otros se quedarían en México.

Queda prohibido el contrato

Conviene aclarar los conceptos básicos de economía y política que están en juego. Hasta ahora, el decreto ley del estado de alarma suponía, como ya explicamos aquí, la atribución al Gobierno de la capacidad legal para expropiar cuanto quisiera para atender la pandemia del coronavirus. Una atribución despótica en el artículo 13c que la oposición no discutió.

Pero aquello era aún un estado de posibilidad. La prohibición, luego encarecimiento, del despido nos coloca en un estado de realidad penal. La ley priva a las empresas y a los trabajadores de la capacidad de despedir y de contratar. Proscribe así el mercado y la empresa, que se basan justo en eso.

Conviene leer *Los enemigos del comercio* de Escohotado[*] para ver cómo, en toda la historia, prohibir la libertad de contrato entre empleador y empleado reduce el mercado de trabajo a un régimen de esclavitud. Si no hay salario, decía Ayn Rand, y mucho antes la Escuela de Salamanca, solo hay servidumbre, alteración de moneda y precios, seguro de ruina. ¿Y qué salario puede ofrecer una empresa sin capacidad de fijar su plantilla? En los comunistas es natural: buscan el poder absoluto y para ello necesitan hundir el

---

[*] Madrid, Espasa, 2008.

sector privado. Pero que la oposición se oponga tan poco y que todas las empresas del IBEX 35 sigan financiando el enorme aparato de propaganda del Gobierno, desde Prisa a La Sexta, demuestra que el valor intelectual de la derecha desaparece ante su histórica inacción ante el poder político. No les basta someterse al verdugo: buscan la ocasión de ofrecerle el cuello.

La izquierda nos prefiere parados a todos

Domingo Soriano, con su brillante minuciosidad habitual, explicaba ayer aquí el mecanismo que conduce fatalmente de prohibir (o encarecer) el despido al concurso de acreedores y la desaparición empresarial. Esto no tendría explicación lógica si socialistas y comunistas no hubieran elegido el intervencionismo generalizado en la economía y la aplicación de todas las recetas que el comunismo ha acreditado como letales en su larga y criminal historia. Para Iglesias, como cuento en *Memoria del comunismo*, solo en situaciones de excepcionalidad pueden comunistas y fascistas tomar el poder. Cuando se produce esa situación excepcional, y la crisis sanitaria lo es, hay que aprovecharla para dar pasos adelante de difícil rectificación.

La derecha tontuela sueña aún con que Sánchez frene y despida a Iglesias. Lo que estamos viviendo es lo contrario: es Iglesias el que domina a Sánchez. La izquierda quiere una sociedad subsidiada, sometida, sin propiedad ni libertad, con la ley sometida al poder político sedicentemente demócrata, en realidad plebiscitario, con los medios de comunicación y el fisco como agentes electorales infalibles. Un Gobierno de diseño y plasma, un despotismo basado en el asesinato cívico, para qué físico, del disidente.

¿Qué España habrá «el día después»?

Lo vertiginoso de la situación y las volteretas de este Gobierno, en el que la irresponsabilidad criminal se mezcla con la incompetencia técnica y las sospechas crecientes de corrupción —el timo de los test apesta a Filesa— nos impide ver no el día después de la pandemia, que, sin saber aún con cuántos muertos, llegará, sino la España del día después. ¿Habrá España? ¿Podrá sobrevivir el Estado a la crisis nacional que, sin duda, provocará el Gobierno antes de dejar el poder por las buenas, o sea, por las urnas?

No es casualidad que los comunistas, chapoteando felices como el cerdo en el cieno, hagan vídeos comparando el coronavirus, que para muchos es el virus del 8M, con el Prestige, Irak y, sobre todo, el 11M. Ahí empezó la liquidación del régimen constitucional, con la manipulación de la masacre por el PSOE, rompiendo todas las reglas democráticas. Desde entonces, la mentira más descarada se impone por la fuerza mediática de la izquierda y la derecha la acepta, siempre que su expulsión del poder sea temporal. Con tal de pisar moqueta de nuevo, traga lo que sea, véase Rajoy.

Casi todo es posible todavía

Pero ahora no afrontamos solo una intervención de nuestra economía por la UE, como imploró ayer Don Déficit Sánchez, sino una crisis que no padecía España desde la Guerra Civil. Y en uno solo de los bandos: el rojo. El azul tenía claras cuatro cosas: propiedad, familia, nación y, con matices, religión. En nuestra próspera y democrática sociedad, todas están en crisis. Faltaba esta maldición del coronavirus para entender el valor de lo perdido. No todo y no el todo, claro. Pero mucho deberemos cambiar y muy deprisa para que este apocalipsis de salud y de bolsillo no se nos lleve por delante.

Casi todo es posible, todavía. Esta crisis es una oportunidad de acabar con el totalitarismo comunista en ciernes, antes de que él acabe con nosotros.

29 de marzo de 2020

El Gobierno busca convertir la indignación en simplemente emoción

Hace bien poco habríamos creído imposible atentar de forma tan escandalosa contra el régimen constitucional y encontrar una oposición parlamentaria tan blandita como la que está disfrutando el Gobierno socialcomunista. Sin la experiencia del 11M habríamos creído imposible que un cúmulo de arbitrariedades tan atroces como las perpetradas por el poder pudiera contar con tan criminal complicidad mediática. Incluso tras vivir el 13M, no habríamos creído posible que, con más de quince mil muertos, que son realmente el doble, quince veces más que las víctimas de la masacre de Atocha, la opinión que entonces buscó responsables donde no los había parezca no buscarlos ahora donde los hay. Por exceso o por defecto, me temo que solos o guiados somos víctimas de un exceso de emotividad.

Ciudad de muertos, no de valientes

No hace falta que sea Semana Santa para ver con extrañeza que toda una nación confinada en sus hogares no se haya entregado a compartir el *Réquiem* de Mozart y otras sublimes artes funerales. De hecho, lo que al principio fue un acto de resistencia a la crueldad del destino y a la falta de apoyo de todo el sector sanitario, con el himno popular «Resistiré», ha ido convirtiéndose en una especie de ¡Viva la Gente!, donde ya nadie muere y todos viven, nadie con nombres y apellidos está sin enterrar y los vivos se afanan en

reconocerse supervivientes, donde cada noche a las ocho los españoles aplauden a los que los cuidan, con riesgo de sus vidas, donde
Madrid, la ciudad con más muertos, se proclama «ciudad de va-
lientes». El vídeo del Ayuntamiento representa la claudicación
ante el sentimentalismo que es, precisamente, lo que quiere este
Gobierno para desviar sus culpas.

Miguel Ángel Blanco y los alardes de buenos sentimientos

Como sucedió con las inmensas movilizaciones tras el asesinato
de Miguel Ángel Blanco, hay políticos capaces de desviar cualquier emoción y, tras convertirla en gran exhibición sentimental colectiva, traicionarla. Y en aquel timo a millones de españoles participaron, al menos pasivamente, muchos que querían
sobre todo sentirse bien consigo mismos y conjurar el miedo a
los terroristas acompañados por una inmensa mayoría emocio-
nada, antes que exigir explicaciones racionales y el castigo de
los responsables.

Mientras, activísimamente, el PNV se apresuró a abrazarse
a la ETA para evitar su destrucción y Pujol corrió a respaldar
al PNV. Y triunfaron porque la exhibición de manos blancas
mostraba la indefensión del que se identifica con el asesinado,
más que con la necesidad de hacer justicia a sus asesinos. El
lema «No son vascos, son asesinos» absolvía de antemano a todos los vascos, a los nacionalistas en general y a sus socios de
izquierdas de su complicidad histórica con los etarras. Ahí está
ahora Bildu, junto al PNV, faltaría más, ERC y el separatismo
catalán o de cualquier otro rincón sin Constitución, apoyando
al Gobierno para demostrar que los alardes emotivos, si son
pasajeros, pueden llegar a ser hasta contraproducentes. La
emoción en sí no tiene valor cuando falta inteligencia para encauzar de forma racional la acción contra la injusticia que provocó ese sentimiento.

La propiedad asediada, la libertad condenada

Al tomar posesión el «Gobierno bonito» de Sánchez, yo escribí aquí un domingo que eso no era un Gobierno, era un anuncio. Electoral, claro está. Desde que sus planes se hundieron y los náufragos Sánchez e Iglesias formaron un nuevo Gobierno, todo ha empeorado vertiginosamente, hasta la explosión, entre vírica y apocalíptica, que ha demostrado su absoluta incompetencia en la gestión y nuestra pavorosa indefensión ciudadana.

El jueves se volvió a votar un estado de alarma que es claramente totalitario, padre de cualquier arbitrariedad, como hijo legítimo de ese monstruo al que algunos llaman sanchismo-leninismo. Todos los días se ataca ferozmente el derecho de propiedad, el último, legalizando la ocupación de cualquier vivienda, a gusto del necesitado. Y todos los días los partidos de oposición censuran esos abusos. Pero, con la salvedad de Vox, siguen respaldándolo en el Parlamento, «aunque no lo merezca», según dice Casado. ¿Y merecen los españoles que cada día se achique su libertad y se asegure su ruina? ¿En qué cabeza cabe que los ataques a la propiedad privada no sean fatalmente los verdugos de nuestra libertad?

Un paisaje funeral

De creer la publicidad de esta maligna panda que nos desgobierna, parece que el virus sea una maldición ante la que nada cabía hacer, salvo mostrar valor. Es como si su inmensa mortandad no fuera responsabilidad de un Gobierno que empezó negando su gravedad, continuó favoreciendo su propagación, desembocó en el caos absoluto en materia de gestión, prosiguió achacando a las comunidades autónomas del PP el desastre fruto de su propia incompetencia, salvo en el caso de Cataluña, cuyo caos se oculta tanto en Barcelona como en Madrid. Y finalmente, está utilizando todas las armas de la propaganda para asegurarse su supervivencia política.

Es desolador ver a nuestra nación debatiéndose, con el extraño amor a la vida que muestra en las peores circunstancias, pero también con esa rara capacidad de convertir en afirmación de sentimientos una fuerza que es fácilmente manipulable, hasta cambiar su sentido y darle la vuelta a lo que, sin una dirección política seria, implacable, volverá a ser la demostración de la omnipotencia de la izquierda, y la difícil derrota de su proyecto letal, para la nación y para la Constitución. ¿Qué necesitan todos los partidos de oposición, digo todos, para no concederle a este Gobierno maldito ni una sola oportunidad de sobrevivir? ¿Siguen creyendo que heredarán su tumba?

12 de abril de 2020

PODEMOS: UN ESTADO DENTRO DEL GOBIERNO

Las respuestas al ataque de Podemos a la administración de Justicia y no solo a la sentencia que condena a Isa Serra por agredir a la Policía y por atacar a una agente con feroces insultos heteropatriarcales —«puta, hija de puta, zorra, cocainómana, que os folláis a los policías, si tuvieras un hijo con una pistola tendría que pegarte un tiro en la cabeza»—, demuestran que jueces, medios y partidos políticos siguen sin entender absolutamente nada sobre la naturaleza ideológica y la estrategia política de Podemos, es decir, del comunismo instalado en el Gobierno, pero no como otro Gobierno, sino como otro Estado, como un poder paralelo que solo reconoce su propia ley.

Es lo que desde Lenin hasta Chávez suele llamarse «poder popular». Es lo que gritaban los primeros podemitas: «¡Forjar, crear poder popular!», y siguen gritando los grupos que desfilan de forma paramilitar en Madrid exhibiendo banderas rojas, al modo de Sendero Luminoso o de las FARC. Lo importante es entender que, en estricto marxismo leninismo, se trata de una estrategia que actúa simultáneamente por abajo, mediante la violencia de «las masas» dirigidas por el partido, y por arriba, en las instituciones que se pueden corromper y, si no, a las que se debe implacablemente combatir.

La literalidad del tuit de Iglesias

Pero ni las asociaciones de jueces, ni el CGPJ ni siquiera los medios de comunicación han entendido que en su ya famoso tuit,

Iglesias no decía nada sobre la independencia de los jueces, algo en lo que insistía su esbirro mediático Echenique, o el separatista catalán Asens, sino algo mucho más grave: el vicepresidente mentía de forma descarada y calumniosa sobre la sentencia que ha condenado a Serra por dos delitos y una falta como hechos probados y cometidos contra el cumplimiento de una orden de desahucio, que en España, a diferencia del «exprópiese» de Chávez, necesita esa orden judicial. Y agredir a una fuerza policial en funciones de Policía Judicial es atacarla dos veces: una, como fuerza del orden para imponer que se cumpla una ley; otra, como encarnación uniformada de esa ley, a la ley misma.

Podemos, como buen partido leninista, ha sido siempre violento. Además de los elogios a Lenin, Stalin, Guevara, Chávez y demás asesinos de masas, recuérdese el «jarabe democrático» que prescribía el Doctor Iglesias Escrache a las derechas —Soraya, impidiendo que durmiera su bebé— o izquierdas —Rosa Díaz, González, a los que impedía hablar en el «soviet de la Complu», como le llamaba graciosamente Rita Maestre en *La tuerka*—. La obsesión genital del caudillo podemita se manifestaba en esos días elogiando al golpista y genocida Chávez como «demócrata con agallas», variante bolivariana de la «democracia orgánica» del franquismo que tan fervorosamente defendió su abuelo en muchos libros, tras evitar la condena a muerte por su actividad chequista haciendo «desaparecer» a dos personas. Si no la adjetivan, a algunos la palabra «democracia» les parece intolerable.

Pero ¿ha atacado realmente la independencia judicial, ha negado la separación de poderes el vicepresidente del Gobierno Iglesias Turrión? No. Ha hecho algo menos y algo más. Implícitamente ha negado las dos cosas, pero puede alegarse que se trata de una crítica como las que el Gobierno de Rajoy, Cs, el PSOE, Bildu y Podemos hicieron a la sentencia de La Manada o el caso Juana Rivas, ese populismo punitivo que impregna la nueva «ley contra la libertad sexual» de Irene Montero, pareja de Iglesias.

Lo que ha dicho exactamente Iglesias en su tuit es esto:

*Las sentencias se acatan (y en este caso se recurren) pero me invade una enorme sensación de injusticia. En España mucha gente siente que corruptos muy poderosos quedan impunes gracias a sus privilegios y contactos, mientras se condena a quien protestó por un desahucio vergonzoso.**

No son todos independientes

El vicepresidente del Gobierno miente a sabiendas, figura clásica de la prevaricación, porque Isabel Serra no ha sido condenada por oponerse a un «desahucio vergonzoso», sino por agredir e insultar a la Policía cuando trataba de ejecutar una orden judicial. Hubo dos heridos, hay grabaciones inequívocas y se consideran hechos probados los violentos que protagonizó Serra, candidata del sector de Iglesias a la Presidencia de la Comunidad de Madrid y también encausada por quemar un cajero automático. Lo pasmoso es que nadie dice que Iglesias ha mentido, sino que ataca la independencia de los jueces y la separación de poderes. Yo creo que, sin pretenderlo, y tal y como decían los españoles antiguos, «ha sacado, de mentira, verdad».

Y la verdad es que la justicia en España, al máximo nivel, no es ni puede ser independiente por la politización a que ha sido sometida desde la Ley Orgánica del Poder Judicial de 1985, obra de González y celebrada por su vicepresidente Alfonso Guerra con la frase «Montesquieu ha muerto». Ha sido la clase política, con el PSOE y el PP a la cabeza, la que se ha repartido y se reparte los cargos en los máximos tribunales, mediante el CGPJ o directamente en el Supremo y el Constitucional. Pero eso es lo que reclaman precisamente los podemitas, que Casado permita quitar a Lesmes de en medio para que haya una mayoría socialcomunista que coloque a sus jueces afines, que andan merodeando como lobos por las bardas del corral.

Lo que han dicho Iglesias y sus esbirros tuiteros es que Lesmes y el CGPJ son ilegítimos como lo es cualquier justicia «que sirva a

---

* 22 de abril de 2020, en https://twitter.com/PabloIglesias/status/1252907709655113728.

la derecha». No niegan que sean independientes, sino que no sean sus independientes. En cuanto a la separación de poderes, ¿de qué poderes hablamos, cuando la Ley de Violencia de Género, la de Memoria Histórica o la de Libertad Sexual niegan las bases mismas de cualquier Estado de Derecho, desde la presunción de inocencia, la necesidad de la prueba o la libertad de opinión?

Sacar, de mentira, verdad

Los jueces, paradójicamente, han salido a defender lo que menos defensa tiene, y no han defendido la verdad y lo justo del procedimiento en el caso de esa sentencia. Lo más grave, prueba de hasta qué punto Podemos ha invadido ya una institución tan importante como el Gobierno, es que en vez de censurar la agresión, porque lo quiere ser, de todo un vicepresidente contra una resolución judicial, recurrible sin necesidad de ser tergiversable, el Gobierno en pleno se haya solidarizado con la condenada Isabel Serra y no con la condena, y que, como recordaba ayer Javier Gómez de Liaño, los tres jueces y exmiembros del CGPJ que forman parte del Gobierno no se hayan atrevido a discutir la actuación de Iglesias, su partido y su partida.

La partida, evidentemente, es la del prevaricador Baltasar Garzón, expulsado de la carrera judicial, miembro egregio de las cloacas judiciales y policiales, íntimo de la exministra de Justicia y ahora fiscal general del Estado y cabecilla del Juzgado Popular Paralelo de La Sexta, junto a otros miembros de la izquierda judicial jubilada o del Rastro de rábulas togados.

El comunismo avanza rápidamente

Han hecho contra las asociaciones judiciales lo mismo que Maduro con la Asamblea Nacional: como no podía con ella, creó otra paralela, a sus pies. Y no faltarán Zapateros, que a comisión o por sectarismo ideológicos, les bailen el agua. Pueden decir que hay «opiniones distintas en el mundo judicial», aunque no sean comparables ni en cantidad ni en calidad, porque el efecto es el mismo: el doble poder, el de un orden legal opuesto al de los que administran la ley, es decir, un poder popular al que se oponen ciertos poderes ancestrales, hijos de la corrupción, el privilegio… y el franquismo.

Los comunistas avanzan a toda velocidad en la constitución de ese Estado paralelo que ha empezado, siguiendo la lógica leninista, por donde es más fácil derribar el poder enemigo, es decir, el régimen constitucional. Y el punto más débil del régimen es, precisamente, este maldito Gobierno.

26 de abril de 2020

SÁNCHEZ E IGLESIAS ELIGEN COMO SOCIO PREFERENTE A LA ETA

El miércoles 20 de mayo de 2020 pasará a la Historia de España como el día en que el Gobierno socialcomunista de Sánchez e Iglesias, tras insultar al PP y a Vox, segunda y tercera fuerza nacionales, presentó a la ETA como socio de Gobierno. La excusa fue aprobar la quinta prórroga del estado de alarma, pero eso lo tenía asegurado ya con el apoyo de Ciudadanos, que añadió al deshonor del voto liberticida la sórdida compañía de la banda que, con el pistolero Otegui a la cabeza, no deja de actualizar su condición terrorista en el País Vasco y Navarra. Ese mismo día veíamos afrentosamente embadurnada de rojo la casa de Idoia Mendía y su marido, ambos dirigentes del PSE, atentado que no condenaron Otegui, Bildu ni su portavoz en el Congreso. Sánchez ni siquiera lamentó el ataque: elogió la buena disposición de Bildu y su portavoz le correspondió con su abstención… a cambio de derogar por completo la reforma laboral del PP.

El pacto con la ETA lo había hecho Sánchez

La mísera rendición de Ciudadanos quedó completamente apagada por el bombazo informativo. Si querían ser protagonistas exhibiendo un centrismo que consiste en situarse entre los defensores de la nación y la Constitución y el bloque de poder que forman socialistas, comunistas y separatistas, terroristas incluidos, quedaron bien retratados, pero sin foto. Los habían llamado cuando

ERC no consiguió todo lo que había pedido para volver al pacto constituyente del Gobierno antiespañol y liberticida. Acudieron como chihuahuas de alquiler, y aceptaron el medio mes legal en vez del mes entero ilegal, tras ladrar un poquito su centrismo «por el bien de los españoles», sin cálculo electoral o personal, que eso queda, según Bal, para los partidos «de la vieja política». La nueva es pactar con la ETA.

Pero dejemos a los centristas miríficos enterrar su cadáver exquisito. Al día siguiente se supo que, lejos de sorprenderse por el documento para liquidar, con la excusa del estado de alarma, la reforma laboral de Báñez, Lastra había negociado y firmado lo que le mandó personalmente Sánchez. Que el lunes, dos días antes de anunciarlo en el Parlamento, el documento estaba firmado y que, además, lo había redactado Bildu. Iván el Horrible urdió su clásica trola diciendo que Sánchez no se había enterado de lo que Lastra, fidelísima a Sánchez, pero intelectualmente limitada, había firmado. Antes, el PSOE sacó una nota diciendo que lo firmado no era la derogación total. Pero lo era. Y por si acaso, al día siguiente salieron Iglesias y Otegui a decir que lo firmado era lo firmado y los pactos estaban para cumplirlos.

Ahora resulta que la ETA «salva vidas»

Que lo dijera el vicepresidente era grave; digno de *El padrino* que lo dijera el pistolero llamado el Gordo, que según la Policía participó en el secuestro de Javier Rupérez y en el atentado casi mortal contra Gabriel Cisneros, uno de los siete padres de la Constitución, justo cuando se estaba redactando, y tal vez delatado por alguno de los otros seis, como defensor de la soberanía nacional. El atentado fue a las puertas de las mismas Cortes en las que ahora reaparecían Otegui y su banda como socios del Gobierno.

El diputado soriano se salvó de que lo remataran por su delgadez, que le permitió meterse bajo un coche aparcado, con varias balas dentro. Ahora, en las mismas Cortes, el PP y Vox, que vienen de UCD o AP, son atacados mientras bildutarras o simple-

mente etarras, como Otegui, son alabados. La razón, dijo al otro
día Simancas, y repitieron las grullas del Gobierno, es que se trata
de «salvar vidas». Así que, empeñado el PP en el crimen, como
repitió el sábado Sánchez, sin mover un músculo de su cara de
mulo, ¿hay alguien mejor que la ETA para evitarlo? Bastantes
muertos del PSOE dan fe en sus tumbas de la humanitaria condición de la orden pacifista etarra.

Es difícil encontrar un sarcasmo tan abyecto, un alarde tan
criminal, un desprecio tan siniestro a las víctimas del terrorismo
como los exhibidos por Sánchez, sus aliados políticos, los abajofir-
mantes del estado de alarma y la Potemkin mediática que ampara
y difunde sus fechorías y atrocidades. ¿Alguien podía creer que esa
alianza de sangre y oro iba a disolverse sola?

La derecha biempensante, malmenorista, sesteante, miedica,
creyó durante un par de días o tres en la crisis definitiva de Gobierno. No era para menos: ¿a quién se le ocurre dejar el mercado
laboral, en plena crisis y negociación con la UE, a merced de comunistas y terroristas? Hasta *El País* hizo un editorial amenazando
con «dejar sin cobertura» a Sánchez. Ja, ja y ja. Nadia Calviño dijo
que era «absurdo e inconveniente» derogar ahora la reforma laboral, y se publicó que «se había plantado», «había dimitido» y «había
frenado al vicepresidente segundo», o sea, al comunista Iglesias.

Los comunistas mandan en todos los ámbitos

Pero ni Calviño había dimitido, ni amenazó en serio con hacerlo.
Libertad Digital contó que el Gobierno consiste en un núcleo duro
político, formado por Sánchez, Iglesias y Redondo: un núcleo
técnico, con Calviño, Escribá y Yolanda Díaz; y dos trotaconven-
tos: Carmen Calvo y Montero. El resto del interminable Consejo
de Ministros está para aplaudir y punto.

La entrada de ETA en el núcleo duro del poder —hasta ahora
limitado al Gobierno, PNV y ERC— no es casual ni efímera. Todos los díscolos del gabinete, empezando por la ministra de Defensa, han tragado y tragarán. Otegui, con todo el prestigio del

crimen, es el mejor aliado de Iglesias y su estrategia, que es la de la ETA y la Esquerra, el PNV y los catanazis, de aprovechar la crisis sanitaria y económica para cambiar de raíz el régimen constitucional, haciendo irreversibles las reformas legales que permite la excepcionalidad del estado de alarma. Por ejemplo, aprobar por decreto ley, sin tener que llevarla al Congreso como ley orgánica, la derogación de la reforma laboral del PP. Algo de lo que puede felicitarse Ciudadanos.

Bildu–PSE–Podemos, tripartito vasco y navarro

La estrategia política y electoral de Sánchez, que para él son lo mismo, se basaba en dos tripartitos, en Barcelona y Madrid, diseñados por Roures en su mansión: PSOE-Podemos-ERC, con la Presidencia catalana para ERC y la nacional para el PSOE. Un tercer tripartito de extrema izquierda aparece como base para mantener en el poder a Sánchez: Bildu-PSE-Podemos. Por supuesto, si salen los números. Si no salen, la negociación con el PNV será algo más onerosa, pero ¿quién dijo dinero? Nunca les han preocupado a los comunistas ni el trabajo ni la solvencia de los ciudadanos: solo el poder. El refuerzo de la ETA no solo es una burla criminal a todos los españoles, sino la prueba de que el cambio de régimen va, a toda prisa, hacia la dictadura.

24 de mayo de 2020

Los terroristas son terroristas, díganlo Franco o Cayetana

El cráneo *previlegiado* de la ministra de Igualdad, oquedad donde toda palabra es eco, todo concepto prestado y cada sílaba de alquiler, ha alumbrado esta semana una fórmula que ahorra toda investigación histórica y coloca lo que la humanidad ha hecho hasta hoy, de idiomas a batallas, de basílicas a pantanos, de música a filosofía, bajo la sospecha de la identidad política del que lo cuente, que destiñe en todo lo contado. El párvulo magín de Irene Montero ha producido, es decir, copiado, porque toda la podemia graznó lo mismo en las redes, una frase cuya sinceridad no puede honrarle porque es ajena, pero cuya claridad hay que agradecer: «Ese es el problema: estamos llamando terroristas a los que Franco llamaba terroristas».

Comunismo y terrorismo cultural

Sin saberlo, porque se lo impide su ignorancia, siempre en guerra con la gramática, la historia y todo saber codificado, lo que hace la ignara es aplicar a una parte de nuestra historia, los últimos años del franquismo, que desconoce por partida doble, porque ni la vivió ni ha sido capaz de estudiarla, el mismo esquema intelectual que llevó a Pol Pot, Mao y otros genocidas comunistas a destruir o prohibir todo lo que no coincidía con sus ideas preconcebidas, que se convertían en la interpretación de la historia que en ese momento imponía el Partido Comunista. Decenas de miles de monumentos budistas fueron demolidos en China, millones de documentos de la civilización más antigua del mundo fueron quemados, la pintura, la cerámica, la literatura y cuantas artes fueron genialmente cultivadas por los sabios chinos durante tres mil años fueron destruidas por el PCCh, el del virus. Se salvó bastante, porque era mucho a destruir y los lerdos del *Librito rojo* no sabían qué era lo más valioso, salvo quizás para robarlo y venderlo.

La doctrina básica viene, como todo el terror comunista, de Lenin, y alcanza su cénit en Lysenko, creador de la «ciencia proletaria» al gusto de Stalin. Aquel siniestro majadero decidió aplicar la vulgata leninista, que subordina todo a la política que marque el partido ese mes, y que debe ser obedecida por vegetales, animales y minerales, microbios, virus y vacunas, por todo aquello, en fin, que pueda pasar por el laboratorio para establecer científicamente su naturaleza. Pero como la única ciencia es el marxismo-leninismo, si un biólogo burgués da con la fórmula química para salvar el tomate de alguna plaga, esa fórmula será burguesa y debe desecharse. Es más, al biólogo habrá que mandarlo al gulag, para que se pudra. No hay vacuna para el estigma de la clase social maldita. Eternamente culpable.

Aquella joven guardia roja

Irene recuerda a aquella jovencita que le pone a Mao, depredador de vírgenes que presumía de lavarse en ellas, y nunca se duchó, el brazalete de los guardias rojos para inaugurar la última gran masacre de sus enemigos. Con el aval del presidente y el soporte del ejército de Lin Piao, compilador del *Libro rojo*, aquella horda de jóvenes asesinos perpetró toda clase de salvajadas, aparentemente espontáneas pero orientadas por Chiang Ching, la banda de los cuatro de Shanghái y el quinto, que era Mao. *Cisnes salvajes* o *Balzac y la joven costurera china** son magníficas referencias autobiográ-

---

* Jung Chang, *Cisnes salvajes: tres hijas de China*, Barcelona, Circe, 2006; Sijie Dai, *Balzac y la joven costurera china*, Madrid, Salamandra, 2005.

ficas de aquella barbarie, que recuerda la quema de la biblioteca de Córdoba por Al–Hakam II para dejar solo el Corán, el único libro que realmente hay que leer, como el *Libro rojo* en la Revolución Cultural Proletaria. También se prohibió a Mozart, porque siendo Occidente el corrupto fruto del capitalismo, o sea, del mal, esa música reaccionaria debía ser extirpada del oído de la sana juventud proletaria y campesina. Y con la música, la literatura, el cine o el arte abstracto, degenerados y burgueses.

Se dirá que medio siglo después, Mozart sigue siendo Mozart y el PCCh una banda asesina, corrupta y terroríficamente cruel. Pero en la mentecilla de algunos bípedos y bípedas sigue vivo el afán iconoclasta de destruir lo que no comprenden o no saben cómo tratar. Los jemeres rojos mataron a todo el que llevara gafas, porque servían para leer y nada bueno podía salir de los libros, que no plantaba el campesinado. Irene, la Nueva Abentofaila, filósofa autodidacta y pensadora a tientas, pretende algo más: que las palabras no sean solo palabras, que cada una se impregne de un contenido no verbal, sino ideológico y de clase, que sean armas arrojadizas.

Cuando el FRAP reivindicaba sus crímenes

Es verdad que Franco llamaba terroristas a los del FRAP, pero la docta Irene desconoce —porque, aunque tres veces madre, es virgen en historia de España— que el PCE y toda la oposición también les llamaba terroristas. Álvarez del Vayo, presidente del FRAP, consideraba la política de «reconciliación nacional» del PCE colaborar con la dictadura, como la ETA o los Grapo. Total, que los únicos antifranquistas fueron los terroristas. La doctrina derivada de absolver a los terroristas que fueran antifranquistas supone que el antifranquismo es la abolición de toda norma moral y ética, empezando por el respeto a la vida de los demás. Es la ETA. Y Caracas.

Vayamos al caso de Iglesias Peláez. Junto a la información de Carlos Dávila, Segundo Sanz resumía así en *OKdiario* su democrática hazaña:

Lo que no cuenta el papá —acusado de asociación ilícita— son los planes violentos y orquestados de antemano que tenía para aquel día el Frente donde él combatía vía FUDE. Iglesias Peláez llamó a participar en una marcha donde el Comité Coordinador pro-FRAP había articulado «grupos de protección» para «responder con la violencia revolucionaria a la violencia fascista», según el comunicado que reivindicó aquel derramamiento de sangre. «El ajusticiamiento de los asesinos policías el Primero de Mayo en Madrid ha producido gran entusiasmo entre todos los sectores populares», recogió el texto. [*]

Se dirá que hay antiguos terroristas —por ejemplo, etarras— que, tras lamentar su pasado, hacen todo lo posible por impedir que otros los imiten. Si ese fuera el caso de Iglesias y su padre, nada habría que objetar. Pero lo que ellos hacen es presumir de la violencia y esconderse en las faldas de la Justicia y los medios de su cuerda para vengarse de quienes los denuncian. Por eso es importante buscar y proclamar la verdad, sin perderse en matices. Y denunciar lo denunciable donde políticamente se debe: en las Cortes.

¿Y si papá Iglesias hubiera sido fascista?

Como todo esto viene del bofetón de Cayetana en respuesta a las bofetadas que venía soportando, con la complicidad de Batet, del Macho Alfa Rojo, vamos a suponer que, en vez de haber ido a la cárcel como parte de una organización criminal comunista, papá Iglesias lo hubiera sido por pertenecer a los Guerrilleros de Cristo Rey o a cualquier grupo violento de extrema derecha. ¿Qué habrían dicho las cayetanas del PSOE y Podemos? Algo no muy distinto que lo que dicen siempre contra el PP y contra Vox: que de tal palo tal astilla, que son los apellidos del capitalismo eterno, que son los títulos aristocráticos de la explotación secular de los pobres, etcétera.

Sin embargo, algunos creen de buena fe —Casado y los suyos no, es puro cálculo electoralista a lo Rajoy: no moverse y el Gobier-

---

[*] Segundo Sanz, «El frapero Iglesias Peláez», *OKdiario*, 30 de mayo de 2020.

no caerá solo— que responder a la izquierda con las mismas armas dialécticas, mejoradas en el caso de Cayetana, porque nadie de la izquierda le llega al tacón, es malo políticamente para la derecha. Y la razón es la superioridad mediática de la izquierda, que le permite presentar como víctima de no se sabe bien qué calumnia, a un maltratador habitual de sus oponentes políticos, como se ha visto con Espinosa de los Monteros en la Comisión de Redestrucción.

En mi opinión, esa superioridad mediática viene del mismo complejo de inferioridad en que se recrea la derecha desde que trajo la democracia. Porque no fueron Álvarez del Vayo, sus jóvenes asesinos y propagandistas los que trajeron a España libertad alguna. Ellos se arrogaron el derecho a matar a quien les pareciera, como han hecho siempre los comunistas; y en especial desde que Lenin, hace un siglo largo, creó el primer totalitarismo.

No hay que pasar una

Cuando la Nueva Abentofaila, filósofa autodidacta y docta en bulos, amenaza a la oposición, como hace el Gobierno despótico venezolano, que es su modelo, no hay que achantarse jamás. Si amenaza su todavía marido, menos aún. A quien no respeta más que la fuerza, aunque sea dialéctica, no se le puede tratar con elegantes evasivas ni acicaladas ironías cobardianas.

Si España logra evitar la dictadura de Iglesias y Sánchez será porque ha aprendido a no pasar una, ni verbal ni política, a estos matones. Hay que empezar a librar, primer paso para poder ganarla, la batalla cultural, que empieza y termina en las palabras. Y no se puede vivir bajo la mentira. Es mentira que algún comunista haya luchado alguna vez por la democracia. Es mentira que lo hiciera ninguno de los poco claros varones Iglesias. Es mentira que se pueda convivir con la mentira sin acabar mintiéndose a uno mismo. Y los terroristas son y serán siempre terroristas, díganlo Franco o Cayetana.

31 de mayo de 2020

SÁNCHEZ SE IDENTIFICA AHORA CON LA PASIONARIA Y ALBERTI

El presidente del Gobierno ha despedido el curso parlamentario con un saludo histórico a dos comunistas cuyo comportamiento cívico fue tan criminal como el de otros muchos, pero que, redimidos por la Transición, han quedado como «comunistas buenos»: Rafael Alberti y la Pasionaria.

En realidad, Sánchez rindió tributo al PCE para atacar a los enemigos del comunismo, que él acierta sin querer cuando lo identifica con el FRAP del padre de Iglesias que reivindica su hijo para luego acusar a Cayetana de injuriarlo por decir lo que él decía. El FRAP o los Grapo, no el PCE de la Transición, es el referente comunista histórico de Podemos, IU y el PCE actual, cuyo secretario general es Enrique Santiago, abogado de las FARC narcoterroristas en La Habana. Este Santiago es el que elogia el asesinato de toda la familia del zar por Lenin y dice que, según fuera la ocasión, él haría lo mismo con nuestros reyes y, suponemos, las infantas. Pues bien, a ese paladín de la libertad dedicó estos párrafos el presidente del Gobierno.

Dedicado al abogado de las FARC

El secretario general del Partido Comunista me va a permitir hacer una referencia a la contribución del Partido Comunista. Aquí ha habido algún grupo que ha denigrado, ha estigmatizado, digamos que arrastrado injustamente por el suelo la contribución a la democracia, a la prosperidad, y a la

Constitución del 78 del Partido Comunista de España. (Aplausos. El señor Santiago Romero hace gestos de agradecimiento puesto en pie).

Desde luego, yo me siento más cerca de la España que soñaban Alberti, la Pasionaria y otros muchos comunistas (rumores), *sí, otros muchos comunistas, que contribuyeron a la democracia en este país, a la paz, a la convivencia y la concordia. Y finalmente, en una semana como esta, que ha fallecido un secretario general del Partido Comunista como Paco Frutos, quiero que mis palabras también reivindiquen la memoria de un secretario general del Partido Comunista de España.* (Aplausos).

Si un secretario general del PCE no merece los elogios de Sánchez, es Frutos, que era enemigo de la alianza del partido con el separatismo y fue a las grandes manifestaciones de Barcelona contra el golpe de Estado. Pero este necio infinito llamado Sánchez no vacila en elogiar a un muerto para insultarlo al compararlo con los vivos. Inútil sería explicarle que si lo que quiere es elogiar a un secretario general del PCE, hay que distinguir.

El primero, Pérez Solís, era un pistolero bilbaíno que acabó en las filas franquistas; al segundo, Bullejos, lo echó Moscú para colocar al trío José Díaz-Pasionaria-Jesús Hernández, otro pistolero bilbaíno, que asaltó un periódico, quiso matar a Indalecio Prieto y era conocido, como Pérez Solís, por ser el típico «comunista de las tres P: partido, pistolas y putas». Y tal vez a José Díaz lo mataron los suyos en Moscú. Ojo con el elogio.

«El último secretario general» llamó Iglesias a Carrillo en el artículo en que se proclamaba textualmente hijo de un militante del FRAP. Que, por cierto, es lo que se negó a leer, después mandó borrar y ahora está entre corchetes, como algo delictivo, Meritxell Batet del libro de sesiones de las Cortes, de forma obscenamente falsaria y rabiosamente anticonstitucional. Así deberá ratificarlo el Tribunal Constitucional cuando reciba la demanda de Cayetana en defensa de su derecho a decir la verdad. Por cierto, sin el apoyo de su partido, que, en cambio, se arrodilla ante el árbol de Guernica, monumento histórico a la trola mohosa y liberticida de los fueros vascos. Lo malo es que decir Carrillo es decir

«Paracuellos», la única «España que soñaron» y, además, hicieron realidad la Pasionaria y Alberti: la genocida.

La Pasionaria, rastrera sicaria de Stalin

Pero es que, además, Ibárruri, simple figurón comunista, fue una de las más rastreras publicistas de Stalin, el mayor genocida de la humanidad antes de Mao. Siempre estuvo ligada a los servicios soviéticos (véase Santiago Carrillo y Ángel Maestro, *Dolores Ibárruri: Pasionaria*)[*] y entre sus hazañas nada soñadas, sino muy reales en defensa de la libertad cabe citar los elogios a la destrucción y reparto de Polonia entre su Stalin y su Hitler. Desde el Pacto Molotov-Ribbentrop, Alemania dejó de ser nazi para los comunistas, y nadie tan servil a las consignas como la Pasionaria.

El 18 de febrero de 1940 escribe en *España Popular* un artículo titulado «La socialdemocracia y la actual guerra imperialista», en el que el único imperialismo es el «anglofrancés»; y dice que Polonia es «un Estado creado artificialmente por el Tratado de Versalles (…), un conglomerado de pueblos donde los polacos no estaban (sic) más que en un 60 %». Ni siquiera se plantea cuántos rusos había en la URSS después de absorber, tras el pacto con Hitler, a muchos millones más, del Báltico al mar Negro. Lo suyo es la exclamación, la tamborrada después de la consigna, y ahí va:

> *¡La Polonia de ayer, cárcel de pueblos, República de campos de concentración, de gobernantes traidores a su pueblo, que estaba constituida a la imagen de la democracia de los Blum y Citrine! La socialdemocracia llora sobre la pérdida de Polonia porque el imperialismo ha perdido un punto de apoyo contra la Unión Soviética, contra la patria del proletariado. Llora la pérdida de Polonia porque los ucranianos, bielorrusos, trece millones de seres humanos han conquistado la libertad.*[**]

---

[*] Barcelona, Ediciones B, 2004.

[**] Gregorio Morán, *Miseria y grandeza del Partido Comunista de España, 1939-1985*, Barcelona, Planeta, 1986, p. 32.

Esa es la única libertad con que soñó siempre Ibárruri: la de Stalin. Pero si Sánchez no fuera ilimitadamente ignorante, oceánicamente lerdo, sabría además que Pasionaria se desentendió por completo de la suerte de los niños y exiliados españoles en Moscú, que vivió regiamente, vecina y amiga de Caridad Mercader, madre de Ramón y cómplice en el asesinato de Trotski, junto a Margarita Nelken y otros españoles de Stalin en México. Según cuenta Maestro, fue ella la que consiguió a Ramón, tras salir de la cárcel mexicana, la dacha y otras prebendas de héroe de la Unión Soviética. Su libro es anterior al de Luis Mercader, *Ramón Mercader, mi hermano*[*], donde cuenta que fue envenenado con el polonio de un reloj de oro que le regalaron al poner su nombre en oro sobre mármol en la sede del KGB, la Lubianka, donde pusieron la checa Lenin y Dzerzhinski. Está enterrado junto a Kim Philby. Para Sánchez otro «soñador» de la libertad.

Cuando Alberti fue *El burro explosivo*

Cuando Alberti se convirtió en rapsoda de Stalin, todo el genio poético de su juventud se fue al garete. *Marinero en tierra* o *Sobre los ángeles* son los logros —juanramoniano y surrealista, respectivamente— de una trayectoria que él mismo rebajó a la publicidad de la violencia con *El burro explosivo* y en la Guerra Civil, con la sección de prensa «¡A paseo!», donde señalaba como asesinables a los artistas que no les caían bien a él o a su pareja María Teresa León. Ella le dedicó una crema titulada *Menesteos, marinero de abril*. Él correspondió cruelmente a la cursilada metiéndola en un psiquiátrico para liarse con una joven previuda al volver a España.

Lo vi una vez, en Barcelona, cuando llegó de Roma y fue candidato del PCE en las elecciones de 1977. Llevaba un traje de tela vaquera con solapas muy anchas y una cabellera blanca tan cuidada que, según Cardín, en las Ramblas parecía una loca mexicana que aborreciera la jubilación. Sus andanzas criminales en la

---

[*] Madrid, Espasa, 1990.

Guerra Civil pueden seguirse en *Las armas y las letras* de Andrés Trapiello*. Sus loas a Stalin son infinitas e infinitamente olvidables, salvo que Sánchez nos obligue a recordárselas.

Pero lo más infame de ese elogio al comunismo de las FARC y de la Guerra Civil, que es el de los socios de Sánchez, es que se disfrace del PCE de la Transición, que hizo lo que se niega a hacer Sánchez: pactar con la derecha. Mejor: con el franquismo, a cuyo líder, tras cuarenta años muerto, sacó de la fosa como hubiera hecho Stalin. La Pasionaria y Alberti fueron los diputados que formaron la primera Mesa de Edad de las Cortes, porque no los vetaron las derechas, mayoritarias en la Cámara. Al revés: quisieron, unos y otros, subrayar la reconciliación nacional, política del PCE en los sesenta a la que se opusieron a tiros y bombas los otros comunistas, los del FRAP y la ETA, padres en muchos sentidos y socios hoy de este Gobierno, a cuyo presidente le gustan las ovaciones del servicio como al mismísimo Stalin. Por sus modelos y costumbres los conoceréis.

2 de agosto de 2020

---

* Barcelona, Destino, 2019.

Cuando el monosabio se hace el amo de la plaza

Los aficionados a la fiesta nacional, tan en peligro como todo lo nacional, hasta el punto de que es más fácil que acabe siendo nacional de Francia que de la tierra donde nació, saben que el nombre de «monosabio», con el que se designa al ayudante de las cuadrillas en la plaza, viene de unos monos que triunfaban en un circo de Madrid haciendo como que sabían matemáticas, y sumaban números con entrenada exactitud. Más o menos como un economista de Podemos, pero en selvático y simpático.

Un día, esos hombres que tan valerosamente ayudan a los picadores a soportar la embestida, y que solo con su gorrilla han salvado del cornalón a tantos varilargueros derribados, estrenaban uniforme: pantalón azul oscuro y camisa roja. Y sonó una voz de las que ya no suenan en las Ventas, como si resucitara el Ensabanao u otro vozarrón de aquellos que el torero temía más que al toro, tronando: «¡Pero si *pa'ecen* los monos sabios!».

Y como los monos eran popularísimos en Madrid, tras la síntesis de rigor, en monosabios se quedaron, siempre apreciados en la primera plaza del mundo. En Nimes, que es la primera de Francia, chicos y chicas usan los mismos colores, pero unos con pantalón vaquero y otros no. El viernes, Ponce, sin Anita en la barrera, cortó tres orejas y salió por la Puerta de los Cónsules, pero al darle la vuelta al ruedo, o sea, al coso romano, a un bravo toro de Victoriano del Río, *les singes savants* quedaban deslucidos. Espero que los aficionados franceses, tan celosos de la estética, lo arreglen pronto.

El monosabio podemita

El vocabulario taurino, como ha estudiado Andrés Amorós, era una cantera inagotable del idioma español en la época dorada del periodismo parlamentario. Y fácil de actualizar: «Se le fue vivo» (Sánchez a Casado), «no sale del salto de la rana» (Teodoro), «solo toreo de espejo» (Arrimadas), «manso y reservón» (Campo), «zambombo» (Guitarte), *«pregonao»* (Rufián), «sesión de mansos» (socios del PSOE), «desecho de tienta» (Bildu) o «una presidencia sin decoro apuntilla una tarde para la vergüenza» (Meritxell).

Pero a veces una imagen taurina sale de la bruma y las Ventas del Espíritu Santo se animan con la aparición de la fantasma. Sin Rajoy, no hay don Tancredo. Pero desde que Pablo Iglesias ha recuperado la camisa roja y presume de mandar, puede decirse que los monosabios han tomado la plaza.

En los últimos días, mientras la ONU condenaba al régimen de Caracas por crímenes de lesa humanidad, sin que la oposición haya anunciado alguna iniciativa contra la franquicia española del régimen genocida, Pablenin ha sacado del armario la vieja camisa roja de *La tuerka* y se ha reunido con Rufián y los bildutarras. No ha escondido, al contrario, su complicidad con la banda etarra, a la que quiere sacar de la cárcel alardeando de una discreción que en él es exhibicionismo. Anteayer dijo muy terne que los Presupuestos «no gustarán a Ciudadanos»; y ayer, que la prioridad de su partido o partida de partidas «es la República».

¿Qué República nos quiere imponer Iglesias?

El potentado de Galapagar es un zahorí de los chollos inmobiliarios: logró comprar una gran parcela con casoplón y piscina tasada en un 1.200.000 euros —una casa normal de clase media, ha dicho Anson— por la mitad de su precio y con el aval físico del mismísimo tesorero del partido, para que nadie dudara del respaldo financiero de Podemos al Gran Timonel. Pero impresiona más como buscador del chollo de formas de Estado, que mentes más limitadas debaten entre monarquía y república, parlamentaria o despótica, constitucional o plebiscitaria, y federal o unitaria o confederal. Bah, tonterías. Ante el Consejo Ciudadano, o Soviet del Jardín de su Casa, ha enhebrado estas reflexiones, cegadoras a fuer de luminosas:

1) Es tarea fundamental [de Podemos] trabajar para avanzar hacia un horizonte republicano que profundice en la democracia española (...), entender el momento de crisis en el que se encuentra la monarquía y el modelo de Estado que encarna la propia monarquía, (...) tener la valentía y audacia de poner sobre la mesa la necesidad de que España avance hacia el horizonte de una nueva república (...)

2) «La monarquía ya no representa las nuevas oportunidades de negocio de los sectores empresariales más dinámicos. Esos sectores tienen que formar un nuevo horizonte republicano que también significa modernización económica, mayor eficiencia y mayor capacidad competitiva en el marco de Europa». (...)

3) Que ese «horizonte republicano» sirva como «escenario de superación de la crisis territorial que vive España» para un modelo de Estado «más federal, confederal, construido sobre la pluralidad y diversidad de España».

4) «Cada vez menos gente en España entiende, especialmente los jóvenes, que ya en pleno siglo XXI la ciudadanía no pueda decidir quién tiene que ser su jefe de Estado y que este no tenga que responder ante la Justicia como cualquier ciudadano o como cualquier cargo público».

5) Iglesias se dice consciente de que no se da la mayoría parlamentaria suficiente para impulsar una reforma constitucional (...). Podemos es el «ejemplo» de que las cosas pueden cambiar: «En política, las cosas pueden cambiar y nuestra fuerza ejemplifica que todo puede cambiar. Objetivos que parecen imposibles se convierte en realidad a veces más rápido de lo que parece».

Repasemos las reflexiones del pensador que se viste de monosabio en homenaje a los humildes del Ruedo Ibérico. En el punto 1 insiste en el horizonte, y en su valor y audacia para avanzar hacia el horizonte. Pero todo horizonte es inalcanzable, nadie llega nunca a él, porque se aleja al acercarse. *Oficina de horizonte* es una obra surrealista de teatro de Miguel Labordeta, de la que, muy probablemente, Iglesias desconoce autor y argumento. Pero es fácil entender que ofrecer un proyecto surrealista a un partido político es como la corrida submarina de Diego Bardón, aportación al teatro pánico que no pudo pasar del dibujo: toros afeitados con escafandra, toreros buzos y espectadores zambulléndose un minuto para volver rápido a la superficie. Lo que tiene que plantear Iglesias no es un horizonte, sino un referéndum. Le animo a un plebiscito: echar de España a la monarquía o echar a Podemos. Y si pierde frente a Felipe VI disuelve su partido y se va con el padre Ángel.

Podemos y los nuevos sectores económicos

Eso nos lleva a saltar sobre el punto 5: todo puede cambiar muy rápido y Podemos lo demuestra. Si Podemos es él, sin duda: nadie ha prosperado tanto como Pablenin y familia mientras su partido se hundía tan rápidamente. De sus fundadores, quedan él y los tesoreros: Monedero y el del casoplón. Si Sánchez lo echa del Gobierno, Podemos se iría por el vertedero más próximo. Nada podría cambiar más rápidamente que su estado hipotecario.

Tal vez esta inquietud por el dinero y su futuro o viceversa explica la reflexión, pasmosa en un comunista, sobre la inadecuación de la monarquía parlamentaria a las expectativas de negocio de los sectores más dinámicos. ¿Una balcanización de España, con una o varias repúblicas en el famoso horizonte, animaría a invertir a los sectores más dinámicos del capitalismo? ¿Son estos el Chapo Guzmán, el Cártel de los Soles, Maduro o Raúl Castro? Dinámicos, tal vez. ¿Crédito internacional? ¡Si no invierten ni en Argentina! ¿De esto hablaba con Ana Botín en la Casa de América? Debería explicarse.

También debería explicar el punto o reflexión número 3. ¿Qué clase de república, en el horizonte o más a mano, nos plantea: federal o confederal? Dado que el sujeto de soberanía define al Estado, y dado que no está claro que él sea el líder en torno al cual se vaya fundar la República de Repúblicas, ¿dónde reside la soberanía en el pueblo español, o en pueblos diversos, plurales y lo que quiera, pero que debe definir: ¿soberanía riojana, sí o no? Una república no puede ser a la vez federal y confederal o unitaria y federal. En el horizonte, tal vez, para nunca llegar a ella, pero en la realidad, jamás.

Justicia para todos menos para Iglesias

Y llegamos al punto más exigente: que el jefe del Estado sea elegido por la ciudadanía y responda ante la justicia por sus actos como los demás. El rey fue elegido por una mayoría aplastante jefe del Estado cuando votó la Constitución, donde además se especificaba al heredero de Juan Carlos I. Lo que no existe es una monarquía parlamentaria puesta a votación cuando las circunstancias lo aconsejen o lo impongan. Hay una sola experiencia, casi tan mala como la de las dos repúblicas españolas: la monarquía visigoda, que al ser electiva propició cuarenta reyes, casi todos asesinados, en dos siglos. Algo inestable para los inversores, por dinámicos que sean sus negocios.

Y lo que el Consejo Ciudadano podría haber preguntado es: «¿Cómo puedes pedir que el rey responda ante la Justicia como todos, si tú huyes de ella refugiado en tu condición parlamentaria, si pides que Martín Villa sea juzgado en Argentina, pero tú no vas a Bolivia, donde la Justicia te reclama?».

Un castizo se preguntaría: ¿dónde se ha visto que un monosabio se anuncie en las Ventas como figura del toreo? La triste respuesta sería: aquí.

20 de septiembre de 2020

Tres años después, la venganza contra el rey del 3 de octubre

La semana en que entró oficialmente el otoño de 2020 se puso en marcha una inmensa cámara frigorífica institucional que debe activar el shakesperiano «invierno de nuestro descontento». En pocos días, los programas máximos de comunistas y separatistas fueron asumidos por el Gobierno de Sánchez, el socialista dispuesto a ser, como Largo Caballero desde 1933 y Negrín desde 1937, más comunista y separatista que nadie.

Cuando Felipe VI salió al rescate de la nación

Eran las vísperas del aniversario de la mejor jornada protagonizada por Felipe VI en su azacanada vida política, la del 3 de octubre de 2017. Dos días antes, el 1 de octubre, la Generalidad de Cataluña perpetró un referéndum prohibido por los jueces y proclamó la independencia de Cataluña. El Gobierno Rajoy, de puro cobarde, llegó a la cima del ridículo. La vicepresidenta Soraya Sáenz de Santamaría, alma vágula del cuerpo blándulo de Rajoy, dijo el 6 de septiembre, tras aprobar el Parlamento regional la «desconexión» con la legalidad en que se basa él mismo, que «la democracia había muerto en Cataluña». Pero no llamó a la funeraria.

Y el día 1, mientras una versión manipulada del referéndum ilegal inundaba las televisiones de todo el mundo, con escenas truculentas y discursos activando la «leyenda negra» de la Inquisición y el franquismo, Martínez Castro ordenó a Interior de parte de Moncloa que ocultara las imágenes de las más de mil agresiones a la Policía, «para no echar más leña al fuego». Soraya, plenipotenciaria de la impotencia de Rajoy, aseguró esa misma noche que la democracia —que ella declaró muerta en septiembre— «había ganado» en Cataluña. Y además anunció e interpuso un valeroso «incidente de ejecución de sentencia» ante el Tribunal Constitucional.

Aquel discurso del 3, aquella manifestación del 8

Los españoles se vieron abandonados por la cobardía del PP, la complicidad nacionalista del PSC-PSOE y el pasmo de Ciudadanos, que reinaba en la Babia de las encuestas. Los tres partidos se habían opuesto muy gallardamente, sobre todo Cs y PP, al olvidado y trascendental golpe parlamentario de septiembre, cuando Moncloa debió intervenir, pero los hechos los habían desbordado. Y entonces, aunque quiso hacerlo la noche misma del 1, Rajoy no tuvo más remedio que aceptar que saliera el rey.

Su discurso fue extraordinario. Y el efecto, milagroso. Cinco días después, un millón de personas enarbolando banderas españolas inundaban las calles de Barcelona. Mario Vargas Llosa, llevado por Cayetana Álvarez de Toledo, hizo una gran defensa de España, la Constitución y la libertad. Pero el grito más repetido, en un acto que RTVE no retransmitió, porque según Soraya, «no había que echar más leña al fuego» y «no iría nadie», fue el de «¡viva el rey!». Los republicanos del PSOE y de IU, no de Caracas, fueron los que más emocionadamente lo repitieron, en el estrado y la calle.

Una semana después se repitió la manifestación, ya con televisión y el mismo éxito, pero con la intención opuesta: encauzar la riada nacional hasta hacerla desaparecer en el arenal del consenso progre. Ya no era un tal Illa el que representaba la deserción del PSC, sino el propio desertor Iceta. Y otro sociata, Borrell, dizque españolista y luego madurista, dijo a los que gritaban: «¡Puigdemont, a prisión!»: «¡Esto no es un circo romano!». Falso: él era Poncio Pilatos, y Herodes Sánchez siguió urdiendo, con comunistas y golpistas, la moción que alumbró el Gobierno de la gran traición a España.

Y a los tres años de aquella intervención salvadora, vino la traición de Marchena y sus unánimes en la sentencia de la Sala II del Supremo, que dejó en sedición, hija de la ensoñación, la rebelión del 1-O contra el orden constitucional, que, según Sánchez, «no ofrecía lugar a dudas». Ahora, sin duda alguna por su parte, porque la acaudilla, llega la venganza de los golpistas, uncidos de forma inseparable a los comunistas. Sánchez es el encargado de cumplir todos sus deseos: indultarlos antes de amnistiarlos, y unir a Bildu-ETA al bloque de poder para dominar una España donde la derecha está prohibida. Y, como prueba, prohibir al rey que se reuniera con los flamantes jueces en la entrega anual de despachos en Barcelona.

La semana de la venganza contra Felipe VI

El lunes, el subministro de Justicia —el ministro real es Garzón, que se deja ver en Roma de la mano de su fiscal general del Estado, chuleando— anunció en las Cortes que en una semana el Gobierno empezaría a tramitar los indultos a los golpistas. El martes, se supo que el Gobierno vetaba la presencia del rey. El miércoles, Carmen Calvo posó con Bildu, y después Idoia Mendia, la que brindó con Otegui en Navidad, dijo en *El Mundo*: «Es un hito que Bildu se comprometa con la gobernabilidad de España»[*]. El jueves, ningún ministro supo explicar la ausencia del rey, o peor, dieron explicaciones contradictorias. Todas las asociaciones judiciales, salvo Jueces contra la Democracia, criticaron duramente al Gobierno por vetar al rey, condición de los golpistas para votar los Presupuestos y venganza del 3-O.

Y llegó el viernes. El presidente del Constitucional anunció que no iría a Barcelona, varios jueces dijeron que no recogerían sus

---

[*] Paulino Oribe, «Idoia Mendía: "Es un hito el compromiso de Bildu con la gobernabilidad de España"», *El Mundo*, 25 de septiembre de 2020.

despachos. Y llegó el discurso de Lesmes, con el que la facción izquierdista del CGPJ quiso evitar un comunicado común contra el Gobierno. Contra lo previsto, fue nítido: expresó su «enorme pesar» por la ausencia del rey, que rompía «una larga tradición de más de veinte años», y recordó que su presencia «es expresión del apoyo permanente de la Corona al Poder Judicial en su defensa de la Constitución», en la que los jueces «se sentían muy solos».

Al terminar Lesmes, el clima de la sala estaba electrizado. José Antonio Ballestero, vocal del CGPJ a propuesta del PP, invitó a los presentes a decir con él «¡viva el rey!». Y sonó un estentóreo «¡viva!». Campo dijo tras la mascarilla: «Se han pasado tres montañas», sin ver que el micrófono estaba abierto y todo se grababa. Al conocer los detalles del acto, los medios ardieron. Campo quiso salir del paso diciendo que «no se reconocía en esas palabras». ¿En cuáles? Lo pusieron verde hasta los rojos.

Entonces el Gobierno decidió atacar al rey, que al cabo era el sentido de la operación. Los comunistas agrupados tras el moño de Iglesias compitieron en insultar al mismo jefe del Estado ante el que los ministros y el vicepresidente segundo habían jurado sus cargos. Abrió fuego Asens, el separatista al que Iglesias encarga los tratos con sus pares, que en poco se diferencian Ada Colau, Rufián, Torra y toda la Catanazi's Yellow Band: «Si no vuelve a Barcelona, mejor», himpló, como si la ciudad fuera suya.

El ataque de los comunistas

Le siguió el ministro Alberto Garzón, prácticamente desahuciado de Izquierda Unida por Enrique Santiago, el abogado de las FARC e íntimo de Iglesias. Como todo podemita maltratado en la oficina, maltrató así al rey:

> *La posición de una monarquía hereditaria que maniobra contra el Gobierno democráticamente elegido (sic), incumpliendo de ese modo la Constitución que impone su neutralidad (resic), mientras es aplaudida por la extrema derecha (requetesic) es sencillamente insostenible.*

Lo insostenible es su incompetencia gramatical, espejo de la política: ni este Gobierno ha sido elegido democráticamente —se eligen diputados, y, si acaso, lo elegido fue un PSOE que se negaba a gobernar con Podemos, so pena de insomnio presidencial—; ni la Constitución impone eso que dice, sino la unidad de la nación española, que separatistas y comunistas tratan de destruir; ni lo aplaude la extrema derecha —si lo aplaudiera sería normal en democracia, pero ni el catanazi Torra ni el racista PNV lo han hecho—. El que atacó al turismo español por «poco valor añadido» está mejor calladito.

Pero en su auxilio, a sentar cátedra de ignorante, llegó Pablo Iglesias:

Respeto institucional significa neutralidad política de la jefatura del Estado, renovación de los órganos judiciales en tiempo y forma, actuaciones de la fuerza pública proporcionales.

Artículo 1.2 de la Constitución española: «La soberanía reside en el pueblo español del que emanan todos los poderes del Estado».

El estilista moñudo lleva tiempo culitemporero, mezclando posaderas y estaciones, incapaz de leer entera la Constitución o de citar un artículo completo sin desmentir su argumentario, tan antinacional que suele resultar anticonstitucional. Sobre el Poder Judicial, que es de lo que se trata, dice la Constitución: «La justicia emana del pueblo y se administra en nombre del rey por jueces y magistrados integrantes del Poder Judicial, independientes, inamovibles, responsables y sometidos únicamente al imperio de la ley». A ver, marqués de la Hoz: ¿dónde dice que las elecciones al Congreso son para elegir jueces, o que los elija el Parlamento o el Gobierno? Esa es una idea liberticida que defienden los que se imaginan en Caracas, pretenden estabularnos en Cuba, o se sueñan dinastas norcoreanos: los Kim-Ti-Naja.

Lo que siempre, desde su coronación, defiende el rey, recordó Lesmes, y quiere todo español amigo de la nación y su Constitución, es que los políticos respeten esa independencia, gran obstáculo, con la Corona, de los golpistas y sus socios que, con Sánchez al frente, buscan degradar al rey a la condición de Campechano

inerte, antes de provocar un golpe de fuerza y mandarlo a Cartagena, aprovechando la cobardía de la oposición.

La ausencia de la oposición

Tras ese ataque de los comunistas, está, obviamente, el Gobierno,
que se declara ante los periodistas «traicionado por el rey». Hay que
tener poca vergüenza para culpar al agredido de la agresión, pero
el mecanismo de la proyección, típicamente comunista, demuestra
de qué va Sánchez. Su proyecto personal de instalarse indefinida-
mente en el poder entregando el Estado al separatismo y al comunismo tenía que chocar con el rey y con la Justicia, y ha chocado.
Debió topar con la oposición, y no lo ha hecho.

Dos tuits exhalaron el viernes Casado y Arrimadas en defensa
del rey. Y el sábado, en pomposa rueda de prensa, Casado mostró
el miedo que padece y también que luchará toda su vida… contra el
franquismo. Hay que ser muy, muy maricomplejines para, tras
embaularse el PP la Ley de Memoria Histórica y el asalto a la tumba de Franco, decir de la Guerra Civil que «los dos bandos mere-
cieron perder». Según Besteiro, su bando, sí; por eso se rebeló
contra Negrín y los comunistas, con socialistas, republicanos y
anarquistas. ¿Pero por qué debía perder el bando nacional, apoyado por Ortega, Marañón y Pérez de Ayala, padres del 14 de abril,
más cedistas, radicales, católicos, monárquicos y liberales de todo
el mundo? ¿Porque defendían la propiedad, la ley, la nación española, la familia, la religión? ¿No es eso lo que defiende la derecha
política? Casado dirá, a lo Lassalle, que falta la libertad. ¿Y quién la
defendía en la guerra: Largo, Carrillo, Negrín? ¿Debió desaparecer toda España, porque se había portado mal?

El miedo irremediable del PP

Y para psiquiatra fue la frase «sin ira y sin miedo, ¡viva el rey!, y
¡viva España!». Si presumes de no tener miedo, es que hay motivo

para tenerlo. Y eso produce ira en todo bien nacido, más en un político que ve a los pobres temerosos y a los ricos del IBEX 35 acochinados. Y los que provocan ese miedo son, precisamente, los que atacan al rey y a España. ¿Cómo creer que los combatirá alguien que se proclama neutral ochenta años después del final de la guerra de la que nació una dictadura y de esta la democracia que quieren destruir socialistas, comunistas y separatistas?

Era la ocasión de anunciar una moción de censura e invitar a Vox y Ciudadanos a sumarse a ella, sin más condiciones que acabar con el cerco al rey y a la independencia judicial de Sánchez y sus socios comunistas. No tendrá otra. Ayunos del apoyo de los partidos a los que votamos, los ciudadanos tendremos que organizar la resistencia por nuestra cuenta. Lo haremos, airados contra los traidores y sin miedo a matones ni a miedosos.

27 de septiembre de 2020

SÁNCHEZ ESTÁ FUERA DE CONTROL Y DE LA LEY

Una nota de la Agencia EFE de ayer sábado muestra que la imposición del estado de alarma en Madrid ha sido un acto de prevaricación criminal, porque fatalmente costará vidas y graves daños económicos, y por el que debería ser procesado todo el Gobierno, con Pedro Sánchez a la cabeza. Al principio, la noticia era tan importante que pasó casi inadvertida, iba como cuarta o quinta llamada en la versión de internet. Poco a poco se hizo dueña de las portadas. Anoche, solo el diario golpista del IBEX 35 la ocultaba. Y todo estaba allí desde el principio, en una simple nota de agencia. Era esta:

La prevaricación de la banda de Illa

El Ministerio de Sanidad reconoce que utilizó datos antiguos de la incidencia de la COVID en Madrid para pedir la declaración del estado de alarma y poder confinar la capital y otros ocho municipios de la región. El departamento de Salvador Illa admite que tuvo en cuenta los datos de la incidencia acumulada del virus correspondientes al domingo 4 de octubre, hace una semana, obviando la mejoría que se había producido en los últimos días. Tanto la capital como otros cinco de los municipios confinados registraban ya una incidencia acumulada por cada cien mil habitantes inferior a quinientos casos el miércoles 7 de octubre, uno de los parámetros establecidos por Sanidad para los confinamientos perimetrales.

El reconocimiento de Sanidad, a preguntas de la Agencia EFE, se produce después de que el consejero madrileño, Enrique Ruiz Escudero, denunciara el viernes por la noche que «seis de los nueve municipios —confinados— están hoy —por el viernes— por debajo de los quinientos casos». Según los datos de la Consejería de Sanidad, Madrid tenía ya el miércoles una incidencia acumulada (IA) de 465 casos por cada cien mil habitantes.

Lo mismo sucede en cinco de los otros ocho municipios confinados. Con datos del miércoles 7 de octubre, en Alcobendas la IA era de 450, cuando el 4 de octubre era de 643; en Alcorcón, de 396 y no 566; en Móstoles había bajado a 331 desde los 514; en Torrejón estaba en 448 y no en los 651 del domingo pasado; y en Leganés era ese día de 441 y no 619. Solo tres de los municipios confinados (Parla, con 679, Fuenlabrada, con 608, y Getafe, con 522) superaban el límite establecido por el Ministerio de Sanidad.

La biprevaricación de Illa a favor del PSOE

Además, se da la circunstancia de que Móstoles, con 331 casos por cien mil habitantes el miércoles 7 de octubre, presentaba mejores datos que Alcalá de Henares, con 335 y que el Gobierno sacó a última hora del decreto de alarma. Los dos municipios madrileños están gobernados por el PSOE.

Las fuentes del Ministerio de Sanidad consultadas por EFE admiten que tomaron de «referencia datos de IA de la pandemia del día 4». «Los datos eran del 4 y fueron consolidados el 8 de octubre», han precisado las mismas fuentes. Sin embargo, en el decreto del estado de alarma publicado el viernes, Sanidad introduce una tercera fecha y asegura que los datos corresponden al 7 de octubre.

Este reconocimiento por parte del Ministerio ratifica al consejero madrileño en su opinión de que la decisión del Gobierno central «estaba tomada desde hace tiempo». «Han buscado cualquier vía, olvidándose de los criterios técnicos, de la vía del diálogo», sostiene Ruiz Escudero.

¡Y el farsante Illa pedía «alma a Madrid»!

El estado de alarma impuesto por el Mulo Monclovita se ha limitado a imponer las medidas que el Tribunal Superior de Justicia de
Madrid (TSJM) declaró ilegales, es decir, atropellar al Poder Judicial desde el Ejecutivo. Pero el tosco centauro, cabeza humana
sobre osamenta de percherón, tenía prevista la coz una semana
antes y no pudo esperar siete días a que el Ministerio de Insanidad
falseara datos y escudara en confusión de cifras lo que ahora es
contradicción insalvable. Hay funcionarios que no quieren cargar
con el mochuelo penal de haber intervenido el 8 con las cifras del 4,
ya mejoradas, y han dejado en ridículo a Illa, que solo llegó a
falsificar el 7. Corto hasta para eso. Al Mulo le urgía poner sus
herradas patas en la castigada frente de la Comunidad de Madrid y
se dio ese mular gusto, pero las marcas de sus herraduras lo han
delatado.

Illa, ese cobrador del frac rediseñado como espagueti de enterrador, no se atrevió a firmar la orden de la prevaricación, y dele-
gó en su segunda, por si acaso. Pero, consumado el delito, se atizó
una ratafía y le pidió a la Comunidad de Madrid que «tuviera
alma». ¡El espantapájaros que negó dos meses la inminencia del
virus y presumió de las medidas de prevención que no tenía, con
53.000 muertos en su haber, pidiendo «alma» a sus víctimas!

La traición descarada de Inés y Aguado

Sánchez se largó al trote a Barcelona para no presidir el Consejo
de Ministros, y la deteriorada Carmen Calvo, presidenta en funciones, exhaló una nota proponiendo una especie de estado de
alarmita, limitado a la opción 2 del chantaje a Ayuso: que no im-
pusiera lo que los jueces habían declarado ilegal (opción 1) ni dejara que ella firmara la intervención (opción 3), sino que Madrid
pidiera el estado de alarma que rechazaba (opción 2).

Naturalmente, Ayuso, cuya paciencia se acreditó en la formación de Gobierno regional hace un año, no podía pedir lo que los

jueces, a los que recurrió la Comunidad, habían considerado ilegal unas horas antes. Pero mientras el Mulo trotaba a Barcelona con el rey atado al estribo, y Calvo se negaba a parecer totalmente burra, pasaron unas horas antes de la coz. Y ahí se retrataron Inés Arrimadas e Ignacio Aguado. Inés, pidiendo que Ayuso hiciera lo que ordenaba Sánchez, sin saber que en el mismo momento en que ella se delataba, Calvo fingía una alternativa menos humillante; y Aguado, al apoyar a Calvo cuando acababan de anunciar la intervención de Madrid.

Lo peor para el extinto partido naranja no es lo de Aguado, cuya condición de Judas sin voluntad de ahorcarse es pública y notoria, sino lo de Inés. Muchos creyeron o quisieron creer que Aguado iba a su aire, como en tiempos de Rivera, que lo quería echar y al final no lo hizo. Inés, en su intervención, demostró que ni siquiera sabía de qué iba la opción 1, la de imponer lo ilegalizado por el TSJM —¡ella, antaño tan estudiosa!— y que está dispuesta a lo que sea para demostrar que su acuerdo con el PSOE es incondicional. Vamos, que se ha convertido, como ya anunciamos aquí, en la agrupación madrileña del PSC de Illa. ¡Ni siquiera de Iceta: de Illa! Tras ese gesto de sumisión, el Mulo debería nombrarla ministra sin cartera, aunque con chequera. Tenía razón Girauta cuando dijo que Ciudadanos era ya solo una gestora de intereses particulares. Pero Inés podía recatarse más.

Sánchez está contra la ley

Sánchez, cuyo acceso al poder fue legal pero ilegítimo, porque se urdió con el apoyo de los que quieren destruir el orden constitucional y la nación española, en cuya soberanía se basan todos los poderes del Estado, ya no es solo ilegítimo. Es un gobernante fuera de la ley. Peor aún, contra la ley. Fuera de la ley se puede estar por error, descuido o abuso parcial, y es una situación corregible. El que está en el poder y contra la ley, como Sánchez, en cada acto conspira para romper la legalidad de todo cuanto se oponga a su capricho. Un Ejecutivo que no ejecuta la ley, sino que busca ejecutar, en el sentido de decapitar, el orden legal, está fuera de la ley y debe ser apartado del poder cuanto antes. Censura es poco: inhabilitación. Si no ante nuestro rey, que está preso, ante Europa, que empieza a mirar atónita lo que está pasando en España.

El gran problema para restablecer el orden legal que, como prueba el caso de Madrid, está siendo deliberadamente atropellado es que Sánchez, como buen psicópata, es calculador, y para destruir el orden legal viene demoliendo el Poder Judicial a partir de la Fiscalía y mediante una serie de ropones que merecen la cárcel más que el cargo. Y aprovechando el interés, la cobardía o el sectarismo de unos jueces que, para subir, han de bajarse hasta identificarse con los intereses de los partidos que los ponen. Pero no estamos ante el habitual abuso de poder, sino en manos de un loco furioso.

La oposición, teóricamente formada por los tres partidos que impiden que Sánchez se haga con Madrid, debe ser consciente del cambio radical que ha sufrido la situación política. No es que todo esté yendo muy deprisa, es que está fuera de control, porque nos preside un auténtico incontrolado y nos vicepreside un sociópata científico, o sea, un comunista, que ve en el loco pirómano el arma ideal para quemar España y reinar sobre sus cenizas.

La necesaria unidad de PP y Vox

Doy por perdido a Ciudadanos para la causa constitucional, después de la escandalosa actuación de Arrimadas y su Iscariote. Pero el PP y Vox, que son lo que nos queda, deberían abandonar de una vez el postureo y la calculitis electoral. Jugar a ganar tiempo es perderlo de modo irrecuperable. Buscar mezquinamente la derrota del otro acelerará el hundimiento mutuo. Decía Abascal la semana pasada que si, ante la atroz situación provocada por el Gobierno, no presentase una moción de censura, valdría más retirarse de la política. Cierto: la moción no sobra, pero tampoco basta. Falta unidad. Y para eso hace falta una conciencia clara de ese peligro llamado Sánchez.

Si Casado, además de censurar esa teodorada de que Vox es el Podemos de la derecha, que hasta como insulto es ridícula, no quiere perder del todo las riendas del PP y del futuro, debería plantear iniciativas similares. Para empezar, en la UE, donde es más fuerte y no hace encuestas Michavila, el nuevo Arriola o Doctor Bacterio de Doña Maricomplejines, que pide una encuesta, se asusta de lo que ha pedido y se queda quieta, o sea, muerta. Ni Vox ni el PP pueden nada por separado. Juntos, podrían luchar. Ante un presidente fuera de sí y un Gobierno fuera de la ley, es lo menos que sus votantes y compatriotas les podemos pedir.

11 de octubre de 2020

El Parlamento vota a favor de la dictadura de Sánchez

No es que los diputados del Congreso, y por extensión las Cortes del Reino, no nos representen, como decían los comunistas cuando aún no se habían instalado en el poder. Es aún peor: por mayoría absoluta —194 votos a favor, 53 en contra y 99 abstenciones— han decidido no representarnos. El Gobierno, es decir, socialistas y comunistas, junto a sus socios hijotarras, golpistas catanazis, y el zurriburri mixto cuyo modelo es Revilluca y Teruel Guitriste, han decidido abdicar la soberanía nacional a cambio del acceso directo al *BOE* y los Presupuestos para crear redes clientelares y asegurarse su permanencia en el poder. La oposición, desde que Casado apuñaló a Abascal como prueba de sangre para ser admitido en la progrez, ha volado en pedazos. Esta semana solo quedaban Vox y un señor de Foro Asturias. Si el Parlamento existe es para representar a los ciudadanos y controlar al poder. Al votar a favor de la dictadura por seis meses «movibles», renuncia a su razón de ser y se convierte en sórdida zahurda de hampones a sueldo.

El desprecio del dictador a sus esclavos

Al margen de la reducida oposición a Sánchez, el único que estuvo en su sitio en la sesión fúnebre fue el dictador: hizo hablar al pobre Illa en su lugar y se fue sin quedarse siquiera a escuchar al jefe de la oposición a Vox. Para qué: si ya sabía el resultado de la votación y el PP está muerto. En solo una semana, esa moción de censura que, según dijo Casado en la primera de sus altivas meteduras de pata, «no interesa a nadie y no servirá para nada», ya ha servido para destruir al primer partido de la oposición, que acompaña al tercero en el séquito de la pirámide de Sancheshosept I, astuto faraón que enterró primero a sus criados y se largó tranquilamente del túmulo de la democracia parlamentaria, por si le caía algún cascote.

Si no fuera ofensiva para los españoles, que estamos representados en la sede de la soberanía nacional, sería casi de admirar la chulería de ese matón de feria, que no se quedó siquiera a escuchar el gañido de sus canes. ¿Tenía algún sitio mejor al que ir? No creo, fuera cual fuera la excusa. Lo veo asistiendo con su relincho mular desde una sala contigua o arrellanado en un sofá de la Moncloa a la retransmisión del suicidio de las Cortes. No hay precedentes de un caso así: ni siquiera pusieron objeciones: se fueron a su casa por seis meses tras intentar subirse el sueldo, que ya lo harán con las comisiones, pensiones, compensaciones y subvenciones. Qué gentuza.

El entierro de Súbditos, antes Ciudadanos

Al mismo tiempo que Toni Cantó hacía un soberbio discurso contra el comunismo en las Cortes valencianas, Inés Arrimadas echaba una de sus típicas bronquitas al Gobierno antes de anunciarle su apoyo incondicional. Yo no sé cómo no se cansa esta mujer de hacer el ridículo. Y no sé cómo no ve que, a este paso, del millón de votantes que se quedaron en casa en las últimas elecciones sin pasarse a otro partido, porque aún veían en el creado, no fundado, por Rivera, unas siglas en las que volver a confiar, no van a quedar ni los diez diputados. Lo más penoso del espectáculo de su autodisolución es el énfasis. Edmundo Bal parece Durán, e Inés, Lleida.

Pero a ese centro, que no es más que la fosa común que la izquierda tiene excavada para la derecha, se ha lanzado de cabeza, sin necesidad, el PP. De temer, con razón, las intervenciones de Cayetana, el Macho Moñudo ha pasado a reírse de Cuca y a burlarse de Teodoro. A Inés ya ni la atacan, dejan que se diluya en muecas y poses para la tele. Es tal la ruina de la oposición que hasta un bufón como Echeminga Dominga se permite burlarse de Ciudadanos y sus pretensiones presupuestarias. Y, encima, con razón. No sé qué hará Carrizosa en las elecciones de febrero, salvo lamentar que se celebren. Girauta, por de pronto, ya ha vaticinado que Vox puede sacar más votos que el PP, que, aunque tiene a Alejandro Fernández, ha decapitado a Cayetana, clave de su buen resultado último. Para el conjunto de las fuerzas constitucionales el horizonte es tenebroso.

La abstención de Eurocasado

Pero siendo penoso, por residual y porque recordamos lo que ha sido, el papelón de Ciudadanos , que votó a favor de la dictadura de Sánchez, pero aclaró que preferiría no tener que votarla, como el de Teruel el Triste, más lamentable fue la actuación y la abstención del PP. Podía haber dejado en manos de Cuca el dúo cacatúa con Illa, pero Pablo Casado, por razones que supongo entenderá su sanedrín genovés de *opusición*, pero nadie más, decidió hablar con un discurso sin papeles, pero muy preparado. La clave eran las citas legales: cuando sin papeles se tira de jurisprudencia es porque el discurso improvisado ha sido escrito la noche anterior, que es como confiesa Azaña en sus *Diarios* que preparaba sus improvisaciones.

Y el discurso fue, en efecto, muy bueno. Si no hubiera hecho lo mismo en el de la última prórroga del estado de alarma antes del verano, hasta nos hubiera sorprendido que, tras dar argumentos sobrados para votar no, anunciara su abstención. Entonces fue peor: explicó que se debía votar no y anunció que votaría sí. Dos diputados que se fueron al baño antes de votar se equivocaron, porque apretaron el botón de los argumentos y no el de las contradicciones. Pero en este caso aún ha sido más grave. Un orador anunciando que debe renunciar a hablar seis meses, pero que el atropello del Gobierno es tan grave que lo piensa denunciar a las instituciones europeas, y a continuación dice que su partido se abstiene, es un monumento a la nada, o a la inutilidad, o a la estupidez, o a la cobardía, o simplemente a la cabezonería de no haber visto en la moción que debía acariciar el lomo del vencido Abascal, en vez de escupirle a él y a sus votantes, indignándolos; y al hecho, todavía más grave, de insistir en no coincidir con Vox ni siquiera para defender la supervivencia del Parlamento frente al dictador Sánchez.

Una burla a la razón y a la Constitución

Es una ofensa a la razón, una burla a la Constitución, una tomadura de pelo a la democracia y una puñalada al sistema representativo que tanto Casado como Arrimadas hayan criticado la pretensión de Sánchez de que la lucha contra el virus, de cuya pésima gestión es responsable el Gobierno, necesite el cierre de las Cortes y no rendir cuentas a los representantes de la soberanía nacional, pero que, a la hora de votar, hayan esgrimido esa razón bastarda que criticaban: que es necesario prescindir de la ley, cuyo templo son las Cortes, para que pudiéramos sobrevivir al virus. ¡En manos de los matasanos del 8 de marzo!

Lo peor es que los diputados que han votado esta semana su propia deslegitimación no parecían darle ninguna importancia. Como si la brecha entre representantes y representados no fuera ya bastante grande y no fuera a ahondarse más en los meses venideros, los diputados apretaban obedientes el botón del sueldo con la alegría del que se va de vacaciones. Y es que, para ellos, eso es lo que han hecho: tomarse seis meses de vacaciones sin renunciar a la paga ni al aprobado. No nos representan porque no quieren. Malditos sean y serán.

1 de noviembre de 2020

CALVOROVA, IVÁNOVITCH Y OLIVEROV:
EL SOVIET DESINFORMATIVO
SOCIALCOMUNISTA

En los días 15 y 16 de abril de 2020 el Estado Mayor de la Guardia Civil remitió correos electrónicos a las comandancias de toda España y a las unidades especializadas en seguridad informática para detectar «bulos y *fake news*» que pudiesen provocar «desafección a instituciones del Gobierno». No del Estado: del Gobierno. Uno de ellos, con fecha del 15 y número de código 48810, precisaba la tarea totalmente ilegal encomendada a la Benemérita: «Identificación, estudio y seguimiento en relación con la situación creada por la COVID-19 de campañas de desinformación, así como publicaciones desmintiendo bulos y *fake news* susceptibles de generación de estrés social y desafección a instituciones del Gobierno».

La perversión de la Guardia Civil

Los españoles tenemos una tendencia natural, fruto de siglo y medio de experiencia, a sentirnos seguros en manos de la Guardia Civil. En una situación de peligro, asociamos el tricornio o la aparición del uniforme verde con la ley y la tranquilidad. Olvidémoslo. Los correos citados, por su finalidad y terminología, muestran que una parte esencial, la del cerebro, del cuerpo que fundó el duque de Ahumada no se dedica, o eso pretenden sus jefes, a defender a la ciudadanía de cualquier peligro, sino de proteger al Gobierno del peligro de lo que pudiera opinar sobre él la ciudadanía.

El concepto de «estrés social» es nauseabundamente sociomarxista. Más viscoso aún es el de «desafección», que alude a conceptos como los de amor o confianza, ajenos a la función de la Benemérita según su himno, que es la de guardar el orden y hacer cumplir la ley. La mera asunción del terminacho *«fake news»* en vez de «noticias falsas» prueba que estamos fuera de la defensa del orden público: en el espionaje político totalitario. Cuando el jefe de Estado Mayor de la Guardia Civil, general José Manuel Santiago, leyó, no improvisó, la tarea clamorosamente ilegal que le había encomendado el ministro Marlaska y luego se escondió en los galones de la lucha antiterrorista mostró la perversión de los fines de la Guardia Civil.

Cuando el Ejecutivo se pone a legislar

Nada puede sorprendernos después de ver a un general de la Guardia Civil exhibiendo delitos políticos como méritos profesionales. Ni siquiera la entrada, zafiamente ilegal, del venezolano Iglesias en el CNI. Lo único que faltaba para incluir a España en el club de los regímenes totalitarios iberoamericanos era que el Ejecutivo legislara directamente en el *BOE*, y eso ha hecho, al proclamar la Checa de la Desinformación, que dirigirán la comisaria jefa Calvorova, y los camaradas fiscales Iván Ivánovitch Redondoref y Iosef L. Oliverov, bajo la inspiración del presidentísimo Sánchez y del secretario general Pablenin Galapagarovitch. La vétcheca desinformadora se ha proclamado, por encima de las Cortes, que para ese están cerradas, y de los jueces, que para eso están callados, fiscal, juez y carcelera de la opinión publicada. Pero como la UE ha tomado nota de las denuncias de la última fechoría de Sánchez e Iglesias, ahora dice que busca la colaboración de la Sociedad Civil, con mayúsculas, para que oscuros poderes extranjeros no nos intoxiquen, o sea, para amordazar a la sociedad civil, con minúsculas. Los poderes extranjeros o antiespañoles que a diario nos agreden son los comunistas de Podemos y los separatistas catalanes y vascos, que son los verdaderos amos de la checa. Difícilmente encarcelarán a los carceleros.

El general Santiago es un símbolo de la anulación de las instituciones más queridas por los españoles; o de las más necesarias, como la Fiscalía y la Judicatura, nuestra última esperanza ante la ruina del Estado y el crimen de lesa nación que a diario perpetra el Gobierno socialcomunista. Cada día, casi cada hora, Dolores Delgado de Garzón mejora nuestra percepción del Ministerio Público, por ejemplo, la Fiscalía del Supremo abriendo otro caso contra Juan Carlos I mientras protege a Pablo Iglesias, es decir, que cumple literalmente lo que él dijo que haría el Supremo: «Esto quedará en nada».

Lo peor de todo, desde Aznar, es el invierno mediático de la derecha. Cada día es más deprimente asomarse a los muros de pago, que parecen de fusilamiento del disidente antiprogre. Lo peor de esta semana ha sucedido en el ámbito educativo: nada menos que la expulsión del español como lengua oficial y vehicular de la educación, el jaque mate a la educación concertada y la liquidación de la educación especial y de los inspectores de educación de carrera, sustituidos por comisarios políticos. Pues bien, ha ocupado mucho menos espacio que la Checa de la Desinformación. Y esta, muchísimo menos que el linchamiento por la manada mediática del ya defenestrado Trump. Un muerto con demasiados deudos, casi 70 millones de votantes, como para enterrarlo fácilmente.

El triunfo del despotismo antifa

Cuando las tres cadenas televisivas en abierto interrumpieron a la vez al presidente norteamericano, cortando su mensaje para llamarlo mentiroso, se retrataron los nuevos déspotas: los medios, las redes y las universidades de élite de los USA, reboticas de los virus totalitarios que lo infectan todo. Nunca he tenido simpatía por Trump, pero me resultan vomitivos todos los antifas del senil Biden y la oculta Kemala, tan abogada como Pelosi de las comunistas BLM.

Aquella «ciudad sobre la colina» de Washington, Lincoln y Reagan empieza ya a parecer una charca, casi tan fétida como la nuestra.

7 de noviembre de 2020

PODEMOS JUSTIFICA LOS GENOCIDIOS COMUNISTAS: DEBE SER ILEGALIZADO

El jueves 19 de noviembre de 2020, en la Comisión Constitucional del Congreso, el segundo de Podemos y primero del PCE Enrique Santiago se ha negado a respaldar, como pedía el PP, una resolución del Parlamento Europeo, votada por aplastante mayoría, que condenaba tanto los crímenes del comunismo como los del nazismo y recordaba que falta el Núremberg del comunismo, un juicio en honor a los más de cien millones de muertos producidos por la ideología más asesina de la historia de la humanidad.

Santiago fue el abogado de las FARC en las conversaciones de La Habana, pudridero en que Santos quiso entregarle Colombia a Timochenko, representante, pues, de la banda que secuestró a miles de niñas que convertía en esclavas sexuales (ver información en *Libertad Digital*), hazaña que explicaría su macho a Irene Montero tras ver a Piedad Córdoba, y cuyos detalles sobre la edad de violación y el número de abortos que sufrían los tendrá Enrique Santiago, si es que en La Habana se preocupó Santos de la suerte de los miles de niñas raptadas, violadas y maltratadas durante años.

Condenar a Lenin es ser cómplice de Hitler

En el rechazo a este acuerdo de la que, como recuerda Rosa Díez, es la única instancia democrática elegida por todos los europeos, le ha acompañado el PSOE, que comparte el mismo desprecio a las víctimas del comunismo. La cobarde intervención del PSOE se centró en la supuesta utilización que hacía el PP de esas víctimas. Santiago directamente negó que se compara los muertos por el comunismo con los del nazismo y acusó de «complicidad y negacionismo» a quienes lo hacen. O sea, a toda Europa. Legitimar el genocidio comunista solo puede obedecer al intento de repetir el ya cometido contra los católicos en España de 1936 a 1948 —cuando Stalin, no el PCE, decidió liquidar el maquis—, y por eso Podemos debe ser ilegalizado. Una fuerza política aliada a la banda también comunista ETA, que justifica el genocidio, se sitúa fuera de la legalidad democrática y debe ser apartada de la vida pública y procesada por su desprecio a las víctimas de los regímenes comunistas, todos ellos genocidas, sin excepción alguna.

Santiago dijo: «El único régimen que ha planificado y ejecutado la eliminación de colectivos y pueblos enteros ha sido el nazismo. Compararlo con otros sistemas es complicidad y negacionismo». Sucede al revés: todos los regímenes comunistas, desde Lenin, mucho antes de que existiera el nazismo, planificaron y ejecutaron la eliminación de colectivos y pueblos enteros. Negarlo es querer seguir esa tarea genocida. Por eso, debe ser puesto fuera de la ley. Y las dos fuerzas políticas, PSOE y Podemos, que forman el Gobierno español y comparten el rechazo a la resolución del Parlamento Europeo, deben ser denunciadas ante la UE por su decisión de justificar o actualizar la política genocida comunista.

Hasta aquí la argumentación política. Recordemos ahora a todos los muertos que Santiago, Podemos y el PSOE han despreciado en las Cortes.

¿Cuántos millones son las víctimas del comunismo?

En *Memoria del comunismo* di los datos que, en 1997, a los ochenta años del golpe de Estado de Lenin contra la democracia en Rusia —no contra el zar; Rusia era una república con el socialdemócrata Kerenski al frente—, publicó en Moscú el diario *Izvestia*. Añadí los de *El libro negro del comunismo** en el mismo año. Ambos cifraban en torno a 100 millones el número de víctimas del comunismo, variando los datos de Rusia y China. Desde entonces han sido actualizados, siempre al alza.

El último recuento que he leído en España es el del magnífico blog *Contando estrelas*, que prueba cuánto falta para acercarse a una estimación cuantitativa, aunque no cualitativa. Me remito a sus observaciones sobre lo lejos que estamos en cada país de tener cifras homologables. Fiables son todas, porque las fuentes son las víctimas, pero falta un trabajo de conjunto como el que se intentó en 1997 y con menor intensidad, en 2017. De hecho, ese fue el año de la reivindicación del comunismo genocida por parte de los gurús universitarios norteamericanos, que ahora llega al Congreso español. Pero el cambio en las mediciones estadísticas no cambia el factor de fondo: la ideología genocida que provoca las masacres. De ahí lo necesario de un Núremberg del comunismo que juzgue a los responsables y a las ideas que llevaron a la muerte a tantos millones de personas. Cinco veces más por parte de los verdugos comunistas que de los verdugos nazis. Y estos no pasaron de 1945 y duraron dos décadas. El comunismo, ciento tres años. Y sigue. Esta es una aproximación en los países sometidos al marxismo-leninismo:

- China: 82 millones de muertos
- URSS: más de 21 millones de muertos
- Corea del Norte: 4,6 millones de muertos
- Vietnam: 3,8 millones de muertos
- Camboya: 2,4 millones de muertos
- Afganistán: 1,5 millones de muertos
- Yugoslavia: 1.172.000 muertos
- Alemania: 815.000 muertos
- Mozambique: 729.000 muertos
- Etiopía: 725.000 muertos

---

* Stéphane Courtois (ed.), *El libro negro del comunismo: crímenes, terror, represión*, Madrid, Arzalia, 2021 [1.ª ed., 1997].

- Rumanía: 435.000 muertos
- Checoslovaquia: 262.082 muertos
- Venezuela: más de 252.000 muertos
- Polonia: más de 235.000 muertos
- Hungría: 210.000 muertos
- Angola: 125.000 muertos
- Colombia: 105.419 muertos
- Albania: 100.000 muertos
- Rodesia/Zimbabue: más de 50.000 muertos
- Laos: 45.000 muertos
- Bulgaria: 31.150 muertos
- Cuba: 73.000 muertos

El marxismo–leninismo es el genocidio planificado

Pero el carácter mendaz del fámulo de las FARC se muestra en que su palabrería desmiente toda la ideología marxista-leninista y la política del régimen soviético desde su fundación. La idea básica de Marx y Engels es que «la lucha de clases es el motor de la historia». La lectura de Lenin de los escritos políticos de Marx, como los dedicados a la Comuna de París, es que se debe transformar la lucha de clases en guerra de clases y esta en terror rojo y guerra civil para imponer la dictadura del proletariado. No hay otro camino porque la clase obrera se pierde en el sindicalismo y las mejoras materiales, no aspira a la revolución. Esta es tarea del Partido Comunista.

Desde el *¿Qué hacer?* a *El Estado y la revolución*, Lenin explica con claridad su táctica para tomar el poder en Rusia y, lo más importante, para no devolverlo jamás. Y lo hizo. Como apenas existía el proletariado en Rusia (menos del 2% de la población activa) y el partido bolchevique no tenía más de veinte mil «revolucionarios profesionales» que vivían del dinero que robaban Stalin y otros, además del que les dio Alemania para sabotear al Ejército ruso en la Primera Guerra Mundial, solo mediante el terror planificado y la eliminación deliberada de grupos como los inte-

lectuales y de clases como la burguesía y el campesinado propie-
tario, los llamados *«kulaks»*, podría imponerse el poder soviético.
Trotski gritaba «¡viva la guerra civil!» y los bolcheviques hacían
manifestaciones en Moscú en 1918 con pancartas de «¡viva el terror rojo!». Podían haberlo hecho y ocultarlo, pero eso fue después. Entonces como ahora, alardear del terror era ya imponer el
terror.

¿No sabe eso el cabecilla del PCE, el abogadillo de las FARC?
Por supuesto. Parece lerdo, pero no es un ignorante. Para la supervivencia del comunismo tras la caída del Muro ha sido esencial
que no se equiparen los totalitarismos comunista y nazi, aunque
sea posterior el de Hitler desde 1933 al de Lenin y Stalin desde
1917. Desde los orígenes de la URSS, se expulsó a los intelectuales, con listas hechas por Lenin (ver *Memoria del comunismo*), se
diezmó a los cosacos del Don y a los alemanes del Volga, se masa-
cró a los rebeldes de Tambov y a los kazajos, se exterminó a los
kulaks y se asesinó a los que no profesaran la ideología comunista.
Todo deliberada y planificadamente. Y desde Lenin en 1922 a
Mao en 1959 se usó el hambre para reducir a la población al cani-
balismo y la esclavitud.

El hambre, una constante comunista

El sometimiento por hambre y la muerte por inanición no son
solo frutos naturales de un régimen que prohíbe el mercado y provoca carestía y desabastecimiento, sino que, desde la primera gran
hambruna bajo Lenin, en 1922, aunque duró de forma desigual
dos años en bastantes provincias, se usó también para culpar a
otros, en particular a la Iglesia Ortodoxa, a la que Lenin saqueó,
mientras expulsaba a los cuáqueros y rechazaba la ayuda extranjera
y dedicaba el trigo a la exportación para financiar la Komintern.

Stalin ya no tenía iglesias que saquear y culpó a los campesi-
nos, a los que Lenin bautizó *kulaks* (que significa «puño», «puño
cerrado» o «avaros»), muchos de los cuales prefirieron sacrificar sus
reses y quemar su cosecha antes que entregárselas al Gobierno bol-

chevique. La checa se convirtió en un ejército con millones de soldados que vivía del terror de masas a que se dedicaba. Pero lo que pasó con Lenin fue tan deliberado como con Stalin y Mao: se daba una cifra inalcanzable de trigo que debía entregarse al Estado; si no se había cosechado suficiente para el consumo o, al menos, para sembrar lo del año siguiente, a la checa le daba igual: se llevaba lo que había. Y al año siguiente, como no se había sembrado, no se cosechaba y la gente moría de hambre. Lo que había se exportaba o se lo comían los comunistas, que debían conservar su vida para seguir salvando al pueblo. Todas las hambrunas comunistas, de Lenin a Maduro, han sido idénticas.

Podemos es incompatible con la legalidad

Los partidos totalitarios de signo nazi o comunista están prohibidos en varios países de Europa, como recuerda la resolución del Parlamento Europeo. Deberían estarlo en todos, porque no es lógico prohibir el efecto de las doctrinas políticas que se permiten. La lucha de clases conduce al exterminio de clases y grupos sociales por los que la tienen como doctrina, tal y como el racismo produce violencia racista cuando se transforma en ideología y política de Estado. El caso de España es el más grave de Europa porque desde los partidos de Gobierno se niegan los genocidios comunistas con la excusa de que no pueden ser comparados con los nazis.

Ese racismo funerario es lo que se ha elevado a ley con la llamada de Memoria Democrática, engendro totalitario que lleva a Carmen Calvo a negar que Paracuellos sea un crimen comparable a los del franquismo, que incluyen la Guerra Civil y la dictadura, pero no contempla los producidos durante la República, como los mil cuatrocientos muertos y tres mil heridos del golpe de Estado de la izquierda en 1934, ni en la guerra, pese a proclamar que era un régimen legítimo donde existía el Estado de Derecho. Del derecho a matar si eras de izquierdas y a morir si eras de derechas. No había más.

Todo lo que no sea poner fuera de la ley a los comunistas es, más pronto que tarde, conducir a España a la dictadura, con o sin guerra civil. El tiempo que se tarde en reconocer esa evidencia es tiempo que ganan los totalitarios y pierden la mayoría de los españoles, condenados al sacrificio y al troceamiento y pérdida de su patria.

22 de noviembre de 2020

No vamos hacia la República, sino hacia las repúblicas

Hay gente que no entiende que el proceso revolucionario en España no nos lleva a LA República, sino a LAS repúblicas. Y que antes de la que jamás sería española, sino antiespañola, porque vendría a liquidar el Estado español, nacido Hispania, provincia de Roma, hace dos mil años, y luego independiente muchos siglos, lo que vendría primero, acaso último, serían las dos republiquetas nacidas de sus escombros: la República Federal Vasca, a la que etarras y peneuvistas uncirían Navarra, y la República Catalana, a la que la izquierda y los separatistas asociarían la Comunidad Valenciana, las Baleares y la parte de Aragón —este de Huesca y noreste de Teruel— que rendirían el baturro Lambán y el valenciano renegado de Teruel, qué triste.

El terror al virus, el estado de alarma, el control de las televisiones, la rendición de la izquierda ante el separatismo antiespañol y la estúpida y suicida división de la derecha hacen posible la proclamación de esas dos repúblicas. Luego, Podemos proclamaría, aprovechando unas elecciones en las que no se votase eso, pero los republicanos cantaran victoria, aunque perdieran, como las municipales de 1931, esa República antiespañola cuya función primera es la de acolchar a las otras dos. Dado que la monarquía no es compatible con repúblicas en su seno, Sánchez aceptaría la Presidencia para que en el extranjero los idiotas creyeran que aún existía un Estado español.

No hay España con República ni con repúblicas

El jefe de este proceso revolucionario es Pablo Iglesias Turrión, que ha anunciado ante sus huestes, colocadas ya todas en cargos públicos o con expectativas de estarlo pronto: «La República llegará más pronto que tarde». Un par de días antes reclamó para su Gobierno el *ongi etorri* de los restos de Julio Álvarez del Vayo, presidente del FRAP, la banda terrorista a la que perteneció su padre. Dudosa hazaña de la que él presumió mucho hasta que Cayetana Álvarez de Toledo le recordó su significado: ser «el hijo de un terrorista». El cupulín del PP debe decidir ahora si también traiciona a la que fue su portavoz y se cisca en las víctimas del FRAP, que eso es lo que hicieron Meritxell Batet y el hijo del terrorista pro-FRAP. Les falta pisotear la sangre de sus víctimas para diferenciarse clara y definitivamente de Vox.

Pero hay que insistir en que no es posible proclamar LA República en España sin abolir el régimen constitucional y la monarquía parlamentaria; y ni la izquierda tiene fuerza suficiente, ni la derecha dejaría de rebelarse ni las instituciones armadas, Ejército, Guardia Civil y Policía, lo permitirían. El único camino es el desmembramiento del Estado, mediante el impulso centrípeto del Gobierno socialcomunista y el nuevo golpe en Cataluña, que revestiría la forma de doble referéndum, junto al del País Vasco y Navarra. El triunfo separatista (de ser derrota, para eso se inventaron los pucherazos) daría paso a la proclamación de las dos repúblicas y de la confederal, que se presentaría como última forma de evitar la ruptura total de España. Al margen de la judicial, policial y militar, claro, que es lo que quieren evitar.

Declaración de militares leales a España

Anteayer conocimos una declaración de casi trescientos oficiales retirados —exactamente 271— que explica por qué se ha aireado tanto un chat privado intrascendente de otros oficiales retirados, delatado por un «topo» de Julio «el Rojo», ex-JEMAD que ahora sirve a Iglesias. El chat de los frívolos apareció para sabotear el manifiesto de los serios. Es tan clara la intoxicación que lo primero que han hecho es aclararlo:

> *Los firmantes de esta declaración quieren manifestar su completa desvinculación y desagrado con cuanto se ha expresado en un chat privado —difundido en diversos medios— ajeno a nuestro sentir y esencia de soldados.*

Y declaran:

> *Si bien por edad no podemos ejercer nuestra vocación de soldados en unidades, sí hemos recuperado los derechos fundamentales a los que renunciamos voluntariamente al abrazar la carrera de las armas. Entre ellos, la libertad de opinión y expresión que nos permite firmar esta declaración, que advierte de los riesgos a que están sometiendo a nuestra patria los responsables de dirigir el futuro de España (...) como militares, que seguimos siendo aún en la situación de retirados, mantenemos activo el juramento que prestamos en su día de garantizar la soberanía e independencia de España y defender su integridad territorial y el orden constitucional, entregando la vida si fuera preciso.*

No son los primeros en sentir preocupación por el destino de la nación; de hecho, dicen compartir «las mismas inquietudes» que la XIX Promoción del Ejército del Aire y de la XXIII de la Academia General Militar del Ejército de Tierra, expuestas en cartas al presidente del Parlamento Europeo y al rey. Y entre lo inadmisible en la actuación de los responsables políticos, señalan:

> *Los desprecios a España, las humillaciones a sus símbolos, el menosprecio al rey y los ataques a su efigie (...), permitir violentas algaradas independentistas y golpistas con petición de indultos a condenados por sedición, así como conceder favores a terroristas con el consiguiente menosprecio a sus víctimas.*

Y les preocupa que se orille «la legislación vigente», «el sometimiento al Poder Ejecutivo del Poder Judicial, incluida la fiscal general del Estado» y el intento de imponer «un pensamiento único» mediante leyes como la de Memoria Democrática.

La importancia de la declaración militar

No hay nada nuevo en esta denuncia que no vengamos diciendo los defensores de la unidad nacional y el orden constitucional. La diferencia es, evidentemente, que esta denuncia civil la hacen los que aún conservan el uniforme militar. Y al cumplir su obligación moral como españoles y como militares que juraron defender a la nación, su declaración tiene una doble virtud: recuerda a los militares en activo —que no pueden hablar, pero deben pensar— el sentido último de su función: defender la integridad nacional y el orden constitucional, con el rey a la cabeza. Y recuerda a los civiles, en particular a los políticos de la derecha, cuya base social observa asqueada sus míseras peleas partidistas, que hay militares plenamente conscientes de los gravísimos peligros que acechan a la nación y a la libertad; y de que su profesión tiene una utilidad última, que es decisivamente constitucional.

Los republicanos antiespañoles del FRAP y de la ETA recurren a la fuerza de las pistolas nunca entregadas y al golpe institucional permanente para desmantelar el Estado. Es tan evidente que la subversión del orden constitucional está encabezada por el Gobierno —como dice la llamada de Vox a manifestarse hoy ante todos los ayuntamientos de España— y que ya no se respeta ni la ley ni la más mínima ética en la actuación de los que, desde el Poder Ejecutivo, asaltan el Legislativo y, sobre todo, el Judicial, que fatalmente deben producirse convulsiones en el tejido social español. Y esa convulsión, provocada por la subversión, alcanzará a civiles y militares. No puede ser de otro modo. O ya tendríamos encima a las tres repúblicas.

6 de diciembre de 2020

El rey piensa en España, no en Cartagena

Durante este año maldito en el que el comunismo ha vuelto a España por donde más daño puede hacer y siempre hizo, que es en el Gobierno, y en el que tantos paralelismos, buscados o casuales, estamos viendo con la llegada de la Segunda República, lo que más me ha preocupado es que Felipe VI pudiera dar la espantada como su bisabuelo Alfonso XIII, que antes de contar los votos de unas elecciones municipales se largó por Cartagena.

El discurso de Nochebuena ha aventado esa preocupación. Nadie sabe lo que nos deparará el futuro, pero en lo que se refiere al compromiso personal del jefe del Estado con el Estado y, lo que es más importante, con la nación, no ha dejado lugar a dudas. Bajo el fuego cruzado de dos bandas miserables, socialistas y comunistas, el rey ha sabido resistir en un discurso de seis folios, cuatro y medio de ellos, obligados y convencionales; uno y medio, personalísimo, en el que casi nadie ha reparado. Todos parecían empeñados en ver si seguía o no el guion suicida redactado por Iglesias y Sánchez a cuenta de su padre, compromiso que solventó nítidamente para los que sepan leer, una minoría ya en la casta política y en el gremio periodístico.

Dos mamarrachadas prisaicas

«Sánchez y Calvo han estado encima del discurso hasta el último momento para ayudar a proteger a la monarquía», titulaba *El País*, firmada por el flexible Carlos E. Cué[*], su primera noticia de información nacional. Que, obviamente, ni era noticia, ni tenía información nacional. La redacción adelantaba la estupidez oceánica del juntaletras: para «estar encima de un discurso», o este es del género asnal, o Calvo y Sánchez se subieron al cuadrúpedo para romperle el espinazo, o ayudaban lo protegido o protegían lo que no precisaba ayuda, porque, aunque Cué no lo intuya, ayudar es una forma de protección y proteger es un modo de prestar ayuda.

Un antiguo periodista que ahora aspira a dirigir, de la mano de Zapatero, ese periódico que tan sañudamente buscó su asesinato civil, fue más lejos y bautizó «renovador» a Felipe, adjetivo inconveniente en toda dinastía, añadiendo que el fenómeno se producía «gracias a Sánchez». O sea, que el responsable de todos los ataques a la Corona, el que tiene a todas sus televisiones con la murga de Campechano, el que ha proclamado la «crisis constituyente» en las Cortes, el que lo mandó a Cuba y le vetó en la entrega de despachos judiciales en Barcelona, el que afrenta a diario al rey, quiere salvarlo, pero «renovándolo». Lo renovará en Estoril, si puede. Luego, el Gobierno, que estaba tan «encima del discurso», según *El País*, no lo defendió frente a los ataques comunistas y separatistas. Será por el acreditado rechazo de Sánchez a los derechos de autor. O porque Calvo no quiso presumir de «expertitud» asesorando a un menor de edad, Felipe VI. Mamarrachadas. El Gobierno metería tres o cuatro folios de paja, pero el grano, puramente personal, lo puso el rey. Y remitiéndose a su coronación.

El compromiso personal en la coronación

Es inútil pedir memoria en un país que ha hecho una ley para impedir que exista. Pero, al menos, los coronistas oficiosos podrían recordar que el que durante años dio la batalla contra la corrupción del campechanato en el primer caso serio, que fue el de Cristina y

---

[*] Carlos E. Cué, «Zarzuela optó por la cautela con respaldo de la Moncloa», *El País*, 24 de diciembre de 2020.

Urdangarín, fue precisamente el entonces príncipe de Asturias. Y que se quedó solo, traicionado por Elena y su madre —que se fue a Washington para posar con Cristina en la portada de *¡Hola!*— y finalmente por su padre, que se pasó al bloque dinástico.

Hubo entonces una campaña contra Letizia, supuesto punto débil de Felipe, teledirigida por el campechanismo, con otra portada de *¡Hola!*, titulada «Letizia, una princesa de contrastes»[*], que la daba por loca. Hasta el elefantazo, el entorno de Juan Carlos I conspiró contra su heredero. Los pocos que pedimos la abdicación, por avalar el pacto de ZP con la ETA, entramos en el mismo saco de golpes que los «ambiciosos príncipes». Eso lo habrán olvidado ya hasta los príncipes, pero ahí está la hemeroteca. Los que luego defendieron el golpe de Estado en Cataluña insultaban a los que decíamos que la Corona no sobreviviría a su descrédito moral; y que era peor el pacto con la ETA («y si sale, sale») que los trinques de La Meca, inseparables de Corina y la Angorilla, covachuela de alibabás cortesanos.

Pero llegó el discurso de la coronación, que, hasta esta Nochebuena, era la vez en que el rey había hablado más en primera persona, es decir, que más se había comprometido individualmente, una responsabilidad que reivindicó como propia de la ciudadanía. En realidad, el discurso de esta Nochebuena fue una continua alusión a aquel primer discurso a la nación como jefe del Estado. Por lo visto, nadie se acuerda, con lo cerca que está.

Las frases clave son estas:

> *Ya en 2014, en mi proclamación ante las Cortes Generales, me referí a los principios morales y éticos que los ciudadanos reclaman de nuestras conductas. Unos principios que nos obligan a todos, sin excepciones; y que están por encima de toda consideración, de la naturaleza que sea, incluso de las personales o familiares.*
>
> *Así lo he entendido siempre, en coherencia con mis convicciones, con la forma de entender mis responsabilidades como jefe del Estado y con el espíritu renovador que inspira mi reinado desde el primer día.*

---

[*] Artículo publicado el 9 de octubre de 2013.

Y esta es la renovación de aquel no tan lejano compromiso:

Y como rey, yo estaré con todos y para todos. No solo porque ese es mi deber y mi convicción, sino también porque es mi compromiso con todos vosotros, con España.

El rey no piensa en Cartagena

Yo no sé lo que esperaban, temían o soñaban otros. En todo caso, pensando en el desastre que supuso para España la espantada de Alfonso XIII, desasistido de las fuerzas políticas no golpistas —los republicanos lo habían intentado en 1930, con Galán y García Hernández, y renovaron su compromiso golpista en el Pacto de San Sebastián—, lo que yo quería ver era que el bisnieto estaba más dispuesto que el bisabuelo a defender lo que es más que una dinastía: el único régimen de libertad posible hoy en España. Y lo hizo, como siempre, con esa tranquila seguridad en sí mismo que casi resulta contagiosa. Por resumir: nos transmitió la seguridad de que, en los días feroces que vendrán, el rey estará en Madrid, no en Cartagena.

27 de diciembre de 2020

2021

Ayuso se consolida: «Socialismo o Libertad». El golpe avanza, pero al menos habrá resistencia en Madrid.

8 de enero y días posteriores. Tormenta Filomena. La Comunidad de Madrid queda incomunicada por nieve.

28 de enero. La Generalidad de Cataluña desafía al Tribunal Supremo y vuelve a conceder el tercer grado a los condenados por el 1-O.

14 de febrero. El PSC, con Salvador Illa al frente, es el partido más votado en las Elecciones al Parlamento de Cataluña de 2021 (obtiene 33 escaños), pero los partidos independentistas refuerzan su mayoría absoluta (Esquerra Republicana de Cataluña, 33 escaños; Junts, 32; y la CUP, 9) y superan el 50 % de los votos, con una baja participación (del 53 %) debido a la pandemia de COVID-19 en España. Vox entra en el Parlament (11 diputados) y Ciudadanos se hunde (pasa de 36 diputados a 6). En Comú Podem mantiene sus 8 escaños y el PP pasa de 4 a 3.

8 de marzo. Concentraciones en toda España por el Día de la Mujer, a pesar de las restricciones impuestas por las autoridades a causa de la pandemia.

10 de marzo. El «golpe» de Cs. Ciudadanos rompe con el PP en la región de Murcia y presenta junto con el PSOE una moción de censura para que su líder Ana Martínez Vidal ocupe la presidencia de la región. El acuerdo Ciudadanos-PSOE se extiende al Ayuntamiento de la capital, en el que la alcaldía será para un socialista. El presidente Fernando López Miras responde cesando a todos los consejeros de Ciudadanos.

Dos horas después, la presidenta de la Comunidad de Madrid Isabel Díaz Ayuso adelanta las elecciones autonómicas. Inmediatamente, PSOE y Más Madrid registran sendas mociones de censura contra Ayuso que son aceptadas a trámite por la mesa de la Asamblea de Madrid. Ayuso cesa al vicepresidente Ignacio Aguado y al resto de consejeros de Ciudadanos.

El PSOE de Castilla y León presenta una moción de censura contra el Gobierno de PP-Ciudadanos para evitar que se adelanten las elecciones.

15 de marzo. Pablo Iglesias anuncia que deja la vicepresidencia del Gobierno para presentarse a las elecciones regionales de la Comunidad de Madrid. Le sustituye en la vicepresidencia Yolanda Díaz, y al frente del Ministerio de Derechos Sociales y Agenda 2030, Ione Belarra.

29 de marzo. Ley Orgánica 4/2021, de 29 de marzo, por la que se modifica la Ley Orgánica 6/1985, de 1 de julio, del Poder Judicial, para el establecimiento del régimen jurídico aplicable al Consejo General del Poder Judicial en funciones. El PSOE paraliza la Justicia impidiendo el funcionamiento del CGPJ en funciones. Los cargos judiciales quedan sin poder renovarse para disparar la presión sobre el bloque conservador.

8 de abril. Mitin de Vox en Vallecas. «El Pirrakas» y esbirros de Iglesias atacan el acto. Iglesias apoya a los violentos de Vallecas y acusa a Abascal y a «sus matones» de ordenar un «a por ellos».

22 y 26 de abril. Cartas supuestamente anónimas y caso «navajita plateá». Pablo Iglesias, el ministro del Interior Fernando Grande Marlaska y la directora de la Guardia Civil María Gámez Gámez reciben sendas cartas con amenazas de muerte que contienen balas del fusil de asalto CETME. La ministra Reyes Maroto recibe una amenaza de muerte en una carta que contenía una pequeña navaja aparentemente ensangrentada.

4 de mayo. «Ayusazo»: Isabel Díaz Ayuso arrasa, dobla diputados y se queda a 4 de la mayoría absoluta. Suma más que toda la izquierda junta y puede gobernar en solitario sin necesidad de pactar con Vox. Iglesias, derrotado, abandona la política.

26 de mayo. El Tribunal Supremo, como ya había hecho la Fiscalía, se opone a la concesión del indulto a los condenados por el Procés. Pedro Sánchez defiende los indultos en la sesión del control al Gobierno en el Congreso de los Diputados. «Hay un tiempo para el castigo y otro para la concordia».

2 de junio. De madrugada, el líder del Frente Polisario, Brahim Gali, abandona España en avión privado (tras 44 días ingresado en un hospital de Logroño) y regresa a Argelia.

13 de junio. Concentración en la madrileña plaza de Colón contra los indultos. Los líderes de Vox, PP y Ciudadanos asisten pero, esta vez, por separado.

22 de junio. El Gobierno indulta a los condenados en el juicio del Procés.

29 de junio. Se presenta el anteproyecto de Ley para la igualdad real y efectiva de las personas trans y para la garantía de los derechos de las personas LGTBI, conocida como «Ley Trans».

10 de julio. Profunda remodelación del Gobierno de Pedro Sánchez. Cambian siete ministros: Sánchez liquida a Iván Redondo, José Luis Ábalos y Carmen Calvo. Félix Bolaños asciende a las alturas.

14 de julio. El Tribunal Constitucional sentencia por seis votos contra cinco que el estado de alarma decretado en marzo de 2020 fue inconstitucional porque para ordenar el confinamiento de todo el país se tendría que haber declarado el estado de excepción.

21 de octubre. El PSOE convence a Pablo Casado de la renovación del Tribunal Constitucional, Tribunal de Cuentas y Defensor del Pueblo. Mientras, desde Moncloa y Génova, arrecia la campaña contra Ayuso por unas supuestas irregularidades cometidas en la adquisición de mascarillas a una empresa en la que estaba su hermano. La investigación fue archivada aunque siguió siendo bandera de la izquierda contra Madrid.

La invención del género
y la vuelta del comunismo

Cuando en el mes de agosto terminaba *La vuelta del comunismo*, se produjo un hecho que me obligó a modificar el final del libro y dedicar más espacio a la reinvención, que algunos llaman resignificación, de la teoría sexual que es una de las palancas para la imposición de una serie de leyes y valores radicalmente totalitarios y opuestos a lo que suele llamarse derecho natural, referidas a aquellas instituciones básicas de la sociedad que no cambian con los vaivenes políticos, muy señaladamente la familia.

La guerra de los feminismos

El hecho concreto que me obligó a cambiar mi línea de trabajo fue la recuperación del proyecto de Ley de Libertad Sexual de Irene Montero, que se había aparcado entre la rechifla de los socialistas, que condenaron hasta sus faltas de ortografía, de sintaxis y de claridad jurídica. Viniendo de Calvo, docta en patinazos semánticos, las burlas eran de broma, pero ahí estaba Campo, ministro de Justicia y flamante novio de Meritxell Batet, para señalar las agresiones a la gramática y al derecho de Montero y su coro de ninfas iletradas. Sin embargo, cuando, a finales de julio, Sánchez dijo: «Hemos vencido al virus, derrotado la pandemia y doblegado la curva», Iglesias quiso también devolver a la normalidad la ley de su *quotidie*, y, por servir al pacto, Campo lo envió al tinte del derecho penal, a ver si salían las manchas de indigencia intelectual de las furias del Instituto de la Mujer.

El problema es que lo debatido no era la presentación de la ley, sino el concepto mismo que abordaba, de tanta magnitud que en cualquier época se habría considerado absurdo. Lo que pretende la Ley Montero, pese a las reticencias del PSOE, en su ala feminista histórica, es sustituir el concepto biológico de «sexo» por el cultural-normativo de «género». Lo trato en *La vuelta del comunismo*, dentro del capítulo 7, «Las metamorfosis del comunismo», en varios apartados: «La guerra de los feminismos en torno al 8M», «La irreversible división feminista antes del 8 de marzo», «Una expulsión reciente y un lejano recuerdo» (sobre Lidia Falcón) o «La protección o desprotección de la infancia», que es la que ha deslizado la Ley de Libertad Sexual que quiso entronizarse el 8M hacia el proyecto de Ley de Protección de la Infancia en su aspecto medular: el cambio de sexo. Para el feminismo histórico, hay que nivelar las desigualdades históricas de las mujeres en el aspecto legal, laboral o representativo, algo que puede unir a liberales y socialdemócratas.

Sin embargo, para el feminismo podemita, identificado con la teoría *queer* y enfrentado a las socialistas y a las comunistas clásicas como Lidia Falcón y su Partido Feminista, lo que debe convertirse en ley es que no existe el sexo sino el género, la voluntad de ser, por encima de lo que se es. El sexo sería una convención de la sociedad patriarcal que no pasaría a otra matriarcal o igualitaria, sino que aboliría todas las identidades sexuales, sean de tipo biológico, social, cultural, e incluso genético. Dicho de otro modo, uno pertenecería al sexo que quisiera y cuando quisiera. Por ley.

Me remito a los apartados de mi libro ya citados para la crítica de la teoría queer, tanto en sus fuentes psicoanalíticas como filosóficas. Su principal teórica, Judith Butler, se define como «postestructuralista» y yo creo que sería más correcto plusquamanalfabeta, porque usa los conceptos a voleo, sin ton ni son, con una ignorancia solo superada por la de sus seguidoras. El problema de fondo de la relectura de Freud a partir del 68 francés, que trato de explicar en *La vuelta del comunismo*, resultará difícil para el lector común. Sin embargo, es fácil entender sus consecuencias políticas, que explicaba bien Lidia Falcón en la entrevista con Dieter que reproducía *Libertad Digital*: «El género es una invención, un constructo teórico, otra cosa es que se convierta en ley».[*]

La desprotección legal del menor

Y efectivamente, ahí está el problema, nada nuevo en el comunismo. Stalin, por ejemplo, declaró oficial la «ciencia proletaria» de Lysenko, en la que los contenidos científicos dependían de su condición de clase, o sea, que no existían leyes objetivas, sino interpretables por el partido. Y todos los investigadores ajenos a la filosofía científica roja acabaron en el gulag. Mao decretó también toda clase de leyes en el Gran Salto Adelante, como la de convertir en acero las cucharas y tenedores en hornos domésticos. Yo aún vi, en la China de 1976, esos hornos en una comuna ejemplar.

También decretó Mao la muerte de millones de pájaros porque se comían el trigo, cuando los pájaros eran los comisarios que se llevaban las semillas e impedían la siembra siguiente. Y así llegaron las hambrunas bajo Lenin, Stalin y Mao: cinco, treinta y sesenta millones de muertos, aproximadamente. Cuando el fanatismo comunista, para crear al «hombre nuevo», enmienda las leyes de la naturaleza y se convierte en ley, la catástrofe es inevitable.

Cuando escribí *La vuelta del comunismo*, lo que el Gobierno tenía entre manos era una Ley de Protección Integral de la Infancia, que ya anunciaba las consecuencias de la doctrina queer en lo referido al cambio de sexo, que el legislador dejaría a voluntad del menor. Cito el caso del niño de siete u ocho años, que tras leer un texto, obviamente ajeno, sobre la felicidad que le producía su «autodeterminación sexual» en el Parlamento extremeño, fue paseado por diversas televisiones públicas sin que nadie interpusiera una denuncia por la evidente desprotección, manipulación y abuso del menor.

---

[*] Entrevista de Dieter Brandau a Lidia Falcón, esRadio, 5 de febrero de 2021.

La derecha política, muda

Lo que pretende la harka comunista con la ley trans es que un niño de solo doce años, sin permiso de sus padres ni aval médico o psicológico, pueda decidir el camino sin retorno de una hormonación masiva e incluso de una castración, que en ambos procesos resulta durísima e irreversible. Un crío, cría o lo que crea que cría, no podrá votar pero sí cambiar de sexo, cuando la adolescencia, en el terreno sexual y afectivo, es terreno minado, de arrebatos y certezas transitorias, en la que ni se debe ni debería poderse tomar una resolución de tal gravedad.

Pero hasta ahora solo el feminismo expulsado del PCE y las antiguas socialistas que con notoria imprudencia impusieron la Ley de Violencia de Género están dando la batalla argumental, contra la ley trans. Cuando el PP tenía a Cayetana, disponía de una portavoz cualificada en ese ámbito, pero ¿qué podrá argumentar Cuca Gamarra, que fue al 8M a contagiarse? ¿Y Arrimadas, cuando su partido juega peligrosamente con legalizar el hormonamiento y defendió la VioGén, descalificando a Rivera de la Cruz? Si Vox se refugia en la religión, y cabe temerlo, nadie en la derecha estará defendiendo en el Parlamento la biología frente a la ingeniería biosocial. Los tres partidos deberían tener ya una especie de libro blanco sobre la ley trans, que, en cuanto pasen las elecciones catalanas, irá a las Cortes.

El precedente aragonés de la ley trans

Un mal precedente que ha hecho de la transexualidad una ventaja legal al servicio de la teoría *queer* es el de Aragón, que ha reseñado *Libertad Digital*. Hace dos años que su Parlamento votó por unanimidad una ley trans que les reserva plazas laborales en los concursos públicos. En teoría, toda ley trans pretende que no se discrimine a los que cambian de sexo. ¿Y no es un modo de discriminar reservarles plaza? ¿Hay algo en su cerebro o su anatomía que los discapacite laboralmente? ¿Por qué se les diferencia? Se dio el caso, en Huesca y Zaragoza, de reservar plazas para los trans y no para los discapacitados, pero, aunque eso se arreglara después, ¿en virtud de qué se les privilegia con respecto a los demás aspirantes a funcionarios? ¿Es que si a alguien se le resisten las oposiciones debe cambiar de sexo? ¿O simplemente decir que lo ha hecho en su mente para ganar la plaza?

Lo malo del caso del niño extremeño y de la discriminación laboral aragonesa —votada por todos los partidos— es que prueba hasta qué punto los políticos vienen actuando al dictado de los mantras progres antes incluso de que Montero lleve a las Cortes un proyecto que destruye cualquier base de identificación del ciudadano, en cuyo carné solo constará lo que quiera que conste, que, al paso que vamos, será nada. No tendremos sexo, ni género, ni nombre, ni cara, ni número, ni siquiera tendremos que ser no binarios, ya que podremos ser no-no binarios o nadarios. Pasaportes, carnés, partidas de nacimiento, de boda, divorcio o defunción desaparecerán. No será bígamo el casado en Londres y en Madrid, porque solo en una boda se sintió mujer, y la biandrogamia no está aún legislada en la UE. Todos los delincuentes del Viejo y el Nuevo Mundo se identificarán con el credo queer, es decir, se desidentificarán. ¿Y cómo pagarán impuestos los que desexistan? Si hay ventajas laborales por ser trans, ¿no deberá haberlas también fiscales?

Ni familia, ni persona: un Estado tribal

Mientras investigaba la vuelta del Mayo del 68 en la ideología *queer* tropecé con el texto de Ratzinger que reproduzco en el libro sobre el daño que a la Iglesia le hizo abrirse al mundo precisamente en un momento en el que se ponían en solfa las bases de la civilización, y no solo occidental. La pederastia y la pedofilia que la izquierda, los medios y Hollywood han convertido en una perversión solo católica —no hay películas sobre casos similares en protestantes, budistas o musulmanes— tuvieron sus grandes abogados y padrinos en los mismos maestros de los que hoy bebe la teoría *queer*: Foucault, Derrida, Deleuze, Guattari y otros que reseño en mi libro. Confieso que me impresionó descubrir tantos casos de pedofilia entre las personalidades y publicaciones que marcaron aquella izquierda europea. Me remito a lo allí consignado, mero avance de lo que se nos viene encima.

Lo que se quería en Mayo del 68 y se pretende ahora, ley en mano, es destruir la familia como núcleo social y referente del derecho natural. El resultado de arrancar las raíces familiares a la persona es hacerla no solo dependiente del Estado, sino de lo que cabe llamar un Estado de tribus, un magma definido por el clima que marcan los medios de comunicación y las redes sociales, convertidas de hecho en medio casi único de relación entre individuos sueltos, superficial, placentera y permanentemente conectados a lo más parecido a la nada que, a lo largo de la historia, hayamos podido imaginar.

7 de febrero de 2021

Ayuso centra a la derecha: «O socialismo o libertad»

La historia de la nación española está llena de héroes populares que, por ética o por patriotismo, se lanzan a defender lo que la clase dirigente ha dejado a su suerte. El «¡Dioss qué buen vasallo si oviesse buen señor!» del *Cantar de Mío Cid* llega, a través de la Guerra de la Independencia, hasta nuestros días. Pero no cabe abandonarse a la espontaneidad de las masas, tan fácilmente manipulables y que a menudo desemboca en el «¡vivan las *caenas*!». No siempre el héroe que defiende una causa noble es del pueblo llano. De hecho, el último héroe popular que se lanzó casi en solitario a defender España ha sido Felipe VI. Eso sí, el pueblo español reconoció su gesto inmediatamente, sacó su bandera no se sabe de dónde y se echó a la calle. En aquella «España de los balcones» basó Pablo Casado su intento de resucitar al muerto del PP de Rajoy, Soraya y Cospedal. Pero se cayó del balcón o lo tiraron y el proyecto del nuevo PP se ha ido pareciendo tanto al viejo de Rajoy que el 14 de febrero, en Barcelona, amaneció casi cadáver.

Arrimadas hace con el PP lo que el PP con Vox

Pero un proyecto no es un partido. Y el PP sigue siendo el que tiene mejores cuadros en la Administración del Estado. Lo que hacía frágil al PP de Casado era el voluntarismo para resucitar al PP de Rajoy, sobre todo si se decapitaban los símbolos de la alternativa al socialcomunismo que, por culpa de Rajoy, padece España. Esa alternativa la simbolizaban Cayetana dentro del partido y Vox fuera de él, con Ciudadanos perdido en la bruma. Y antes de las elecciones catalanas Casado y su grupo de confianza, con Teodoro a la cabeza, echaron a Cayetana y rompieron con Vox, en ambos casos con un estilo infame que, a la postre, les ha enajenado su base social.

Pero no toda. La Comunidad de Madrid, es decir, Isabel Díaz Ayuso, ha librado en el último año una guerra sin cuartel contra el Gobierno socialcomunista, y ha sido tan injusto, salvaje y rastrero el trato a la presidenta de la Comunidad, tan abandonada también por el teocasadismo que hasta la enfrentaron con Almeida y le negaron la Presidencia del partido, que a los ojos de la opinión pública, tan sensible políticamente en Madrid, se ha ido convirtiendo en referencia y valor político por sí misma, no al margen sino a pesar del PP. Y, curiosamente, eso ha salvado, al menos por esta semana, al PP. La duda es si Casado y Teodoro son capaces de entender lo ocurrido.

Desde el asentamiento, pandemia mediante, del proyecto totalitario socialcomunista, la clase política de derechas ha ido resignándose a una supremacía total de la izquierda en la que la derecha es solo un mecanismo de reemplazo temporal de un modelo de sociedad impuesto a la fuerza. Se le permitiría compartir las migajas del poder siempre que abandonara a su base social, mediante embelecos como la «centralidad» o la «moderación». Visto desde el esperpento de Murcia, lo que han hecho Arrimadas y Casado desde que Sánchez formó Gobierno con Iglesias es lo mismo: renegar de su base social y unirse a lo políticamente correcto y mediáticamente admitido, que es romper «la foto de Colón», es decir, la unidad de los tres partidos, PP, Cs y Vox, que hoy defienden al rey, a la nación y a la Constitución.

Arrimadas, encaramada a los escombros de Rivera, ha zigzagueado siempre hacia esa rendición, apoyando a Sánchez contra Iglesias, o sea, engañándose a sí misma y pensando que podía engañar a los votantes. Su fracaso en los Presupuestos mostró que para Sánchez era como la canción de Gainsbourg para France Gall: *«Une poupée qui dit non, non, non»*. Pero solo una muñeca, que, con unos mimitos, en Murcia decía *«oui, oui, oui»*.

La estrategia de Casado ha sido como la de Arrimadas, pero al ser más importante el partido y clausurar un proyecto de alternativa y no de complemento, se ha notado más. El paso simbólico fue la decapitación de Cayetana mientras se pactaba el CGPJ, es decir, se obedecía a Moncloa. Pero el golpe real fue su ruptura con Vox en la moción de censura de Vox contra Sánchez, que Casado convirtió en moción contra Abascal pensando en las elecciones catalanas. Y allí se vio que la base social de la derecha, común a PP, Cs y Vox, no se fiaba de Inés ni de Casado. Fue el momento elegido por Moncloa para convencer a Inés de que traicionara los pactos con el PP y le entregase Murcia, Castilla y León, Madrid y Andalucía. E Inés, de mil amores, accedió. El PP había roto con Vox y Cs con el PP. Pero, insisto, ambos hacían lo mismo: una casta política preocupada por su futuro traicionaba a su base social, la España que odia al socialcomunismo.

Ayuso sí que ha centrado al PP

En *Libertad Digital* y esRadio hemos ido dando en primicia todo el proceso que en una semana ha destrozado esa calma chicha que decían los medios, apesebrados e idiotizados, que nos reservaban los próximos dos años. Hemos tenido la suerte de que el primer movimiento, el éxito del PSOE a lomos de Cs, lo celebraran en detalle los bardos monclovitas. La estrategia de Sánchez se basaba en dos puntos: la colaboración de Inés y la parálisis de Casado. Y acertaron: ni Inés vaciló en engañar a su partido ni Casado reaccionó en Murcia y las comunidades que gobierna con Cs. *Libertad Digital* adelantó el viernes lo que pasó el miércoles, aunque venía sucediendo desde un mes atrás, sin que en Génova 13 se enterasen: el acuerdo total de Sánchez y Arrimadas, gestionado por Ábalos y Cuadrado, para acabar con todas las bases de poder alternativo al socialcomunismo. Tan lógico es que el socio de Bildu, ERC y Podemos lo intentara como que Cs, que nació para luchar contra el nacionalismo y al socialismo, se negara en redondo. Pero, y perdón por el chiste fácil, Redondo era Cuadrado. Y lo aceptó. Ayer publicó *ABC* que Inés se lo había contado a Aguado hace un mes. O sea, que el traidor que apoyó a Illa contra Madrid lo supo desde el principio. Por eso agarró la rabieta que agarró cuando vio que perdía la Presidencia.

La víspera de la moción, porque Murcia es pequeña y el apaño era escandaloso, la conocía el PP, pero no convocó elecciones. Vox le ofreció a López Miras cambiar la ley para que pudiera presentarse a un tercer mandato, pero este, o Teodoro, o Casado, o la sombra de Rajoy, hicieron lo mismo que este ante la moción de censura de Sánchez: dejarle el poder a la izquierda antes de que pudiera ganar las elecciones otro partido: Cs o Vox. El cálculo de Moncloa era correcto: el PP quedó paralizado. Pero Ayuso, no. El factor individual, típico de la derecha, suele escapar al cálculo de la izquierda, tan colectivista e hiperlegitimada que pierde de vista la realidad.

Al no convocar elecciones el PP de Murcia, Ayuso se quedaba sola. Como ha estado este último año. Y sola decidió que no le iban a madrugar la Presidencia los rojos y los pomelos, naranjas por fuera, rojos por dentro. Y como todo político en democracia asediado por la corrupción partidista hizo lo único decente: acudir a las urnas. Pero al disolver, Ayuso hizo algo más: un discurso que no era una explicación del lance, sino una llamada al combate político resumida en la frase final: «O socialismo o libertad».

Eso, exactamente eso, es lo único que puede y debe unir a toda la oposición al socialcomunismo. Eso, exactamente eso, es el centro, el punto de unión de las fuerzas que se oponen a la apisonadora colectivista. Hay un centro de la izquierda totalitaria, que es el Gobierno socialcomunista; y un centro de los enemigos de esa izquierda, que es la defensa de la libertad, la propiedad privada, la nación y la Constitución. Es decir, Madrid. Que es lo que votaremos el 4 de mayo: la España que simboliza el Madrid de Ayuso.

El rebote murciano de Teodoro

Sin la decisión de Ayuso nada de lo que luego pasó en Murcia y de lo que puede pasar mañana en la Ejecutiva de Ciudadanos hubiera pasado. De hecho, fue como si al PP infartado y moribundo le aplicaran el choque eléctrico para devolverlo a la vida. Y volviera. Teodoro recordaría la razón por la que Casado ganó el congreso del PP, que fue la negativa de Cospedal a que la presidenta del PP fuera Soraya. Y como Inés había decapitado a una Franco para poner en su lugar a una Vidal, y cada una tenía tres de los seis diputados pomelos que a regañadientes habían firmado la moción de censura, fue cuestión de negociar y ofrecer a una la derrota de la otra. Era una solución caciquil a una cacicada monumental, más decente —dentro de lo indecente— que entregarle a la izquierda una Comunidad que la detesta.

Pero, aunque han sido Inés y sus padrinos monclovitas los que han quedado en ridículo, no cabe olvidar que Cs ha entregado el Ayuntamiento al PSOE y Podemos, aunque perdieran la Comunidad, por sucios y tontos. Y que todo se debe al abandono de Cs y también del PP a su base social. Si Vox podía ganar en Murcia las elecciones es porque no reniega de sus bases, cada vez mayores. En parte, es mérito suyo. En parte mayor, porque no se rinden al PSOE. Si Ayuso gana, como merece, el 4 de mayo, será por el voto de Vox. Como dijo un oyente de esRadio: «Yo voto a Abascal, pero de bien nacidos es ser agradecidos; así que, en Madrid, votaré a Ayuso».

La campaña contra ella será tan salvaje como siempre. Y como siempre, la superará. Ya veremos si PP y Cs han aprendido su lección: si abandonas, te abandonan.

14 de marzo de 2021

Moción a moción, la democracia por el balcón

Hace solo diez días, Ciudadanos confirmó lo que *Libertad Digital* había anunciado días antes y presentó una moción de censura con el PSOE contra el Gobierno de Murcia presidido por el PP y del que también formaba parte Cs. De inmediato, Isabel Díaz Ayuso convocó elecciones en Madrid, adelantándose por una hora a la presentación de una doble moción de censura del PSOE y Más Madrid, y a una tercera, también en marcha, de Ciudadanos, parte del Gobierno como en Murcia, y para la que recogía firmas su secretaria general en la propia Asamblea de Madrid. Ese mismo día, el PSOE presentó una moción de censura en Castilla y León, que se votará mañana. En menos de dos semanas, Sánchez y Arrimadas han consumado el asalto a tres de las cuatro comunidades que Cs gobernaba con el PP y el apoyo de Vox. Y han destrozado el sistema de representación democrática que se basa en el voto de los ciudadanos, no el de los políticos.

Iglesias, de capitán a polizón del buque golpista

El primer movimiento de esa operación, la aparentemente anodina moción de censura en Murcia —que de anodina no tenía nada, el PSOE presumía de que era solo el primer asalto al poder territorial de la derecha—, desencadenó la rebelión contra reloj de Ayuso, mientras el PP no fue capaz de reaccionar en Murcia y cuando lo hizo recurrió al caciquismo regional contra la cacicada nacional, no a las urnas, que era lo decente y procedente. El movimiento defensivo de Ayuso provocó la reacción de Iglesias, que se vio fuera como una pieza más del nuevo esquema de poder de Sánchez.

Pero, aunque Iglesias anunció que se presentaba contra Ayuso, en realidad lo hacía contra Errejón, Gabilondo y el propio Podemos, porque Irene Montero —y antes, Mayoral— se negó a suplir a Isa Serra al frente de un partido abocado a la desaparición. Es difícil saber lo que hay de personal y de político en la decisión de Iglesias, pero la suya es una sorpresa meditada. El rediseño del bloque de poder sobre los restos mortales de Ciudadanos lo convertía en irrelevante, sobre todo si su partido desaparecía en Madrid. No ha acudido a rescatar a Madrid de las garras del fascismo, en el que lleva ya años viviendo bastante bien, sino a rescatarse a sí mismo de la jubilación.

Esto cambia la perspectiva del proyecto totalitario que Iglesias aspiró a encabezar, luego a compartir, y ahora a limosnear. Pero el proyecto sigue incólume, y las guerras civiles entre el PP, Vox y Cs lo refuerzan. Esto nada tiene que ver con los anhelos y preocupaciones de los españoles: se trata de convulsiones internas de los partidos políticos, ensimismados en sus repartos de poder, expectativas de triunfo o intentos de supervivencia. Lo significativo de este movimiento para arrasar cualquier alternativa al poder de la izquierda y los separatistas, presidido por Sánchez, que a eso se ha prestado Inés Arrimadas, es que desprestigia ante la opinión pública a los políticos en general, pero, al mismo tiempo, los partidos políticos siguen adueñándose de instancias de poder que deberían estarles vedadas.

La última operación para destruir cualquier equilibrio de poderes es el copo total de la Fiscalía por Dolores Delgado —léase Garzón— y su soviet de fiscales de extrema, extrema, extrema izquierda. Mientras los partidos se desdibujan ante nuestros ojos, unos para resucitar, siquiera parcialmente, como el PP en Madrid gracias a Ayuso, o Podemos gracias a Pablenin, el proceso de apropiación de espacios de autonomía individual o institucional por parte del conjunto de los partidos, la partitocracia, avanza velozmente.

Es posible que tras estos diez días que han escandalizado a España, como los diez días que conmovieron al mundo de la apología leninista, los partidos políticos salgan más desprestigiados y con más poder que nunca. Paradoja solo aparente: el proceso de demolición del orden constitucional debía incluir forzosamente el de los partidos que apoyan el sistema. Pero, por la fuerza de esa convulsión y las carambolas en espacios electorales contiguos, también los que aspiran a reemplazarlos, como los comunistas. Y con la política sucede como con la economía: cuanto peor le vaya a España, mejor les va a los que quieren destruirla, con Sánchez a la cabeza.

Bal, de abogado del Estado a pasante del Gobierno

Madrid no solo va a ser la trinchera en que el sistema constitucional se defienda frente a las fuerzas totalitarias socialcomunistas. Si Ayuso logra la mayoría con Vox, se perfila con nitidez un nuevo bloque de poder en la derecha que deberá tener traslación nacional. Si ganan las izquierdas, el proceso de liquidación de la derecha política se acelerará aún más. En cuanto a la derecha social, prácticamente quedará entregada a Vox, la única fuerza que, por sus peculiaridades, permite la agrupación del pánico. Sería deseable, en todo caso, que en Madrid, con el poder simbólico que siempre ha tenido y tiene sobre el devenir de España, los partidos que aún defienden a la nación y a su Constitución se cuidasen mucho de pelear entre sí. Su adversario, símbolo de todas las claudicaciones, es Ciudadanos, cuya lista encabeza un abogado del Estado convertido en pasante del Gobierno. Su enemigo, el comunismo, al que el maldito centro se ha vendido baratísimo.

21 de marzo de 2021

Iglesias, comunista ejemplar: de los privilegios de la casta al terror rojo

La campaña de Madrid está siendo, antes de empezar oficialmente, un curso intensivo de comunismo práctico. En la segunda semana de abril, antes de lanzarse, con todo el ejército rojo mediático, a reivindicar la Segunda República y la Guerra Civil, que el FRAP familiar y el Podemos filial no han dado nunca por perdida, Pablo Iglesias Turrión, comunista ejemplar, ha reivindicado el terror rojo en Vallecas y los privilegios de la casta. Antes de lanzarse a mentir como un bellaco en los medios que Sánchez ha puesto a su servicio —nada de lo que hace Iglesias es sin permiso de Sánchez— ha reclamado el sueldo de exvicepresidente, seis mil euros al mes, aunque dice que será solo uno, típico privilegio de lo que él mismo definía como casta.

Lo que hace hoy y decía ayer este farsante

Haber sido vicepresidente del Gobierno catorce meses le permitiría acceder al Consejo de Estado, con un sueldo vitalicio de cien mil euros anuales, y le habilita para seguir cobrando año y medio el sueldo tras dejar el cargo. Lo primero lo ha negado, aunque su palabra no valga nada y sea una posibilidad que no caduca; lo segundo, no lo pudo negar, porque ya había reclamado oficialmente el sueldo. Pero, como siempre que alguien cuestiona su austeridad o su coherencia, Iglesias se puso hecho una fiera:

¡Solo faltaría que los diputados de Unidas Podemos tuvieran que tener un sueldo diferente al resto de diputados o lo mismo con los ministros! (…) Hay algunos que piensan que nosotros no tendríamos derecho a lo mismo que el resto que ha estado antes en posiciones de Gobierno, y hay que entender que eso no puede ser. (…) Durante el tiempo que no sea diputado, pues como otros muchos exministros y exvicepresidentes, son los ingresos que voy a tener y no creo que sea más de un mes.

Y exhibiendo su legendaria superioridad moral, añadió: «A diferencia de lo que hacen otros, nosotros, una parte del sueldo, la donamos». ¿Acaso desde el CNI ha espiado si los «otros», o sea, todos, dan parte de su sueldo en donaciones o limosnas? Tal vez. Pero ¿dona algo él? Ni siquiera lo que le corresponde según el Código Ético de Podemos, que entró en vigor en mayo de 2020 y relajó el no cobrar más de tres salarios mínimos, pero dejó clara «la obligación de no percibir ninguna remuneración ni cesantías de ningún tipo una vez finalizada su designación en el cargo». Naturalmente, las reglas del Macho Alfa están para que el Macho Alfa pueda romperlas.

Aquella norma, que Luca Costantini ha rescatado del montón de resoluciones de Vista Alegre III (o Vista a Galapagar, ¡ar!) resulta extraña entre la rebaja general de las rigurosidades de Vista Alegre I y II, y obedece al afán de dejar algún vestigio del pobrismo primitivo, reducido al ridículo desde que la otrora Feliz Pareja hizo votar al partido su tránsito al casoplón.

Pero esta es la letra pequeña de su estafa moral, perpetrada ya en el secreto de una secta teledirigida por un gurú y administrada por su pareja. La letra grande, la mayúscula, es la que usaban al empezar a enriquecerse. Si se han forrado, si declaran un empoderamiento económico de setecientos mil euros cuando entre el líder y la lideresa apenas juntaban cincuenta mil y sin casa, ha sido gracias a un discurso en el que acusaban a todos de hacer algo que ellos jamás harían: aprovechar la política para lograr un bienestar mayor que el de los más desfavorecidos. Un discurso que muchos creyeron, y que cinco años después de dicho, los hechos han desmentido clamorosamente. Iglesias se presentó como la negación de la casta, de la corrompida clase política. Y lo hizo con números, nóminas y sueldos para que se entendiera:

Sería de vergüenza que nosotros, elegidos por los ciudadanos, dijéramos: al tiempo que usted va a cobrar seiscientos cuarenta y cinco euros, que es el salario mínimo, yo voy a cobrar ocho mil euros. Usted es casta.

A usted le parece normal que un eurodiputado cobre más que un cirujano de la sanidad pública, que cobre más que un catedrático de universidad, que un inspector de Hacienda, que un funcionario de nivel A. Es decir, tienen unos sueldos que les colocan en una posición en la que viven en una suerte de palacio de cristal que les aísla del resto de ciudadano.

No puede ser que hayamos llegado aquí de una manera y salgamos de aquí con unos hábitos completamente distintos. Y permanentemente tenemos que estar atentos, porque la seducción de la moqueta es enorme.

En términos absolutos tres mil quinientos euros no me parecen una barbaridad, pero si la mayoría de mis ciudadanos están cobrando mil, nosotros tenemos que ser un ejemplo. Y es verdad que no soluciona los problemas, pero es una actitud. Es una forma de decir: mientras en mi país la mayor parte de la gente no se puede ir de vacaciones y no cobra más de mil euros, yo no puedo cobrar cuatro mil.

Justo eso cobraría como diputado en la Asamblea de Madrid. Pero Errejón se largó de inmediato al Congreso de los Diputados. ¿Por qué creer que Iglesias va a aguantar los bofetones semanales de Ayuso y Monasterio?

Ensayo general del terror rojo en Vallecas

Cuando al comunista le pillan robando en el poder, que es siempre, porque no se conoce en más de un siglo un solo caso de líder comunista que viva austeramente al llegar al Gobierno, tras devorar al Estado sigue siendo un partido que se proclama el único legitimado para mandar, como único representante del pueblo, cuyo interés interpreta mejor que él mismo. De ahí que la Justicia independiente, las elecciones libres y los medios de comunicación independientes sean obstáculos en el camino del progreso y la liberación definitiva de ese pueblo que al fin encontró su eterno guía. Si parece ridículo pensarlo de Iglesias, pensemos que más ridículo es Maduro, y lo eran Chávez, Enver Hoxha, Ceaucescu, Honecker, los Kim y los Castro. Hoy lo son Daniel Ortega y Evo Morales. Y Xi o Putin, y a ver quién se ríe.

Socios del comunismo son el socialismo y el nacionalismo xenófobo de la ETA, el PNV y los golpistas catalanes. Pero tras medio siglo de terror, los pistoleros de la ETA borraron la risa y la sonrisa del País Vasco. Y los CDR las bromas sobre Puigdemont, Junqueras, Aragonés y demás pandilla. La táctica de Iglesias, fuera del Gobierno, pero con Podemos dentro, está siendo de catón leninista: violencia en las calles, seleccionando al partido enemigo que le conviene y maniatando a los demás, incluidos sus socios. Eso ha supuesto el acto de terrorismo callejero perpetrado en Vallecas con la escandalosa complicidad de la Policía de Sánchez, maniatada, más que dirigida, por Marlaska. Y con las calumnias más escandalosas, culpando a las víctimas de atacar a sus atacantes, que han sido repetidas en las cadenas de televisión y parte de las de radio, preparadas ya para servir a un Maduro.

Es propio del leninismo escupir sobre sus cadáveres. Pero nunca llegó tan lejos en el embuste y la calumnia de Iglesias como lo ha hecho con Vox antes, durante y después del ensayo general de terror rojo vallecano. Maite Loureiro hizo en *La Mañana* de esRadio un extraordinario resumen de lo vivido en directo y contado paralelamente en *Libertad Digital*. Vale la pena oírlo de nuevo para comprobar la vileza y la ruindad del ricacho de Galapagar cuando cuenta las cosas exactamente al revés de como fueron.

No solo ÉL: las ministras comunistas repitieron las mismas mentiras, con el grotesco Echenique al bies. Su sucesora en la Vicepresidencia del Gobierno añadió la burla a las víctimas del comunismo, presentando la ideología más mortífera de la historia como paradigma de «democracia y libertad». Con ello, el Gobierno rechaza la condena de la Unión Europea a los crímenes y toda forma de exaltación del nazismo y el comunismo. Si para la supervivencia de Roma Cartago debía ser destruida, para que en España sobreviva la democracia hay que ilegalizar cuanto antes a Podemos.

El antecedente de la Guerra Civil

Lo peor del terror rojo que pretende imponer Iglesias y que permite que todos los españoles —no solo madrileños— sepan que su capital puede perfectamente convertirse en Caracas si la izquierda gana estas elecciones ha sido comprobar que, como en 1936, un Gobierno de izquierdas se niega a proteger la vida de sus oponentes políticos, a los que proclama fascistas. Lo que decidió a Franco a sumarse al alzamiento no fue que asesinaran a Calvo Sotelo, sino que el Gobierno de Casares Quiroga, que se había proclamado «beligerante contra el fascismo», en España casi inexistente, se negase a investigar el magnicidio, uno de cuyos asesinos era el escolta de confianza de Indalecio Prieto, que siguió a su lado hasta el final.

Lo que ha hecho Marlaska, es decir, Sánchez, es peor: se negó a proteger a los líderes de Vox, con riesgo de que cualquiera de ellos o algún asistente al mitin fuera asesinado por las hordas convocadas por su socio político. No solo la parte comunista del Gobierno ha insultado a los que participaban en un acto que debe ser sagrado en toda democracia. La parte socialista ha sido también cómplice, sin pedir excusas ni dar explicaciones. Es decir, que piensan respaldar a los criminales y despreciar a las víctimas. El trato continuo con los asesinos etarras ha destapado a un Marlaska no solo condenado por prevaricación en el caso Pérez de los Cobos, sino que debería serlo por complicidad con Iglesias en la violencia liberticida. Solo ha habido algo peor que el PSOE: la abyecta equidistancia de Ciudadanos.

11 de abril de 2021

No hay que repartir Madrid
antes de ganarlo

Con su más que acreditada inoportunidad, Génova 13 se ha puesto a filtrar que no quiere consejeros de Vox en un futuro Gobierno de Ayuso, con lo cual desmerece a la candidata quitándole libertad de acción, le hace un favor a Vox, dando a entender que Casado puede decidir sobre Ayuso algo que le corresponde, y le hace un favor aún mayor a la izquierda, al asumir que Vox es un socio indeseable, cuando en casi todos los escenarios de victoria de la derecha es socio imprescindible. Y, por tanto, elogiable.

Pero es que hay también escenarios de derrota, si Vox se queda sin grupo y el PP no llega a los 69 escaños, algo técnicamente casi imposible. Habría que alcanzar el 74% de participación y eso es muy difícil porque la clave es movilizar al exvotante de Ciudadanos. Y nada puede animarlo menos a acercarse a las urnas que ver al partido que está más tentado de votar, este PP en el que Ayuso hace olvidar a Rajoy, vendiendo la piel del oso del Gobierno de Madrid antes de encaramarse al madroño de la victoria.

Tampoco ha escarmentado el PP con el fiasco de Teodoro al meter con calzador a Toni Cantó en una lista que no lo necesitaba, fiado en la sabiduría de Enrique López y los servicios jurídicos de la Comunidad, al parecer los únicos en España que desconocían que el derechista González Rivas es esclavo de Conde-Pumpido y de una izquierda judicial cuyo apoyo necesita para presidir el CGPJ. Y la faena de Cantó le ha venido de perlas. Se puede ser tonto, muy tonto, rematadamente tonto, requetetonto y del PP.

Ni PP, ni Vox: España y la libertad

Hay que conseguir que Vox tenga un gran resultado y Ayuso obtenga un triunfo memorable, para lo cual hay que votar en Vespino y con tacataca, hay que movilizar hasta el último vecino cuya vida destrozaría el triunfo de una izquierda tan salvaje y tan redomadamente necia que, junto a Madrid, arrasaría definitivamente España y cualquier futuro de cierta prosperidad. El otro día, el filósofo Mañueco, que no da un paso sin meter la pata, decía que es un error convertir las de Madrid en unas elecciones nacionales. O sea, que entra en campaña en el Congreso Pedro Sánchez contra Ayuso y no hay que convertir las elecciones en lo que ya las ha convertido Sánchez, junto a sus socios comunistas y separatistas. Hay que volver a lo de antes: se puede ser necio, archinecio, meganecio, plusquamnesciturus… y del PP.

Precisamente porque se trata de unas elecciones en las que se puede romper la racha nefasta que conducía inexorablemente al asentamiento de un régimen tiránico, antiespañol, anticonstitucional y tan republicano como el propio Sánchez ha declarado en las Cortes este último 14 de abril, ni el PP ni Vox tienen derecho a presentarlas, entenderlas y negociarlas en clave partidista, sino absolutamente nacional y con la libertad como único norte.

Hay que convencer a los madrileños, o, mejor dicho, a los españoles que viven en la Comunidad de Madrid, y a los nacidos fuera de España, que saben mejor todavía lo que significa huir de la miseria y escapar del terror comunista, que en estas elecciones se juega, sin posibilidad de rectificar, el modelo de sociedad que quieren para ellos y para sus hijos. No se trata de alarmar sino de algo más: de espantar al votante explicándole lo que se le vendría encima si por pereza o incomodidad, este o ese detalle, no votan a Ayuso o a Monasterio y entregan el poder a Sánchez e Iglesias. Si pierde la derecha, ganan Sánchez e Iglesias; y se acelera la balcanización de España.

La alternativa a Sánchez son PP y Vox, con Casado o sin él

La necedad casi ritual de Génova 13 de andar haciéndole ascos a la presencia de Vox en el Gobierno de Ayuso muestra un egoísmo tan burdo, un sectarismo tan zafio y una ramplonería tan estúpida que, de no mediar los antecedentes de los últimos meses, podría sorprendernos. Menos mal que la izquierda cainita y criminosa que se presenta a las elecciones no es tampoco un dechado de inteligencia, pero hasta a la pistolera de Errejón se le ocurrirá en estas dos semanas reparar en el efecto Teo, que en un bochornoso acto de autobombo que ha acuñado el secretario general del PP, se resume en entregar a los expulsados de Vox la Educación en Murcia. Lo cual no es bueno ni malo, sino forzoso, ya que el PP se jugó la Comunidad a la recompra de diputados de Cs antes que presentar a otro candidato que el teodorico López Miras. Amplitúdemiras, le llaman ahora en Murcia.

Y si para asegurar el mísero rataplán del número dos de Casado se ha hecho lo consignado en Murcia, ¿cómo se atreve el número uno a salir con la infame monserga progre de que no quiere en Madrid consejeros de Vox? Primero, él no es nadie para imponer nada a Ayuso en contra de la voluntad de los electores de Madrid. Segundo, después de la catástrofe de Cataluña que le dejó mudo por dos días, tres meses de silencio es lo menos que le debe a quien ya quiso convocar elecciones en junio pasado y no la dejó, pese a que ha pasado lo que se veía venir, pero a Casado no le apetecía ver. Y tercero, el presidente del PP debe ir haciéndose rápido a la idea de que el futuro de la derecha en España pasa por el acuerdo PP-Vox. Con él o sin él.

La tentación partidista de Vox

Si Casado cree que el PP tiene que distanciarse de Vox para no quedar mal, después de su estrepitosa ruptura y porque sigue creyendo en las monsergas centristas que tanto éxito le dieron en

Cataluña y que en la campaña de Madrid se han traducido en guiños a la izquierda de su sucesor *in pectore* Martínez Almeida o en la invitación a vacunarse juntos con que estropeó su discurso contra Sánchez, Vox tiene ante sí un dilema parecido.

También Abascal puede abrigar la tentación partidista de pensar en la lucha por la primacía de la derecha en las generales, para lo que le sería más cómodo un apoyo desde fuera al Gobierno Ayuso, como en Andalucía, que la entrada en el Gobierno de Madrid, aunque sea simbólicamente. A mí, en cambio, me parece necesario para enterrar definitivamente el hacha de guerra entre los dos partidos que, muerto Cs, nos quedan en el ámbito nacional y constitucional. Si las elecciones de Madrid son nacionales es porque en Madrid se tiene la oportunidad de emitir un voto nacional neto, a favor o en contra del socialcomunismo piafante y repugnante. Y de Madrid debería salir la certeza, o al menos la esperanza, de que esa alternativa es posible. España y la libertad la precisan. Y en Madrid se puede conseguir.

18 de abril de 2021

De las tres capas de calzoncillos a las balas de kétchup: la SER y la izquierda se empeñan en que los españoles no puedan votar en paz

Hace diecisiete años que la izquierda política no permite que los españoles podamos votar en paz. Desde el 11M de 2004, el PSOE y sus aliados, cuya lista siempre incluye a la ETA, siempre monta una campaña de agitación a través de la SER culpando a la derecha en general y a algún partido en particular, el que sea, de toda clase de crímenes y provocaciones. Está grabada la captura fuera de micrófono de Iñaki Gabilondo y Zapatero en 2008 diciendo que deben «tensionar» la campaña para animar al voto de la izquierda. «Nos conviene», dice el hoy sicario de Maduro. «Os conviene muchísimo», asiente el hermano del candidato del PSOE a la Comunidad de Madrid. Nada ha cambiado. Solo los personajes del montaje siniestro.

De Iñaki Gabilondo a Ángels Barceló

Esta vez no han hecho falta doscientos muertos y cercar la sede del PP en la jornada de reflexión. Pero Pablo Iglesias, que se jacta de idear la estrategia de Rubalcaba y Cebrián, García Ferreras e Iñaki Gabilondo, para cercar las sedes del PP en la jornada de reflexión, y culpar a su Gobierno de una masacre cuyos autores intelectuales y materiales impidieron investigar después y juzgar como es debido, va tan mal en las encuestas que intentó una cabriola de las que suelen descarrilar, aunque al principio puedan colar.

El marqués se presentó en un debate de la SER, conducido por una devotísima Ángels Barceló, que lo trató como Carlota Corredera a Rociíto, hasta tomándolo de la manita, como la víctima de unas cartas con balas que habrían recibido los tres mejores amigos de la ETA: Marlaska, la directora general de la Guardia Civil y él. Todo sarcasmo tiene justificación: ¿se las mandó Otegui, de las que dejó sin disparar? ¿Se le escaparon a la pequeña apisonadora que trituró tres montones de chatarra para vender por enésima vez el abandono del crimen por los de Otegui, socio de Iglesias y Sánchez? ¿O simplemente es un montaje grosero, porque ya no lo han organizado las cloacas de antaño, hogaño en la Fiscalía General del Estado o en la cárcel?

El vuelo corto del montaje

Además, culpó a Vox, a cuyos actos electorales Podemos y el PSOE animan a atacar, de esa supuesta correspondencia bélica. Y como Rocío Monasterio dijo que condenaba la violencia, pero que del Gobierno del PSOE y de Podemos no se cree nada, se puso digno y dijo que se negaba a «blanquear a la ultraderecha» y que se iba. Así habló Pablotustra y se levantó, mientras la pistolera de Errejón, sentando cátedra de necia, porque era la más perjudicada por el numerito, llamaba «aberración» a Monasterio, la plañidera de la SER no lo tenía en cuenta y agarraba la mano de Iglesias, como si fuera el factor legitimador del debate electoral. Por supuesto, se fue, que a eso había venido. Y al poco recibieron órdenes de irse también Gabilondo y García, que habían dicho que se quedaban por la democracia y tal. Tremenda agresión la de Vox, feroz ataque fascista. ¡Oh, ah, ay, huy!

El montaje coló al principio en los medios cuyos periodistas están siempre dispuestos a que les cuelen cualquier gol desde la izquierda. Les hubiera bastado comprobar que Correos no entregaría una carta con balas a un destinatario, sino a la Policía, que luego habla con el receptor. Iglesias no pudo recibir esa carta por correo, como las que de verdad han recibido los enemigos de la

ETA y del terrorismo catalán desde hace años. Y menos aún, junto a Marlaska y Gámez, que no se presentan a las elecciones de Madrid. Era todo tan apresurado y chapucero que solo los más vetustos izquierdistas que salen de casa con la consigna puesta podían creérselo.

Pero las trolas de la izquierda solo funcionan si la derecha las toma por verdades. Y esta vez no ha sido así. Vox respaldó a Monasterio e hizo después una jugada perfecta: presentarse como acusación en las famosas cartas de las balas de algodón o de kétchup, como decía Echenique que era la sangre de una simpatizante de Vox apedreada por la escoria. Así asegura que se investigue la pantomima del buitre moñudo y que Marlaska no se lo impute a Abascal. El PP se echó a temblar al principio, bajo la teoría de que la derecha solo gana si no se moviliza la izquierda, algo totalmente falso en Madrid. Pero Ayuso no picó, y en lugar de atacar a Vox recordó que las balas y las pistolas son cosa de la ETA, la socia de Sánchez y de Iglesias.

El último regalo de Ferreras

Y ahí se acabó el montaje. Con un regalo inesperado: Ferreras, el de las tres capas de calzoncillos, se apresuró a cancelar el debate de La Sexta por la incomparecencia de los partidos o la entrada de Franco en Madrid, no sé. Pero al que perjudica esa cancelación es a Más Madrid, beneficiario del descrédito de Iglesias y el naufragio de Gabilondo. Vox se reafirma. El PP no se ve amenazado. Y la costumbre de la SER y la izquierda de no dejarnos votar en paz ya no funciona como hace diecisiete años. Tendrán que inventar otro apocalipsis de bolsillo o por correo y hay poco tiempo. Villarejo, desde la cárcel, dirá que, con aficionados, estas cosas salen fatal.

25 de abril de 2021

El Gobierno ocultaba la detención de los matones de Iglesias mientras aireaba el montaje de las balas de kétchup y la navajita plateá

Esto de Sánchez no es un Gobierno, es una banda que tiene poco que envidiar a las cárceles secretas de Caracas o del México del PRI. Quince días después de la salvaje agresión a pedradas del mitin de Vox en Vallecas hemos conocido unos hechos de extrema gravedad, que hubieran desactivado la campaña ya preparada, con sobres, balas y navajas, achacadas a Vox por el Gobierno.

El PSOE, Podemos y Más Podemos, la izquierda socialcomunista que se presenta a las elecciones en Madrid, ya conocía la detención de los escoltas de Iglesias por participar en la agresión a policías, familias y candidatos de Vox, no solo promovida por Podemos —el adinerado Monedero y el rico marqués— sino jaleada después de los más de veinte policías heridos. Y Marlaska lo ocultó. Y si no hubiera habido policías heridos, seguramente todo seguiría en algún rincón judicial, como la mochila policial de Vallecas.

La burda copia del 11M

Todo en la campaña de Madrid está siendo una copia, sin muertos, aunque pudo haberlos en Vallecas, del 11M de 2004. Entonces, se destruyó la escena del crimen —los vagones y la ropa de las víctimas— mientras los medios de izquierda culpaban al PP del atentado y rodeaban sus sedes. En 2021 se han ocultado las pruebas de la violencia de Podemos mientras los mismos medios y el Gobierno culpaban a Vox de atacar con balas y navajas a las izquierdas. Y en el PP y Cs gimoteaban: «¡Ni piedras ni balas!». Las piedras y las balas las ponen los mismos, a ver si se enteran en Génova 13.

Como bien señalaba ayer Rosa Díez en *El Mundo*, lo grave es que, en este caso, el Gobierno es el actor principal de esta farsa siniestra, no la oposición como en 2004. Es el partido gobernante Podemos el que comete el delito; y es el partido gobernante PSOE, con Sánchez al frente, el que ha ocultado quince días a los delincuentes y culpó a las víctimas del delito que padecieron. Se podrá ser más miserable, pero, sinceramente, no sé cómo.

¿Qué sabían Barceló, Gabilondo y la Pioletera de Errejón?

Llevo diecisiete años pidiendo a Antonio García Ferreras, jefe de informativos de la SER en el 11M, que cuente qué «tres fuentes de la lucha antiterrorista» le dijeron que había «terroristas suicidas en los trenes, con tres capas de calzoncillos y afeitados como hacen los islamistas». La señora de Ferreras, verificadora de trolas contratada por Facebook a través de su agencia Newtral, que de neutral no tiene nada, es más bien New Trola, no me ha ayudado en este empeño, que no pienso abandonar. Pero lo urgente ahora es saber si Ángels Barceló, organizadora en la SER, siempre la SER, de la encerrona a Monasterio, sabía, como sabía Iglesias desde el día de las detenciones, que dos escoltas del cabecilla comunista habían participado en el apedreamiento de la candidata de Vox, a la que la pistolera o Pioletera de Más Madrid le espetó «es usted una aberración», sin que la bien llamada «activista» Barceló, lloriqueándole de la mano con Pablíito, dijera nada. Es más: organizándole al día siguiente un acto de desagravio en el que ambos repitieron las mentiras sobre la violencia de Vox y taparon la de Podemos.

Si en la encerrona hubiera tenido Monasterio los datos que tenemos hoy sobre la participación directa de dos de los escoltas de Iglesias en su apedreamiento, ni Pablenin, ni la Pioletera, ni Gabilondo hubieran podido atacar a Vox. Ahora lo sabemos casi todo: el Gobierno no solo sabía, sino que ocultaba el hecho gravísimo de que la escolta del jefe de uno de los dos partidos que forman el Ejecutivo participó directamente en la agresión a los ciudadanos de Vallecas en el mitin de Vox de la plaza de la Constitución.

Las cárceles privadas de México y España

Una película mexicana titulada *El conejo en la luna* denunció hace dos décadas la corrupción en México D. F., entonces bajo la férula de López Obrador, llamado «Cobrador» por sus supuestos vínculos con el narco. El director tuvo que huir al extranjero porque Cobrador aparece recibiendo sobres en esa película maldita, que reveló en detalle la existencia de una red de cárceles o calabozos clandestinos donde se detenía y se hacía desaparecer a gente que molestaba al Gobierno o a la colaboración narcos-PRI. La película contaba el caso de una secuestrada y «desaparecida» europea y cómo se descosieron algunos bolsillos y bocas del régimen. Se salvó de milagro, pero el mexicano tuvo que huir de su país. Nadie en la mafia titiritera de allí y de aquí lo ha reclamado, ni denunciado este caso.

Pero el modelo de cárceles o calabozos particulares de la policía, que se basa en la ocultación al juez —salvo que esté compinchado con ella— y a la opinión pública de la identidad de los detenidos, es el que en este caso ha seguido el régimen sanchista-leninista, para el que da que el socio del psicópata de la Moncloa sea Iglesias o Errejón. Hay que averiguar qué redes policiales y judiciales hurtaron a la opinión pública un caso tan importante en la campaña electoral. Y, sobre todo, hay que salir a votar el martes contra Sánchez, Iglesias y sus matones de Vallecas. Son de los dos.

La confesión involuntaria del desertor Iglesias

Que un Gobierno haya ocultado que los escoltas del que ha sido su vicepresidente hasta hace un mes y cuyo partido mantiene cinco carteras y una vicepresidencia han sido instigadores y agresores de un acto electoral de la oposición demuestra que estamos ante un Gobierno de delincuentes. No exento de estupidez para aliñar la mendacidad, porque el sujeto que ha alentado la violencia y pagado a los violentos contra Vox se ha quejado, con el respaldo de todo el Gobierno, con Sánchez a la cabeza, de ser él la tierna víctima de la violencia de los que él agredía. Hace falta ser cobarde. Pero, además, el listillo ha sentado cátedra de necio al querer esquivar, como siempre, su responsabilidad personal en los actos de sus matones.

Preguntado por ese delito, encubierto por el Ministerio del Interior, Iglesias ha dicho que los matones no eran escoltas suyos, porque su escolta es de policías nacionales. Pero al menos uno de los detenidos sí estaba contratado por Podemos, sin ser policía ni guardia de seguridad, y es uno de los instigadores y agresores de Vallecas. Como Iglesias lo sabe, se ha refugiado en que los matones detenidos no pueden ser policías y escoltas.

Pero eso es peor. Entonces se trata de matones contratados por él no para defenderlo, sino para agredir a gente indefensa y convertir tarea legal de policía o guardia de seguridad en actos de abierto terrorismo urbano, que la Ley de Partidos y el Código Penal contemplan con severidad. Iglesias debería ser procesado como instigador, financiador y justificador de esos delitos. También de desprecio a las víctimas del terrorismo urbano, porque sigue diciendo, en plan Maduro, que fue Abascal el que rompió el cordón de seguridad y agredió a sus matones, cuya violencia sigue justificando. Al exculparse, por pura chulería, él mismo se incrimina y labra su condena.

Cadena de mentiras al máximo nivel

No es la única en mentir delictiva y delictuosamente, porque han alentado la violencia contra un partido legal basándose en mentiras que en realidad habían provocado los comunistas. La vicepresidenta tercera del Gobierno, la Fashionaria Yolanda Díaz, se desplomó de bruces sobre la mesa de García Ferreras cuando este anunció lo de la navajita de Reyes Maroto como si fuera el maremoto de Bali, y fingía, porque evidentemente el Gobierno sabía que todo el montaje para condenar a Vox partía de una agresión a Vox de los matones de su jefe político, que sigue siendo Iglesias. Lo mismo Ione Belarra e Irene Montero, tan cercanas y tan cercanas a ÉL.

Pero, aunque la vicepresidenta y los ministros comunistas sean los agentes de la violencia, sus encubridores legales son Marlaska y Sánchez. Y si la Fiscal General del Estado no actúa contra esta epopeya delictiva será que sigue siendo la musa de las cloacas judiciales. Y si el ministro de Justicia no anuncia una inmediata investigación sobre la ocultación de la violencia electoral mientras se acusaba las víctimas será porque es solo el caniche del mastín de la Moncloa, convertida en piso piloto de la checa.

Sin encender la luz, Iglesias huye del cine y se va a Tele-Roures

El descubrimiento de la fechoría del Gobierno ha coincidido con la súbita espantá de Pablenin, que, confirmando lo que en *ABC* adelantó Chicote sobre su abandono de la política y la negociación con Roures de «un proyecto televisivo», ha declarado en el *Corriere della Sera* que «su figura está desgastada» y que «aporta más votos Yolanda Díaz que él». Pero si Madrid era la trinchera contra el fascismo, la Fashionaria tenía que haber sido la candidata del partido, y no él. Haber montado en la SER el numerito de la víctima frente a Monasterio cuando eran sus matones los agresores de Vox retrata a un mentiroso patológico, gemelo de Sánchez.

El «proyecto televisivo» es una vieja chapuza desempolvada ante la posibilidad de la victoria aplastante de las derechas y su ridículo personal. Luca Costantini ha revelado que, cuando aún contaba con el patrocinio de Irán, hizo varios programas piloto de *Spoilers*, una especie de *La clave* en soviético: una película y un coloquio moderado, o sea, azuzado por ÉL. Pero el presunto productor Roures, como contamos en *Libertad Digital*, es uno de los plutócratas más endeudados y morosos del mundo. A su lado, Ruiz-Mateos era un empresario ahorrador tirando a rácano. Siempre fue su financiador. Iglesias hasta abandonó la fiesta de aniversario de Podemos por ir al cumpleaños del golpista catalán en el Hotel Villamagna de Madrid.

Pero una cosa es dar dinero y otra montar un programa de verdad, con audiencias y publicidad, en una cadena o en una plataforma comercial. Barrunto que su resultado sería parecido al que puede cosechar este martes. No hay en la historia de las deserciones militares y las espantás taurinas un caso como el de este contratista de matones. Decir que deja la política antes de que los electores lo ratifiquen o lo echen con su voto retrata a un tirano de prestado, un valentón de pacotilla o, simplemente, un ricacho cobardón.

Y dejo para otro lugar la comparación del asesinato de Calvo Sotelo por los escoltas de Prieto, otro amigo de lo ajeno. Espero sentado la caída de Indalecio Iglesias.

1 de mayo de 2021

EL DÍA DE GLORIA DE DÍAZ AYUSO
Y EL INCIERTO FUTURO DE LA DERECHA
ESPAÑOLA

Hace solo una semana hacíamos aquí mismo un llamamiento a una participación electoral masiva de la derecha, porque ni estaba seguro el triunfo ni quién podría adjudicarse y, menos aún, rentabilizar la victoria. Las encuestas, en general, vaticinaban una mayoría de PP y Vox, pero un medio rebajado a buzón monclovita daba posibilidades a Cs de formar grupo parlamentario y romper la mayoría PP-Vox. Y el CIS daba empate a escaños, 68-68, con más posibilidades de formar Gobierno de la izquierda que de la derecha. Ahora resulta que todo el mundo lo sabía todo, pero hace un sábado, que es cuando escribo para el domingo, nadie sabía nada.

La incógnita inconfesada era si el Gobierno, tras las balas en sobre de Marlaska y de la navajita plateá del loco de El Escorial, del número de Iglesias en la SER y de culpar a Vox —como hizo Sánchez en el Congreso— de «ir a provocar» en Vallecas la agresión de los matones contratados por Iglesias que apedrearon a los asistentes y dejaron a veinte policías heridos, iba a finalizar su campaña guerracivilista, «democracia o fascismo», con un atentado —mortal o venial, venal— que movilizara a la izquierda para el 4M. Eso tampoco se sabía ni se decía, pero inquietaba seriamente al PP y a Vox. Y, sobre la política, había una incógnita técnica: la participación en un día laborable y con las medidas de seguridad que imponía la COVID-19 y que Madrid reforzó mucho, precisamente para asegurar una gran participación.

Una movilización social sin precedentes

Desde antes de abrir los colegios electorales, se produjo el fenómeno de las colas, que respondían a la petición de la derecha, pero también a la de la izquierda, aferrada al mantra de que, a mucho voto, la derecha pierde. Es algo objetivamente falso en la Comunidad de Madrid, pero instalado en el magín de una casta política acomplejada, más tendente al temor que a la confianza en su base; el eterno problema de la derecha desde la Transición.

Pero Ayuso no era, por suerte, un político típico de la derecha, al menos del PP maricomplejines de Rajoy y Casado. Ni en la campaña, ni en su guerra contra Sánchez e Illa tuvo el apoyo del PP nacional, ni de una sola de sus comunidades autónomas, que se escaquearon, como Moreno Bonilla, o directamente apoyaron al Gobierno, como Mañueco y Feijóo.

En la campaña y desde el principio, Casado y García Egea trataron de capitalizar en su favor la posible victoria de Ayuso para tapar la derrota catalana. El torpe fichaje de Toni Cantó fue propio de gañán de feria que pasea mulas que ni siquiera son suyas: quemó a Cantó y enfadó a Ayuso. Y todas las intervenciones de Casado contra Vox cegaban su mayor caudal de afluencia de votos, que era el de votantes o simpatizantes de Abascal, muy dispuestos a premiar su valor y gestión, no a pasarse al PP. Nada de esto les importó al Capitán Trueno y al Teniente Rayo de Génova 13, que hasta en el espectáculo de la victoria parecían el Pequeño Nicolás y Mocito Feliz.

Pero la base social de la derecha en pleno y la izquierda nacional que queda salieron a votar en masa. La izquierda socialcomunista lo presentó como un plebiscito a favor o en contra de Ayuso, que no renegaba de Vox. Así que, o Sánchez e Iglesias vencían o sufrían una derrota descomunal. La participación no dejó de aumentar con respecto a los comicios anteriores en todo el día, y se produjo el fenómeno, que conmovió hasta las lágrimas a la presidenta de Madrid, de ver a personas enfermas, con movilidad reducida o que andaban curando la COVID-19, que, a las ocho de la noche, hora oficial de cierre de los colegios, seguían en la cola, ante la promesa de que a nadie dispuesto a votar en esas circunstancias le darían con la urna en las narices.

Nunca ha habido, en circunstancias tan irregulares, un gesto tan claro e inequívoco de apoyo a una persona y a una política, después de dos años de cerco inmisericorde del Gobierno y de injurias personales en todos los medios audiovisuales. Y se produjo el fenómeno de que las encuestas a pie de urna tuvieron que avanzar el resultado a las ocho, antes de que cerraran las urnas. David Jiménez Torres, presidente de mesa, comentó en *El Mundo* que cuando, pasadas las diez de la noche, Ayuso, esposada por Casado, salió a proclamar su victoria, él aún seguía contando votos… para Ayuso.

Como siempre, la derecha social estuvo por encima de la derecha política, aunque, también como siempre, porque una política de derechas no se avergonzaba de su base social, no de partido, sino de valores, y los defendía personal e ideológicamente. Las anécdotas electorales de Ayuso culminaron el 2 de mayo, fiesta de héroes, con el discurso de Nacho Cano y la devolución de la Orden del 2 de Mayo. Pero el culto popular a Isabel I de Madrid es el del huérfano que se encuentra con una guapa madre adoptiva.

El descaro de Casado y la esquela de Arrimadas

El PP oficial, que montó a espaldas de Ayuso el escenario de una victoria a la que no aportaron sino obstáculos, hizo rápidamente el balance o relato de lo sucedido en Madrid como el anuncio de que Casado estaba ya a las puertas de la Moncloa. La nota de defenestración de Isabel Bonig del PP de la Comunidad Valenciana, perpetrada al socaire del éxito de Ayuso, habla de «llevar pronto a Casado a Moncloa», sin precisar si es el barrio de Madrid o la Presidencia del Gobierno, aunque se supone que es esta última. El propio Casado, ebrio de vanidad acelerada, ha dicho que el gran éxito de Isabel se debe a que es «puro PP», tan puro que la dejó sola cuando más lo necesitaba, y que una de las razones es la ruptura con Vox en la moción de censura contra Sánchez, que él convirtió en condena a muerte de Abascal. Sentencia estúpida que jamás han respaldado en Andalucía ni en Madrid.

Si algo ha quedado claro en Madrid es que Vox no es Ciudadanos, pese a que, en teoría, para los que no entienden más que transversalidades y fichajes de laboratorio que luego se convierten en chascos a la luz del día, el partido que debería haber sido barrido por la Ciclogénesis Ayuso era el de Monasterio, antes que el de Bal. Todo esto es el caldo de encuestas que acabó con Rivera y llevó a cancelar sus compromisos morales a Casado, sin ver que el mapa de representación de la derecha no está concluido, aunque lo de Madrid prácticamente ha eliminado a Ciudadanos, la tercera pieza. Ya solo quedan dos, y más tarde o más temprano, Casado deberá bajarse del burro y pedir perdón a los votantes de Vox y al propio Abascal. Porque, como he escrito aquí mismo desde aquella indignidad parlamentaria, su futuro, si lo tiene, pasa inequívocamente por el entendimiento con Vox.

La parte de principios que tenía Ciudadanos la perdió al largarse su grupo dirigente de Cataluña. La parte de principios que tiene Vox no la ha perdido porque el PP, sobre todo el de Casado y Feijóo, no le deja, al revés. Seguramente la prueba más difícil que tenía Abascal antes de las generales eran las elecciones de Madrid, porque Ayuso era una gran candidata que, en buena lógica, debía cosechar el agradecimiento de los madrileños, no se sabía cuánto, y que, a diferencia de Casado, nunca ha presumido de «no ser como Vox». Es la misma actitud que el Gobierno de Andalucía, por cierto. Hubo dos memes que explicaban cómo Ayuso era también la candidata de Vox: «Si te gusta Ayuso, vota Vox» y «Si te gusta Abascal, vota Ayuso». Ambos tenían razón. Lo difícil para Monasterio era sobrevivir al huracán.

La solidez de Vox y la tentación del PP

Y lo ha hecho. José María Marco ha explicado muy bien en *Libertad Digital* hasta qué punto subir un escaño después de sufrir la violencia y la calumnia más bárbaras desde las que padeció el PP tras el 11M supone un mérito enorme de la candidata, siempre con Abascal al lado. Y demuestra que hay un voto de Vox dispuesto a aliarse al PP contra la izquierda, no a pasarse al PP. No tendrá nunca mejor ocasión de hacerlo que votando a Ayuso. Y no lo hizo.

La solidez del voto de Vox —más notable si se compara con Cs y el PSOE— en el terreno más favorable al deslizamiento hacia el PP deja claro que lo que pueda ganar el PP de Casado saldrá de las ruinas de Cs, no de Vox. Se verá en Andalucía, si la Junta convoca elecciones antes de que cuatro de los diecinueve de Cs se pasen al PSOE y monten una moción de censura que no evita ni Marín ni nadie. Y se ve en las encuestas, que muestran un crecimiento de Vox paralelo al del PP, tanto en las que ya conocemos de Andalucía como en las primeras conocidas tras el «ayusazo».

Esta consolidación de Vox como socio imprescindible para que el PP pueda crear una alternativa a la izquierda socialista, comunista y separatista es, precisamente, lo que hace incierto y enigmático el futuro de la derecha, en lo referido al PP. Todo apunta a que Casado, por cálculo y soberbia, no va a restaurar las relaciones con Vox, y jugará a la posible alianza con el PSOE para «rescatarlo» de sus aliados, es decir, que repetirá lo hecho por Arrimadas con el resultado ya conocido. Además de una estupidez, porque eso no le acarreará muchos votos del PSOE ni de Cs que ya no tenga, la jugada favorece mucho a Vox, porque le da hecha la campaña contra la derechita de Casado, más dispuesta a pactar con Sánchez que con Abascal.

Una noche para el recuerdo

No sería grave esta disonancia si no hubiera una docena de escaños que, entre Vox y el PP, pueden quedarse en la izquierda. Y lo que estamos viendo en Génova 13 y su apropiación indecorosa del triunfo personalísimo de Ayuso es que se han creído su propio cuento de la lechera: que Casado tiene la misma capacidad de captar la simpatía popular, el voto de Vox y del PSOE que Isabel Díaz

Ayuso. Gracias a ella, al margen de lo que haga o deshaga la derecha política acomplejada y enigmática, quedará en nuestro recuerdo la jornada gloriosa del triunfo de la libertad. Fue el 4 de mayo de 2021. Y fue, naturalmente, en Madrid. Disfrutémosla. No tendremos muchas así.

9 de mayo de 2021

HOY, CONTRA EL FELÓN, REFERÉNDUM EN COLÓN

El siniestro y criminoso Salvador Illa ha sido el embajador apropiado de la última fechoría del Felón Sánchez: un referéndum para la independencia de Cataluña que el vírico ministro anuncia «dentro del marco de convivencia». Convivencia no hay en Cataluña desde 1980, cuando el separatista Pujol llegó al poder y empezó a robar y atropellar derechos civiles o viceversa. Marco no puede haber cuando se roba el cuadro, solo maderitas huérfanas.

Y si se habla de legalidad, es decir, de los asuntos públicos en España que se desarrollan respetando la ley, hace décadas que en Cataluña no la hay. ¿De qué «marco de convivencia» habla, pues, Sepulturero Illa? Del único que cabe en el cerebro que se esconde bajo ese flequillo teñido al carbón: la esclavitud de los catalanes españoles y castellanohablantes bajo sus amos separatistas, antiespañoles y catalanohablantes. Sin nación ni Constitución española que los ampare, bajo un nuevo Estatuto que reescribirá lo que borró —catorce artículos sobre la Justicia— en su día el Tribunal Constitucional.

El Felón ya anticipó el referéndum de autodeterminación

Una de las pocas ventajas del hato de descerebrados socialistas que tiene en sus manos el Gobierno y, si se les deja, el futuro de España, es que repiten como loritos los argumentos de partido por grotescos que sean. Illa ha repetido lo que hace tres años dijo el Felón en la SER, copiado del artero separatismo vanguardesco: que Cataluña no ha votado el Estatuto que tiene.

El argumento es el de Juliana que redactó el editorial conjunto de los once periódicos apesebrados en la Generalidad «La dignidad de Cataluña»*. En él se proclamaba el Estatuto impulsado por ZP y redactado por los separatistas, un ente de rango superior a la Constitución española, cuya observancia vigilaría el Tribunal Constitucional donde le dejen, pero no en Cataluña, cuya dignidad impone la interpretación de la ley que le parezca adecuada al Tribunal del Pesebre de la Generalidad y al Condestable Godó. En su media lengua de ágrafo y álalo, el socialista Montilla lo tradujo así: «No se puede legislar sobre los sentimientos», atrocidad cuádrupeda tras la que convocó a los bípedos autóctonos a manifestarse contra la sentencia del Tribunal Constitucional que se limitaba a anular la creación de una justicia independiente y solo catalana, capaz de impedir el juicio a los robos de Pujol o al golpe de 2017. Acabó huyendo de la manifestación, pero quedó clara la posición del PSC: la soberanía de hecho es la catalana, y ese hecho funda derecho en España.

Todos los estatutos de autonomía, incluido el de Andalucía, que se hizo para disimular el catalán y por eso proclamó la nacionalidad andaluza, su memoria histórica —no sé si incluía la Bética o solo al-Ándalus— y otras atrocidades dictatoriales, arbitrarias e ilegítimas, que debieron ser ilegales, emanan de la legalidad española. Es decir, que están a la sombra de su Constitución y del Tribunal Constitucional, que vigila que los derechos cívicos que proclama no sean depreciados parcial o totalmente por una norma legal de rango inferior, que es la del Estatuto de Autonomía. Como los separatistas abiertos o embozados lo consideran Estatuto de Soberanía, no pueden admitir su subordinación a la soberanía de la nación española, «de la que emanan todos los poderes del Estado».

---

* Editorial redactado por Enric Juliana, por parte de *La Vanguardia*, y Juan José López Burniol, colaborador de *El Periódico de Cataluña*, publicado por doce periódicos de Cataluña el 26 de noviembre de 2009.

Porque en Cataluña, desde Pujol, el Estado son ellos, la nación es la suya y nadie puede discutírselo.

Al poco de llegar al poder, el Felón ya soltó en la SER el latiguillo separatista de que ese Estatuto «no había sido votado por los catalanes». O sea, que, si al Parlamento catalán se le ocurre establecer la esclavitud, y lo votase la tribu regional, aunque vulnere la Constitución hay que aceptarlo. Si no, eres facha y centralista y lo que digas no vale absolutamente nada. Pero lo votó el 40%; el anterior Estatuto, el 60%; y la Constitución el 90%. El Estatuto actual no tiene más calidad legal ni cantidad de apoyo popular. Pero eso al Felón le daba y le da igual. De ahí pasó a la primera mesa de negociación y al relator internacional, que provocó la respuesta en Colón y el frenazo a su plan, ahora retomado con la fuerza mular que le caracteriza.

Hacer de Colón el Maidán de España

Hasta ahora, lo único que ha frenado una canallada del Gran Felón ha sido aquella gigantesca concentración en Colón. Las adversas sentencias judiciales se las pasa por el forro de su tesis; las contradicciones consigo mismo le excitan; como buen psicópata, solo empatiza con el éxito social de sus trampas a la ley y al prójimo. Lo único que cabe en su asnal mollera es toparse con un muro, tropezar violentamente con una masa hostil. Y eso debe encontrar en esta gran cita nacional y constitucional: una obstinada, gigantesca multitud, dispuesta a hacer de Colón el Maidán de España. Las veces que haga falta y siempre en la misma plaza. ¿Le molesta la foto? Pues va a tener, ahora, un largometraje; luego, una serie; y, después, una telenovela mexicana, de las que solo acaban por muerte del espectador.

Por supuesto, esto no podrán hacerlo nunca los partidos políticos, sujetos al interés del momento, a la coyuntura electoral, a la situación internacional o a una encuesta escalofriante, encargada o padecida. Como sucedió con el pacto de Zapatero y la ETA, solo entidades procedentes de la sociedad civil, como la Asociación de

Víctimas del Terrorismo de Alcaraz o ¡Basta Ya!, pueden repetir las veces que haga falta, con más o menos gente, con mayor o menor acierto, esa llamada a lo que entonces se llamó la rebelión cívica, y hoy, nacional. Porque es la nación lo que se trata de destruir y es la nación la que debe rebelarse contra su destino en el matadero o desguace del Felón Sánchez.

13 de junio de 2021

LOS EMPRESARIOS CON EL GOLPE DE ESTADO, LA NACIÓN SE ATRINCHERA EN MADRID

Desde 1808, pocas veces se ha visto tan claramente dividida España como en esta última semana. Mientras estallaba en Barcelona un sórdido motín de millonarios contra España para cercar al rey, en Madrid se alzaba la voz de la nación y de la libertad, harta del golpismo y de la izquierda cómplice. La investidura de Isabel Díaz Ayuso, con sus votos y los de Vox, fue una inolvidable exhibición de la superioridad intelectual y moral de la derecha frente a la idiocia miserabilista de la izquierda, cuyo símbolo es ahora un inmigrante ilegal, jefe del hampa mantera, que tras quince años aquí aún no sabe hablar español y no pudo jurar la Constitución sabiendo lo que juraba.

La imagen de la alternativa

Como un analfabeto hace ciento, y el maricomplejinismo es un virus más resistente que la COVID-19, la nueva presidenta de la Asamblea quiso arrodillarse ante esta versión cutre del Black Lives Matter y borrar, a lo Meritxell, lo que ese ciudadano español que no sabe español dijo haber oído, algo así como «rasimmo», cuando Monasterio había dicho «ilegal».

Naturalmente, Carballedo, que acabó expulsando a unas sororas del mantero —que alzaba ridículamente el puño, supongo que contra el pueblo de Madrid allí representado—, no supo decir qué palabras quería borrar, al exigírselo Monasterio. Había oído «rasimmo» y corrió a arrodillarse ante los comunistas y buscavidas que viven de explotar los eternos complejos del PP, que así acaba en el matadero. Menos mal que llegó Ayuso y lo resucitó. La mano de bofetadas a Medimadre fue apoteósica. Y la imagen de Monasterio felicitando a Ayuso, después de que Esta defendiera a Vox frente a los socios de Bildu fue, sencillamente, la de la alternativa al socialismo, al comunismo y al separatismo. La única posible y deseable.

Esa foto no es solo la de una relación cordial, sino la de una alianza estratégica y la de la única posibilidad de derrotar al golpismo sanchista. Casado, no escarmentado en Barcelona, se portó decentemente ante la violencia verbal del empresariado golpista y aventó cualquier atisbo de complacencia con el consenso forjado esta semana por el Gobierno, los obispos satánicos y los empresarios del Prusés, a los que se ha unido el presidente de la CEOE, previamente condecorado por Margarita Robles.

Ambos, el renegado de la unidad de mercado y la desertora de la Defensa Nacional, han demostrado que en el sanchismo no cabe decoro institucional. Ante el golpe de Estado, asumido por el Gobierno para blindar a Sánchez, se han quitado la careta los que le servían de coartada y han dejado en ridículo a la derecha que piensa, «porque no puede pensar otra cosa», que el PSOE sea algo distinto de la banda de Sánchez. Y la magistrada del Supremo que dice que aceptar el indulto es pedirlo o asumir la condena es solo una pieza de la prevaricación general. Garamendi, tras ponerle un sueldo a Fátima Báñez, puede ser ministro del Indulto, asesorar a alguna Abengoa o a Nadia Calviño. España se ha partido definitivamente en dos ante el indulto al golpismo. Y no hay ni puede haber término medio.

Un capitalismo de trampa y cartoné

Que no vuelva más a quejarse ninguna asociación empresarial, si no echan a Garamendi de la CEOE y rompen con el Círculo de Economía del golpismo de la mala imagen que de los empresarios dan los libros de texto. Su avaricia, su doblez, su cortoplacismo, su abyecta sumisión ideológica, ese pancismo del IBEX 35 que cree que por estar cotizado tiene excusa para servir al golpe y colaborar mirando a otro lado en la destrucción de España puede olvidarse de cualquier comprensión. Cuando una nación lucha por sobrevivir, o se ayuda a la nación o se ayuda a sus enemigos. Y los empresarios están ayudando, por activa o por pasiva, a los enemigos del régimen constitucional, de la propiedad privada y de la libertad individual. Ayer se preguntaba Javier Somalo:

> *¿Por qué con Ada Colau en Barcelona y no con Rosa Díez en Colón? ¿Por qué con Garamendi en el Círculo y no con Fernández-Lasquetty en la Puerta del Sol? ¿Por qué sufrir plantones, escarceos, pitadas y chantajes si hay ovaciones esperando? Entre todos, dejamos que se oigan más unas cosas que otras huyendo de la auténtica normalidad, la de una España que es decente, quiere trabajar y cree en la Justicia, no en la venganza. Esto último es tan indiscutible como el medio siglo de terrorismo que pasamos sin revanchas personales de las víctimas.* [*]

Y Jorge Bustos, en *El Mundo*, decía sobre «La otra desafección»:

> *«Están tan preocupados por la desafección de una élite catalana que no oyen crecer la desafección española, mucho más vigorosa», me escribe un amigo que clavó el 4M. Ese cabreo sordo está larvándose bajo la alfombra de mentiras que Sánchez ha tendido a los pies del supremacismo indultado. Las élites pisan satisfechas la mullida retórica de la concordia, pero el pueblo empieza a echar miradas torvas a la Bastilla. Los privilegios dejan de tolerarse cuando el agraciado muerde la mano que firma la gracia y reincide en su plan para cegar el reparto, que eso es la autodeterminación. Lo que pasó el 4M debería haber abierto algunos ojos. Pero si los hubiera abierto, no estaríamos denunciando aquí la ceguera suicida de las élites.* [**]

---

[*] Javier Somalo, «Tabernarios o golpistas», *Libertad Digital*, 19 de junio de 2021.
[**] Jorge Bustos, «La otra desafección», *El Mundo*, 19 de junio de 2021.

Traición institucional y complicidad mediática

Esta es la cuestión: esas élites o poderes fácticos, asustados ante Barcelona, han vuelto la espalda a Madrid. Acostumbrados a agacharse ante el poder político, no ven que, al frente de un pueblo harto de ver cómo atropellan sus derechos, marcha a toda velocidad otro poder y otra política. Y esta ceguera voluntaria del mundo empresarial, que financia la ruina de Prisa y de muchos medios golpistas, además de desfilar como *majorettes* cuando Sánchez toca el pito, se convierte en alta traición cuando hablamos de instituciones como el Gobierno, la Fiscalía General del Estado, no pocos jueces con ganas de ascender y varios partidos políticos que deberían estar ilegalizados, como hijos felices del terror y padres del golpismo irredento.

Esa ceguera y esa traición son, sin embargo, ocultados por unos medios de comunicación masivamente alineados con el golpe de Estado asumido por Sánchez. Si la reacción popular de Madrid, hija del hartazgo y del agravio, no es percibida como una ola de indignación nacional, aunque lo sea, se debe a la férrea censura que sobre la realidad impone el dominio de esos medios sobre todo audiovisuales, por parte de la izquierda y del separatismo de toda laya, entregados al diario y feroz linchamiento de Vox. Que buena parte de la culpa de esa entrega a la izquierda la tenga el PP no alivia el problema ni, menos aún, lo resuelve. Pero es la clave del desastre. Si los medios denunciaran habitualmente las trolas de Sánchez, no mentiría tanto. Si los escándalos del PSOE actual fueran tan aireados y criticados como los del PP de ayer, los sociatas habrían tenido ya que huir de España.

Un discurso para destruir a la izquierda

Los medios no solo facilitan o impiden la crítica al poder. Son los mecanismos que implantan o condenan los términos del discurso político. La dictadura mediática de la izquierda es, sin embargo, tan agobiante, que la derecha política se define contra esos lugares comunes convertidos en sagrados por los medios progres. De ahí la importancia, de nuevo, de lo sucedido en Madrid, que es el triunfo del sentimiento y del razonamiento del pueblo contra un discurso insoportable. Un sentir y un pensar nunca excluyentes, pese a lo que digan los fatuos que van de listos de la razón frente a los tontos de la emoción. ¡Como si una cosa excluyera la otra!

Ayuso y Monasterio construyeron sus discursos en la investidura de la presidenta de Madrid como una enmienda a la totalidad de los lugares comunes de la izquierda. De hecho, no hubo una sola de sus afirmaciones que no incluyera la burla, la sátira, la condena y la negación del socialismo en todas sus variantes, desde el pijismo verde al supuesto antirracismo rojo. Nada de ecumenismo, nada de «diálogo con el adversario, nunca enemigo». La izquierda es enemiga de España y de la libertad, y debe ser combatida sin descanso, como es combatida la derecha, singularmente Ayuso y Vox.

Los grandes momentos de Ayuso en su discurso de réplica a todas las izquierdas rompen una tradición de bienquedismo y abdicación moral, la fea costumbre de la derecha de no combatir a la izquierda si llega al poder. Hay una necesidad egoísta de seguir luchando: en dos años hay elecciones en Madrid, que Sánchez intentará que no coincidan con las generales, pero que sin duda estarán relacionadas. Y hay una necesidad ética aún mayor: la izquierda quiere deslegitimar, con la derecha, la nación y la libertad. Esa va a ser la guerra de ideas en estos años. Y como la izquierda ha unido su futuro al de los peores enemigos de España, que son el separatismo y el comunismo, para derrotarlos, la derecha tiene que destruir a esta izquierda.

El PP de Ayuso y Vox no solo lo hacen: es evidente que lo disfrutan. Ese afán de lucha, ese humor de victoria es lo que necesita la nación, atrincherada en Madrid, ante el golpe de Estado asumido por Sánchez y apoyado por un hato de empresarios sin escrúpulos y una recua de políticos sin vergüenza.

20 de junio de 2021

No es un cambio de Gobierno, es un Gobierno para el cambio de régimen

Sánchez ha dado un gran paso para liquidar el régimen constitucional del 78 y proceder a la voladura, que imagina controlada, de la nación española. El nuevo Gobierno es mucho más fuerte que el anterior, más sanchista si cabe, y presenta menos fisuras para finalizar el verdadero proyecto, que es el cambio, mediante leyes habilitantes, como las de Hugo Chávez, copia de las de Hitler en 1934, del régimen constitucional. Se le va a dar la vuelta a la Transición mediante la fórmula que Torcuato Fernández-Miranda enunció como «de la ley a la ley». Así se hizo la Transición, así llegó la democracia, así se conservó la nación y así tuvimos Constitución.

De Torcuato Fernández-Miranda a Félix Bolaños

Pues bien, como se hizo, se deshará. El cambio tuvo una aceptación silente por parte de los españoles, que no querían líos, sino seguir adelante con sus vidas tras la muerte de Franco, y que se informaban básicamente mediante una televisión con dos cadenas —mejor, cadena y media: Primera y el UHF—. Su director general, Adolfo Suárez, pasó de TVE a la Secretaría General del Movimiento, el Partido Único del régimen, y de ahí, gracias a Juan Carlos y Torcuato, a la Presidencia del Gobierno, para acometer el cambio de régimen. El orden legal, garantía de que no hubiera represalias ni resistencias, quedó a cargo de Torcuato como presidente de las Cortes, que sustituyó a Alejandro Rodríguez de Valcárcel por la misma razón que Suárez a Carlos Arias Navarro: ninguno entendía la necesidad del cambio.

Valcárcel le hizo jurar a Juan Carlos, a lo Santa Gadea, los principios del Movimiento para ser coronado rey. Agravio que no olvidó, pero que no le vino mal para el primer año de la Transición, cuando iba de puntillas, con Arias a cuestas, deshaciendo el régimen sin hacer ruido. Para ello fue necesario que las propias Cortes de Franco se disolvieran voluntariamente y dieran paso a otras elegidas democráticamente. Torcuato y, sobre todo, Miguel Primo de Rivera y su tía Pilar, hermana de José Antonio, fueron claves en ese acto de generosidad, donde también influiría el miedo, pero donde, sobre todo, se impusieron el patriotismo y la inteligencia política.

Testigo del asalto a la tumba de Franco

Félix Bolaños es hombre de leyes y de Sánchez, lo que lo convierte en doblemente peligroso, en la pieza clave del cambio de régimen, cuyas fases previas protagonizó. La más grave para quien sabe de derecho fue el asalto a la tumba de Franco, la negativa a sepultarlo en la cripta familiar y el traslado en helicóptero del ataúd, junto a la familia Franco y a la novia de Garzón, al cementerio de Mingorrubio, elegido por el Gobierno para reinhumarlo, siempre con el prevarirrespaldo de la Sala de lo Tendencioso-Administrativo del Supremo, que, cuatro décadas después de su entierro, declaró «urgente» la exhumación. No sé qué pensaría Bolaños dentro del helicóptero, pero sabía que protagonizaba algo criminalmente importante: profanar la tumba de la España nacional, de media nación en guerra. Los frívolos de Ciudadanos, los cobardes del PP y la Iglesia, deudora eterna de Franco, no se opusieron a ese delito de lesa patria. Pero Bolaños, pálido, porque, a diferencia de Rivera y Casado, sí sabía lo que hacía, estaba ahí.

Todos los asaltos al sistema constitucional mediante leyes aberrantes han contado con la participación del nuevo hombre fuerte invisible del Gobierno. Es verdad que las leyes de Violencia de

Genero y de Memoria Histórica estaban ahí. Pero los indultos, la
Ley de Memoria Democrática, la ley trans y la Ley de Seguridad
Nacional, pórtico de la dictadura de Sánchez, han tenido a Bolaños como partero o suavizador de su rasposa condición legal,
cuando no abiertamente contrarias a derecho. Para eso es abogado
y brillante, primero de su promoción, aunque inclinarse por lo
laboral ya preludiaba su ingreso en el PSOE, taller de derechos de
hecho.

La gran diferencia entre el caído Redondo y el alzado Bolaños es
el PSOE, al que uno asesoró y al que el otro pertenece. Y si Redondo quiso aparecer en las fotos del pacto de Gobierno con Podemos y
el inútil triunfo electoral de Illa, Bolaños labró la ruina de Ciudadanos en dos episodios esenciales: el apoyo a los estados de alarma y la
moción de censura de Murcia. No estamos, pues, ante un técnico
legal, sino ante un político que sabe de leyes, lo más peligroso como
número dos de un Gobierno cuyo número uno ve la ley como un
obstáculo que saltar, eludir o disimular.

Los comunistas, únicos indiscutibles

Con Bolaños, sobraba Carmen Calvo. Y con Calvo, caían Redondo y el que, en la luna de miel con Sánchez, era su hombre en
el PSOE: Ábalos. Lo de conservar a los ministros de Podemos es
una forma de humillar a Iglesias, que desde su tumba en Madrid
ve que Yoli Tenacillas resulta una compañera de aventura golpista
mucho más cómoda a la grupa del Felón. Vamos, que gracias a sus
sonrisas y bucles, y melindres y momos, siguen en sus puestos dos
lerdos, Garzón y Castells, el hervíboro y el meritófobo.

Por cierto, si el ministro de Universidades dijo que a Clarín lo
fusiló Franco, el de Cultura, Iceta, fue expulsado de la carrera tras
cinco años en primero. En Deportes, tras impulsar el sillón-ball
como deporte olímpico, defenderá que la ley trans se cargue el
deporte femenino. Marlaska y Robles en el Gobierno prueban
que los jueces de carrera al lado de Sánchez aseguran las ilegalidades más desvergonzadas. Y la vicepresidenta Calviño garantiza

que los fondos europeos irán a los amigos del IBEX 35 más verdes, ecolojetas y femitranspirables. Ni un euro para el autónomo, empresario o agricultor que busca que sobreviva su empresa, pero que no lucha contra el cambio del clima climático. Los eurofondos son aire y van al aire, etcétera.

Es difícil saber lo que la alcaldesa de Gavá y la de Gandía aportarán al Gobierno. De momento, recuerdan a Leire Pajín y Bibiana Aído, que llegaron a ministras por ser jóvenes y mujeres. Pilar Llop dijo que España no era una democracia porque el 50 % de hombres oprimía al 50 % mujeril. Ella alivia. Iba para rival de Ayuso en Madrid y dejó el sitio de peligro a Hannah Montana. En la guerra total Sánchez-Ayuso, o mueres o asciendes.

La alternativa es Madrid

Y es que ante Sánchez y sus Gobiernos, este más fuerte que el anterior y diseñado para hacer irreversible el cambio de régimen en dos años, Ayuso plantó en la mismísima Moncloa la bandera de la resistencia nacional. Su comunicado tras ver al Felón ha sido la moción de censura que Casado no quiere presentar. Ella, sí. Y hay que tomar nota de cuatro frases:

España está secuestrada en manos de minorías que la odian y nos recuerdan cada día que quieren acabar con ella.

Si el presidente del Gobierno decide conducir a España por el camino de la normalidad, la sensatez, la unidad —lo de siempre—, ahí tendrá a la Comunidad de Madrid. Si, por el contrario, el Gobierno se va a dejar humillar, despedazar y hundir a manos de enemigos confesos, espantando a la empresa, al capital, a la inversión o a los estudiantes, desuniendo a esta gran nación, empobreciéndola y arrastrándola, que no cuente ni conmigo, ni con nadie de mi Gobierno.

Los intereses de España y de Pedro Sánchez son distintos. Si sigue por este camino, tocará decidir: o su futuro o el de España.

Ni Madrid ni ningún otro territorio se pueden dejar pisar por aquellos que odian España. Mi Gobierno estará aquí para cada español que necesite amparo.

Esta última, la más importante, es la que Bolaños tiene que estudiar.

11 de julio de 2021

PUMPIDO, SIN QUERER, EXPLICA LA CORRUPCIÓN DE LA JUSTICIA

Desde un punto de vista técnico, la corrupción de la Justicia en el régimen constitucional de 1978 empieza en la Ley Orgánica del Poder Judicial de 1985, perpetrada por el primer Gobierno de González y que Guerra definió con un brochazo inequívoco: «Montesquieu ha muerto». Sin embargo, la Constitución está diseñada para que los jueces resistan todos los acosos del Poder Ejecutivo y del Legislativo, así que hacía falta una doctrina paralela que limitara en la aplicación lo que decía la exposición.

Y a esa raíz de la politización íntima de las carreras judiciales que la LOPJ/85 alfombraba, pero en la que aún no se habían dado pasos decisivos se refiere Cándido Conde-Pumpido en su voto particular, descaradamente injurioso —«lego en derecho» llama al ponente, entre otras lindezas y piropos— contra la sentencia del Constitucional, que declara contrario a la Carta Magna el estado de alarma mediante el que durante cien días —98 para ser exactos, aunque las vísperas cuenten— el Gobierno socialcomunista de Sánchez privó a los españoles de derechos básicos con la excusa de la COVID-19.

El precedente de la legalización de la ETA

La frase clave de Pumpido tiene dos partes arteramente pegadas:

> *Constituye una tradición del tribunal citar la frase del primer presidente, García Pelayo, quien señaló que la función del Tribunal Constitucional es la de resolver problemas políticos con argumentos jurídicos.*

La sentencia de la mayoría hace exactamente lo contrario. No resuelve, sino que crea un grave problema político al desarmar al Estado contra las pandemias privándole del instrumento que la ley determina expresamente para hacer frente a las crisis sanitarias, el estado de alarma.

Si constituye una tradición del Tribunal Constitucional persignarse con la frase de García Pelayo, no hay duda de que, al menos el sector izquierdista o pumpidiano, entiende su tarea en clave de prevaricación, y que, sobre toda consideración jurídica y de primacía de la ley, busca servir políticamente al Gobierno de turno mediante la adaptación, retorcimiento o vulneración de las leyes para evitarle problemas políticos al Gobierno o a la clase política en su conjunto. Pero la función de cualquier tribunal de garantías constitucionales es justo la contraria: que prevalezca la Constitución sobre los intereses políticos, incluso sobre la opinión de una mayoría social sobre el asunto en litigio. La Constitución no debe someterse a la política, sino la política a la Constitución. Pumpido, como todos los juristas de izquierda bolivariana o comunista, sin más, hace lo contrario: legalizar lo que debería ilegalizar.

Ya lo hizo con la ETA, cuya fachada política ilegalizó el Supremo. Pero, siguiendo la doctrina del entonces fiscal general Pumpido de «no vacilar en mancharse la toga con el polvo del camino», es decir, ayudar al pacto ZP-ETA, el Tribunal Constitucional, tal y como había anunciado el propio Zapatero, legalizó al partido de la ETA, convertido en Supremo del Supremo, pese a no ser un tribunal superior compuesto de jueces. El Supremo decidió sentar en el banquillo al Constitucional, por evidente invasión de competencias, pero la amenaza, publicada, se diluyó. Las togas pactaron la no agresión, de la mano de los partidos, que eligen al Supremo… y al Constitucional.

La legalización de la ilegalizada fachada política de la ETA ha sido la prueba más escandalosa de esa función prevaricadora, que proclama orgullosamente Pumpido: arreglar problemas políticos con artimañas jurídicas. Y ninguna más clara para demostrar la traición a sus funciones. ¿A quién favoreció el Tribunal

Constitucional? Al Gobierno socialista. ¿A quién perjudicó? A las víctimas del terrorismo y al sector de oposición contrario al pacto del Zapatero y la ETA, reproducido en la alianza parlamentaria Bildu-Sánchez. No existen «problemas políticos», en abstracto. Esos problemas siempre son de alguien, y siempre afectan a otros. De ahí la necesidad de que sea la ley el criterio fijo para resolverlos, si no queremos convertir, como quiere Pumpido, a los tribunales, en instancias de legitimación de arbitrariedades.

Rumasa, antecedente de politización del Tribunal Constitucional

García Pelayo, a cuya advocación se adscribe el desvergonzado Pumpido, tiene en su haber una de las páginas más deshonrosas del constitucionalismo español, que inauguraba nueva época tras la Carta Magna de 1978. Nada más llegar el PSOE al poder, en 1982, perpetró la expropiación de Rumasa, acto absolutamente arbitrario del ministro Boyer y que constituía un acto de intimidación del flamante Gobierno González.

Lo ilegal quedó claro al presentar una ley de expropiación después de la expropiación del conglomerado de Ruiz-Mateos. Y se aprobó en las Cortes, rodillo mediante, una ley *a posteriori* y contra una persona. Como explicó brillantemente el entonces diputado de Alianza Popular Herrero y Rodríguez de Miñón, el Gobierno hacía un alarde de desprecio a la Constitución, que el Tribunal Constitucional debía corregir tras el recurso correspondiente. Boyer debió dejar que quebrara Rumasa, pero prefirió estatalizarla, sanearla con dinero público —dos billones de pesetas— y revenderla a los amigos del socialismo internacional. Se demostró que el socialismo era un poder sobre la ley y un buen negocio. Boyer veraneando en el yate de Gustavo Cisneros tras adjudicarle Galerías Preciados por un precio simbólico, que incumpliendo los plazos, vendió casi de inmediato, fue el símbolo de la corrupción en la reprivatización de Rumasa, docenas de empresas reflotadas y regaladas a socialistas, a veces italianos, que de inmediato las vendían sin invertir nada y desaparecían.

García Pelayo, presidente del aún tierno Tribunal Constitucional, tenía en su mano dejar claro lo contrario: que la ley estaba por encima del Gobierno, no para arreglar los problemas políticos que había creado el Gobierno del PSOE, y que, al margen del costosísimo reflotamiento que debió dejarse quebrar, suponía un golpe mortal al imperio de la ley si el Tribunal Constitucional tragaba el atropello.

Había una diferencia de diez a dos cuando se empezó a deliberar, pero fue equilibrándose el número de los que querían declarar el atropello dentro o fuera de la Constitución. El Gobierno y Juan Carlos I no querían que desde el principio el PSOE apareciera como algo discutible, sino como una pieza tan indiscutible como la Corona, y presionaron a los miembros del Tribunal Constitucional más blandos o sensibles a la política, pero no pasaron de convencer a seis, así que todo quedó pendiente del voto de calidad de García Pelayo.

Conocer a García Pelayo justo en el momento en que debía decidir algo trascendental para la vigencia o degradación del orden constitucional fue una de mis primeras y más penosas experiencias en el periodismo. Cinco firmas destacadas del *Diario 16* de Pedro J. Ramírez (Justino Sinova, Carlos Dávila, José Luis Gutiérrez, Carmen Rigalt y yo) hacíamos cada domingo una larga entrevista de varias páginas a un personaje relevante. Nos recibió, tras mucha insistencia, en su despacho. Y nunca he visto a un hombre tan destruido. Iba encendiendo un cigarrillo con otro, sin acabar ninguno, parecía asustado o avergonzado, y el que fuera brillante profesor universitario no era capaz de hilar bien una sola frase ni de explicar nada.

Luego supimos que al recibirnos acababa de firmar la sentencia que avalaba al Gobierno. Pero quedó tan humillado que de inmediato se volvió a Venezuela, donde había labrado su prestigio y, muy poco después, murió. Moralmente, ya estaba muerto aquella tarde en que no pudo explicar algo que desmentía lo que escribió en sus manuales de derecho constitucional.

Unos jueces sin decoro, una política sin ley

Obviamente, Pumpido no tiene los problemas de conciencia de García Pelayo, pionero y mártir en las tareas de alta prevaricación. Como los Sala, Belloch, Garzón y demás aventureros togados de la política, su gran argumento es la eficacia, porque de ella depende su éxito en la carrera. ¿Y cuántos en el Supremo, el Constitucional y el CGPJ no hacen lo mismo para medrar de la mano de los partidos o sirviendo al antropófago Sánchez? Un editorial de *El Mundo* mostraba este sábado su espanto porque ya no se podían distinguir los ataques al Constitucional de Margarita Robles y Ione Belarra. Ambos se quedan chicos al lado de los insultos de Pumpido a la mayoría del tribunal del que forma parte. ¿Cómo va pedir respeto a sus decisiones el que en un voto particular no discrepa, sino que injuria a los que dentro del Tribunal Constitucional no comparten su criterio, que en realidad es de servicio a una política?

Alguna vez corrió la especie de que Cándido Conde-Pumpido, al que bauticé el Malo por las fechorías etarroides del polvo del camino de ZP, era ducho en derecho, personaje sólido, solvente y demás. Si lo fue, hace tiempo que perdió esa virtud, porque la segunda parte de la frase citada al principio, que es una confesión de su empeño en utilizar la ley en favor de sus camaradas socialistas y comunistas, y como escabel para su carrera, es una ristra de trolas e incongruencias propia de Echenique o Adriana Lastra.

Mentiras y trapacerías o el derecho del revés

La sentencia —dice Pumpido— no resuelve, sino que crea un grave problema político al desarmar al Estado contra las pandemias privándole del instrumento que la ley determina expresamente para hacer frente a las crisis sanitarias, el estado de alarma.

Lo de que el estado de alarma está determinado expresamente por la ley es falso. De hecho, lo que dice la mayoría en la sentencia es que lo que se hizo contra la COVID-19 debió hacerse bajo lo que, según la ley, permite el estado de sitio. No desarma nada y cambia poco. La política sanitaria del Gobierno socialcomunista ha sido y sigue siendo una sucesión criminal de mentiras y disparates que ha costado cuarenta mil muertos. Pudo hacerse con la misma mayoría parlamentaria, pero no al margen del Parlamento, como se buscó en el primero y, más aún, en el segundo estado de alarma, bajo el que Sánchez cerró el Parlamento seis meses.

A Pumpido, ducho en fangos y perito en veredas polvorientas, cerrar el Parlamento le dará igual. A ningún miembro del Tribunal Constitucional debería sucederle. Si el Constitucional no defiende la existencia misma de la sede de la soberanía nacional, «de la que emanan todos los poderes del Estado», ¿para qué sirve el Constitucional? El Gobierno ha tenido año y medio para hacer una ley de pandemias y no ha querido. Un año después de proclamarse vencedor del virus y salvador de 450.000 vidas, el caudillo político de Pumpido, Pedro Sánchez, nos ha mandado otra vez a disfrutar de las vacaciones mientras las autonomías se sumían en el caos, porque no hay un marco legal que unifique las respuestas legales a la pandemia. Está claro que a Pumpido le molesta lo legal, sobre todo si estorba a lo político. El estado de alarma sigue flotando en el aire, antes de leer la sentencia que Pumpido ha ido filtrando en píldoras injuriosas para deleite de ministrillas. ¿Se atreve a sostener que es suficiente para hacer frente al virus?

Pregunta absurda. Pumpido se atreve con todo. Es un maestro en el uso alternativo del derecho: ahora lo uso, ahora no lo uso. ¿La ley? Como la nación para Zapatero, un concepto discutido y discutible. Lo legal es lo que nos conviene y lo que nos conviene hay que hacerlo legal. Esa es la doctrina que lleva a España a la fosa. Los pumpidos son sus sepultureros.

18 de julio de 2021

Lo que dice la Constitución española sobre los jueces

Félix Bolaños, ministro de la Presidencia del Gobierno Sánchez, ha repetido lo mismo que otros ministros, ministras y ministres antes que él, tanto comunistas como socialistas, que también en eso coinciden, acerca de la renovación del Consejo General del Poder Judicial. Bolaños ha dicho que «en una democracia los jueces no eligen a los jueces ni los políticos a los políticos», que a todos los eligen los ciudadanos; y que el PP impide el cumplimiento de la Constitución española en una materia tan importante.

Al margen del disparate de que los políticos no eligen a los políticos, cuando lo que votamos son las listas cerradas y bloqueadas de los partidos, y que los jueces no son elegidos, sino que lo son por carrera y oposición, conviene recordar lo que realmente dice la Constitución en su Título VI. Porque lo que proclama es, en todas sus líneas, lo que no se cumple desde hace mucho tiempo en España. Bolaños no ha enterrado a Montesquieu y la división de poderes, que es lo que demuestra si una democracia realmente lo es. De ese entierro se encargó el Gobierno González en la LOPJ de 1985. Pero involuntariamente ha levantado acta de cómo su Gobierno, en parte continuando y en buena parte agravando la acción de Gobiernos anteriores, pisotea a diario los derechos de los españoles que proclama la Constitución. Léase y véase hasta qué extremos de ilegalidad nos hemos acostumbrado.

Constitución Española, 1978

TÍTULO VI

Del Poder Judicial

Artículo 117

1. La justicia emana del pueblo y se administra en nombre del rey por jueces y magistrados integrantes del Poder Judicial, independientes, inamovibles, responsables y sometidos únicamente al imperio de la ley.

2. Los jueces y magistrados no podrán ser separados, suspendidos, trasladados ni jubilados, sino por alguna de las causas y con las garantías previstas en la ley.

3. El ejercicio de la potestad jurisdiccional en todo tipo de procesos, juzgando y haciendo ejecutar lo juzgado, corresponde exclusivamente a los Juzgados y Tribunales determinados por las leyes, según las normas de competencia y procedimiento que las mismas establezcan.

4. Los Juzgados y Tribunales no ejercerán más funciones que las señaladas en el apartado anterior y las que expresamente les sean atribuidas por ley en garantía de cualquier derecho.

5. El principio de unidad jurisdiccional es la base de la organización y funcionamiento de los Tribunales. La ley regulará el ejercicio de la jurisdicción militar en el ámbito estrictamente castrense y en los supuestos de estado de sitio, de acuerdo con los principios de la Constitución.

6. Se prohíben los Tribunales de excepción.

Artículo 118

Es obligado cumplir las sentencias y demás resoluciones firmes de los jueces y tribunales, así como prestar la colaboración requerida por estos en el curso del proceso y en la ejecución de lo resuelto.

Artículo 119

La justicia será gratuita cuando así lo disponga la ley y, en todo caso, respecto de quienes acrediten insuficiencia de recursos para litigar.

Artículo 120

1. Las actuaciones judiciales serán públicas, con las excepciones que prevean las leyes de procedimiento.

2. El procedimiento será predominantemente oral, sobre todo en materia criminal.

3. Las sentencias serán siempre motivadas y se pronunciarán en audiencia pública.

Artículo 121

Los daños causados por error judicial, así como los que sean consecuencia del funcionamiento anormal de la Administración de Justicia, darán derecho a una indemnización a cargo del Estado, conforme a la ley.

Artículo 122

1. La Ley Orgánica del Poder Judicial determinará la constitución, funcionamiento y Gobierno de los juzgados y tribunales, así como el estatuto jurídico de los jueces y magistrados de carrera, que formarán un cuerpo único, y del personal al servicio de la Administración de Justicia.

2. El Consejo General del Poder Judicial es el órgano de Gobierno del mismo. La ley orgánica establecerá su estatuto y el régimen de incompatibilidades de sus miembros y sus funciones, en particular en materia de nombramientos, ascensos, inspección y régimen disciplinario.

3. El Consejo General del Poder Judicial estará integrado por el presidente del Tribunal Supremo, que lo presidirá, y por veinte miembros nombrados por el rey por un periodo de cinco años. De estos, doce entre jueces y magistrados de todas las categorías judiciales, en los términos que establezca la ley orgánica; cuatro a propuesta del Congreso de los Diputados, y cuatro a propuesta del Senado, elegidos en ambos casos por mayoría de tres quintos de sus miembros, entre abogados y otros juristas, todos ellos de reconocida competencia y con más de quince años de ejercicio en su profesión.

Artículo 123

1. El Tribunal Supremo, con jurisdicción en toda España, es el órgano jurisdiccional superior en todos los órdenes, salvo lo dispuesto en materia de garantías constitucionales.

2. El presidente del Tribunal Supremo será nombrado por el rey, a propuesta del Consejo General del Poder Judicial, en la forma que determine la ley.

Artículo 124

1. El Ministerio Fiscal, sin perjuicio de las funciones encomendadas a otros órganos, tiene por misión promover la acción de la justicia en defensa de la legalidad, de los derechos de los ciudadanos y del interés público tutelado por la ley, de oficio o a petición de los interesados, así como velar por la independencia de los tribunales y procurar ante estos la satisfacción del interés social.

2. El Ministerio Fiscal ejerce sus funciones por medio de órganos propios conforme a los principios de unidad de actuación y dependencia jerárquica y con sujeción, en todo caso, a los de legalidad e imparcialidad.

3. La ley regulará el estatuto orgánico del Ministerio Fiscal.

4. El fiscal general del Estado será nombrado por el rey, a propuesta del Gobierno, oído el Consejo General del Poder Judicial.

Artículo 125

Los ciudadanos podrán ejercer la acción popular y participar en la Administración de Justicia mediante la institución del jurado, en la forma y con respecto a aquellos procesos penales que la ley determine, así como en los tribunales consuetudinarios y tradicionales.

Artículo 126

La policía judicial depende de los jueces, de los tribunales y del Ministerio Fiscal en sus funciones de averiguación del delito y descubrimiento y aseguramiento del delincuente, en los términos que la ley establezca.

Artículo 127

1. Los jueces y magistrados así como los fiscales, mientras se hallen en activo, no podrán desempeñar otros cargos públicos, ni pertenecer a partidos políticos o sindicatos. La ley establecerá el sistema y modalidades de asociación profesional de los jueces, magistrados y fiscales.

2. La ley establecerá el régimen de incompatibilidades de los miembros del Poder Judicial, que deberá asegurar la total independencia de los mismos.

Alegato final

Tras leer lo que realmente dice, prescribe y manda la Constitución, el alegato de un justiciable ante el juez sería sencillo: «Señoría, no tengo nada más que decir. Cúmplase la ley y viva España». Sin embargo, hay algo que decir a la mayoría de los jueces: si la ley se ha convertido en papel mojado precisamente en lo que más les afecta es porque ellos han colaborado en su corrupción y descrédito. Los políticos no hubieran podido degradarlos si ellos no hubieran estado tan dispuestos a degradarse. Y han caído tan bajo que solo ellos, gateando desde el pozo, pueden subir hasta la luz. Ante el reto del caso de Dolores Delgado —inseparable de la corrupción de despacho y cloaca—, pronto comprobaremos si, entre todos, reúnen valor para, al menos, intentarlo.

5 de septiembre de 2021

Con Pedro Néstor Sánchez Kirchner y Yolanda Díaz de Sánchez Kirchner llega a España el peronismo electoral

Desde que perdieron de forma aplastante las elecciones PASO y a un mes de las de media legislatura, en las que podrían perder el Senado y el aforamiento de la Mandamasa, el pánico se ha apoderado del Gobierno que, por paradoja psicoargentina, preside la vicepresidenta Cristina Fernández de Kirchner, asistida por Alberto Fernández, presidente de la República. Su solución es regar de «platita» a los sectores que han dejado de votarlos: los jóvenes y ese 44% de la población bajo el límite de la pobreza; la mitad de él, en la indigencia; y en un 10%, la «famélica legión» del *Manifiesto comunista*, producida por la política de extrema izquierda del peronismo.

Bergoglio, faro de bergantes y mangantes

Desde Europa, resulta imposible imaginar que un argentino pueda ser más pobre que un boliviano o un paraguayo, pero en los alrededores de La Paz o Asunción no se impone una economía del trueque solo por comida; en la provincia de Buenos Aires, diez millones de personas, sí. El 70% de los niños malnutridos, tras perder dos cursos escolares por el cerrojazo en la pandemia, quieren ser mayores para emigrar. Ocho de cada diez jóvenes lo harían. La respuesta a ese adelanto de la orden de su desalojo del poder ha sido una multiplicación de los «planes» o subsidios para los jóvenes y un discurso totalitario cuyas referencias son Caracas y el papa, el más sórdido de cuantos fantasmas comunistas y fantasmones recorren hoy el mundo.

Es digno de ver el fámulo de la Mandamasa, dizque presidente de la República, citando a Bergoglio como polo de una elección obligatoria entre pobres y ricos, buenos y malos, los que se quedan atrás y los que los dejan ahí. Una de las causas del batacazo electoral ha sido comprobar con fotos y vídeos que, mientras Argentina sufría un confinamiento interminable bajo feroces amenazas, él y la «querida Fabiola» celebraban fiestas carísimas en la residencia presidencial, sin mascarilla ni las restricciones que predicaba.

La violencia chantajista de la «paz social»

Y hablaba el siervo de la tirana Kirchner flanqueado por una docena de millonarios administradores de la pobreza, ayer parásitos sindicales de los que aún tenían trabajo y ahora rumian el paro interminable. Aquellos sindicatos mutaron en bandas para amenazar a los Gobiernos no peronistas con quemar las calles si les quitaban los fondos para comprar la paz social. Es el Club del Helicóptero, para recordar aquel en que huyó cobardemente Fernando de la Rúa de la Casa Rosada, acosado por las turbas de Duhalde.

Las turbas peronistas eran las «divinas turbas» sandinistas bendecidas por los ministros Ernesto Cardenal y Nalga Sagrada d'Escoto, el «jarabe democrático» o los escraches que Podemos copió de Argentina. La violencia de extrema izquierda no suele identificarse con el peronismo, al que suele identificarse con la extrema derecha. Pero hace muchos años que el Partido Justicialista, con el PRI y el PT de Lula, es parte clave del eje bolivariano. Nada de populismo: comunismo, adaptado a las circunstancias argentinas. El indigenismo, el sexismo dizque feminista y todas las máscaras que usa el comunismo en Iberoamérica y Europa han sido banderas del kirchnerismo. Pero en las elecciones de septiembre, por primera vez, el clientelismo peronista no funcionó. Y si en noviembre tampoco lo hiciera, adiós a los Kirchner y a las mafias peronistas, que amenazan con el golpe de Estado.

«Llenar la política de pobres», dicen los ricos

No es metáfora. En el mismo acto en que el presidente de todos los argentinos dijo que él eligió a los pobres, un viejo sindicalista disfrazado con una camiseta roja que le venía estrecha, y una aparatosa barba blanca que no compensaba la calva dijo: «Hay que llenar la política de pobres», «la democracia de la alternancia no funciona» y «necesitamos veinte años». La democracia les estorba cuando no ganan. Como van camino de la derrota amenazan a la nación con un golpe de Estado contra su propio Gobierno. Ese es el futuro previsto para Argentina si caen en noviembre: Venezuela.

Mientras, multiplican los regalos. Vuelven a regalar bicicletas, como Perón hace cuarenta años. Y neveras, que no hay con qué llenar, con toda la propaganda electoral peronista que muchos no se quieren poner. «¡Laburo, no planes! Trabajo, no subsidios», dicen. Ni caso. Siguen asfixiando a impuestos a los ciudadanos y Axel Kicillof, gobernador de la provincia de Buenos Aires anuncia viajes gratis para los 220.000 alumnos que terminan la secundaria. ¿Y no es lo mismo que hace en España Sánchez buscando el voto joven: el bono de doscientos euros para alquiler y el de cuatrocientos euros de cultura? ¿Qué diferencia hay entre la demagogia electoral de este Gobierno y aquel? Sencillamente, ninguna. El peronismo electoral se ha impuesto en España.

Pedro Néstor Sánchez y Yolanda de Kirchner

Juan Domingo y Evita son Pedro y Yolanda. Esta, la roja, arrastra al macho grandón a escuchar al pueblo y llorar con los pobres que ellos crean. Sánchez hizo ante la pandemia el mismo discurso que Alberto Fernández: «Entre la salud y la economía, elijo la economía», dijeron ambos. Y ambos han hundido la economía y han cosechado más de cien mil muertos porque ambos fueron incapaces de comprar vacunas a tiempo. La banda peronista rechazó la de Pfizer, que no pagaba coimas, y prefirió esperar a la de Putin, que ahora, al no ser homologada por la OMS, no sirve para ir al extranjero. En España, los amigos del PSC y el PSOE especularon con los chinos y no fueron capaces de comprar nada, dejando a las comunidades autónomas el reto que ellos fueron incapaces de afrontar. Y a la Comunidad de Madrid, que no admitió elegir entre la salud y la economía, incluso la intervinieron.

Ahora, fruto de esa coyunda imitativa, los socialcomunistas que nos desgobiernan han presentado unos Presupuestos que dibujan para nuestro país el futuro que en Argentina es angustioso presente. De nada nos valdrá a largo plazo que la UE nos impida imprimir miles y miles de millones de euros, como hacen en Argentina con los pesos, cada uno de los cuales vale ya menos de un céntimo de dólar, porque el cambio está a más de cien por un dólar. El déficit desbocado y la deuda estratosférica nos condenan a la ruina. Los regalos electorales de Pedro Néstor y Yolanda de Kirchner cabe definirlos así: se regala a los hijos lo que se quita a los padres y deberán los nietos. Llevan muchos años haciéndolo en Argentina. A la vista está el resultado.

Milei, la conmovedora esperanza liberal

Es cierto que España no ha ido tan lejos como aquella república. Nadie en el mundo ha arruinado tanto a un país rico como el peronismo. Pero tampoco aquí se ha producido un fenómeno tan sorprendente como la candidatura de La Libertad Avanza, de Javier Milei, Victoria Villarruel y el experto en inversión y popular *youtuber* Ramiro Marra. Mientras las hordas kirchnerianas y los millonarios del hambre urden estrategias de soborno de conciencias y compra de votos, Milei, portero del Chacarita y cantante de rock, pide el voto dando clases de economía en la calle, y miles de jóvenes van a escucharle y aplaudirle desde todos los rincones de Buenos Aires, por donde es candidato en aquel complicadísimo sistema electoral. Esa mezcla de atrevimiento e ingenuidad es conmovedora. Lástima no poder votarlos.

El asunto esencial de esos mítines académicos es la inflación.
Y si bien Milei ha conseguido que sus seguidores coreen la definición de Milton Friedman de que es «un fenómeno esencialmente
monetario», resulta más brillante y elocuente una de las grandes
frases de la Escuela de Salamanca sobre la depreciación o, para
Mariana, el bastardeamiento del valor de la moneda, con un metal
inferior: «Es robar en sus bolsillos a los pobres». Es lo que llevan
haciendo los peronistas setenta años. Es lo que quieren hacer aquí
comunistas y socialistas: arruinarnos como si nos hicieran un favor. Paguémosles con la misma moneda buena: hagámonos el favor
de no votarlos jamás.

10 de octubre de 2021

DEL HERRIKO KONGRESO AL RECAMBIO
DE MINISTRO DEL GOLPE CATALÁN

El partido del genocida Maduro, o sea, Podemos, y el de las FARC, antes PCE, han pedido a la presidenta del Parlamento que expulse a Vox, tercera fuerza política, de la sede de la soberanía nacional. La razón es que alguien, no sabemos quién, pero del que los de Vox se sienten orgullosos, coló los himnos de la Policía Nacional y la Guardia Civil por un altavoz de la sala en la que se atacaba la acción de los cuerpos de seguridad, brazo armado de los jueces del ilegítimo Estado español, contra los terroristas, pistoleros o callejeros, del partido o entorno etarra y del golpismo catalán.

La presidenta del Congreso, Meritxell Batet, es una nacionalista a la que el partido ha multado tres veces por romper la disciplina de voto en apoyo de los golpistas, con cuyo fin, que es la destrucción de España, comulga ardorosamente, aunque haga algún mohín ante algún medio. Ya le gustaría a esa pubilla dels Països Catalans poder castigar a los más fieros defensores de la unidad nacional. Pero la condición de herriko taberna ya no hay quien se la quite al Congreso tras el acto de repudio al orden público y al régimen constitucional en la mismísima sede de la soberanía nacional.

La táctica idéntica de comunistas y separatistas

El acto de humor le ha quitado, sin querer, toda la gravedad que tiene el alarde antisistema de unos representantes del sistema que no reconocen, pero del que viven. Son como esos judíos ultraortodoxos que no reconocen al Estado de Israel ni van a filas, pero viven gracias a sus soldados y cobran por cada criatura acrisoladamente judía, aunque vestida de polaca del siglo XIX, que echan a este mundo de pecado e impostura. La suya, sobre todo. La del abogado y representante de las FARC, el siniestro Enrique Santiago, que sustituye a Pablo Iglesias en el papel de matasiete rojo, es la clásica del comunismo: aprovechar las contradicciones de la democracia burguesa y parasitarla, siempre en nombre de los derechos humanos, hasta destruirla.

Es la misma táctica de los separatistas en las instituciones españolas. De ahí la solidez de una alianza que nace el día en que Pablo Iglesias, tras su primer mitin en Barcelona, donde pide que todos los niños de Cataluña puedan estudiar en la lengua que elijan, renuncia a llegar al poder con un proyecto español y pacta en Can Roures un tripartito socialcomunista-separatista para Madrid, Barcelona y Vitoria. Les falta Vitoria. Y según las encuestas, el pacto PSOE-ETA-Podemos ya puede mandar al paro al PNV.

El punto débil de Sánchez es, paradójicamente, la fortaleza de sus aliados. Esa gavilla de soviets comunistas y separatistas, unidos por el odio a España y al idioma español, que es la gran argamasa del edificio nacional, actúan siempre contra lo que se supone que debe defender el Gobierno, que son los intereses del conjunto de los españoles. De hecho, es lo único que legitima la existencia del PSOE: su condición de posible freno al proceso desconstituyente, que el novio de Meritxell, Juan Carlos Campo, siendo ministro de Justicia, declaró «constituyente, de hecho», para sorpresa de los ciudadanos, a los que nadie nos ha comunicado esa cualidad de las Cortes.

El golpe de 2017, actualizado

Y, sin embargo, en la práctica, es verdad. Entre los proyectos ilegales que alumbra y la legalidad que se niega a cumplir, Sánchez está llevando a cabo una liquidación a plazos del régimen constitucional. El caso más claro es el de la nueva insurrección golpista de la Generalidad de Cataluña contra la legalidad del Estado que representa institucionalmente en su territorio. El Procés, derrotado policialmente en 2017 e indultado por Sánchez en 2021, ha salido de nuevo a la calle en un alarde de rechazo al Tribunal Supremo, semejante al que contra el Tribunal Constitucional encabezó la Generalidad de Montilla tras la sentencia que anulaba catorce artículos del nuevo Estatuto, justo los que anulaban la existencia de una justicia catalana y nacionalista.

Entonces, el paleto de Iznájar, que lleva a sus hijas a un colegio privado que sí enseña en español, dijo que no se podía legislar «contra sentimientos». Ahora, el Ku Klux Klan Katalá, con el consejero de Educación al frente, que también lleva a su hija a un colegio donde se enseña en español, se niega públicamente a cumplir la sentencia que limita la discriminación de los niños castellanohablantes, más de la mitad de la población escolar. Ayer se echaron a la calle todos los golpistas que cobran de lo que roban a los españoles, los sindicatos vendidos al separatismo y el clero que preside el renegado turolense Omella, pastor de una tribu capaz de combinar el descarado odio xenófobo, la protección de la pedofilia en Montserrat, la pornografía satánica en Solsona y, además, reunirse con los representantes de Vox. Una velita a Dios y mil cirios al diablo. Mientras, el PSC de Illa finge abstenerse, cuando, en realidad, patrocina en la sombra esa nueva rebelión, con los protagonistas y las hechuras del golpe de 2017.

El incomprensible «coño» de Casado

Y ante ese panorama que ya es con el que amenazaba a Vox Yolanda Díaz, la oposición aparece desunida y desvaída, entre el tremendismo (tras las «chorradas» y «coño» de Casado, solo le faltó santiguarse) y la falta de convicción del equipo que ataca en la prórroga con dos goles de desventaja. Fatalmente hay que volver la vista a la deriva suicida del PP y de Casado, que no deberían ser la misma cosa. Fue de vergüenza ajena el aullido de Teodoro y la ovación de su banda tras el «coño» del jefe, señal inequívoca de que estaba pre-

parado, una zafiedad impropia de quien ha demostrado que puede
ser un buen orador. Siempre que tenga algo que decir, claro, y
ahora no lo tiene. Si dices en Buenos Aires que para llegar al Gobierno puedes pactar con el PSOE o aceptar que Vox te apoye a
cambio de nada, y tras cruzar el río, dices en Montevideo que no
se puede pactar con un PSOE unido a la ETA y al separatismo, que
es el que hay y con el que acabas de decir que pactarías, es que has
perdido el discurso político propio de una alternativa de Gobierno. Y cuando, al volver a España, tu gran iniciativa es prohibir las
cenas navideñas del PP de Madrid para que no se conviertan en
actos de apoyo espontáneos a Ayuso, es que has perdido del todo la
cabeza.

Con la deriva suicida de Seppuku Casado, el folclorismo bra-
sileiro de Abascal y la mala imagen de Ciudadanos tras las primarias andaluzas, con Arrimadas bajo la maldición de que habla en el
Congreso y ya nadie la oye, el panorama en la oposición a Sánchez
es de luto. Cada cosa suelta no tendría mayor problema. Salvo lo
de Seppuku, que es de difícil arreglo, lo demás se puede rectificar
o, por lo menos, limitar algo su estrago. Lo que no tiene remedio
es que Sánchez cambie al ministro de cuota del golpismo rojo catalán, al siniestro Castells por el sórdido Subirats y le salga gratis.
Es como cuando Franco cambiaba al ministro de cuota catalán:
«Gual Villalbí o Villalbí Gual, da igual», se decía entonces, y era
verdad. Pero el Gual de turno venía de Barcelona a Madrid a aprovechar las ventajas del régimen, no a jurar el cargo de golpista de
Estado ante el notario mayor del Reino.

Y por desgracia, en el Herriko Kongreso y en las televisiones,
copias de la golpista TV3, a Sánchez le sale todo gratis. Hasta la
ruina económica que nos van a dejar los Reyes Magos este año.
Con la luz por las nubes, y ni carbón.

19 de diciembre de 2021

2022

La forja del dictador. El golpe del 17 se desdibuja, la sedición ya no es delito. Un golpe borra otro.

3 de febrero. Gracias al error en el voto telemático del diputado del PP Alberto Casero, el Gobierno logra que el Congreso de los Diputados convalide el decreto-ley sobre la reforma laboral.

9 de febrero. UPN suspende de militancia a Sergio Sayas y Carlos García Adanero por votar contra la reforma laboral del Gobierno de Sánchez.

13 de febrero. El PP gana las elecciones a las Cortes de Castilla y León de 2022. Primer gobierno PP-Vox.

18 de febrero. Revienta el PP. Entrevista a Alberto Núñez Feijóo en Sanxenxo con Federico Jiménez Losantos. Pablo Casado lanza insidias contra Ayuso a la misma hora con Herrera en Cope. Clamor en el PP contra Teodoro García Egea.

20 de febrero. Manifestación en Génova en defensa de Ayuso, mientras se conocen más detalles de las maniobras y el espionaje ordenado por Teodoro. Casado se queda sin apoyos.

24 y 25 de febrero. Patético final de Casado, los barones fuerzan su dimisión.

18 de marzo. Pedro Sánchez anuncia el volantazo en la posición histórica de España respecto al Sáhara sin dar explicación alguna, ni comunicárselo a nadie.

2 de abril. El Congreso Extraordinario del PP celebrado en Sevilla elige a Alberto Núñez Feijóo como nuevo presidente del partido.

7 de abril. El presidente Sánchez se entrevista en Rabat con el rey de Marruecos Mohamed VI.

2 de mayo. El Gobierno denuncia que los móviles de Pedro Sánchez y Margarita Robles fueron infectados con el *software* Pegasus.

5 de mayo. Unidas Podemos sugiere un posible chantaje de Marruecos a Sánchez.

8 de junio. Argelia suspende el Tratado de Amistad, Buena Vecindad y Cooperación con España tras la crisis de Marruecos.

19 de junio. El PP gana por mayoría absoluta las elecciones al Parlamento de Andalucía de 2022. Castañazo de Vox y Macarena Olona. Comienza la deriva del partido de Abascal.

14 de julio. El Congreso de los Diputados aprueba la Ley de Memoria Democrática a la medida de Bildu.

19 de julio. Dimite Dolores Delgado como fiscal general alegando «motivos de salud» y el 2 de agosto nombran a Álvaro García Ortiz.

25 de agosto. El Congreso de los Diputados aprueba la Ley Orgánica de Garantía Integral de la Libertad Sexual, más conocida como la ley del «solo sí es sí». Irene Montero se arroga todo el protagonismo.

15 de diciembre. El Gobierno consuma su asalto a la Justicia tras acusar a los jueces y a la oposición de «golpistas». El Congreso de los Diputados aprueba la supresión del delito de sedición, la modificación del de malversación y el cambio de la forma de elección de los magistrados del Tribunal Constitucional.

16 de diciembre. Rocío Monasterio tumba los presupuestos regionales de Isabel Díaz Ayuso. Vox rompe con el PP aunque mantenga pactos.

EL SUPREMO NOS NIEGA
HASTA EL DERECHO A LA INJUSTICIA

Una decisión, dividida o despiezada, de la que ha hecho méritos más que suficientes para llamarse Sala Dolores Delgado de lo Tendencioso-Administrativo (o Bar del Balta y la Lola), ha negado el derecho a pedir justicia contra los golpistas catalanes de los partidos políticos opuestos a la rebelión de la Generalidad, de los diputados catalanes que se le opusieron en el Parlamento regional, de entidades como Convivencia Cívica Catalana y de los que, como simples ciudadanos, han buscado el amparo de la ley.

Esa Sala, en abierta negación del orden constitucional, ha negado la legitimidad para pedir justicia de partidos políticos que representan a once millones de españoles, de los diputados que, en el Parlamento regional, se opusieron al golpe, y de los ciudadanos corrientes que les pagan el sueldo, aunque los pobres no pueden garantizarles el ascenso. No es que esa Sala haya tomado una decisión injusta. Es que prohíbe a los españoles hasta el derecho a la injusticia. El Supremo ha alcanzado la suprema indignidad.

Una justicia cada vez más bolivariana

La demolición de las democracias liberales en Iberoamérica sigue el patrón de la Venezuela de Chávez que trato en *La vuelta del comunismo*. Desde dentro de las instituciones, a través de oenegés y fiscalías especiales, de tribunales ideológicos asociados a la imposición de una memoria oficial, de reivindicaciones indigenistas, feministas, ecologistas o animalistas, se destruye la idea de ciudadanía basada en la igualdad ante la ley, y de los derechos humanos, siempre individuales, en favor de supuestos derechos colectivos, ancestrales, de género, históricos o ambientales.

El fruto es una maraña institucional que es a la vez el Estado y su negación, la abolición de la ley y la imposición del permiso, sin ley de leyes o Constitución que garantice su coherencia y continuidad. Si los comunistas (porque son comunistas, no, como dicen las mafias mediáticas, populistas, radicales, ecologistas o indigenistas) llegan al Gobierno, actúan como si siguieran en la oposición. De hecho, gobiernan contra ella y contra los sectores de la sociedad que se les opongan, porque el Gobierno es solo un escalón para alcanzar el poder absoluto, totalitario. En Perú y Argentina, países muy distintos, se vive idéntico abuso de poder. En Chile, se admitió una Constitución nazi-soviética, en la que la voluntad del pueblo, expresada en el partido, es perpetuamente constituyente. Ya no existe la ley en Chile.

¿Es distinto el caso de España? Cada vez menos. Y en algunos ámbitos, como el de la Fiscalía, no hay diferencia, por ejemplo, con la Fiscalía del Perú, que cuida las espaldas jorobadas de Sombrero Luminoso. De hecho, fue a las elecciones y se proclamó vencedor gracias a la forma torticera en que se aplicó la ley antes, durante y después de las elecciones. ¿Qué diferencia hay entre Dolores Delgado, fiscal general del Estado en España, y su homóloga en el Perú? Que la peruana desaparece de los casos complicados para el Ejecutivo y la española aparece en todos los casos que a toda costa quieren sacar adelante el Gobierno o sus socios. La de Lima peca por ausente y la de Madrid, por omnipresente. Mejor la de Lima. Zoraida Ávalos se desvanece ante los casos comprometidos. Dolores Delgado se entromete incluso en los menos complicados. Mejor Zoraida.

El Salón-Comedor de lo Tendencioso-Administrativo

Muchos jueces de lo Contencioso-Administrativo del Supremo se han echado las manos a la cabeza viendo a una Sala de los suyos declarando no legitimados para pedir justicia a partidos políticos o simples ciudadanos. No hay ley que pueda negar la posibilidad de pedir justicia en un tribunal superior. Aunque exista el remoto precedente técnico de Eligio Hernández, otro fiscal general del Estado al servicio particular del Gobierno del PSOE, es evidente la gravedad del golpe de Estado en Cataluña y el daño que su parcial impunidad legal ha causado en el orden político y en los derechos civiles de los ciudadanos españoles de Cataluña, sujetos a una permanente vulneración de sus libertades por las mismas entidades golpistas de 2017.

Hay que estar muy ideologizado o muy encanallado para declarar no legítimos a los partidos, entidades cívicas y ciudadanos que piden justicia. Porque, insisto, lo que ha negado el Salón-Comedor de Dolores Delgado, con la Fiscalía al frente, es la legitimidad de pedir justicia contra los golpistas.

No es la primera vez que una Sala de lo Contencioso del Supremo se convierte en Salón-Comedor y sirve su famoso pato laqueado politizado. La última, un plato especial en honor a la deidad local, la Lola del Balta. La declaró perfectamente elegible para el cargo por acreditar sobradamente la independencia y apartidismo que legalmente debe tener el fiscal general. ¿Cómo puede dudar nadie de la imparcialidad de una señora que acaba de ser ministra de Justicia del Gobierno, es diputada del partido del Gobierno, ha dado mítines, en el escaño y en la calle, en favor del Gobierno y que, tras acreditar en todas sus actuaciones un sectarismo apenas matizado por su ignorancia, se exhibe públicamente con un juez expulsado de la carrera por prevaricación y que es el principal abogado del Cártel de los Soles, o sea, el Gobierno venezolano, la mayor banda narcotraficante del mundo?

Había otra razón para declarar a Delgado inelegible para el cargo. Impulsado por ella, el teniente fiscal Navajas negó a los españoles la mera posibilidad de demandar al Gobierno por los daños sufridos por la COVID-19. Pese a las clamorosas improvisaciones del Gobierno Sánchez, que negó al principio el virus para convocar el 8M, siguió negando la necesidad de mascarillas, prosiguió sin comprar vacunas, y, tras intervenir ilegalmente Madrid, acabó entregando sus competencias a las comunidades autónomas, hete aquí que Delgado, la Lola del Balta, la ministra de Sánchez, la novia del Abogado del Narco, les niega a los españoles, a través de uno de tantos profesionales dispuestos a lo que sea para coronar una carrera en el guano, el derecho a demandar al Gobierno por una serie de incompetencias que se saldaron con la muerte de 140.000 ciudadanos. Muchos, de forma atroz.

De Zoraida Ávalos a Dolores Delgado

Pero todo el mundillo judicial sabe que Delgado tiene en el área de lo contencioso-administrativo del Supremo una zona liberada, como las de los narcos en la selva. Y que allí reina la Ley de Acomodamiento al Gobierno Sánchez. Se demostró en el asalto a la tumba de Franco, cuando obligaron por unanimidad a la familia a enterrarlo donde dijo el Gobierno. Semejante atrocidad con los vivos y los muertos no se había producido en España ni siquiera durante las guerras carlistas, sucesión de atrocidades. Ya dediqué entonces uno de estos comentarios a aquella fechoría, que además firmaron jueces muy píos, del Opus Dei, escupiendo al hombre que más ha hecho por los católicos españoles desde que llegó aquí el mensaje cristiano.

¿Qué diferencia, pues, a una fiscal bolivariana de cualquier país bajo la férula comunista, por ejemplo, esa del Perú con el suntuoso nombre de Zoraida Ávalos, de la garzoniana y cantaora Dolores Delgado, la Lola?

Cuesta admitir que, por mucho que uno busque, prácticamente nada.

23 de enero de 2022

Bolivarón Sánchez y Prevaritxell Batet nos llevan a Venezuela

Lo propio de las dictaduras no es la brutalidad, sino la impunidad. Y que en España se está instalando, sin brutalidad física, aunque sí moral, una dictadura de tipo bolivariano o socialista del siglo XXI, basada en la impunidad de Bolivarón Sánchez para ciscarse en las leyes, es evidentísimo. Esta semana, como bien señaló Luis Herrero, ya se ha aprobado en las Cortes una ley o decreto ley, tanto da, con más votos en contra que a favor. Eso no pasa ni en Caracas.

Esa legitimidad de saltarse la legalidad cuando quiera el Ejecutivo es hija del comunismo y de los regímenes que, tras la caída del Muro, crea La Habana y se difunden a través del Foro de São Paulo y el Grupo de Puebla. Esa Komintern de Iberoamérica está tomando velozmente el poder en toda América del Sur, y también en España, ayer madre patria y hoy camino de República bolivariana.

La pavorosa inanidad mediática

Bolivarón es, naturalmente, Pedro Sánchez, y en sus fechorías le acompaña su escudera Prevaritxell Batet. Desde la cumbre del Poder Legislativo, la Presidencia del Congreso de los Diputados, ella se encarga de legalizar lo ilegal, burlar el reglamento y surtir a los medios que no vengan engañados de casa bombones de hiel y mantecados de vinagre. Los periodistas españoles de hoy se lo tragan todo. Por ejemplo, ayer aún se discutía si es o no constitucional la fechoría de Prevaritxell para ayudar a Bolivarón a sacar adelante la Ley de Reforma Laboral sin tener votos. Lo esencial es que a un diputado —que retrata la incompetencia de Teodoro en el grupo parlamentario del PP— se le negó el derecho a votar. Él lo intentó dentro de la ley, del reglamento y la lógica democrática. Y lo hizo antes de que se votara. Prevaritxell prevaricó, que en ella es como decir que respiró, y le negó ese derecho a ejercer el voto al diputado Casero y la oposición.

Una oposición de la que, en este episodio letal para la democracia, ha desertado definitivamente Ciudadanos. Los de Inés daban saltitos con los bolivarones y gritaban como errejoncillos «¡sí se puede!». ¡Y tanto que se puede! Aunque caer tan bajo es difícil, se puede. Aprobar una ley con más noes que síes, respaldar a la presidenta de las Cortes en su prevaricación, se puede. ¿Dirá Bal que la votación fue legal? Y unirse a Bildu, también se puede. ¿O no era Bildu el que chantajeó, con el PSOE, a UPN con echar al alcalde de Pamplona si votaba «no»? De Navarra Suma a Navarra Resta, Cs se une al poder de Sánchez, con Podemos, PdeCat… y Bildu/ETA.

Igea, de pucherazo a pucherazo

Gente a la que aprecio mucho, pero que parece creer que basta decir una cosa para que sea cierta, achaque muy propio de escritores y artistas, ha firmado un manifiesto de apoyo a Igea, candidato en Castilla y León por Ciudadanos, el del «¡sí se puede!» en el pucherazo de las Cortes que dizque aprobó la ley del cogobierno sindical en las fábricas, un crimen contra la propiedad y, por ende, contra la libertad. Salvo Arcadi, no creo que hayan leído esa parte del engendro y menos aún su prólogo, que es un catálogo de mentiras contra el PP y quienes lo votan. Por ejemplo, a Ayuso en Madrid.

Ya digo que los firmantes son gente a la que aprecio: Boadella, Trapiello, Sosa Wagner, Sabino Méndez, Julio Valdeón e incluso Arcadi. Lo malo es que el vídeo de apoyo, más personal que político, viene con una frase de Igea de lo más oportuna: «La mentira en política tiene que empezar a ser castigada y desterrada si de verdad queremos ser libres».

¿Habrá mayor mentira que aprobar una ley en las Cortes, con más diputados en contra que a favor, y encima celebrar el pucherazo? Y a propósito de pucherazos, ¿no recuerdan Igea y los que ahora le apoyan, el perpetrado por Ciudadanos contra él en las primarias de Castilla y León? Rivera y Hervías habían fichado a la número dos del PP en la región, que había reñido con el partido, pero cuyas ayudas desde la Junta a Patatas Meléndez, empresa de su marido, manchaban la fatua «nueva política» y la flamante ética que venían a traernos. Ni nueva ni ética. Hicieron dimitir a Pilar Barreiro en Murcia por una imputación que desembocó en absolución, ya tarde. Rivera apoyó también con fervor la sentencia amorcillada de De Prada contra Rajoy, con lo que legitimó la moción de censura de Sánchez. Y luego llegó el acuerdo de las mociones de censura con el PSOE de la que solo perpetró la de Murcia. Todo ético, todo ejemplar. Ninguna mentira. Y encima, dando lecciones de moral.

Pero antes, cuando había alguna esperanza, sucedió que en Valladolid la nueva política tropezó con la vieja ética. Igea, Garicano y otros denunciaron el pucherazo en la votación para favorecer a la candidata patatera recién fichada por Rivera y su cuadrilla. Y fueron a los tribunales. El pucherazo resultó cierto, tuvieron que repetirse las primarias y, sin puchero, ganó Igea. Que luego se enfrentó a Inés y perdió la batalla por la Presidencia. En la campaña de Igea no faltaron las referencias al pucherazo, porque Inés había respaldado, como siempre, a Rivera…. y a Patatas Meléndez. Ganó Inés. Prueba de que la tolerancia al puchero empezaba a cuajar en Cs. No sé si la mentira que Igea no admite en la convocatoria de Mañueco incluye la mentira de aprobar una ley sin tener votos suficientes, o sea, el pucherazo de Bolivarón y Prevaritxell.

Pero a los amigos y los que no lo son tanto, que apoyan a Igea y que tanto presumen de que Ciudadanos es el único referente ético y moderado, cabe preguntarles si la prevaricación en las Cortes denunciada por Vox y el PP nunca existió, y si lo antisanchista es celebrar el pucherazo de Sánchez.

El golpismo ejecutivo, legislativo, judicial y mediático

Lo grave es que el pucherazo parlamentario se añade al continuo pucherazo de la Fiscalía General del Estado, que ahora impone una causa general contra la pederastia en la Iglesia. Dolores Delgado no denunció el supuesto menoreo de jueces y fiscales del Supremo que delató a Villarejo, cuando este confesaba que tenía una red de prostitución para chantajear a jueces, políticos y empresarios: «¿Información vaginal? Éxito asegurado». Y tampoco ha impulsado la investigación contra la prostitución de menores en Baleares y Valencia, dentro de los centros de Mónica Oltra y Armengol. Pero quiere montar el numerito contra la Iglesia, y la apoyan Cs y el PP.

Dolores Delgado y Meritxell Batet, supercomisarias políticas en el Poder Judicial y el Poder Legislativo, son los dos arietes de Sánchez para destruir el Estado de Derecho en España. Bolivarón ya ha viajado como jefe de Estado a Abu Dabi, y tiene una mayoría mediática que respalda incondicionalmente todas sus ilegalidades. Por ejemplo, el pucherazo en las Cortes. Así que tenemos un Ejecutivo, golpista, un Legislativo, golpista, un Judicial, casi golpista y un poder mediático, archigolpista. Enfrente, unos jueces politizados y desnortados; una Corona, golpeada; un Ejército, sometido, una Policía amarlaskada, y una oposición, idiotizada en el PP o asociada al golpismo sanchista en Cs. Queda Vox. Y no siempre. O no siempre bien.

Si alguien no ve que Bolivarón y Prevaritxell nos llevan a toda velocidad rumbo a Venezuela será porque le da miedo asomarse a la ventanilla. A la de mirar, se entiende. A la de cobrar, cada vez se asoman más.

6 de febrero de 2022

Pedro Sánchez y Pedro Castillo
abrazan el golpismo judicial

Los dos países que ya han emprendido el camino al comunismo son Perú y Chile; y los dos que antes pueden enfangarse en una vía que mezcla populismo y comunismo, sin Estado de Derecho, son Argentina y España. Las diferencias entre América y Europa, entre una tradición solvente y una de estafadores, son menores que las semejanzas. En las cuatro se impone la misma retórica neocomunista: lenguaje inclusivo, indigenismo, animalismo y un marxismo invertido que sueña con el fin de la historia en el Neolítico.

También estos países eran modelos de éxito: España, con sus cuarenta años de democracia y extraordinario crecimiento económico, dentro de la UE; Chile, tras las exitosas reformas económicas de Pinochet y la vuelta a la democracia; Perú, con tres décadas de prosperidad material; y Argentina, capaz del milagro de seguir en pie después de treinta años de populismo e insolvencia. Ninguno de ellos, ni siquiera Argentina, y menos aún España, parecen necesitar, ni sus pueblos anhelar, la suerte de Venezuela, Cuba o Nicaragua. Y, sin embargo, a eso vamos, siguiendo la vía del socialismo del siglo XXI: destruir la democracia por dentro, actuar en la legalidad para subvertirla y acabar con el Estado de Derecho… en los tribunales.

Raíces teóricas del nuevo comunismo

El mecanismo diseñado en la Venezuela de Chávez por los comunistas españoles que luego forman Podemos, deudo del «derecho alternativo», es una variante de la estrategia de Gramsci para llegar al poder sin la guerra civil propugnada por Lenin, que se juega a cara o cruz y, como en España, se puede perder. Gramsci entiende la toma del poder sin jugársela a la carta de la guerra, mediante la hegemonía en los aparatos del Estado, los medios y la educación. El Estado se conquistaría dominando los valores de la sociedad y no al revés. Ese es el camino del socialismo del siglo XXI, antes Foro de São Paulo, luego Grupo de Puebla, la Komintern de Castro y Lula tras la caída del Muro, de la que Hugo Chávez fue cajero y caudillo.

Pero su gran aportación, que se irá definiendo durante el chavismo, es la lucha en el aparato judicial, que Gramsci considera uno más, pero que, en sociedades masivamente refractarias al comunismo como Iberoamérica, y en las que impera un sector profundamente izquierdista en la educación y los medios, es el campo preferido de lucha revolucionaria. No el único. Nunca se abandona la posibilidad de atajos violentos, aprovechando o provocando las circunstancias de un estallido social, pero Abimael Guzmán y Sendero Luminoso son la prueba de que cabe unir todos los procesos de cambio o de crisis si no se pierde de vista el objetivo final: el comunismo. De hecho, la llegada al poder de Sendero con Pedro Castillo de mascarón populista muestra que lo militar-terrorista puede desaparecer mientras, en la universidad y la escuela, nuevos organismos generados por el partido —el Movadef— abren nuevos frentes de lucha sin despreciar nunca los antiguos.

Por el Sendero Luminoso de las oenegés

En Perú, los grandes aliados para indultar y resucitar Sendero fueron las oenegés de derechos humanos, clásicos en el comunismo clandestino, y los universitarios Frentes de la Memoria, que dan al comunismo genocida una nueva legitimidad al declarar igualmente ilegítima la lucha de la Policía y el Ejército contra el terrorismo. Iván de Gregori es el más brillante de los que, criticando a Sendero desde su vieja militancia maoísta en Patria Roja, vuelven, tras su derrota por Fujimori y a través del antifujimorismo, a darle al marxismo una nueva imagen de comunismo escarmentado. Nunca hubo tal cosa. Los ilustrados tontos útiles resucitaron el comunismo, sin más. Es otra generación, mucho más lerda y corrupta pero también más popular que asalta el Estado con apetito de mafia provinciana, y no de famélica legión.

Lo que mantiene a estas bandas provincianas en el poder no son las bases indígenas, mediáticas o educativas, que observan atónitos la ruindad y la huachafería estética, propia del narcotráfico, de Castillo y sus Karelis. Es la facción comunista del Poder Judicial, con la Fiscalía al frente, la que consiguió que Castillo fuera candidato y la que frenó las investigaciones de corrupción para que no pudieran usarlas Keiko y la derecha. Es la Fiscalía, que según Enrique Ghersi, la izquierda caviar hereda del APRA y que con razón se llama «el partido más importante de la izquierda peruana», la que frena o acelera en los tribunales, el proceso político. Y la que, al descoserse las costuras del Parlamento y del Gobierno, se ha empeñado en conservarlos.

La desastrosa gestión del lerdo Castillo ha desatado la lucha interna dentro de la Fiscalía, entre la corrupta Zoraida Ávalos y los que defienden la vuelta al Estado de Derecho por sus cauces legales, no por los atajos de imputaciones y absoluciones puramente políticas. Y solo tras los últimos episodios que han mostrado la corrupción total de la institución se explica esta imputación masiva, típicamente revolucionaria, no solo de un partido, como el caso de Keiko, que vive al albur de sus imputaciones, sino de las personalidades y medios de comunicación que representan la resistencia de la sociedad civil y que no se venden como diputados de Acción Popular. Los cargos son disparatados. El hecho de hacerlos no lo es. Demuestra que el proceso hacia el comunismo no se parará en consideraciones estéticas. Y que con el zoquete de Pedro Castillo o sin él, la destrucción de la sociedad peruana va a continuar, por la sinuosa vía de imputar a todo lo que estorbe.

Delgado y Llop, las zoraidas españolas

En el atardecer del viernes, sin la garúa limeña, pero bajo un brioso chubasco sobre la Cibeles, que aún celebraba el éxito del Real

Madrid, los medios publicaron, sin énfasis, unas tremendas declaraciones de la ministra de Justicia, Pilar Llop, vástago de esa casta judicial para la que las leyes están para incumplirlas y los tribunales son solo otra de las fuerzas políticas y sociales que deben crear un nuevo régimen a espaldas de los ciudadanos. El pueblo ya lo representa la izquierda. Hay que acabar con la nación, que representa la ciudadanía, para imponer violentamente la felicidad socialista.

No es un secreto que para Sánchez, su Gobierno y la derecha servil que representaba el PP de Casado, el enemigo principal de ese proceso de cambio radical es Isabel Díaz Ayuso. Sánchez y Casado urdieron juntos el piélago de manipulaciones contra la presidenta de Madrid, para destruirla en lo político, calumniándola en lo personal y familiar. Ese era y ese es el guion del despotismo socialcomunista y a eso se aplica la llamada Fiscalía Anticorrupción, que depende jerárquicamente de lo más corrupto que viste toga en España: Dolores Delgado, pareja del prevaricador Baltasar Garzón.

Ya comentamos otro domingo cómo Luzón, que pretende seguir en esa Fiscalía especial o saltar a una mejor, había tenido la desvergüenza de decir que no veía motivo alguno de irregularidad en la conducta de Ayuso, pero que como las acusaciones de la oposición comunista y socialista eran tan de interés público, iba a investigarlas. Una investigación prospectiva, a ver si se encuentra algo, es la figura delictiva más repugnante en un fiscal. Es también la de los procesos comunistas desde Lenin: uno es culpable por pertenecer a una clase social, a un partido político, defender una opinión; la tarea de los policías y fiscales es encontrar las «pruebas» para condenarlo.

Ayuso contraataca y Llop se delata

Como Ayuso es realmente anticomunista, y no duda de que los que pueblan este Gobierno harán lo que sea para quitarla de en medio, decidió contraatacar; y el viernes presentó una denuncia ante la Fiscalía de Luzón por las pavorosas irregularidades del Gobierno

Sánchez en adjudicaciones multimillonarias durante los meses de la pandemia, que es donde quieren situar la supuesta comisión, que nunca existió, cobrada por el hermano de Ayuso, que no participó en ninguna fase del contrato con su empresa. La diferencia es tremenda: 55.000 euros por algo; 320 millones por la cara.

Pero al preguntarle a la ministra de Justicia por esa denuncia, dijo: «Lo que debe hacer la señora Ayuso es ir a declarar a la Fiscalía Anticorrupción cuando la llamen, cualquier otra maniobra es para distraer de los verdaderos asuntos importantes que son ese asunto al que se enfrenta ante la Fiscalía (…) y lo que ha pasado con el pacto entre PP y Vox en Castilla y León».

Los nervios de esta sectaria rabiosa la delataron: ¿cómo sabe Pilar Llop que Dolores Delgado de Garzón y Luzón llamará a declarar a Díaz Ayuso? ¿Trabajan juntas, como Vichinski y la checa en los juicios de Moscú? Eso parece. Tras la infamia inducida de Luzón, la pareja de Garzón se ha atribuido la facultad de investigar la invasión rusa de Ucrania. Algo para lo que no tiene jurisdicción, pero que ayudaría al bufete de su quotidie, que vive y se lucra de estas bufonadas judiciales al servicio del comunismo. Porque no debe haber dudas: Garzón es el abogado del Cártel de los Soles y Delgado es la herramienta judicial de los grandes negocios de Garzón.

La antigua lucha contra el nuevo comunismo

¿Hay diferencias entre el ataque de la Fiscalía a Mario Vargas Llosa, Keiko Fujimori, Fernando Rospigliosi y otros peruanos eminentes, y el de la Fiscalía y el Ministerio de Justicia españoles a Díaz Ayuso? Ninguna. Pedro Sánchez y Pedro Castillo han abrazado el golpismo judicial como forma de mantenerse en el poder sobre los escombros de nuestras dos democracias. El que no quiera verlo, puede irse con Casado y Tusk al bufete de Garzón. El que no haya perdido la vista ni la dignidad, debe aprestarse a combatirlo.

13 de marzo de 2022

La Corona alienta el sueño de otra España, Sánchez nos devuelve al zulo de su realidad

Nunca la vida política española llegó a los abismos de indignidad en que la ha sumido Pedro Sánchez. Nunca la imagen exterior de España ha sido tan extraordinaria como la que la Corona ha ofrecido a la nación y al mundo durante la Cumbre de la OTAN en Madrid. Es imposible no sentirse orgullosos, como españoles, ante el trabajo admirable del rey y la reina como anfitriones de los dirigentes —y sus cónyuges— de los cuarenta países de los que somos socios comerciales, políticos y estratégicos, léase militares. Y es imposible no afligirse al ver que, en los mismos días en que se arrimaba al foco de una noticia cuya luz, Palacio Real, La Granja, El Prado, proviene de la gloriosa historia de España, el presidente más infame de su historia firmaba con la banda ETA la cesión de la narrativa de nuestra democracia.

En una misma semana, Sánchez ha firmado con la banda asesina el acuerdo para administrar la llamada Ley de Memoria Democrática y ha anunciado que se presentará en el funeral en recuerdo de Miguel Ángel Blanco, asesinado por sus socios de la ETA, y al que mataron en venganza por la liberación de José Antonio Ortega Lara, que no ha querido recordar. Si Fernando VII pasó a la historia como el Felón, es porque aún no había nacido Sánchez.

La orfebrería de Felipe VI y Letizia

La Corona, no solo el rey y la reina, sino la institución que ostenta la representación legítima del Estado, ha sido la protagonista de la primera gran reunión de los jefes políticos de Occidente tras la invasión de Ucrania. Felipe VI tenía ante sí dos retos, a cual más difícil: el primero era recibir a Biden y compañía con un alarde de seguridad, tras la vergüenza de Saint-Denis, y de amigabilidad, el toque *friendly*. El segundo, y más difícil, era mantener a cierta distancia institucional, ni demasiado lejos ni demasiado encima, al presidente del Gobierno y su señora, dos patanes que acreditan cada vez que tienen ocasión que no saben comportarse en presencia de los reyes por la sencilla razón de que aspiran vehementemente a sustituirlos.

A resolver el primero, un día antes de empezar la Cumbre, tuvo que adelantarse Letizia al recibir a Jill Biden y sus nietas. Y estuvo impecable, dirigiendo con mano izquierda unos actos «sociales» que no contempla el protocolo, pero cuya imagen, que es la que queda del país, llega a cientos de millones de hogares y por más minutos que todos los discursos oficiales. Cada vez que aparecía a su lado Begoña Gómez, bien operada, guapetona, y tan fuera de lugar como siempre, Letizia conseguía, como en La Granja, no adelantarse a ocupar su sitio y dejaba que la intrusa sobrara en el plano. La paciencia no era una de sus virtudes ante las cámaras cuando se casó con el príncipe de Asturias. Lógico, porque era una estrella de la televisión, famosa por su perfeccionismo. Pero en estos años ha aprendido, no siempre con facilidad y nunca con reconocimiento, esa difícil técnica de parecer humilde y ostentar majestad que, por su carácter tranquilo, domina el rey.

Su apoteosis estética llegó en la cena de gala del Palacio Real, con un vestido negro de 2nd Skin sencillamente soberbio, elegantísimo, a cuyo lado Brigitte Macron parecía un chihuahua con chubasquero. Begoña, que al día siguiente se abrazaba a Biden y a su marido en El Prado como para cantar «Asturias, patria querida», llevó un modelo precioso, pero, para lucir sus torneados brazos, sin bolso. El resultado era un braceo de aquí estoy yo, y qué cuerpazo tengo. A Letizia le bastaba dar la mano para que se notara.

Pero si Letizia tuvo que pastorear borregas adolescentes en chándal y maridos de maridos que se fingían cómodos entre señoras, Felipe tuvo que recibir con la misma sonrisa cordial a las cuarenta delegaciones civiles, amén de las propiamente militares de la OTAN. Antes, porque en lo militar las jerarquías son sagradas, recibió en el Palacio Real a porta gayola a Biden, y logró que la Momia que hace un mes saludó dos veces al vacío cobrase nueva y vigorosa vida. Algo ayudó el himno nacional, tocado por algún pífano mágico mientras subían entre los alabarderos, porque Biden no perdió una sola vez el ritmo, escalón a escalón, del rey de España, que fingía no darse cuenta del ágil y equilibrado paso del presidente de la que Aron llamaba en un libro, hoy tristemente olvidado, *La República imperial*[*].

El discurso del rey, en inglés, español e inglés, fue correctísimo. Lo raro fue que el de Biden, también correcto, diera paso a una improvisación larga, sentida y sonriente, sobre las relaciones hispano-norteamericanas, en el que no dejó tecla cordial sin tocar. Para los que le hemos visto vacilar en cada rueda de prensa, aquello parecía el milagro de la Virgen de Atocha.

El discurso más emotivo y de más contenido político del rey tuvo lugar en el Instituto Elcano, delante de los hermanos Klitschko, campeones del mundo de los pesados, y el mayor, hoy, alcalde de Kiev, a los que se dirigió con sincera cordialidad, llegando a emocionar al mayor de los dos. Y allí pudo explayarse en los dos ejes de la nueva OTAN, la lucha contra el renovado expansionismo soviético y la necesidad de abrir el frente sur como objetivo estratégico, no solo, aunque muy principalmente, español. Como Sánchez acaba de conseguir que nos enemistemos con Marruecos y Argelia a la vez, las palabras del rey solo podían dirigirse a un futuro en el que un nuevo Gobierno de España arregle la desastrosa herencia del actual.

Y eso era lo que más emocionaba y movía a melancolía. ¿Cómo es posible que a un país tan extraordinario como el que presentaban los reyes al mundo en un marco estético inigualable y capaz de organizar sin un fallo una cumbre tan complicada, lo pongan en peligro sus propios dirigentes? ¿Cómo tanta

---

[*] Raymond Aron, *La República imperial*, Madrid, Alianza, 1976.

gloria no es más que un sueño de futuro, porque la realidad es bien distinta, producto de la infame política del que tanto la ha disfrutado?

Sánchez, entre Indra y la República

Sánchez ha tenido en la cumbre el mismo comportamiento abyecto que exhibe desde que llegó al poder. No invitó a ningún acto al jefe de la oposición, ni a la presidenta de la Comunidad y ni siquiera al alcalde de la ciudad, cortesía obligada por el protagonismo de Madrid. Se ha adjudicado para sí la gloria de España y de la Corona, que solo puede reclamar para su Gobierno en materia de seguridad, y compartida con la Policía Municipal. Lo peor ha sido actuar como un autócrata de República bolivariana, que es su sueño, al prescindir de Feijóo, garantía de continuidad para cualquier compromiso estratégico nacional. Es de una mezquindad casi artística.

Su vileza, no exenta de brotes paranoicos como los de los «señores que fuman puros» y que conspiran contra él, pero que son los mismos que le aplaudían genuflexos en sus pomposos y falsos alardes de diálogo social, presagia una época de radicalismo antimonárquico y antidemocrático, en la que hará suyas las posiciones de sus socios etarras, golpistas y comunistas. Al frente de la memoria democrática, la ETA y Él; al frente de la política económica, Podemos y Él; al frente de los disparates de género, Irene y Él. Y al frente del referéndum republicano en el que coinciden, siempre Él.

Si había dudas acerca de la estrategia de Sánchez tras el batacazo andaluz, descartémoslas. Su insistencia en el golpismo judicial, su abrazo a los etarras, su catastrófica política energética, su calamitosa política fiscal, y, sobre todo, la delirante idea de sí mismo y de su papel en la política nacional e internacional nos abocan a un cerco a todas las instituciones del Estado para sustituirlas por una mafia judicial y mediática, del estilo de los asaltantes de Indra. Luis Fernando Quintero ha empezado a publicar en *Libertad Digital* los datos que prueban que ese asalto se decidió en ese año que se regaló a sí mismo antes de las elecciones. Era y es un proyecto de poder personal, que triunfará o fracasará según actúe la oposición en la ruina económica que se nos viene encima. El sueño de una España mejor dependerá del resultado de esa lucha mortal.

3 de julio de 2022

La negra noche de la traición y el oscurísimo futuro de España

Era tan de noche el jueves 24 de noviembre que se hizo viernes. Y fue entonces, de madrugada y mientras la nación dormía, cuando 188 diputados votaron la impunidad del golpe de Estado en España, porque eso significa eliminar el delito de sedición. Queda abierto el camino a la repetición legal de la sedición catalana, que ya no será el delito más grave de todos, porque hunde el edificio completo de las leyes, la peor traición que los países de nuestro entorno condenan con penas tan duras como la cadena perpetua, sino el ejercicio de un derecho: el de trocear el Estado y hundir la nación.

Años defendiendo España y la libertad

En 1999, veinte años después de publicar *Lo que queda de España*, en el que denunciaba el plan de imponer la enseñanza solo en catalán a los alumnos de lengua materna española, lo reedité con un prólogo sentimental y un epílogo balcánico. El prólogo, ampliado, se convirtió en *La ciudad que fue: Barcelona, años setenta*[*]. El epílogo, denunciando que la sumisión de la izquierda al nacionalismo y de la derecha a la izquierda llevaría a España a una tragedia como la de los Balcanes, se ha actualizado este noviembre.

---

[*] Barcelona, Temas de Hoy, 2007.

Creo que por esas fechas publicó Pío Moa *Contra la balcanización de España*,[*] y muchos más libros: los de Jesús Laínz, los del grupo de Gustavo Bueno o de antiguos socialistas como César Alonso de los Ríos, todos abundando en el mismo aviso: era evidente que el PSOE, en su estela de traiciones a la nación, estaba más que dispuesto a romper España para mantenerse en el poder. Ese mismo año, en vísperas de la mayoría absoluta de Aznar, publiqué en *La Ilustración Liberal* «Viaje al centro de la nada»[**], recogido en *Con Aznar y contra Aznar*[***], sobre el vaciamiento ideológico del PP, por entonces el único partido de oposición al socialismo. De nada sirvieron mis libros ni los de los demás. Bueno, de algo sí: sembraron la rebeldía ante el voto cautivo del PP, que, cuando Rajoy traicionó a sus votantes, produjo sucesivamente la creación de Ciudadanos, UPyD y Vox.

Es tan grave lo ocurrido y lo que fatalmente se prevé para 2024, que uno se ve obligado a hacer arqueo de lo que ha hecho en todos estos años para impedir el desastre nacional que se nos viene encima. Sinceramente, no puedo reprocharme nada: hoy existe un núcleo intelectual irreductible a las falacias del nacionalismo y el socialismo, infinitamente más amplio que en 1998, cuando tras la muerte de Antonio Herrero, me tocó empezar a dirigir programas de radio de amplia audiencia. En los cinco años al frente de *La linterna* y los seis de *La mañana* de la COPE promocioné de forma sistemática a los historiadores que negaban la leyenda rosa de la Guerra Civil y a los economistas que negaban las virtudes de la socialdemocracia. Moa, Martín Rubio, De la Cierva, De la Vega, Jon Juaristi, Mikel Buesa y los muchos intelectuales catalanes y vascos que destaparon o actualizaron los crímenes y trolas del comunismo en la Guerra Civil y del pujolismo, el aranismo y el terrorismo tuvieron cabida y hasta peana en mis programas. Y con la ayuda de los Recarte, Velarde, Cabrillo, Huerta

---

[*] Madrid, La Esfera de los Libros, 2006.

[**] «Viaje al centro de la nada», *La Ilustración Liberal: Revista Española y Americana*, n.º 2, 1999, pp. 13-23.

[***] Madrid, La Esfera de los Libros, 2002.

de Soto, Belloso o Bernaldo de Quirós, popularizamos la maravillo-sa Escuela de Salamanca, madre aristotélica de la escuela austríaca de Economía. Creo que sin ideas no hay política, y tampoco políti-ca duradera sin base ideológica y moral. En el periodismo escrito llevo cuarenta años, casi a columna diaria, y he mantenido el mis-mo afán, obsesivo, de hacer pedagogía liberal y nacional.

No es malo perder, si se sabe por qué

Así que al votarse en la ya madrugada del viernes la liquidación de España, porque lo es, con póliza de seguro parlamentario y plazos fijos, debo reconocer que mi esfuerzo y el de muchos otros desde la llegada de la democracia, gracias a la Transición pactada de fa-langistas y comunistas, ha sido insuficiente. No baldío, que no hay desdoro en ser vencido si se lucha por lo que uno cree, pero sí in-capacidad de vencer a los enemigos de la nación y la libertad. Hay que reconocerlo, si se aspira a seguir luchando. Y quien, como decía al principio, desde 1979 no ha hecho sino advertir del peli-gro para los españoles y nuestras libertades si seguíamos el camino de la componenda o la traición con nuestros enemigos, tiene que reconocerlo.

En solo dos días de infamia, la Guardia Civil ha sido expulsa-da de Navarra por Sánchez y la ETA, en rigor por la ETA de Sán-chez, convertido en consejero delegado de la banda, dejando dos-cientos once asesinados en sus cunetas. Otegui, como es lógico, se ha jactado de que «el Gobierno del PSOE y Podemos está sosteni-do por los que nos queremos ir». Cierto. Y ese apoyo vital tiene un precio, que es la suelta de los asesinos, la entrega de Navarra y la votación del etarra como presidente del País Vasco. No se opondrá el PNV, a quien corteja un PP desnortado. Sánchez, también en funciones de consejero delegado del golpismo catalán, ha anulado el delito de sedición, de acuerdo con Junqueras, que ya ha dicho que «la próxima vez será más barato». Como que el referéndum separatista lo promoverá Sánchez. De paso, ha anulado el delito de ir encapuchado y ha reducido a la nada el de ocultar una violación, un cadáver y hasta un asesinato, caso de Diana Quer. Al lado de todo esto, la ley del «sí es sí» parece asunto menor, si no soltara violadores en masa, y los socialistas, comunistas y separatistas, que hacen y deshacen a su antojo, no defendieran esa ley, por suya, aunque los suelte.

La evasión de Feijóo y los jabalíes de Vox

Y ante este panorama, ¿qué ha hecho la oposición? Ruido y nada. Feijóo se ha citado orgullosamente con Sánchez en su próximo debate de investidura. Y a cambio de esa seguridad futura —pendiente de las urnas, no pocas veces esquivas— ha renunciado gallardamente a toda acción presente. En el debate del Senado, esta semana, tras enumerar en dos minutos las atrocidades más recientes de Sánchez, no hizo la merced de remitirnos a los ciudadanos la presentación de la moción de censura, que las atrocidades que denunció hacían moralmente obligada: la presentaremos por él en las urnas, allá por el mes de mayo. ¡Y nosotros creyendo que eran elecciones municipales, autonómicas, fijas en el calendario y no regalo de Feijóo! Así que la responsabilidad de presentar una moción de censura contra Sánchez no la tienen él y todos sus diputados, sino nosotros con nuestro único voto. Qué suerte tenemos. Y qué generoso con su esfuerzo el presidente del PP.

Abascal dejó que sus diputados hicieran en el Congreso las tres cosas que, según Ortega, no se deben hacer: «El payaso, el tenor y el jabalí». Carla Toscano hizo suya la disparatada idea de la secta del Yunque, según la cual la suelta de violadores es algo que está perfectamente premeditado. No se dice por quién ni para qué, pero como eso acredita su malignidad, basta. Cierto que, en ese caso, no se sostiene la tesis de la incompetencia de Irene Montero, que sería la malévola, pero inteligente ejecutora, de esa satánica conspiración. Pero la diputada de Vox, imbuida de superioridad moral y estética, no podía dejar pasar la tentación de exhibirse ante Montero como una mujer que no ha necesitado a un hombre para prosperar en política.

Yo creo que, sin Abascal, que, hasta donde sé, es un hombre y de Amurrio, no lo habrían hecho ni ella ni todos esos diputados de Vox que andan por ahí tuiteando y encantados de conocerse. Proclamarse superior intelectualmente a Montero es como presumir de respirar. Hasta los peces con branquias. Y tras darle el balón de oxígeno que tan angustiosamente necesitaba, sigue presumiendo de su hazaña, que fue decirle lo que otros llevamos años diciendo, incluso yendo al banquillo por hacerlo. Toscano descubrió la pólvora, para presumir y aunque la aprovechara la criticada. Podría haber reseñado los violadores que, en el momento de su *irrintzi*, ya habían salido de la cárcel gracias a la Ley Montero, pero también en Vox hay políticos cuyo ego está por encima de las víctimas del socialismo.

Y entre bravucones y desertores, Sánchez va ganando

Luego llegó el momento trágico, aunque en formato tragicómico, de Víctor Sánchez del Real, que quiso superar, ante un hemiciclo vacío, la torpeza política de Toscano, de la que dijo: «Una mujer de Vox tiene más hombría que todos los diputados zurdos». Toscano lanzaba besos a los que la aplaudían, todos de su partido, y el diputado extremeño se deschaquetaba y ofrecía su pecho y su nuca a los comunistas, ninguno presente, para que le disparasen. Ante esta exhibición de lo que Unamuno llamaba «el cerebro cojonudo», cabría preguntarle: «Es posible toda esa hombría o hembría que rebosáis. ¿Y qué?». Y añadir: «¿De qué me sirven su hombría y la tuya, si habláis para vosotros mismos, olvidados de la nación que decís defender?».

Total, que, entre bravucones y desertores, los que se pasan y los que no llegan, Sánchez nos lleva a toda prisa hacia la República y la liquidación de España. No se dirá que no se avisó de lo que podía suceder y ha sucedido, ni que no se advirtió de lo que podía pasar y está pasando. Qué rabia da.

27 de noviembre de 2022

La dictadura de Sánchez ya está aquí. ¿Hay por ahí algún Cincinato?

De nada vale decirlo, de nada sirvió anunciarlo y no sé si servirá de algo constatarlo, pero la dictadura de Pedro Sánchez ya está aquí. Y como toda dictadura, ha llegado para quedarse. Por un tiempo todavía impreciso, indefinido, pero fuera de los límites legales anteriores a su instauración. En Roma, cuna del derecho y para evitar que fuera su tumba, la dictadura era una institución del Estado, prevista para casos excepcionales, en los que se requería una interrupción del funcionamiento de las instituciones, porque la violencia o el caos lo impedían.

Pero la dictadura tenía un tiempo tasado para acometer lo que se entendía mal necesario pero limitado: dos años. Los romanos sabían que el que llega a dictador suele encontrar y, si no, hay siempre gente que lo hace por él, argumentos para quedarse en el poder. De ahí la limitación en el tiempo —aunque prorrogable— de su legalidad. Porque una dictadura puede ser legal, y algunos derechos pueden suspenderse, pero dentro de la ley. Roma tenía claro que un Gobierno nacido para tratar una situación excepcional quedaba fuera de la ley pasado el tiempo concedido.

Cincinato, héroe civil liberal

Cincinato, «el del pelo rizado», era un agricultor famoso por su probidad y apego a los valores de la República de Roma. Como el amor a la República y a la vigencia de la ley está en las antípodas del afán ilimitado de poder, los romanos lo llamaron varias veces para ejercer la dictadura, seguros de que sería temporal. Su historia real fue luego mitificada por los cincinatos, liberales que rendían culto al gesto de Washington renunciando al poder militar y luego al civil tras la Guerra de la Independencia norteamericana. Pero no extraña que a los norteamericanos de las trece colonias insurgentes, preocupados por la limitación del poder en el nuevo Estado, les pareciera digno de veneración y hasta le dedicaran ciudades como Cincinnati, Ohio.

La primera vez que los romanos llamaron a Cincinato fue en 460 a. C. para arreglar una crisis entre tribunos y plebeyos por la Ley Taerentilia Arsa. Lo hizo y se volvió a su granja. Dos años después, Roma fue invadida por los ecuos y los volscos, y no veían forma de defenderla. Según la leyenda, Cincinato estaba arando cuando llegó el enviado del Senado para pedirle que aceptara el título de dictador y organizase un ejército capaz de vencer. Lo hizo a la misma velocidad que dejando el cargo: dieciséis días desde que logró la victoria hasta que renunció a los poderes excepcionales. Volvieron los ecuos al ataque y el cónsul encargado de la defensa probó su incompetencia, así que vuelta a llamar a Cincinato, siempre junto al arado. A la mañana siguiente, se presentó en el Senado con la túnica de dictador y llamó a las armas a todos los romanos. Cincinato, como militar, no era nada contemplativo: atacó de noche a los ecuos, los engañó con diversas tretas y, viéndose victorioso, les dio la posibilidad de huir entregando a sus jefes. Le quedaban seis meses como dictador, pero solo quiso quedarse seis días.

Por su ambición cívica de someter la ambición personal a la ley, se convirtió en mito, y ya con ochenta años, aunque bien conservados, en 439 a. C., se le planteó el problema más peliagudo de todos: frenar la ambición del riquísimo Espurio Melio que, aprovechando una hambruna, compró trigo y lo repartió para hacerse con una masa adicta, al tiempo que urdía un golpe armado para tomar el poder. Descubiertas las armas, Cincinato encargó a Cayo Servilio, *magister equitum* o jefe de la caballería leal, que llevara a Melio ante su presencia. Melio se negó a ir y trató de organizar un motín, que Servilio cortó en seco matándolo. Al contárselo a Cincinato, este le dijo: «¡Gracias por tu valor, Servilio! ¡El Estado se ha salvado!». Y así pasó a la historia: volviendo al arado en el hermoso crepúsculo romano.

¿Se cree lo que dice la oposición a Sánchez?

La información de *Libertad Digital*, el análisis en esRadio de Javier Gómez de Liaño, el artículo de ayer de Javier Somalo y los editoriales en *Libertad Digital* y *El Mundo*, entre otros, coincidían en su alarma ante el asalto al Constitucional, prueba definitiva del proyecto dictatorial de Sánchez, que está dispuesto a poner por encima de la ley a sus aliados y a él mismo, jefe de una auténtica conspiración para acabar con el régimen constitucional que los españoles nos dimos en 1978 como fruto granado de la Transición.

No ha lugar a equívocos, porque su aparatosa zafiedad no lo permite: Sánchez actúa ya como un dictador, y está dispuesto a que al terminar el año la democracia española esté de cuerpo presente. Y en 2023 acometerá la definitiva abolición de la monarquía parlamentaria y la forja, mediante referendos ilegales, que su Tribunal Anticonstitucional legalizará, de una vaga Confederación de Repúblicas denominadas Ibéricas, socialistas todas, que Él, y solo Él, porque todo es obra suya, podrá presidir, ya como tirano.

Isabel Díaz Ayuso, que da la impresión de ser la única dirigente del PP que no prefiere vivir en el siglo XX para evitarse los líos del XXI, fue la primera, aunque no la única, en alertar sobre ese proyecto dictatorial de Sánchez. Ya antes de la última fechoría de Tigrekán III, Inés Arrimadas pidió a Feijóo que como líder de la oposición presentase una moción de censura a Sánchez, para que en la opinión pública calara la gravedad de lo que está pasando. Este viernes, tras el asalto al Constitucional ciscándose en la ley y en el Parlamento, Santiago Abascal anunció la presentación de la moción de censura quizás con un candidato independiente de los partidos por la misma razón. Y en una rueda de prensa nocturna, la presidenta de Ciudadanos volvió a plantear la imperiosa necesidad de la moción para que la opinión pública española y las instituciones europeas se enteren a fondo del proyecto del tirano monclovita, que es destruir la libertad y la nación.

No presentar la moción saldrá muy caro

Vox tiene técnicamente, por su número de escaños, la capacidad de promover una moción, porque hace más de un año que presentó la anterior. Ciudadanos ya lo ha pedido. Queda, naturalmente, Feijóo, y no digo el PP porque estoy seguro de que, si por el partido fuera, presentarían la moción, porque sería la forma de empezar el año electoral colocando al PSOE ante el espejo de su indignidad. Este sábado supimos que el PP tiene ya designados a todos los candidatos autonómicos y municipales para mayo. Muy bien. Pero ¿con qué discurso? ¿Con el de denunciar el ataque intolerable a las instituciones, pero tolerarlo, porque de eso le acusará Vox, y con razón? ¿O es que el resultado de mayo, catapulta para las generales, es menos importante que preservar a Feijóo del supuesto desgaste de la moción?

¿Y de dónde sacan que no tener mayoría supone perder la moción? Si se presenta por razones morales, para que no solo España sino toda Europa se entere de que Sánchez es un dictador, que está atropellando el Estado de Derecho mucho más de lo que lo han podido hacer Polonia o Hungría, no es posible perderla, como no se pierde nunca una denuncia fundada ni haciendo oposición cuando se está en la oposición. A veces da la impresión de que Feijóo no acaba de asumir que no está en el poder, sino en la oposición, que debe desgastar al Gobierno para poder reemplazarlo.

Este sábado vi, entre la desazón y el hastío, a Cuca Gamarra, que ha logrado mejorar a Rafa Hernando, diciendo lo mismo que Feijóo: que «no estamos para darle balones de oxígeno a Sánchez» y que «la moción de censura será en las urnas de mayo». Es tan penoso su uso del español que uno tiende a ceder a la tentación pedagógica de explicarle que en mayo hay elecciones, no mociones, una facultad al alcance solo de los diputados del Congreso. Pero ya lo sabe, perfectamente o imperfectamente, pero lo sabe. Entonces, ¿por qué repetir un argumento que se interpretará como miedo a Sánchez? Uno empieza a temer que Feijóo no ha entendido por qué se hundió el PP de Rajoy o el Cs de Rivera, y tras la moción de Murcia, el de Arrimadas. Porque el votante perdió la confianza en ellos, porque entendió que buscaban más su interés personal que el de los españoles. ¿Y cree que en su caso será distinto? ¿Que la astucia de no presentar la moción se tomará de otra forma que como prueba de que no cree lo que dice ni dice lo que cree?

Ni Senado, ni pueblo, ni Roma, ni Cincinato

Temo que, hoy, ni en la política ni en la sociedad española, hay cincinatos, ni en la política ni en el ámbito civil. Pero la diferencia entre el que está sobre su arado y el tribuno de la plebe o de su partido es que el labriego no debe ir a las elecciones pidiendo confianza a los ciudadanos; y el tribuno, sí. Por desgracia, en esta Roma de cartón en que se ha convertido España, estamos viendo que tenemos a un tirano a las puertas, pero ni Senado, ni Pueblo, ni Roma, ni nada. Corderos silentes esperando al caníbal Sánchez.

11 de diciembre de 2022

SÁNCHEZ APRUEBA LAS LEYES DE DESCONEXIÓN DE LA DEMOCRACIA ESPAÑOLA

La semana pasada titulé: «La dictadura de Sánchez ya está aquí». No hacía falta ser adivino ni llegar al 15 de diciembre, día en el que el tirano rompió cualquier respeto a la legalidad e hizo aprobar, con la complicidad decisiva de la presidenta de las Cortes, dos decretos y dos enmiendas que, en realidad, decretaban el fin del régimen constitucional y enmendaban la posibilidad legal de revertir el proceso golpista que encabeza. Por decreto, anuló el delito de sedición y jibarizó el de malversación, para repetir gratis el golpe de Estado en Cataluña y el País Vasco; y con dos enmiendas, sus socios golpistas legalizaron el asalto al CGPJ y al Tribunal Constitucional. Él amnistió de antemano a los golpistas de ERC o la ETA; ellos le dieron la posibilidad legal de crear un poder judicial que sirva a su poder personal.

Sánchez hace el mismo discurso del golpismo iberoamericano

Estas reformas ilegales, que destruyen el Estado de Derecho, podrían ser consecuencia de unos actos irreflexivos que podrían tener freno, o, tal como sueña el PP, derogación apenas cambie el Gobierno. Pero ese albur quedó desmentido por el discurso del golpista Sánchez en Bruselas, denunciando un complot contra la democracia (que encarna Él) por parte de los partidos de la oposición, de los jueces y de los medios que lo critican.

Sánchez actúa ya como un espadón bolivariano; por eso utilizó la misma fórmula condenatoria de Pedro Castillo, Cristina Kirchner, AMLO, Evo o Lula: «La derecha política, judicial y mediática». Así llama esa banda a los partidos que se les oponen, a los jueces que, ley en mano, frenan sus delitos y a los medios de comunicación que no los obedecen. Lo que hizo el PSOE en España probó su determinación. Lo que dijo él en Bruselas, su carácter irreversible. Lo rubricó el discurso del presidente de la Comisión de Justicia, un tal Sicilia, apellido pintiparado, acusando a la derecha que «querer parar la democracia, en el 23F con tricornios y hoy con togas». No importa que disparatara sobre un golpe contra un Gobierno de derechas, lo esencial es que demostró que el PSOE es incompatible con la democracia, y que no va a aceptar ninguna alternativa de poder. ¿Se enterará Feijóo?

Y frente a la determinación golpista, en las Cortes y en Europa, ¿qué hizo la oposición? Primero, no tener en cuenta las declaraciones europeas, que eran las más graves y requerían una respuesta conjunta. Y lo segundo, por negarse a esa postura conjunta y jugar cada partido su mezquina baza electoral, actuar como la oposición venezolana, que se dividió cada vez que pudo frenar el camino a la dictadura comunista: irá cada cual a lo suyo, sin pensar siquiera en actuar coordinadamente. En lo táctico, PP, Ciudadanos y Vox, coincidieron totalmente en criticar el golpe. Pero en lo estratégico, se mostraron incapaces de alcanzar una postura conjunta.

El discurso de Arrimadas fue excelente, denunciando la semejanza del golpe separatista de 2017 que se inició con las llamadas Leyes de Desconexión del Parlamento regional amadrinadas entonces por Carmen Forcadell, con el golpe de Sánchez, amadrinado por Meritxell Batet. Porque lo que Sánchez ha hecho votar este 15 de diciembre son las leyes de desconexión de la democracia española con la Constitución y sus políticos. La crisis de la energía la ha resuelto con un total cortocircuito institucional.

Cuca Gamarra no estuvo nada mal, lo que, dados sus antecedentes oratorios, la acerca a Demóstenes. Aunque llamar cobarde al que estaba haciendo lo que le convenía que era defender su posición en Bruselas, o sea, lo que no está haciendo el PP, no fuera acertado. Y Vox, que se fue del Congreso por no aceptar Batet aplazar la sesión hasta que el Tribunal Constitucional decidiese sobre las leyes de Sánchez, abandonó el pleno. Pero dejó a Ortega Smith para explicarse, lo que resultó incoherente: o te vas, o no te vas; y de quedarse uno, Abascal. Pero, en fin, son detalles. Lo penoso era la desunión. No es que se coordinen mal, es que ni se hablan.

La moción de censura de Vox, contra Ayuso

Tampoco Abascal habla consigo mismo o actúa pensando en sus votantes, que se supone que es lo que les mueve pensando en mayo. La gravedad del golpe sanchista y su propio gesto al abandonar el Parlamento deberían haber desembocado, en buena lógica, en el anuncio de la moción de censura que hace días declararon necesaria, incluso si la presentaba solo Vox. No lo hicieron. Y, paralelamente, perpetraron una fea trapacería en la Comunidad de Madrid tumbando los presupuestos de Díaz Ayuso. En teoría por no tener en cuenta sus enmiendas. En la práctica, las presentaron fuera de plazo, y dijeron querer meterlas contra el reglamento de la Cámara. Ni me creo el retraso, ni eso de que les han censurado las enmiendas. ¿Les han sobrado meses y les han faltado minutos? A otro perro con ese hueso.

En realidad, el discurso de Vox a pocos meses de la cita electoral de mayo oscila entre la mentira descarada y el suicidio político más absurdo. El calendario los delata. En septiembre les entregaron los presupuestos. Pasaron dos meses. Silencio absoluto. Y dos días antes de cumplirse el plazo, remitieron al Gobierno de Ayuso 83 enmiendas, de ellas un tercio técnicamente defectuoso y el resto, contradictorio o redundante. Frente a las mil enmiendas de alguno de los partidos de la izquierda, esas ochenta, que eran cincuenta, parecían un trámite para no votarlos. No obstante, al día siguiente, Lasquetty les remitió las diez más negociables. Pero llegó Monasterio, se sentó, dijo que esa respuesta, en las veinticuatro horas que forzó, era un insulto a los votantes (que, por supuesto, no tenían la menor noticia de ellas), se levantó y se fue, sin atender a las peticiones de que se quedara.

Monasterio dijo que presentaría sus enmiendas directamente en la Asamblea, como los partidos de la izquierda, pero tampoco las presentó. Lo hizo terminado el plazo, según ella, por error informático. Pero además de que había tenido meses para hacerlo, el informe técnico de la Mesa de la Asamblea lo negó categóricamente y dejó a la líder de Vox por mentirosa. Entonces dijo que el PSOE las habría aprobado porque en otra ocasión se admitió esa irregularidad, y acusó a Ayuso de «votar con la izquierda».

Pero la que finalmente ha votado con la izquierda y contra Ayuso es Monasterio. Ni Abascal tuvo autoridad para frenarla antes ni después. Y si en las autonómicas la favorecida por la actitud de Vox será Ayuso, en las generales, el perjudicado como número uno por Madrid será Abascal. No ha presentado la moción contra Sánchez y Vox lo ha hecho contra Ayuso. Como dijo Juan Carlos I de Arias Navarro: «Es un desastre sin paliativos».

La estrategia de Feijóo, insostenible

Pero tampoco ha salido bien el PP de esta semana aciaga. Toda la estrategia de Feijóo, y de ahí su discurso electoral pidiendo el voto a los socialistas no sanchistas, como si los hubiera, se basaba en la presunción de que Sánchez admitiría el resultado de unas elecciones normales. Al romper claramente, dentro y fuera de España, con el marco constitucional, al entrar a saco en el poder judicial, al poner el Código Penal a los pies de etarras y golpistas, el Gobierno socialcomunista de Sánchez, o Sánchez y su banda, ha emprendido una campaña de cambio de régimen, no de Gobierno, y es a ese cambio de régimen a lo único que debe atenerse la estrategia del PP.

Por desgracia, no hay ninguna señal en ese sentido. Al contrario: González Pons, responsable de la inexistente política exterior del PP, ha insistido en criticar la moción de censura propuesta por

Cs y Vox contra Sánchez, que es una obligación moral, más allá de los cálculos de imagen, ofreciendo a la opinión pública la sensación de que el PP vive muy a gusto esperando que no llueva, sin pensar en construir el Arca de la Constitución. Cada vez que Feijóo denuncia que Sánchez está derribando el Estado de Derecho, cabe preguntarse: ¿y qué hace el PP para frenarlo, aparte de la generosidad de recordarnos que en mayo le podemos votar? ¿Y por qué cree que las elecciones generales serán normales, y no un plebiscito de cambio de régimen, con referendos separatistas y derribo de la Corona?

El desamparo de los funcionarios leales

Ayer, diez vocales del CGPJ, el Gobierno de los jueces, publicaron un texto que no sé si pasará inadvertido, pero que, a mi juicio, muestra la terrible indefensión de los funcionarios leales a la nación y la Constitución, los que se niegan a ser pumpidos golpistas al servicio de Sánchez y sus socios. El golpe de 2017, pese a la abulia y cobardía del Gobierno del PP, lo paró el Estado, desde el rey a los funcionarios de la Administración de Justicia pasando por las Fuerzas de Orden Público, muchos medios de comunicación y la opinión pública que sacó su bandera y se echó a la calle. En este golpe de Estado de Sánchez, la primera obligación de los partidos de oposición es brindar apoyo y respaldar a los funcionarios que de nuevo luchan desde el Estado contra la liquidación del régimen constitucional. No lo están haciendo, comidos por sus mezquindades y miopías. De ahí la pena que produce leer el texto de quienes ya no saben cómo defender a España:

> El pasado jueves, el Sr. presidente del Gobierno de España manifestó, tras participar en la sesión de trabajo del Consejo Europeo organizada en Bruselas, que la derecha política y judicial han querido atropellar la democracia. Estas declaraciones se produjeron tras las realizadas por portavoces parlamentarios, en las que se vertieron groseras descalificaciones sobre el Tribunal Constitucional y el Poder Judicial. Los vocales del Consejo General del

Poder Judicial que asumimos esta declaración consideramos irresponsable hacer ese tipo de aseveraciones, carentes de todo fundamento y más aún cuanto que supone transitar de la confrontación partidista a la deslegitimación de las instituciones ante la ciudadanía.

Tanto el alto intérprete de la Constitución como los tribunales de la jurisdicción ordinaria han contribuido decisivamente a la consolidación de la democracia, cumpliendo y haciendo cumplir la Constitución. Por eso la Comisión Europea exige que, para respetar el Estado de Derecho, los miembros de los Gobiernos y Parlamentos de los Estados de la Unión Europea deben «abstenerse de actuaciones y declaraciones públicas que puedan socavar la legitimidad del Tribunal Constitucional, el Tribunal Supremo, los órganos jurisdiccionales ordinarios, los jueces, individual o colectivamente, o del Poder Judicial en su conjunto» (Recomendaciones de la Comisión Europea 2016/1374, 2017/146 y 2017/1520).

El Estado de Derecho es la piedra angular de una sociedad democrática, donde los tres poderes y todos los ciudadanos están sometidos al imperio de la Constitución, bajo cuyo cobijo se garantiza la convivencia libre y pacífica, en condiciones de igualdad. El cumplimiento del orden constitucional y garantizar los derechos de los ciudadanos es el papel fundamental que los jueces cumplen, con independencia de sus ideas u opiniones particulares. Por todo ello, al tiempo que rechazamos esas descalificaciones, hacemos un llamamiento a una convivencia regida por los valores de la concordia, la libertad y la seguridad jurídica, cuyo cumplimiento es especialmente exigible a todos quienes desempeñamos responsabilidades públicas.
En Madrid, a 17 de diciembre de 2022[*]

Volvemos a la resistencia contra la dictadura

No tengo la vehemente sospecha, sino la absoluta certeza de que esta pieza modesta y melancólica no será leída por los políticos de la oposición, enredados en sus cominerías. Y que, de leerla, será poco valorada. Yo saludo, sin embargo, a estos compatriotas que han querido dejar constancia, pese al silencio atronador, la ocasión de manifestarse como ciudadanos y como funcionarios leales al

---

[*] Memoria del CGPJ, 2022.

Estado y a la nación que lo sustenta. Hemos llegado al punto en el que, lo que no hagamos por nosotros mismos, nadie lo hará. Es triste ver cómo recobran su sentido las viejas canciones de la resistencia contra la dictadura de derechas de ayer ante la dictadura en ciernes de la izquierda de hoy. Como la de aquel mal poema de Celaya:

> *Porque vivimos a golpes, porque apenas si nos dejan*
> *decir que somos quien somos,*
> *la poesía no puede ser sin pecado un adorno.*
> *Estamos tocando*
> *el fondo.* [*]

A golpes nos maltraen. Y lo peor es que, al golpe de Sánchez y sus consecuencias, el fondo no se le ve.

18 de diciembre de 2022

---

[*] Gabriel Celaya, *Cantos iberos*, Madrid, Verbo, 1955.

LAS NAVIDADES NEGRAS DE LA LIBERTAD EN ESPAÑA

Ha acertado Isabel Díaz Ayuso al decir que este es el diciembre negro de la democracia española. De hecho, no exageramos al asegurar que vivimos las últimas Navidades blancas como sociedad civil, pero nos hemos zambullido ya en las primeras Navidades negras de la dictadura sanchista.

Desde *Libertad Digital* y esRadio hemos alertado, año a año, sobre todos los pasos que llevaban a la ruina del régimen constitucional de 1978, alcázar de nuestras libertades que va camino de convertirse en sótano de resistencia, como el del Alcázar de Toledo, con su motor de bicicleta para hacer pan negro, si es que García-Page no lo ha desmontado y reconvertido en panadería *woke*. No estamos satisfechos, claro está, con lo que sucede, pero sí con lo que hemos hecho hasta ahora para evitarlo. Todos los días, a todas horas, hemos cumplido con el deber que nos impusimos al crear *La Ilustración Liberal* y luego *Libertad Digital*, Libertad Digital TV y esRadio.

Breves reflexiones político-biográficas

Como es Navidad, permítanme los esforzados lectores del domingo una breve anotación personal. Mi biografía política va camino de completar un círculo que hubiera satisfecho al Nietzsche del «eterno retorno», en mi caso, el «eterno trastorno». Empecé, recién salido del instituto, enfrentado a una dictadura de derechas, y no podré jubilarme por estar enfrentado a una dictadura de izquierdas. Está claro que no nací bajo el signo de Venus, sino de Marte. Pero solo el humor nos permite vivir y sobrevivir a los vaivenes de la vida y la política, cuando se cruzan de esta manera y nos marean con sus volteretas. Lo único que sé es que ya he tenido la experiencia de la clandestinidad y sobreviví, gracias a la inconsciencia y a la inconsistencia intelectual de la juventud. En la madurez, sé mejor lo que hago. Y también que vale la pena hacerlo.

Precisamente en estas fechas, cuando se nos acaba de ir Carmen Jara, como se nos fue Elia Rodríguez, y como nos iremos yendo todos, siguiendo al anciano harapiento que simboliza el año viejo cuando sea el último, uno piensa sobre lo permanente en que debe asentarse lo fugaz de la existencia. Y creo que nada vale más la pena que poder decir: «He hecho lo que debía». Estamos ante el fin de una época, que para mi generación simboliza aquel mapa de España colgado tras la tarima del maestro, junto a la pizarra y bajo el crucifijo, que veíamos al levantar la vista de nuestros primeros palotes.

Es esa España, en esa Europa que veíamos tras los Pirineos, lo que se nos va. Se va el mapa, como se ha ido el crucifijo, la tarima del maestro, símbolo de su autoridad, y lo que cada uno recuerde de sus primeros años de civilización. Porque toda educación es civilización, y lo que estamos perdiendo o hemos perdido ya es la noción misma de «civilización», que es inseparable de la memoria de la nación, nuestro ser político y ciudadano. Lo hemos visto desaparecer poco a poco, en la tramoya de la gran obra de la Transición, que fue la reconciliación de los españoles consigo mismos.

Veníamos de familias construidas con pedazos de las dos Españas, que se unían por Navidad, o se mandaban postales, o se recordaban. Y un día nos encontramos, de pronto y al llegar la edad adulta, con que podíamos votar, sin temor a la Policía de la dictadura ni a las checas de la revolución. Cuando el Gobierno del traidor Sánchez y sus socios de la pistola y el odio quieren acabar con aquella España que, casi de milagro, aprendió a votar, lo que veo desaparecer es no solo el mapa político de España en la escuela, con sus ríos y sus mares, sus cincuenta provincias y sus antiguas regiones, sino el otro mapa, el que daba cuenta de nuestras posesiones por nacer en esta tierra y no en otra, más abajo del Estrecho o más arriba de los Pirineos.

Aquellos mapas de España

Por el prestigio de la palabra, me encantaban las minas de mercurio de Almadén, que en el mapa estaban al lado de las espigas de Castilla la Nueva, idénticas a las de Castilla la Vieja y Aragón. También era nuestro el carbón de Asturias, que era hulla, distinta del del norte de Teruel, lignito, que era mejor que la turba, aunque peor que la antracita. Teníamos, porque en la España del mapa todo era plural, acero en Bilbao, que salía del humo de unas chimeneas largas y estrechas, como las de la azucarera de Santa Eulalia, junto a mi pueblo, que se alzaba junto a una remolacha. En los mares había peces; en las vegas de los grandes ríos, coles y nabos; en las huertas de Levante, naranjas; en Andalucía, olivos y más carbón y otros metales; en Cataluña, telas, y en Galicia, por el Camino de Santiago, unas conchas que llaman «vieiras», y que eran como las otras, pero más grandes.

No es que fuéramos dueños de cada mina, de cada naranja y de cada remolacha, pero todo era nuestro, porque aquel era el mapa de España y España es y, se nos decía, siempre será de todos los españoles. Una vez los franceses nos invadieron, les declaramos la Guerra de la Independencia y los derrotamos, aunque el ejército de Napoleón era el más poderoso del mundo. España siempre saldrá adelante y siempre, siempre, será nuestra.

Todo eso es lo que se ha ido desvaneciendo en estos años, casi sin darnos cuenta. Ya no hay «nosotros», apenas queda España, y los españoles, dueños de todo aquello, no somos dueños de nada. Hemos perdido el mapa.

Pero feliz Navidad.

25 de diciembre de 2022

2023

EL AÑO DE LA VERGÜENZA. EL DESASTRE ELECTORAL ACELERA EL GOLPE DE ESTADO. LA OPOSICIÓN DEBE CONVERTIRSE EN RESISTENCIA.

11 de enero. Nombramiento de Cándido Conde Pumpido al frente del Tribunal Constitucional.

7 de marzo. Ante la suelta de violadores fruto de la desastrosa Ley Montero, el Congreso de los Diputados aprueba tomar en consideración la reforma de la ley propuesta por el PSOE gracias a los votos del PP y de Vox y con el voto en contra de Unidas Podemos y de ERC.

21 y 22 de marzo. Moción de censura interpuesta por Vox y defendida en el Congreso por el economista Ramón Tamames. Fracasó como estaba previsto.

2 de abril. Yolanda Díaz presenta su candidatura a la presidencia del Gobierno como líder de la plataforma Sumar en un acto en Madrid al que no asisten los líderes de Podemos.

24 de abril. Son exhumados los restos de José Antonio Primo de Rivera del Valle de los Caídos y trasladados al cementerio de San Isidro, donde se producen incidentes protagonizados por falangistas contrarios al traslado.

28 de mayo. Elecciones autonómicas y municipales. PP y Vox gobiernan casi toda la España autonómica y capitales de provincia. Impresionante mayoría absoluta de Ayuso. El poder territorial del PP aumenta considerablemente.

29 de mayo. Ante el éxito del centro derecha, Pedro Sánchez anuncia por sorpresa que adelanta las elecciones al 23 de julio.

15 de junio. Pacto PP-Vox en Valencia, primer gran acuerdo tras las elecciones autonómicas.

20 de junio. María Guardiola, candidata del PP de Extremadura, se niega a pactar con Vox y revienta la campaña de la derecha de cara a las elecciones generales del 23 de julio.

23 de julio. La derecha fracasa y no logra mayoría absoluta. Sánchez se ve en la Moncloa y lo celebra como una victoria. Empieza el chantaje de Junts, el partido del prófugo Puigdemont que sabe que será necesario para Sánchez.

24 de julio. Salvador Illa dice que NO habrá amnistía: «No podemos hacer nada que se salga del Estado de Derecho. A partir de aquí, podemos hablar».

4 de septiembre. La líder de Sumar y vicepresidenta del Gobierno en funciones, Yolanda Díaz, se entrevista en Bruselas con el fugado Carles Puigdemont. Es el primer encuentro público entre un miembro del Gobierno español y el expresidente de la Generalidad huido desde octubre de 2017. Al día siguiente, Puigdemont pone como condición para que Junts apoye cualquier investidura la aprobación previa de una Ley de Amnistía.

24 de septiembre. Primera gran concentración en Madrid convocada por el PP en contra de la Ley de Amnistía.

29 de septiembre. Fracasa en la segunda votación la investidura de Alberto Núñez Feijóo.

8 de octubre. Gran Manifestación en Barcelona convocada por Societat Civil Catalana en contra de la posible Ley de Amnistía a la que asisten los líderes del PP y de VOX.

12 de octubre. Fiesta Nacional. Leonor cautiva a todos con su uniforme de cadete.

28 de octubre. Pedro Sánchez defiende ante el Comité Federal del PSOE la amnistía. «Hacer de la necesidad virtud». Días antes, el PSOE y Sumar firman su pacto.

31 de octubre. La princesa de Asturias, Leonor de Borbón, jura la Constitución en un acto solemne celebrado en el Palacio de las Cortes al que no asisten ninguno de los socios del Gobierno en funciones de Pedro Sánchez, ni los presidentes autonómicos del País Vasco y de Cataluña.

9 de noviembre. El PSOE y Junts alcanzan un acuerdo para la investidura que incluye una Ley de Amnistía y el denominado *lawfare.* Se desencadena una reacción sin precedentes de rechazo unánime de todas las instituciones que siguen en pie y de la sociedad civil.

12 de noviembre. Centenares de miles de personas se concentran en todas las capitales de provincia convocadas por el PP «en defensa de la igualdad de todos los españoles».

17 de noviembre. Tras ser investido como presidente del Gobierno por 179 votos a favor y 171 en contra, Pedro Sánchez promete su cargo ante el rey, iniciando así su tercer mandato.

18 de noviembre. Histórica y multitudinaria manifestación en Cibeles en defensa de la Constitución y contra la Ley de Amnistía.

2 de diciembre. El PSOE y Junts acuerdan que la figura del mediador la desempeñe el diplomático salvadoreño Francisco Galindo. Alberto Núñez Feijóo lo considera una humillación: «¿Ahora es un experto en guerrillas latinoamericanas el que nos tiene que decir cómo España trata a una de sus comunidades autónomas?».

3 de diciembre. Nueva manifestación en contra de la Ley de Amnistía convocada por el PP en Madrid. Miles de personas abarrotaron el templo de Debod.

5 de diciembre. Los cinco diputados de Podemos en el Congreso abandonan Sumar y se pasan al Grupo Mixto.

13 de diciembre. El PSOE de Sánchez vuelve a incumplir sus promesas. Se anuncia el pacto entre el PSOE, EH Bildu y Geroa Bai para presentar una moción de censura contra la alcaldesa de Pamplona de UPN, en minoría.

28 de diciembre. La alcaldía de Pamplona pasa al cabeza de lista de EH Bildu Joseba Asirón. Para el PP es «un antes y un después».

29 de diciembre. Carlos Cuerpo jura su cargo como nuevo ministro de Economía en sustitución de Nadia Calviño, que a partir del 1 de enero preside el Banco Europeo de Inversiones. La ministra de Hacienda María Jesús Montero pasa a ser la nueva vicepresidenta primera del Gobierno.

10 de enero de 2024. Sesión esperpéntica del Congreso, que se celebra en el Senado por obras, en la que se votan tres decretos del PSOE. Decae el que defendía Yolanda Díaz por el voto contrario de Podemos, partido de Gobierno escindido de Sumar. Los otros dos se aprueban a cambio de intolerables concesiones a Junts, como el control de la inmigración. El chantaje separatista es un hecho.

La reacción brutal y típicamente bolivariana del Gobierno contra Ferrovial

Ver a Nadia Calviño convertida en Pam y a Sánchez en Che Moncloa atacando a Ferrovial es algo más que un escándalo: un error del Gobierno, en un caso que podía haber aprovechado perfectamente en su favor. Hace solo un año, la vicepresidenta Calviño, esa nada perfumada que los genios del IBEX creyeron representante de la ortodoxia financiera, elogió en Nueva York a Del Pino por su «inspiración y liderazgo». En vez de enfurecerse al preguntarle por el caso, podía haberse fingido empática y hasta patriota.

La falta de reflejos de Calviño

Era fácil incluso vengarse por la marcha a los Países Bajos. Bastaba decir que, precisamente al saber de sus problemas internos, ella le elogió públicamente y nada menos que en los EE. UU., donde piensa cotizar. Porque este Gobierno, faltaría más, busca siempre lo mejor para las empresas españolas, que son las que crean riqueza y empleo. Ah, y que si Del Pino cree que en Holanda solucionará esos problemas, ella también lo deseaba como a toda empresa de origen español. Hasta podría haber añadido que el accionariado de este tipo de empresa está sometido a fondos de inversión, que no actúan por razones de economía interior, sino exteriores de tipo especulativo y poco controlables. Y, en fin, se habría adornado aún más diciendo que está segura de que, si Ferrovial salía adelante, volverá a casa.

La batahola mediática habría sido tremenda: ¡qué estilo! ¡Qué forma de capear el temporal! ¡Qué nivel el de Calviño! ¡Ojalá todas las ministras fueran igual! Los plácemes habrían llegado a Tananarive, Madagascar. Del Pino habría quedado mal ante sus accionistas, Ferrovial más comprometida que antes de largarse, y el Gobierno, dueño de la situación económica. En cambio, ahora las empresas saben que Calviño es una nulidad que no sabe ganar ni perder; y que, ante un problema, actúa como una podemita más.

¿Pretende Sánchez una Presidencia europea antieuropeísta?

Pero más grave aún que la rabieta de Calviño ha sido el ataque personal del presidente del Gobierno, que próximamente ostentará la Presidencia de la UE, a un ciudadano español que, como cualquier europeo, puede fijar su residencia personal, empresarial y fiscal en cualquier país de la Unión.

¿Ese es el talante que exhibirá Sánchez, más hosco que Le Pen u Orban? Después de pedir cuantiosos fondos europeos a los países más prósperos, entre ellos los Países Bajos, ¿los atacará porque haya españoles que quieran vivir allí, con menos presión fiscal y más seguridad jurídica? Esas son las razones esgrimidas por Ferrovial. Y la reacción del Gobierno las confirma.

Porque el Gobierno ha reaccionado con rabia y con una retórica anticapitalista que hasta ahora era privativa de los comunistas de Podemos. Eso demuestra, como hemos dicho aquí a menudo, que el verdadero jefe de Podemos, como el verdadero jefe del golpe de Estado catalán, es Sánchez. Pero nunca se había mostrado tan fuera de control, perjudicándose él solo, acabando con el hechizo o con el embeleco de que hay un PSOE distinto a Podemos, que solo soporta sus salidas de tono y sus leyes extremistas para no romper la coalición de Gobierno, pero que no tiene nada que ver con los de Caracas. No solo tiene mucho que ver: es que no se diferencia en nada.

Esta semana publicaba en el *BOE* la ley trans, un crimen legal que destrozará la vida de muchos miles de jóvenes y que no es obra de Irene Montero, sino del presidente. Y el mismo día, a la misma hora, Sánchez tronaba contra el «antipatriota» Del Pino en los mismos términos que Ione Belarra y la tribu morada o que los no menos comunistas MeMa y Errejón.

¿Qué cabe esperar de una segunda legislatura de Sánchez?

¿Y qué significa este alarde de sinceridad emotiva, esa descarga de bilis? Algo contra lo que deberíamos estar prevenidos: lo que sería una segunda legislatura de Sánchez, ferozmente bolivariana, bajo el lema: «¡Exprópiese!».

El Partido Popular, perito en dejaciones y ducho en traicionar sus promesas electorales, debería darse cuenta, visto el ferrovialazo, no de la empresa sino de Sánchez, de que no hay ninguna posibilidad de pactar nada con Sánchez; y por dos razones: porque no le conviene a España, que temo le da igual, y porque no le da la gana a Sánchez, que debería hacerles pensar.

Hay muchos signos en el horizonte que llevan a lo mismo: Sánchez solo contempla una segunda legislatura como una liquidación del orden constitucional, y la implantación, en su exclusivo beneficio, de un modelo en el que la arbitrariedad personal y la corrupción política no tendrán freno ni siquiera en la Unión Europea, cuyos tratados aprovecha este Gobierno hasta donde le conviene, pero que repudia o ignora cuando le da la gana.

El viaje reciente de la comisaria que buscaba averiguar el buen uso de los fondos europeos, y cómo se determinaban sus beneficiarios, se saldó con la confesión de que no había podido enterarse de absolutamente nada. El comportamiento de Calviño fue un aviso de la coz a Del Pino. Igual que Teresa Ribera, enemiga del paisaje español y a cuyas espaldas se urde la estrategia europea, en rigor alemana, sobre energía. En los últimos días, al hilo del caso PutiPSOE, se multiplican las evidencias de que Sánchez no aspira a Bruselas, sino a Caracas. El que no lo vea es que no lo quiere ver.

5 de marzo de 2023

CON MOCIÓN Y SIN CENSURA, PUMPIDO PASA EL RODILLO SOBRE LA DEMOCRACIA

La moción de censura arroja un fabuloso balance de satisfacciones. Vox está eufórico, porque veía venir la catástrofe e interpreta el alivio como una victoria. El PP se declara vencedor de un combate en el que no participó. El PSOE no dice que Sánchez estuvo imponente, porque estuvo peor que nunca, que ya es decir, pero se consuela con la botadura de la chalupa Barbie Paracuellos, un día de rubio biclorruso, y otro, de golden retriever. Hasta Podemos tiene motivos para la esperanza porque su verdugo superó a Sánchez en vaciedad y sigue sin más partido que el del Gobierno, que le ha alquilado una mansarda para alzar el cadalso de las niñas de *El resplandor*.

De *El resplandor* de Iglesias a *La matanza de Texas* de Pumpido

Pablo Iglesias recuerda a Jack Nicholson, el loco con el hacha detrás de la puerta, que quiere decapitar a aquella musa de «la Syriza galega» que ungió vicepresidenta y ahora es presidenta segunda del presidente único. Los separatistas, desde la ETA al golpismo catalán, no pueden quejarse: si cuanto peor vaya España, mejor les va, todos los días les toca el Gordo. Es chocante que, entre los vencedores, nadie haya señalado a los separatistas, que sentaron cátedra de idiocia, pero salieron tan forrados como entraron.

La razón última de su satisfacción es que Pumpido ya ha puesto la directa en la apisonadora del Tribunal Constitucional y empieza a allanar el camino para destruir a toda prisa el régimen constitucional de 1978. Sobre esa escombrera piensan edificar diez o doce repúblicas negreiras, vivero de corrupciones en el que a diario se alanceará a la difunta nación española.

Esto es lo más importante: mientras los partidos parlamentarios se felicitan públicamente de un éxito que deben refrendar las urnas de mayo, el partido antiparlamentario, antisistema y antiespañol Sánchez-Pumpido se ha puesto a declarar constitucionales las leyes que el mismo tribunal había declarado anticonstitucionales cuando el ponente era Pumpido. Ahora que es dictador, pasa el rodillo sobre la masa de togas, ayer hostiles, hoy leales. Y además de borrar el más mínimo decoro legal, negándose a recusarse de los asuntos en los que no deberían participar, se ciscan en todo y aprietan el acelerador con la sorprendente excusa, si es que alguna de sus fechorías pudiera todavía sorprendernos, de la «urgencia social de su aprobación».

Si evocamos películas de terror, Pumpido sería el del cartel de *La matanza de Texas*, con la sierra mecánica acabando con la Constitución. Su destrozo apunta al cuello de todo lo que en España significa una ayuda social protegida por el Estado. Y nada lo representa mejor que declarar «urgente» y constitucional la Ley Celaá, prohibiendo la educación especial.

Significado moral y pedagógico de la «educación especial»

La educación para niños con problemas de aprendizaje es uno de los pocos ámbitos de los que puede sentirse orgullosa la educación española. A lo largo de muchos años, algunas comunidades, sobre todo la de Madrid, han creado un cuerpo de profesores con indudable vocación y con una experiencia forjada en la realidad diaria, que logran verdaderos milagros en unos niños hasta ayer abocados al fracaso escolar y a la marginación social.

Ese milagro, que lo es si observamos de dónde parte esa educación especial y lo que llega a conseguir, tiene un origen pedagógico, ideológico y moral, que se resume en no tratar como iguales a los que son diferentes. No peores, porque hay deficiencias que pueden convertirse en capacidades, ni tampoco mejores, porque hace falta un esfuerzo mayor que el habitual. Son simplemente distintos que necesitan una educación distinta, diferentes que solo pueden educarse atendiendo a esa diferencia. En última instancia, los niños son todos diferentes, pero algunos precisan atenciones diferentes, que lógicamente suponen unos estímulos innecesarios para la mayoría, pero fundamentales para sacar adelante al alumno especial, con mucho esfuerzo de los niños, padres y profesores, pero, al final, con excelentes resultados.

Por esa mezcla de sadismo y odio al necesitado que caracteriza al comunismo, en la educación llevan décadas persiguiendo el cierre de los centros de educación especial, que, si son necesarios para los que tienen capacidades especiales, lo son más para los que tienen diversos tipos de discapacidad. Los más listos son víctimas de su facilidad para aprender y acaban suspendiendo asignaturas de las que se aburrieron. Y que cada vez serán más difíciles de recuperar. De ahí la educación especial que requieren estos niños, que se asocian con dificultad, pero que, convenientemente guiados, el día de mañana triunfarán en las ciencias, las letras o las artes. Entonces podrán devolver con creces a la sociedad lo que ella les brindó.

Y más importante aún es atender a los niños que padecen diversas minusvalías, de leves a muy graves, que necesitan estímulos y procesos educativos diferenciados y adaptados a su situación personal y familiar. Porque en estos niños la familia es parte del proceso educativo, y cuando esa unión de esfuerzos y sacrificios en la casa y la escuela se consigue, el resultado es verdaderamente extraordinario.

Los pedagogos que odian la enseñanza

Pues bien, la obsesión del pedagogo que odia la enseñanza, de esa caterva de desertores de la tiza que quiere hacer de las aulas contenedores de animalitos por adoctrinar, desemboca en lo que llaman inclusión, que es meter en la misma clase a los alumnos por edad, al margen de su nivel y su capacidad. Todo profesor que no sea neciamente progre sabe que basta que en un aula de veinticinco alumnos haya dos, solo dos, que, por la razón que sea, no siguen bien las clases para que, al final, no las siga toda el aula. Sin embargo, para la pedagogía roja de lo mismo si hay diferente nivel social y cultural, de capacidad lingüística o de otra índole. Todos se educarán mal, y así nadie tendrá mejor educación que otro. Por supuesto, estos pedagogos llevan a sus hijos a colegios privados, bilingües y del más alto nivel. Pero a la enseñanza pública la han condenado a la cárcel de la incuria obligatoria.

Pues bien, Pumpido, cuya vocación es no dejar piedra sobre piedra del edificio constitucional, ha declarado legal que se prohíba la educación especial y en centros especiales para alumnos con necesidades especiales. ¿Y por qué? Porque el socialismo odia la individualidad, y considera una forma de privilegio hasta la discapacidad. Por eso Pumpido merece ser llamado enemigo de la humanidad. Solo un ser maléfico, satánico, puede obligar a la infelicidad con la excusa de hacer a todos igualmente felices.

Esta crueldad, esta inhumanidad, esta barbarie legalizada por la horda pumpidesca, demuestra que el régimen que la izquierda pretende erigir sobre los restos del del 78 está dispuesto a subordinar a la ideología colectivista todos los derechos de los ciudadanos. Igual que la ley del «sí es sí» salió adelante a pesar de la suelta de violadores, el sectarismo de la banda de Sánchez, comandada por el Tribunal Inconstitucional de Pumpido, está dispuesto a echar a miles y miles de alumnos, miles y miles de familias, al arroyo de unas clases en las que serán extraños, nada aprenderán y todo lo sufrirán. Una de las características del comunismo no es que sea indiferente al sufrimiento de las personas, es que disfruta infligiéndoselo. Pumpido une a la mandíbula de Patxi Picapiedra la fatuidad de Sánchez, es comisario del agravio, policía del dolor, legista de la tiranía, faro de la iniquidad, verdugo de la compasión y asesino de la educación. Y como él, el maldito régimen que se nos viene encima, que, a toda prisa, nos están imponiendo ya.

Y los partidos, felicitándose de lo bien que les ha ido la moción.

26 de marzo de 2023

La indiferencia comunista de Irene Montero por las víctimas de su ley

Si algo caracteriza al comunismo, y nunca se repetirá bastante, es la absoluta indiferencia por sus víctimas. Antes de Lenin, en Marx, Bakunin o Necháyev, la indiferencia ante los huérfanos y las viudas que provocaban sus asesinatos se justificaba por su carácter «de clase». Como se mataba para salvar a la clase obrera y, con ella, a la humanidad, todo sacrificio era justificable. Sacrificar a quien no quería ser sacrificado se justificaba por los que se sacrificaban voluntariamente. La sangre enaltecía la Revolución.

Cuando Lenin toma el poder y el Estado se identifica con el terror, el carácter masivo de masacres, purgas y hambrunas hace escandalosamente patente el dolor concreto que produce una política abstracta. No solo por sus crímenes, cuando asesinan a los militantes obreros de otros partidos, sino por sus errores, como las hambrunas que la requisa masiva de grano provoca en la gente más humilde: cinco millones de muertos de hambre. Entonces es cuando Lenin erige como doctrina la insensibilidad ante el dolor ajeno. Y rechaza la ayuda exterior para no perjudicar la imagen de la Revolución, concepto abstracto al que sacrifica millones de vidas concretas. La insensibilidad ante el dolor ajeno se convierte en mérito bolchevique.

Montero se entristece por Montero

Nada sustancial ha cambiado desde entonces. Si más de cien millones de muertos no cambian la valoración de esa ideología en los comunistas de hoy, nada lo hará. Es difícil asumir que en un país donde se vive bien, gente que se viste y come lo mismo que nosotros, pero que es comunista, sea del todo indiferente al dolor humano. Y en especial al dolor humano que ellos provocan y dicen remediar.

Esa tara moral nunca se ha exhibido tan obscenamente como cuando Irene Montero, tras la votación de la reforma de su ley subió a la tribuna a gimotear que era «su día más triste como ministra». Casi mil violadores, pederastas y agresores sexuales en la calle, tres mil esperando en la puerta, y ella no estaba triste por las mujeres violadas, los niños abusados, las víctimas que nunca lo habrían sido si a sus agresores no los suelta la ley de marras. Hace falta un carácter muy especial para demostrar semejante egoísmo, solo superado por su injustificada vanidad, porque su aplastante derrota parlamentaria, dijo, era de todas las feministas de la Cámara y de toda España. Ella, Montero, es todas las demás. Las demás, a su lado, nada.

No iba a salir ninguno, dijo

Lo propiamente comunista no es, como creen algunos, el sadismo, el disfrute con el sufrimiento ajeno, sino la indiferencia al dolor de los demás. También el moral, de ahí las campañas de difamación personal contra sus enemigos. Y como todo lo que se hace tiene una razón ideológica, lo que la realidad revele sobre sus efectos, en el Gobierno o en la oposición, da exactamente igual. Si el partido no cambia la estrategia, todo se mantiene igual, caiga quien caiga, dentro o fuera del partido. Sobre todo, fuera de él.

Montero, Belarra y Yolanda son exactamente igual de comunistas. Y perpetraron una ley que obedece a sus delirios de género, aceptados por el Gobierno en pleno y su cohorte de aliados. Nunca la oposición de verdad (Ciudadanos dejó de serlo al votar el engendro) fue tan unánime, nunca el CGPJ fue tan claro, nunca las asociaciones profesionales y los medios de comunicación no genuflexos fueron tan vehementes avisando de su efecto. A Montero y los demás les dio exactamente igual. «No habrá una sola reducción de condenas», aseguró en noviembre. «Es propaganda machista». Luego dijo que la ley estaba bien, pero los jueces fachas la aplicaban mal. Y a ese coro se sumaron Rosell, Pam, Belarra y demás cuchipandi. Pero eso contradecía evidentemente lo anterior, que no habría excarcelaciones. Y al final, solo por las encuestas de voto, los mismos que defendieron la ley, con Sánchez al frente, dieron marcha atrás insultando al PP por ayudarlos.

La ley era de Sánchez y muchos más

Ayer recordaba Javier Somalo[*] la defensa de Sánchez. La ley, dijo:

> *Tiene el único cometido de reforzar la seguridad de las mujeres y garantizar que ninguna víctima sea cuestionada. Tiene un recorrido larguísimo y es un hito muy importante. El Gobierno no va a descansar ni un segundo para proteger a las mujeres y para defender sus derechos. (…) La ley persigue cualquier tipo de delito sexual como una agresión sexual para que haya condenas más agravadas, penas más agravadas. Esta es la voluntad tanto del Poder Ejecutivo como del Poder Legislativo. Además, es una gran conquista del movimiento feminista en nuestro país, una ley de vanguardia que va a inspirar otras muchas leyes en el mundo, estoy convencido de ello.*

Sánchez es, como buen psicópata, perfectamente comunista. Le dio lo mismo, a él y a su Gobierno, y a sus aliados, y a sus medios apesebrados, la suelta de violadores y pederastas inmediatamente después de que la ley se promulgarse. Patxi López llegó a decir, o rebuznar, que se hacía otra ley para devolverlos a la cárcel «y ya está». En todos ellos hemos podido ver la indiferencia ante el sufrimiento ajeno. Yolanda Sentimientos ha sido tan indiferente como Montero, por algo es también comunista. Y no se verá en ningún medio alineado con el Gobierno un mínimo gesto de preocupación por el sufrimiento de las mujeres violadas y los niños

---

[*] Javier Somalo, «Adiós a Sánchez pero también a sus leyes», *Libertad Digital*, 22 de abril de 2023.

abusados que se está produciendo ya y se producirá durante años de forma tan terrible como evitable. Estamos ante un régimen, el de Sánchez y Pumpido, que solo obedece a criterios ideológicos de extrema izquierda. Una ideología que siempre se ha caracterizado por negar la realidad, por elocuente que sea.

Los violadores pueden impartir cursos

Montero exhibió un narcisismo leninista de cartón, o sea, de Iglesias, ese día que algunos llamaron de su derrota. Yo no la vi en absoluto. Ni ha dimitido, ni la han echado del Gobierno, ni ha pedido perdón a las víctimas futuras, ni ha reconocido su error. Le falta ir a las puertas de las cárceles a felicitar a violadores y pederastas excarcelados gracias a su ley. Y no digo que no acabe haciéndolo, en defensa del derecho no punitivo. Total, si no hay sedición ni malversación, si la memoria oficial de España la marca la ETA y si la propiedad de la vivienda es casi un delito, los violadores de Irene, libres gracias a su ley, pueden impartir talleres de educación sexual y grabar vídeos para Pam. Aquí ya cabe absolutamente todo, que Pumpido lo legalizará.

23 de abril de 2023

La exhumación de pantanos franquistas y viviendas en propiedad

El número de leyes comunistas que está aprobando a toda prisa o anunciando como inminente el Gobierno de Sánchez supera en cantidad y gravedad las de la Segunda República desde julio de 1936. Esta semana, el Tirano ha hecho votar la Ley de Protección de Okupas, que destruye la propiedad privada de las viviendas, la hucha del pobre desde la Guerra Civil, y la vicetirana Barbie Paracuellos ha anunciado una herencia universal de veinte mil euros como regalo de cumpleaños a los dieciocho años, la edad de votar. Todas, absolutamente todas las leyes que en este fin de legislatura saca el *BOE*, más las que guarde Podemos, bodega de todo proyecto totalitario, destruyen la estructura legal de la sociedad española desde antes de Cristo. Habrá que hacer una nueva nomenclatura, en vez de la de a. C. y d. C, antes de Sánchez y después de Sánchez, a. S. y d. S. El diluvio y sin arca.

La exhumación de presas y pantanos

España, como todos los países del Mediterráneo, ha vivido del cultivo de la tierra, sea como agricultura, ganadería, silvicultura o cualquier otra forma de extraer beneficio nutritivo y, de ser posible, comercial. Dada la sequedad del suelo y las pocas lluvias a que nuestra latitud nos condena, más lo abrupto de nuestra orografía, el agua siempre ha sido bien escaso, sujeto a las arbitrariedades del clima y a la capacidad del humano para procurarse la que necesitaba para beber y regar, que era sembrar alimento. Nada distinto de Sumer o Egipto, salvo que aquí los ríos son más pequeños.

El recurso tradicional en todas partes ha sido represar los ríos para evitar que se pierda en invierno el agua escasa en los meses de calor. De ahí que siempre ha habido grandes proyectos para garantizar el agua potable y el regadío de zonas lo más extensas posible. Ahí están el Canal de Castilla y el de Aragón, o el Acueducto de Segovia, o el precioso Pozo Romano de Cella, en Teruel, que trae el agua desde el monte del Tremedal y que cita el mismísimo *Cantar de Mío Cid* como «Celfa la del canal». Las tejas moras en embudo eran, como todo, las de los romanos, incomparables ingenieros.

Por eso me ha llamado la atención un breve vídeo, aunque sea del maldito TikTok chino. Un minuto de imágenes de la destrucción de presas muy modestas, que a nadie pueden dañar salvo al río, con los números del fenómeno:

- 2021: 108 presas destruidas.
- 2022: 148 presas destruidas.
- 2023: 43 presas destruidas (mes de abril).

¡Trescientas en solo dos años y medio!

Los ecologetas nos quieren prehistóricos

Yo había leído ya declaraciones de ecologetas que buscan reducirnos a vivir en taparrabos, adorar al Sol y, como en Atapuerca, comer tuétano de nuestros semejantes, si todavía cabe llamar así a los humanos. Para estas bandas de cazadores de subvenciones, lo bueno es dejar que el agua fluya desde la fuente hasta el mar, que el monte no sea alterado por la mano del hombre y que arda cuando quiera, que abandonemos energías absurdas, como el petróleo, la luz eléctrica y la nuclear, cuando con dos palitos y un poco de yerba seca podemos hacer hogueras, para, en fin, vivir en armonía con la naturaleza, la madre tierra, el padre planeta y aullando a la luna.

Pero no hay tribus de cretinos *grünen*, o sea, verdes, de los que han asaltado el Panel del Cambio Climático de la ONU y están llevando a la UE a la ruina con su política de transición energética. Poco a poco, como el agua horada la piedra, han conseguido que toda la izquierda, dueña de los medios de comunicación y de la educación, por la desidia de la derecha, imponga a viva fuerza, sin consultar a la población, la destrucción del sistema de vida occidental, el mejor del mundo, en nombre de un susto cósmico que solo existe en los periodistas descerebrados y en los infinitos funcionarios del cambio de modelo económico, sobre todo el suyo, que trincan latisueldos por arruinar automovilistas, agricultores y ganaderos.

Del franquismo sobrevivían dos estructuras sólidas: las presas y los pantanos que aseguraban el abastecimiento de agua para beber y regar; y la vivienda en propiedad, la hucha de los pobres y la clase media desde la posguerra que aseguraba la vida si venían mal dadas y dejar una herencia. Pues bien, la banda depredadora de Sánchez está empleándose a fondo en acabar con esos dos símbolos, que eran también realidades, de una España en la que el esfuerzo y el ahorro eran la puerta a una vida mejor. La que nos legaron nuestros abuelos. La que difícilmente dejaremos a nuestros nietos.

La terrorífica Ley de Okupas

Para analizar la Ley de Okupas, el mejor resumen es el del magnífico editorial de *Libertad Digital* de anteayer, que recuerda todas las atrocidades legales que, a toda prisa, está dejando la banda de Sánchez en herencia, si es que hereda, a esta derecha pusilánime, perdida en cubileteos electorales:

> *El último bodrio legislativo del sanchismo, la Ley de Vivienda, es el colofón de la escuela jurídica de los sueltavioladores, los castradores de adolescentes, los amigos de los golpistas, y los filoterroristas y los patrocinadores de los okupas y sus mafias. El texto aprobado por la coalición socialcomunista con*

el concurso de ERC y Bildu supone el fin de la propiedad privada como la entendíamos hasta ahora (…). El disparate es de proporciones tan colosales y dantescas que solo saldrán beneficiados los ejecutores de las patadas en las puertas, los usurpadores de viviendas y los especuladores de la peor ralea. [*]

Añado: y de los ideólogos comunistas de toda laya, que ven cómo se introduce en la sociedad española la idea de que la propiedad es mala, que el dueño de algo debe ser robado y que la ley debe proteger a quienes la quebrantan.

Y mientras, la derecha tocando el violón a cuatro manos, contando concejales y untando encuestas. Sin ver que se le están comiendo lo que pensaba cenar.

30 de abril de 2023

---

[*] «Una Ley Okupa que deroga el Estado de Derecho», *Libertad Digital*, 28 de abril de 2023.

¿Por qué la «Foscalía» no actúa contra el acoso de Podemos al hermano de Ayuso?

Esta semana, el fiscal general del Estado, Álvaro García Ortiz, hechura de Dolores Delgado, a su vez criatura del juez prevaricador Baltasar Garzón, evacuó un informe en favor de la legalidad de la actual fachada electoral de la ETA. Fue la forma apresurada de servir a su señor Pedro Sánchez, socio de la banda y gran defensor, aunque finja pellizquitos de monja, mohínes de disgusto pronto desmentidos, no vayan a enfadarse los asesinos, cuando pidió sus votos ensangrentados para otra legislatura. Es decir, que el futuro del PSOE es el de la ETA. Y aún hay merluzos del sorayismo que dicen que no hay que insistir en la ilegalización de Bildu.

El ojo de lince del PP para elegir jueces

Ni que decir tiene que esa próxima legislatura sanchista y etarra sería la última del régimen constitucional de 1978. Y los llamados a liquidarlo son Sánchez, si está, Pumpido, que estará, y don Álvaro o la fuerza del sino gubernamental, que tal vez no estará, o a saber. El PP ha demostrado tanta estupidez eligiendo jueces y probando fiscales que nadie sabe qué hará, que, por lo general, es mantener lo hecho por la izquierda.

Véase Marlaska, que, como ha demostrado Urreiztieta en *El Mundo*, tanto prosperó e hizo prosperar a sus amigos mediante obscenos tratos de favor de los Gobiernos del PP, antes de convertirse en el mejor amigo de Sánchez y de la ETA. Y ha puesto en el

Prostitucional a un tío que, con toda su toga, lo primero que ha hecho es defender la censura en el Parlamento a los que acusan de terrorismo a los terroristas, y de hijos de terroristas a sus hijos. Ahora resulta que decir la verdad sobre el terrorismo atenta contra el «decoro» parlamentario. Y esto lo dice un juez del PP.

Las mentiras apresuradas de una fosca Fiscalía

El texto de la «Foscalía» es una prueba de fracaso escolar, porque patea la sintaxis y amenaza a la ortografía, como su padrino Garzón. Y es además una mentira total cuando asegura que no ha habido asesinos en las listas de la ETA. No necesitó Dignidad y Justicia diez minutos para dejarlo por mentiroso. Pero, por oscura o fosca que sea esta «Foscalía», ¿por qué no miró en sus archivos o en la Tontipedia? Porque, para ellos, la verdad ya no es ni un obstáculo a sortear. Sencillamente, no contemplan su existencia.

El Neopumpido es tan zafio como su modelo, pero más acelerado. En francés hay un término antiguo, *scélérat*, que convendría a este Vichinski de lance, tan picajoso, acomplejado y poseído de sí mismo como su modelo, pero con prisa. Su predecesora solo era modelo para el Villarejo de Rianxo, que después de mucho marear la perdiz ha vuelto al seno mediático progre. La prisa que se ha dado en proclamar «democrático» al instrumento de la ETA en las urnas, no simplemente legal, que era lo único que debía hacer, demuestra también sus limitaciones intelectuales, gemelas de las morales.

No puede ser democrático lo que impide la democracia

¿Cómo va a ser democrático un partido que niega la libertad política en los pueblos exhibiendo en sus listas a asesinos que mataron en el mismo pueblo? La ETA ha sido, es y será durante mucho tiempo (eso, en el mejor de los casos, en el peor, siempre) la negación de hecho de la democracia, allí donde mande. Con la colaboración del PSOE, del que depende esta «Foscalía», en unos cien municipios más y en el dinero de dos diputaciones. Y dice esta gentuza que la ETA ya no existe, y que el PP la echa en falta. Es normal, tantos años con escolta, mirando los bajos de los coches o yendo a entierros de sus compañeros de partido y sienten que les falta algo. Hay que ser auténticos hijos de la perra de Satanás para decirlo. Y lo dice todo el PSOE, como si fueran los proetarras de Podemos. Porque son lo mismo.

Esa identificación de Sánchez con Largo Caballero, con Iglesias, con Junqueras y finalmente con Otegui explica, no justifica, que la «Foscalía» no se haya dignado a emitir una nota, anunciando una investigación inmediata sobre la campaña de Podemos contra el hermano de Ayuso, declarado absolutamente inocente de todas las calumnias, empezando por la de los infames Casado y Teodoro, a los que Bendodo dijo que volverían pronto al PP, supongo que para calumniar a Feijóo. ¿Que por qué no denuncia? Qué más quieren los comunistas, que arrastrarlo por los juzgados. Aunque gane, ya habrá perdido lo que más quería, su privacidad y su trabajo.

Las camisetas delictivas de Belarra

La campaña, utilizando frase de esos dos infames contra Ayuso, que se ha demostrado totalmente falsa, la están haciendo Belarra, Irene y su pareja inmobiliaria, Pablo Iglesias, los marqueses de Galapagar, que tras denunciar durante años que los acosaban en su casoplón, con doce policías de escolta, envía sicarios del último chiringuito que le ha puesto Roures para acosar a un ciudadano indefenso, como una futura víctima de la ETA. Porque lo que está haciendo Podemos es lo que ha hecho la ETA durante más de medio siglo. Dijo Pablenin en la Herriko Taberna que solo la ETA había entendido el «cepo» del régimen del 78. Lo están destruyendo juntos.

La macarra Belarra, protegida por su camarada Elizo, exhibió una camiseta en el Congreso con la cara de un señor, el hermano de Ayuso, para acusarlo de lo que sabe que es inocente, que no se puede defender y con el único objeto de hacerle la vida imposible en su pueblo. A lo etarra. Y García Ortiz, tan veloz defendiendo al partido de la ETA, o sea, a los socios del Gobierno que lo puso, no hace nada. Y la Junta Electoral, tampoco. Y el Ministerio del Interior, ante el ataque a la privacidad y la vulneración de datos de un ciudadano, tampoco. Todo vale en la República sanchoetarra.

La rata chepuda vuelve al escrache de inocentes

El vicepresidente del Gobierno que se sintió aludido por la pintada «rata chepuda» en una carretera asturiana a kilómetros de donde estuvo, y tras defender los escraches denunció infinitas veces que lo pitaran sus vecinos del casoplón, ahora manda sicarios a perseguir a un inocente para vengarse de la mujer que, de una patada en el cerebro, lo mandó al paro. Vuelven a lo que nunca dejaron de ser: matones bolivarianos enriquecidos.

Todo el Gobierno, con el PSOE a la cabeza, ha adoptado el discurso etarra: la culpa de la violencia es de las víctimas, empezando por el PP. La otra mitad del Gobierno, Podemos, ha adoptado las prácticas etarras de acoso y persecución de ciudadanos molestos. Y la «Foscalía» de Sánchez, en vez de actuar contra el delito, se dedica a protegerlo. Porque hay delitos que, como los pecados, lo son por acción o por omisión. En una semana, el «foscal» general García Ortiz ya ha cometido los dos. Y está empezando.

21 de mayo de 2023

Paquirrín Martín, o sea, Sánchez, asocia el PSOE a la ETA para polarizar las elecciones

Francisco Martín comparte con Francisco Rivera Pantoja, alias Paquirrín, una popularidad que no se debe a nada propio, bueno ni malo, sino a su vital dependencia de alguien superior, de quien es simple reflejo. Paquirrín I, hijo de Paquirri y la Pantoja, vino al mundo famoso por parte de padre y madre, asociado a un culebrón de cuna, porque apenas nació quedó huérfano de un torero guapo y célebre e hijo único de una tonadillera famosa, joven y ya viuda. Y Francisco Paco Martín o Paquirrín II, se ha hecho popular al tomar posesión como delegado del Gobierno de Pedro Sánchez en Madrid, tras elogiar al partido de la ETA frente a «los patrioteros de pulsera», que, en la lengua de trapo izquierdista, significa PP y Vox.

Los argumentos de Paquirrín II fueron dignos de rucio desahuciado de la noria. Según él, los bildutarras habrían salvado «miles y miles» de vidas de españoles durante la pandemia, al apoyar las medidas del Gobierno, al revés que las derechas, que no las apoyaron. La realidad es que PP apoyó las medidas del PSOE en cinco de las seis votaciones que hubo, y Vox, en la primera, mientras Bildu se abstuvo y no apoyó ninguna. ¿Pero cabe de esto deducir que Paquirrín II es tonto o no se informó antes de hablar y dio, como dijo la prensa gentil con la izquierda, «un patinazo»?

Bildu nunca votó a favor del Gobierno

En mi opinión, no. Si se elogia al partido que representa a la banda asesina ETA, da igual cómo y con qué se establezca la comparación. Lo importante es preferir públicamente al partido de los asesinos frente a dos partidos que, cuando eran el PP, sufrieron el mayor número de víctimas. Es un acto brutal, miserable y delictivo, porque incurre en un evidente delito de menosprecio a las víctimas del terrorismo, y lo hace, además, de forma arbitraria, basándose en unos hechos que eran fácilmente comprobables.

No lo hizo porque quien puede lo más puede lo menos. Si se elogia a la banda victimaria frente a sus víctimas, lo de menos es el argumento. Podía haber dicho, como desde Zapatero viene haciendo el PSOE, que la derecha vive de la ETA, la que sobrevive, claro, que es igual de asqueroso, pero no imputable. Achacar a PP y Vox indiferencia por las vidas de «miles y miles de españoles» frente al partido de la ETA, que tan solo se ocupó de ellas para matarlas, es la apología del terrorismo como argumento electoral.

Zapatero tampoco improvisó

La razón de la coz a las víctimas del terrorismo de Paquirrín Martín obedece a una estrategia tal vez errónea, pero, en todo caso, deliberada del Gobierno de Pedro Sánchez de «tensar» o, como le dijo Zapatero a Iñaki Gabilondo en 2008, «tensionar» la campaña de las elecciones generales. Lo de menos es con qué. Lo importante es que la polarización sea tan fuerte que los votos dudosos del bando propio abandonen la abulia abstencionista y se animen a votar, no importa por qué motivo, contra el bando contrario. Los demiurgos de la Moncloa habrán llegado a la conclusión de que una de las razones fundamentales para el batacazo electoral de la izquierda en las municipales y autonómicas fue que la campaña la inauguraron las listas de Bildu con 44 terroristas condenados, nueve de ellos asesinos. Pero que, en la izquierda, la identificación de la ETA como un partido más entre los «progresistas» está totalmente asumida por las bases y no provoca rechazo alguno. Es decir, que la ETA podría ser el gran factor polarizador.

Y a ello se han lanzado. El primero, el ministro del Cártel de Puebla y expresidente del Gobierno, Zapatero, que de forma deliberada y sin venir a cuento, se atribuyó en la COPE nada menos que la derrota de la ETA. El segundo, también sin venir a cuento y de forma tan deliberada que hasta avisó al apaleado Lobezno de que iba a hacerlo, fue Paquirrín II Martín. En ambos casos, el efecto fue tensar el ambiente político, poniendo de un lado a las derechas, o al centro derecha, y del otro a las izquierdas, a todas ellas, esperando que el voto útil acabe yendo a parar al candidato del PSOE.

La ETA, gran factor polarizador de izquierdas y derechas

Si bien se mira, la convocatoria de las generales por Sánchez, en vez de apurar los seis meses que le quedaban en la Moncloa y la Presidencia europea, obedece al mismo afán de jugárselo todo a una carta, la elección radical, sin intermediarios, entre todo lo que esté a la derecha del Gobierno y Sánchez al frente del Frente Popular Separatista. Los comunistas, ahora en manos de Yolanda Díaz, y todos los aliados de la investidura y de la legislatura de Sánchez, desde la ETA a los golpistas, son banderas no solo reivindicativas del tiempo pasado del Gobierno, sino del inmediato futuro.

La ETA es o sería pieza esencial del Gobierno de Sánchez si ganara las elecciones; y también lo sería en una oposición que presidiera Sánchez. Si se quiere polarizar el campo electoral entre izquierda y derecha, en busca del voto útil que permita la victoria o una derrota decorosa, es indudable que la elección de la ETA es correcta. Inmoral, criminal, repugnante, pero adecuada al plan guerracivilista que es la ideología del sanchismo. O sea, que, de errores y patinazos, nada. Todo es deliberado. Ojalá resulte suicida.

18 de junio de 2023

EL SÚBITO LIDERAZGO NACIONAL DE FEIJÓO Y LOS CAMBIOS EN LA DERECHA

El lunes 10 de julio de 2023, a las nueve de la noche, la derecha aparecía dividida en tres tendencias: la de Abascal en Vox y las de Ayuso y Moreno Bonilla en el PP, sin que nadie tuviera claro si el liderazgo acordado por el partido para que Feijóo superase la crisis de Casado suponía la continuidad de la política de Rajoy y Soraya, con Bendodo en Génova 13, o se acogía al PP de Ayuso, como acreditaba su lista por Madrid para las generales.

En realidad, el PP tenía, hasta esa hora de esa noche, tres líderes regionales, con otras tantas mayorías absolutas: el de Galicia, el más veterano y con nada menos que cuatro consecutivas; el de Andalucía, con una, lograda hace un año, pero en un feudo clásico del PSOE; y la de Madrid, la de más tirón, que acababa de aplastar a la izquierda en el escaparate de la capital. Lo que no tenía era un líder nacional. De partido, sí: Feijóo; de corazón, también: Ayuso; y de aparato, quizás, Moreno Bonilla. Nacional, ninguno.

Cien minutos contra Sánchez que cambiaron la derecha

Dos horas después, nadie dudaba que ese líder nacional, por fin, existía, y se llamaba Alberto Núñez Feijóo. No solo por haber derrotado al monstruo, o sea, a Sánchez, sino por hacerlo en la encerrona de Atresmedia, cuyos moderadores fueron moderados por el sudoroso déspota. Y por algo más importante: demostrar liderazgo y suscitar confianza.

El voto al PP y Vox, como no me canso de decir en la radio o la prensa y he explicado en mi último libro, se define por su oposición total a la izquierda. Y como, desde Largo Caballero, no ha habido en España un líder más a la izquierda que Sánchez, la derecha le tiene odio y terror, a partes iguales: odio, porque representa la unión de todas las fuerzas que buscan destruir la nación española y los valores de la derecha; terror, por verlo capaz de todo para seguir en el poder y no saber quién, de entre los suyos, puede pararlo.

Eso, hasta ese lunes a las once de la noche. Por primera vez, frente a Sánchez, Feijóo dejó claro algo que la base social de la derecha, a diferencia de sus políticos, tiene clarísimo: que es mejor que la izquierda. No mejor: muchísimo mejor. En parte, porque Sánchez demostró que es una persona sin control y un líder sin ideas ni respeto alguno por la realidad. En parte, porque la persona en la que confió el PP para sacarlo del hoyo en que lo habían metido Casado y Teodoro demostró, en el momento más difícil, que merecía esa confianza. Que era ese líder nacional que buscaba la derecha.

Apuestas perdidas y evidencias indiscutibles

Esa mañana, discutí con Girauta en la radio sobre quién ganaría el debate. Yo defendía que, en cuatro de cinco, con árbitros decentes, ganaría Feijóo. Lo había visto, aunque los debates en el Senado solo los ven periodistas, ir tomándole la medida al matón ventajista, y, a la tercera, ganarle claramente. En los dos primeros tropezones, ya se encargó Ander Gil de que no fueran debates, Feijóo era como el torero que, tras triunfar en Pontevedra, debuta en las Ventas: el toro es mucho más grande, la plaza parece enorme y el público es la verdadera fiera, «la única», decía Blasco Ibáñez. Contra eso, el remedio es torear, aunque sea morlacos que no tienen un pase. Si no te luces con el toro ni cortas orejas, te ganas el respeto del público. Al fin, tras algunos éxitos, entras en los carteles de San Isidro. Y ahí sí que te la juegas.

Pero tienes que jugártela con tu estilo, sin recurrir a trucos ventajistas, a esa forma de demagogia que es torear sin toro y hacerle aspavientos al público. Y Feijóo, en vez de salir a arrollar, como pedían algunos, o al contraataque, como preferían otros, se quedó en su sitio, tranquilo y seguro de sí mismo. Y como el bípedo sociata se lanzó de cabeza a estorbar, le bastó repetir, con los moderadores mudos, lo que estaba a la vista: que no le dejaba hablar. En un debate corto, eso pasa como truco venial. En cien minutos es una trampa de «tahúr del Misisipi con chaleco floreado», que decía Guerra, y el tramposo es expulsado de la sala o abatido por el *sheriff*. Pero en la tele el público es *sheriff*, jurado, y hasta Tribunal Supremo. Y lo condenó sin apelación. La escolanía que iba a defender su victoria pasó a justificar su derrota. Y la derecha creyó que, por fin, le había tocado la lotería política.

El éxito de Feijóo no se basó solo en los errores de Sánchez, aunque algunos, como lo de sacar a pasear el Falcon, los aprovechó muy bien, sino en algo más complejo y que no se esperaba en él, por esa «negra sombra» de Rajoy que le persigue. Sacar la ley del «sí es sí» era previsible, pero había que insistir; pero recordar el asesinato de Miguel Ángel Blanco frente al socio de Bildu y decir que la bandera nacional es más importante que la LGTBI eran argumentos propios de Abascal o de Ayuso, no de otro Rajoy.

Frente a Sánchez, Feijóo se distanciaba así del pasado reciente del PP. Y aunque el argumento de dejar gobernar a la lista más votada, si Sánchez hubiera estado cuerdo, es muy endeble, y como ni los moderadores ni Sánchez discutieran la inmersión lingüística que PP y Vox piensan derogar en la Comunidad Valenciana y Baleares, pudo ganar sin una gota de sudor.

El efecto del debate en el candidato, los medios y Vox

El efecto más importante del debate fue la sorpresa generalizada de que ganara Feijóo, y no de que lo hiciera de forma discutible, sino inapelable. Incluso los que creíamos en su victoria, no la esperábamos tan contundente. Y menos aún que la pésima actuación de Sánchez la hiciera evidentísima. No se sabe qué tuvo más efecto, si la súbita alegría de la derecha, al ver a uno de los suyos ridiculizar al chulángano de la izquierda, o cómo en los zurdos cundía la desolación. La victoria, por inesperada, y la asunción de la derrota, por inédita, hicieron que en solo dos horas Feijóo surgiera como el líder nacional que la derecha esperaba en el PP, y que Vox ya tenía; casi no tenía otra cosa. Pero Abascal ya era conocido; Feijóo acababa de darse a conocer, y ganando a Sánchez, que es para lo que la derecha quiere líderes.

La audiencia del debate fue la mitad que los anteriores: apenas seis millones de media, con un pico de once millones. Pero a una gran parte de los votantes de derechas les supuso el descubrimiento de Feijóo. El PP, por el tirón popular de Ayuso, el asentamiento de Moreno en Andalucía y la tradición del voto en las generales —Vox lleva pocos años— iba escalando en las encuestas, pero la dependencia de Vox de un futuro Gobierno Feijóo era indiscutible. Para los escarmentados con Rajoy, era además muy deseable.

Sin embargo, la aparición, como se dice de las de la Virgen, de Feijóo ante la derecha social como líder nacional, no solo *primus inter pares*, cambia todas las expectativas de reparto de escaños, y no siempre para bien, de la alternativa a Sánchez, que es lo que, en última instancia, deseamos. Si Vox queda en cuarto lugar, en beneficio de Sumar, puede perder ocho o diez escaños, que no irían al PP en los distritos pequeños. Y eso altera la relación de bloques. No es lo mismo que el voto de Abascal vaya a Feijóo, pero todo se quede en la derecha, que solo lo haga una parte. Y tampoco sabemos, en el caso de que un PP al alza compense a un Vox a la baja, que ya lo estaba desde las elecciones andaluzas, qué puede hacer un Abascal que no se parece en nada, como su partido, al que creímos conocer.

Correos y el caos que Sánchez necesita

Ni el PP ni Vox respetan a sus bases sociales, que son hermanas y ante todo quieren acabar con Sánchez. Para ellas, el enemigo no es el PP, como para muchos políticos de Vox; ni Vox, como para muchos políticos del PP. Pero el súbito liderazgo nacional de Feijóo altera las tendencias habituales en los votantes de derechas. Así que la feliz sorpresa trae consigo también nuevas incertidumbres. Eso, si al final llegan todas las tarjetas de voto por correo. Si no, Sánchez tratará de reinar en el caos que deliberadamente ha buscado.

16 de julio de 2023

Por qué votaré a Feijóo y por qué creo que debería formar Gobierno con Vox

Este domingo votaré a Feijóo porque me parece el arma más eficaz para echar a Sánchez. Como millones de electores de centro derecha, y por las razones que explico en mi último libro, he cambiado de partido siempre que me he sentido traicionado. Me pasó con el PP de Rajoy y el de Casado y el Cs de Rivera. En las últimas generales voté a Vox porque Abascal fue el único que se negó a respaldar el asalto a la tumba de Franco, y ese principio de civilización me parece esencial. En las elecciones de mayo voté, como hago desde que está en política, a Díaz Ayuso, que es, con matices, quien mejor defiende dos valores sagrados: la libertad y España.

El factor del liderazgo personal

La nación española está defendida por dos partidos: PP y Vox. La libertad está defendida en unos aspectos más por el PP, y en otros, por Vox, pero el programa de Feijóo y Ayuso incluye lo esencial del de Vox. Eso no asegura que el PP no lo incumpla, a lo Rajoy. El voto a Feijóo es, pues, una apuesta. Y el factor que desequilibra la balanza en su favor es el liderazgo personal.

Pese a la forma traumática en que llegó a la Presidencia del PP, y a partir de una alianza estratégica con el PP de Ayuso y el de Juanma Moreno, Feijóo ha construido un liderazgo indiscutido dentro el partido, que fuera de él se ha visto respaldado por su aplastante victoria en su debate con Sánchez. Ese liderazgo, al margen de los programas, se ha mostrado más sólido que el de Abascal en su debate con Sánchez y su socia, quizás porque, desde las andaluzas, la estrategia de Vox ha sido combatir al PP más que a Sánchez.

Dejo a un lado el comportamiento, entre canallesco y ridículo, de Abascal conmigo y con el grupo *Libertad Digital*, el que más le ha ayudado desde que se fundó Vox —también voté a Vidal-Quadras, por afecto a Ortega Lara—, vetando la presencia en esRadio de todos sus candidatos, un veto a sus votantes más que a nuestros oyentes, al que luego añadió *ABC*, mientras aparecía en *El País*, el órgano sanchista, comunista y bildutarra, y RNE. Allá el presidente de Vox con sus filias y fobias, sus complejos y temores. Pero esa política de adhesiones personales y tribales, más que nacionales, ha perjudicado su liderazgo dentro de la derecha y favorecido el de Feijóo.

Pese a su política de medios y a su clara hostilidad a la libertad de expresión, si en las encuestas Vox apareciera como el voto más útil para echar a Sánchez, votaría a Vox. Los políticos pasan, sus lealtades caducan, y el Grupo Libertad Digital ha sobrevivido a la hostilidad de todos los presidentes desde González. Sobreviviremos a Abascal y, si llegara el caso, también a Feijóo. Nosotros no servimos a un partido, a un líder o a unas siglas, sino a lo que nos hizo nacer hace muchos años: defender la libertad y España. Lo hemos hecho con y contra distintos líderes y siglas. Ellos cambiaron; nosotros, no. Si Churchill, para defender lo mismo, tuvo que cambiar de partido, los votantes de derechas, en especial liberales y con la excepción de Madrid, hemos tenido que cambiar tantas veces como nos hemos visto traicionados.

Razones para un Gobierno PP-Vox

Pero si mi voto a Feijóo creo que es indudablemente más útil para echar a Sánchez, también creo que un Gobierno de Feijóo debería incluir como socio a Vox. La razón es igualmente práctica: sería un Gobierno estable, con cuatro años por delante para derogar el sanchismo de verdad. En algunos aspectos, como la violencia de género o el cambio climático, Vox es necesario para impedir la deriva progre y ruinosa típica del PP.

Es posible que Feijóo, aunque no sea Rajoy, esté rodeado de maricomplejines. Vox lo compensaría. A cambio, el PP frenará las ideas falangistas sobre economía, un socialismo de derechas a lo Marine Le Pen o Alternativa por Alemania, que destrozarían la economía nacional. Pero aunque los líderes se enfrenten, PP y Vox son complementarios; ambos son necesarios, y hasta escasos, para acabar con la etapa más liberticida y ruin de la moderna historia de España. Creo que el acuerdo de Gobierno en la Comunidad Valenciana es el modelo para un Gobierno en el que Vox aprenda a gestionar y el PP a mantener unos principios que le duran poco. Pero los principios de Vox no han pasado de declamaciones. Y ha ido más allá de lo que reprocha al PP al votar con la izquierda en Madrid. En mentir a sus votantes, que son los mismos, gana el PP... porque Vox es más joven.

En fin, con estos dos bueyes hay que arar. No tenemos otros. La alternativa es pactar con el PNV o gobernar con permiso del PSOE. Eso supondría un Gobierno efímero, una oportunidad histórica perdida y la vuelta del comunismo y el separatismo para romper el Estado, acabar con la libertad y hundir a la nación. La gravedad del momento, la naturaleza del enemigo y la rapidez con que debemos actuar nos obligan a pensar con el corazón y votar con la cabeza. Como me niego a prescindir de ninguno de los dos, yo votaré a Feijóo y seguiré defendiendo que gobierne con Vox.

21 de julio de 2023

Tras el chasco electoral: errores, insuficiencias y el paso adelante de Feijóo

Las cosas en España, y en el mundo de hoy en general, van tan deprisa que el chasco electoral del 23 de julio nos parece ya lejanísimo, y apenas ha pasado una semana. Los que pensaban ganar, no sabían por cuánto, siguen preguntándose cómo perdieron y ni siquiera se paran a pensar por cuánto. Es como si de golpe, toda España, masiva y mayoritariamente, se hubiera puesto a votar a Sánchez, cuando lo único que ha conseguido ese sujeto es que una colección de delincuentes, de terroristas a golpistas pasando por el Cártel de Puebla, se apresten a formar con él una mayoría parlamentaria que solo tiene en común el «vasto plan de demoliciones», como el de Azaña, y que, para su desgracia y la de la nación, tomó cuerpo en la Segunda República.

El error de las encuestas

Todas las encuestas, incluso las encargadas por el Gobierno, se equivocaron en el porcentaje de voto y la atribución de escaños al PP y Vox. Ni Tezanos, que hace unas horquillas como las tragaderas de su jefe, acertó el resultado. Y sin embargo, lo primero que hay que reseñar es que las derechas lograron un número altísimo de votos, más de once millones, el segundo mejor de su historia, en pleno verano y con todas las trampas del Gobierno en contra. El PP ganó holgadamente las elecciones, Vox perdió más de seiscientos mil votos, y el bloque de derechas se quedó a solo cuatro escaños de la mayoría absoluta. Basta ver los escasísimos votos por los que los perdieron para comprobar que una colaboración inteligente les habría permitido conquistarlos —es el caso de tres escaños en Cataluña, uno en Guipúzcoa, donde la unión era de rigor—, para lograr la mayoría absoluta y derrotar a Sánchez y su banda. No ha habido pocos votos en la derecha. Lo que han estado es mal repartidos.

El error de las encuestas que acertaron plenamente en las elecciones de dos meses antes, sobre todo GAD3, que por eso era la más fiable, fue creer, porque era un acto de fe, que había una porción suficiente de voto socialista para pasarse al PP y darle la victoria. Michavila ha explicado que de los tres cuartos de millón de votos socialistas que calcularon que votarían a Feijóo solo lo hizo un cuarto de millón. Pero ese error no nacía de una estadística, sino de una superstición muy arraigada en la derecha: la del PSOE bueno. Y, evidentemente, ese PSOE no existe.

La excusa del «miedo a Vox» que da Michavila tampoco me parece buena. Vox solo da miedo a los que les gusta el género de terror. Lo que pasa es que a la izquierda le gusta atribuir el terror a la derecha. Antes de Vox, el miedo al fascismo, la pérdida de derechos y demás trapacerías del PSOE era el «dóberman» de las elecciones de 1993, y desde el 11M de 2004, con Zapatero, la derecha ha sido siempre culpable de lo que no era para que la izquierda pactara con los culpables que sí eran y de los delitos más atroces, desde el terrorismo etarra al golpismo separatista y a la feroz discriminación lingüística y legal a los que en las regiones separatistas pretenden ejercer sus derechos constitucionales.

Con Sánchez, la indiferencia moral, la indigencia intelectual, visible en sus leyes de género, y el cambio de discurso y de aliados según le convenía al PSOE ha alcanzado un nivel de intensidad todavía superior al Zapatero. No sé en qué se basan los demóscopos para creer que un millón de socialistas era capaz de rectificar y votar a la derecha, con Feijóo o con Santa Rita. El sectarismo, blindado por una mayoría mediática aplastante, ha hecho de la izquierda, en la que ya no hay diferencia entre socialistas y comunistas, una secta donde toda la información viene de dentro y al enemigo de fuera se le puede llamar como se quiera. El cordón sanitario siempre está dispuesto. Y siempre funciona. Las elecciones que en las dos últimas décadas ha ganado la izquierda las ha ganado siempre desde el extremismo. Pero los tontos de la derecha siguen empeñados en que se ganan en el centro que voló Zapatero. Vamos, que no existe.

No hay una posición de centro, intermedia, entre tener una monarquía parlamentaria y derribarla, no hay un término medio entre cumplir la Constitución e incumplirla, no es posible respetar la ley y no respetarla. No es posible que la soberanía nacional sea del pueblo español y no lo sea, o lo sea a medias. La soberanía y la Constitución son o no son. Zapatero dijo que «el concepto de nación es discutido y discutible», pero no discutía el de nación catalana, cuando dijo que aceptaría «cualquier Estatuto que viniera de Cataluña», antes de procrear él ese Estatuto anticonstitucional.

Tampoco existe una posición de centro, equilibrada, entre aceptar que los etarras manden en las instituciones cuando la mitad de sus crímenes están sin juzgar o considerarlo inaceptable. Que haya sociedades profundamente corrompidas por el totalitarismo de pistola o mediático, como la catalana o la vasca, no supone que toda España deba corromperse, siquiera a medias. El centrismo siempre me ha parecido un fruto de los complejos de la derecha y del pancismo de los que confunden política y administración, tal vez porque llegan a la política con el único bagaje de haber ganado una oposición. Es el caso de la Brigada Aranzadi de Soraya, que ante el golpe de Estado en Cataluña dijo que presentaría «un incidente de ejecución de sentencia», tras asegurar que no habría urnas y mandar al Piolín. Que esa escoria política, esos inútiles, esos traidores a España y a la Constitución tenga o quiera tener todavía algo que decir en el PP y la política nacional es inaceptable. Y su falta de valor intelectual y político es lo que abona errores como el del «PSOE bueno» que en cualquier momento se irá a votar al PP. Parodiando al PSOE, el PP debería gritar en Génova 13 «¡con Soraya no!».

Las culpas repartidas del «voto útil»

Tras el chasco, evitable si se hubiera creído menos en las encuestas y más en la colaboración contra el enemigo común separatista, en Cataluña y el País Vasco, PP y Vox, sobre todo Abascal en su discurso de la noche del 23J, han condenado como afrenta intolerable la llamada al «voto útil». Esa es una excusa pesada y estúpida. Todos los partidos creen que su voto es útil; si no lo creyeran, no habrían nacido. La utilidad puede ser inmediata o no, moral o política, pero todos ven útil el voto a sus candidatos.

En el PP dicen que el voto a Vox ha sido «inútil» contra Sánchez y «lo será siempre». Pero ese «siempre» es recentísimo. A las ocho de la noche del 23J no existía. Cabe llegar a esa conclusión después, y muchos votantes de Vox lo harán, pero no por falta de utilidad de su voto, sino porque no ven a Vox capaz de aprovecharlo. Hablar de «demonización de Vox» por el PP como si Vox no hubiera demonizado al PP y el PSOE no hubiera demonizado a Vox es grotesco. Es la fórmula podemita de culpar a otros de lo que has hecho mal o no te ha salido bien. Es abonarse a la irresponsabilidad, a la perpetua adolescencia ideológica y, más pronto que tarde, a la inutilidad. Pero no del voto: de una política que no se toma en serio ir a las mayorías.

El liderazgo de Feijóo no debería discutirse

La campaña de Vox ha sido malísima, salvo los anuncios en YouTube, y Abascal ha ido arrastrando los pies de plaza en plaza, pero sin convicción. La campaña del PP, desde el *Verano azul* de Bendodo y Semper a ese monumento a la estupidez oportunista llamado María Guardiola, ha sido también horrorosa. Mohosa como la de Rajoy, Soraya y Montoro en 2011. Y, en el fondo, sustentada en la misma idea arriolista, la de recibir el poder a base de no moverse y no provocar a la izquierda. ¡Como si fuera tonta! Lo que no cabe en la derecha, sobre todo en Génova 13, es un tonto más.

Lo único indiscutible, tan bueno que ni el PP se lo creía, fue el debate cara a cara de Feijóo contra Sánchez. Cabe discutir si debió también ir al debate a cuatro, donde Abascal tampoco fue capaz de asegurar su voto, y favoreció, aunque poco, la estrategia de Sánchez de poner en primer plano a Sumar, que, en realidad, ha restado setecientos mil votos a Podemos en su peor resultado. También pareció inteligente apartarse del «debate de perdedores» y hoy se discute, como todo. Salvo *Verano azul*, que es una memez indiscutible.

En todo caso, lo que allí emergió y me parece un error ponerlo en duda, de forma ingenua Esperanza Aguirre y más esquinada Moreno Bonilla, es el liderazgo de Feijóo. Su anuncio de ir a una sesión de investidura es un paso al frente en ese liderazgo, y si lo hace como en el debate, se convertirá en la primera moción de censura contra Sánchez. La que le pidieron Arrimadas y Abascal que presentara en su día. Es evidente que hay un PP más sorayo, el andaluz, y otro más liberal, el de Madrid, pero Feijóo llegó al liderazgo del PP pactando con ambos.

Y ese pacto debe mantenerse frente a su peor enemigo, que es el PP mismo, ayudado por los periodistas que desde hace años se han dedicado a impedir cualquier alternativa de derechas a cualquier izquierda. Si los políticos del PP no saben todavía que hay unos cuantos, no más de cinco, cuyo único objetivo es favorecer al PSOE y que ante ellos deben callar, porque, digan lo que digan, se utilizará contra el PP, no han entendido nada. Basta discriminar, sin censurar. Y no son medios, son agentes del ayer Comando Rubalcaba, hoy Brigada Barroso, que van a ir siempre con la misma matraca: la derecha más centrada, la menos ultra, la que no asusta... Es decir, la que quiere la izquierda. Ayuso lo dejó muy claro en rueda de prensa: «Yo no acepto el marco mental de la izquierda». El día en que ese PP que va de moderado lo entienda, la derecha vencerá.

Hay quien cree que el apoyo al liderazgo de Feijóo es una opción. Es una necesidad. Ante la investidura de Sánchez para derribar el régimen del 78 no caben dudas ni matices, o se le hace frente o no. Y el que debe hacerle frente es Feijóo, con o sin Abascal.

Feijóo ya demostró ante Sánchez que como líder político vale infinitamente más que él. Pero en la derecha gana a veces el discurso de la «mano tendida», el «sentido de Estado» y demás gansadas mariacomplejinadas. Que Feijóo lo finja es normal, recordemos el error de Rivera acertando el diagnóstico y no la táctica. Lo grave sería que lo creyera, y, sinceramente, creo que sabe que le espera una legislatura de perros, peor que la de Aznar del 93 al 96, cuando Vox no existía y el peligro del franquismo y el túnel del tiempo, encarnados en el dóberman nazi, eran exactamente los mismos que ahora. Hay que excavar trincheras, blocaos y bloqueos para defender la nación y la Constitución. Y el jefe de obra es Feijóo. No le demos más vueltas; y Abascal, si quiere ser útil, que también es posible. Sánchez lo va a poner tan terroríficamente difícil que todo es posible. Y a esa posibilidad, que es pura necesidad, debemos aferrarnos.

30 de julio de 2023

Media España no se resigna a morir: PP y Vox ante el golpe de Sánchez

La respuesta de Sánchez a la carta de Feijóo —que Vox desautorizó apenas enviada— no solo demuestra lo crecido que anda el patán, sino la política abiertamente golpista y contra media España que imagina desde Moncloa. Eso debería hacer recapacitar, si es que todavía queda un poco de cerebro y de patriotismo en las filas de Abascal, sobre la naturaleza del proceso a que se va a enfrentar la oposición, en principio formada por PP, Vox y UPN, ya que Coalición Canaria (acreditando su popular mote isleño de Corrupción Canaria) se ha mostrado dispuesta a negociar la investidura de Sánchez, no la legislatura, como si pudiera haber legislatura sin investidura previa. Las declaraciones de Valido muestran la irresponsabilidad y la ceguera de los que, en la clase política, no quieren ver que Sánchez nos lleva a un cambio de régimen, no de Gobierno; a un golpe de Estado, no a una legislatura más.

Los grotescos argumentos de Coalición Canaria

La entrevista de Valido en *El Mundo* demuestra que la falta de cerebro coincide cómodamente con la falta de moral. Y aunque matizara luego, la raíz del mal está ahí: en la corrupción intelectual al servicio de la corrupción política. Siguiendo un mantra electoral que de nada sirve en el panorama abierto el 23J, Valido dice que lo que no quieren es pactar con Vox ni con Sumar. Como si fuera lo mismo el partido vástago del régimen genocida de Caracas, donde tantos mi-

les de canarios lo han perdido todo, que un partido que respeta la
Constitución y aspira a reformarla legalmente.

Dice Valido que ellos no están con la extrema derecha ni con
la extrema izquierda. Falso. Al votar a Sánchez votan a su recua
totalitaria, desde el PNV, partido racista desde sus inicios, simpatizante de los nazis y xenófobo hasta el tuétano, a Esquerra Republicana, primer partido fascista en España, cuyo líder golpista
Dencás huyó en 1934 a Roma, a esconderse bajo las faldas de
Mussolini. Como el PNV en la traición de Santoña.

La extrema derecha racista y xenófoba, con Sánchez

Y no hablemos del partido sucesor de Convergencia, Junts, cuya
xenofobia es estructural y cuya discriminación de los catalanes por
razón de lengua o simpatía política desembocó en el golpe de Estado de 1917, a medias con ERC. A Coalición Canaria, por lo visto,
le da lo mismo que a Sánchez lo invista, con su voto o su abstención, un prófugo de la Justicia. Tampoco le importa a Coalición
Canaria votar junto al terrorista Otegui, entusiasta socio de Sánchez, que dice que formará Gobierno con los comunistas de Sumar. Ni que el PSOE abra la puerta a la liquidación del régimen
constitucional. ¿Hay algo que realmente le importe a los paisanos y
hasta hace poco socios del Tito Berni? ¿Le basta a Valido, como a
cualquier vocalista de la SER, dar carnés de demócratas a todos los
partidos totalitarios y separatistas que forman la mayoría sanchista
de la que sale el Gobierno, como si no saliera?

Pues sí. Por lo visto, sí. Los aliados de Sánchez adoptan su
mismo discurso y chapotean, porque lo suyo es txapotear, en las
mismas mentiras y contradicciones. Blanquean no solo a Sánchez,
sino a todos sus aliados, y se quedan tan frescos. Hacen como que
no ven lo que está a la vista. Pero dicen hacerlo para obtener beneficios para su región. ¿Puede beneficiar a Canarias la liquidación
del régimen constitucional que votaron en 1978? ¿Alguien cree
que los beneficios que, a modo de tómbola, ofrece el PSC al golpista de Waterloo, como condonar, con cargo a todos los españo-

les, la inmensa deuda pública de Cataluña, puede favorecer la economía canaria?

En el fondo, les da igual. Los nacionalistas, al cabo enemigos de España, actúan como si sus actos no acarrearan nunca consecuencias desastrosas. Y así hemos llegado a la más desastrosa que cupiera imaginar: un prófugo de la Justicia dictando condiciones para investir al futuro Gobierno de España. Y los así chantajeados por un delincuente, felicitándose por cumplirlas.

En el fondo no pueden, porque son ilegales, desde la amnistía al referéndum separatista, pero Sánchez y Pumpido están dispuestos a destruir por la base la legalidad. No a sortearla, a destruirla. A los validos, les da lo mismo mirar al abismo que dar un paso al frente, si creen que queda otro.

Pero ya no hay más pasos que dar. Estamos ante el abismo de un golpe contra el régimen constitucional encabezado por el propio presidente del Gobierno.

La irresponsabilidad política y mediática

Más culpables, si cabe, que unos políticos necios e irresponsables son los medios de comunicación que, de forma consciente o no, están blanqueando a todos los delincuentes pasados y presentes que apoyen a Sánchez. En la campaña, les molestaba mucho, porque enunciaba una gran verdad, el «que te vote Txapote». Ahora no solo acogen con entusiasmo, «para no perder los avances sociales conseguidos», que les voten todos los asesinos y todos los golpistas catalanes, que, decían, habían sido moderados por el PSC. Ya no son moderados ni lo han estado nunca, pero ahora eso les importa poco. Ahora van a desempolvar lo que decía Sánchez en la SER al comienzo de su tiránica legislatura, que los catalanes «no habían votado su Estatuto», como si anular doce artículos anticonstitucionales no fuera parte esencial de un proceso democrático con garantías y como si votar la Constitución masivamente, más que ningún Estatuto, careciera de valor porque ahora le conviene a Sánchez ser tan golpista como quiera Puigdemont. Lo que sea.

Lo trágico es ver cómo en el PP y en Vox, que aparentemente comparten el mismo análisis del peligro para España que supone otra legislatura en manos de Sánchez y sus secuaces, se desentienden del asunto. En el PP se abonaron a la táctica de ofrecerle al PSOE que gobierne la lista más votada o que compartan el Gobierno, antes de pactar con los enemigos de España. Por supuesto se trata de retratar ante la opinión pública que todo lo que pase será exclusiva responsabilidad de Sánchez y el PSOE, pero como hay una tradición en el PP de sumisión a la izquierda, un borjaguay ha llegado a decir que estaban dispuestos a «hablar con Puigdemont dentro de la Constitución». Dentro, está el PP; y fuera es evidente que está un prófugo de la justicia, golpista irredento y separatista radical. O sea, que no hay nada que hablar fuera de la legalidad. Y punto. Hay que ser imbécil para decir otra cosa, pero los hay. Ven un micrófono y se ponen estupendos.

El difícil equilibrio de Feijóo y el cambio de Abascal

No entienden la difícil situación de Feijóo, obligado al equilibrio de ofrecer un pacto a Sánchez que será rechazado y a la vez presentar una alternativa al nuevo Frankenstein, sin votos suficientes para sumar una mayoría, para que conste ante la opinión pública y previendo sucesos venideros, que no hay excusas de «ustedes me obligaron a hacerlo». El chulo se obliga solo.

¿No entiende esto Abascal? Por supuesto. Pero también sabe que refuerza su línea anti-PP, que, tras la purga de liberales, es más poderosa que nunca. Y que está en línea con la evolución de la ayer llamada derecha alternativa que en Francia o Alemania es ya, abiertamente, un socialismo de derechas, con un discurso tan anticapitalista en Mélenchon como en Yolanda Díaz. Adiós al Vox que defendía la propiedad privada como base de la libertad. Vuelve al franquismo autárquico, ni siquiera al del Plan de Estabilización del Opus, que trajo la mayor prosperidad conocida a la España trabajadora.

En su nueva estrategia estatalista, Abascal esperará a que se estrelle Feijóo, pensando que de un PP más débil, no más cargado de razón para hacer una oposición frontal al plan de Sánchez, saldrá un Vox más fuerte, porque sale del 23J muy débil. Muy sectario, pero débil, sin más estrategia que la de defender un acuerdo con el PP del que, por otra parte, dice que es igual que el PSOE. O sea, que, en teoría, podría ofrecer sus votos al PSOE igual que al PP. En la práctica, Vox ha perdido un discurso coherente frente al PP. Y la base social de la derecha, que es la misma, se lo hará pagar muy caro.

Media España no se resigna a morir, PP y Vox deben ayudarla

Siempre hemos defendido en el Grupo Libertad Digital la necesidad de una alianza a largo plazo PP-Vox, no solo contra el Gobierno Sánchez, sino contra su plan, que es el desmantelamiento del régimen constitucional por su base, la soberanía del pueblo español, al que se quiere desposeer de su propiedad legítima sobre toda España para trocearla y repartirla entre sus enemigos. Ese proceso se está acelerando por su propia naturaleza revolucionaria y por las prisas de los separatistas en aprovechar la colaboración de Sánchez y de toda la izquierda, sin excepción. Como en 1936, al menos media España no se resigna a morir. Y habrá que obligar a los partidos que nos representan a cumplir con esa obligación antes que con su inclinación, que es gallinácea, muy lejos de la generosidad patriótica que merece el peligro. No sé cómo viendo al chulángano de zoco por Marruecos, Feijóo y Abascal no se han conjurado para acabar cuanto antes con semejante esperpento. Por ética, por estética y porque el chulángano los trata como a él Mohamed.

6 de agosto de 2023

CON LA AMNISTÍA A LOS GOLPISTAS DE 2017, NACE, INEVITABLEMENTE, LA DICTADURA DE SÁNCHEZ

Hace mucho tiempo, los cubanos exiliados decían «vengo del futuro». Y nos reíamos. Hace algunos años, los exiliados venezolanos, insistían: «Venimos del futuro». Y nos reíamos, pero menos. Pues bien, Santiago Auserón, «el futuro ya está aquí». Esta semana, en la apertura del año judicial, no había duda entre los allí presentes —en público silentes— de que estamos a las puertas de la destrucción del régimen constitucional.

El mecanismo de demolición del régimen del 78

Libertad Digital explicaba ayer el mecanismo de demolición de la democracia en España según los juristas dignos de ese nombre, no las togas corruptas cuya opinión depende de Sánchez. Para empezar, y de inmediato, «el Gobierno va a elaborar la Ley de Amnistía. Es algo que se da por hecho y se espera conociendo a Pedro Sánchez. Es un proceso constituyente *de facto*, un cambio de régimen. Tendría que ser una proposición de ley y no proyecto de ley, al estar el Ejecutivo en funciones. Por tanto, no se pedirían informes a los órganos consultivos como el CGPJ o la Fiscalía».

Todos saben que la amnistía compra los votos de Puigdemont, y que de hecho deroga la Administración de Justicia y todas las leyes que llevaron a la condena de los culpables del golpe de Estado de 2017. En la práctica, vemos que, para juntar los votos necesarios para la investidura, Sánchez se proclama juez supremo, por encima de la ley, la Justicia y del Estado:

> *Se pretende expropiar a los jueces la capacidad de juzgar. El objetivo es hacer desaparecer la inhabilitación a los golpistas para que puedan volver a presentarse a las elecciones y que Puigdemont regrese a Cataluña.* [*]

La amnistía, impuesta por Puigdemont como condición para que sus diputados voten a Sánchez, y cuyo primer beneficiario es él, es técnicamente ilegal, porque un Gobierno en funciones no puede gobernar por decreto ley, y está prohibida por la Constitución:

> *La amnistía no cabe en la Constitución, sería necesaria una reforma. Es absurdo el argumento según el cual lo que no está prohibido en la Carta Magna está permitido. El Ejecutivo tiene mayoría para volver a hacer una reforma en el Código Penal como cuando eliminó el delito de sedición y rebajó el de malversación, pero no tiene mayoría para reformar la Constitución.* [**]

Si Sánchez lo hace, y sin duda lo hará, se habrá proclamado dictador.

Basta la amnistía para hundir irreversiblemente el sistema democrático

A lo largo de los cinco años de la llegada de Sánchez y sus socios al poder, utilizando una corrupta sentencia judicial urdida por sus garzones, se han vulnerado de mil formas la ley y la Constitución, pero no derogado. Ahora, sí. La amnistía liquida de un solo golpe la división de poderes, toda pretensión de legalidad en la acción política y cualquier protección de los ciudadanos mediante el Estado de Derecho. Aquí no habrá más derecho que el que convenga a Sán-

---

[*] Miguel Ángel Pérez, «Jueces y fiscales dan por hecha la Ley de Amnistía de Sánchez: "Es la deslegitimación del Estado de Derecho"», *Libertad Digital*, 7 de septiembre de 2023.

[**] *Ibidem.*

chez según el día. La ley será él. El derecho, él. Como teorizó Carl Schmitt para justificar la dictadura de Hitler, el líder «es fuente de derecho». El camino ha sido largo, pero el hachazo es fulminante.

A la vista de los precedentes en el control de la Fiscalía y los jueces, nadie dudará de que Sánchez culmina un proyecto de poder personal. Pero incluso si no fuera así, la amnistía es un punto de no retorno en ese sentido. Aunque no quisiera —que quiere o le da igual— Sánchez deberá convertirse fatalmente en dictador, destruir el régimen constitucional y, con sus socios comunistas y separatistas, instaurar de hecho una República plurinacional cuya única nación prohibida será España. Ya digo que es seguramente lo que quiere, pero, aunque no quisiera, la amnistía le obligará a esa traición.

Tras la amnistía ilegal e inconstitucional para llegar a presidente del Gobierno, esa Presidencia y ese Gobierno son ilegítimos de arriba abajo y de principio a fin. Es imposible una vida parlamentaria mínimamente normal, porque el Parlamento, el Poder Legislativo, se ha alzado contra otro Poder, el Judicial, y los jueces que deben aplicar la ley el Gobierno que debería asegurar que se cumpla, habrán perdido su razón de ser. El país vivirá una situación de hecho en la que, por culpa de Sánchez, no existirá el derecho. Los medios de comunicación, que, en democracia, deben defender unos determinados valores, matizarlos, criticar o apoyar unas opciones políticas, se verán, nos veremos obligados a las trincheras. Ante el golpe de Estado de Sánchez, no por no proclamado menos cierto, que reivindica el de 2017, solo se puede estar con el golpe, o sea, con Sánchez y su banda, o contra él.

Hacia una Ley de Defensa de Sánchez

La oposición no podrá serlo al Gobierno, aunque la tentación de una parte del PP será fingir normalidad con la excusa de «evitar el frentismo». Pero cuando tienes un bloque enfrente, o le opones otro o le das la victoria. El proceso de liquidación del régimen constitucional mediante la traición de las togas de Pumpido será sinuoso, prolijo y, como obra de traidores, abundará en ofertas de consenso para fingir normalidad en lo que ya nunca puede ser normal. Después de proclamada la amnistía, la vida democrática es, sencillamente, imposible. Nadie podrá dejar de ver en Sánchez a un impostor. Y el impostor no dejará que ese estado de opinión cuaje. Más pronto que tarde habrá una versión de la Ley de Defensa de la República perpetrada por Azaña con la excusa del golpe de Sanjurjo, que prohibió la mayoría de periódicos de oposición, los cerró, multó o atropelló. Y aunque, tras lo de Casas Viejas, la censura no impidió la derrota electoral, había marcado, con la Constitución sectaria, la quema de iglesias y la defensa de una República «solo para republicanos», el camino al enfrentamiento civil. Aquí, se nos viene encima, a toda Prisa, una Ley de Defensa de Sánchez.

España está rota porque la media España viva no se resigna a morir. Y el medio país al que le da lo mismo la nación, el Estado y todo lo que no siga las consignas de la izquierda, está dispuesto a atropellar al otro medio. La única defensa de un Gobierno que nace infame será defender su infamia de los que lo critiquen, de palabra u obra, en la calle o en las Cortes. Habrá un Ministerio de la Verdad, al estilo de las mamachicho de Igualdad, que no dudará en sancionar, sin jueces que estorben, solo por razones políticas. En fin, el futuro del que venían los cubanos y venezolanos ya estará aquí.

La oposición, más perdida que Pulgarcito en el bosque

Es preciso que el Partido Popular no insista más en sus ofertas al PSOE y, menos aún, a los separatistas vascos y catalanes. No solo porque perjudica grave e innecesariamente la posición de Feijóo en la investidura, sino porque al asumir públicamente el PSOE, pese a los mohínes de Felipe y compañía, la amnistía como pago previo a la investidura de Sánchez, es inútil insistir en evitar el «error Rivera». Feijóo ya lo ha evitado de sobra. Ahora corre el peligro de parecer un simple testigo del golpe de Sánchez.

Si la comunicación en la derecha ha sido siempre desastrosa, lo de este PP es artístico de tan estúpido. Que González Pons sea el embajador en Waterloo es como si el general Castaños, en Bailén, hubiera propuesto una tregua al ejército de Napoleón en vez de atacarlo. Deben asumir que los trámites de la investidura de Feijóo han terminado ya. Pues no hay manera.

Vox ha entregado la defensa del búnker al Frente de Juventudes parlamentarias. Nadie con experiencia. Y Génova 13 no sale de un guion que murió el 11M de 2004. Es lógico que el Déspota crea que puede ganar. Se equivoca, pero cuanto más tarden los partidos en reconocer la gravedad de la situación y pedir el apoyo de la opinión, más dura será la batalla. Por ahora, PP y Vox están más perdidos que Pulgarcito en el bosque, y no será porque Sánchez no deje migas por el camino. De hecho, la amnistía dejará a España, literalmente, hecha migas. Pero la oposición, ay, sigue afinando el violón.

10 de septiembre de 2023

El curioso destino de Alberto Núñez Feijóo: próxima estación, Barcelona

Todos los políticos importantes tienen un destino. No importa lo mucho que hayan tratado de controlarlo, de ahormarlo a sus expectativas, de evitar los errores que les impidan alcanzar su meta, al final, acaban dependiendo de circunstancias que no pueden dominar, porque nadie controla la historia y porque, en la política democrática, sujeta a los vaivenes de la fortuna y los sentimientos de las masas, hay algo inaprehensible, caprichoso, que escapa a todas las previsiones y obliga a hacer las cosas que se quisieron evitar. Y Alberto Núñez Feijóo, tras la calculadamente fallida investidura, está más cerca que nunca de un poder, el del Gobierno de España, que pensaba iba a recibir casi por inercia, pero que ahora deberá ganar en dura lucha personal.

La ambición de un niño, las certezas de un adulto

Creo conocer el tipo de ambición que mueve, hasta sin querer, a Feijóo. Es hijo de una familia modesta de un lugar tan humilde de Galicia, Os Peares, que depende de cuatro pueblos. Esa encrucijada geográfica, paradigma de la aparente indefinición gallega —solo aparente, pero raíz de tantos tópicos— explica en parte su curioso destino. Su familia, como la mía, fio su futuro a la educación, él correspondió ganando una beca y supo conservarla hasta el final de la carrera. Y en el momento de alcanzar lo que para sus padres y él mismo era una profesión para poder decir que «había llegado», que eran las oposiciones a juez, su padre pierde el empleo y él opta por otra más sencilla para ganarse la vida por su cuenta. Y ahí, en la burocracia autonómica y, enseguida, en la nacional, alcanza muy joven el éxito, casi por escalafón.

En realidad, cuando se llega tan joven al Insalud y a Correos es porque, sin darse apenas cuenta, ha pasado la frontera de lo profesional y entrado en el incierto territorio de lo político. Ese primer trayecto lo hace dentro del PP sin ser del PP, aspecto personal que explica su aversión a las definiciones ideológicas. Al fin y al cabo, hasta entonces le había ido muy bien sin ellas. Pero alcanza un nivel en que los nombramientos políticos no llegan sin carné, y entonces lo coge, sin entusiasmo, pero con determinación. El es él, y no le gusta depender de lo que, sin embargo, es la fuente de poder. Cuando recoge el testigo de Fraga el PP está dividido en birretes y boinas, amén de cacicazgos provinciales. Esos alineamientos le son ajenos. Y como no es de nadie, salvo de sí mismo, hay casi consenso en que tome el poder.

Las circunstancias internas eran dramáticas. Fraga, ya muy mayor, había perdido por la mínima en 2005. Y, sin poder, el partido parecía ir a la deriva. Pero en 2006 Feijóo gana el congreso del partido, se convierte en el jefe de la oposición al Gobierno PSG-BNG, de Touriño y Beiras, y en el Parlamento regional logra desquiciar a sus rivales. Un día, Beiras llegó a saltar de su escaño para pegarle. Pero, tras la durísima oposición, Feijóo encadena cuatro mayorías absolutas. Instalado en el poder durante tantos años, se ha olvidado a aquel Feijóo implacable de la oposición a la izquierda y los nacionalistas. Pero ya se ha encargado él de recordarlo en las Cortes. El niño de Os Peares siempre supo que el triunfo nunca es fácil.

El poder en la era de Rajoy y Soraya

Los años de sus mayorías absolutas son los de Rajoy y Soraya. Y es inevitable que, al repetir sus éxitos, pensara o le hicieran pensar que había un escalón, solo uno, que le quedaba por subir: el Gobierno de España. Y ese es el momento en que Soraya, la Baby Macbeth de

Rajoy, filtra la foto de 1977 con el que aún no era ni contrabandista de tabaco Marcial Dorado. Por cierto, que Dorado acaba de declarar que le han ofrecido fortunas por hablar de la foto, de Feijóo y de todo lo que pueda usarse contra él. Y que él se ha negado. Pero con Rajoy en el Gobierno y Soraya mandando, no fallaba: cada vez que, por lo que sea, Feijóo despuntaba, zas, salía la foto.

Esos años son los del tiempo detenido, los de la fantasía de que el gran problema nacional, el de Cataluña activado por Pujol y reactivado por Zapatero, no exige mayor atención que la administrativa y de la compra de paz parlamentaria por los territorios que empiezan a escindirse. Era muy feo en aquel PP, que era el de Feijóo en el poder, dar la batalla cultural contra la izquierda y el nacionalismo, estrechamente aliados, de ahí la política lingüística en Galicia, que Fraga calcó de Pujol y que margina objetivamente una de las dos lenguas, el español, y contra la izquierda, cuya más ofensiva manifestación fue decir sobre el enfrentamiento de Cayetana con Pablo Iglesias que «no se podían perder los papeles». El problema de aquel PP, que sigue vivo, era presumir de gestión mientras la extrema izquierda (La Sexta, creada por Soraya) iba escribiendo el guion.

Ese guion es el de la intentona de Mas y el golpe de Puigdemont, contra el que Rajoy y sus sorayos mandaron piolines y con el que traicionaron a la Policía en 2017. Traición cobarde y miserable nacida de un análisis erróneo de la situación política, que era y es de crisis nacional, no solo de Estado. Pero lo que pensaban los regionalistas del PP, con Feijóo a la cabeza, era lo que quería la izquierda que pensara la derecha, que la solución siempre era ceder, transigir, pactar por debajo de la mesa y soltar dinero y más dinero. Esa retórica seguía viva en el PP, cuando Casado quiso asesinar civilmente a Ayuso, ella no se dejó, cayó Casado y todo el partido se entregó a Feijóo.

El aterrizaje de Feijóo y la campaña electoral

Aunque llegó a la Presidencia del PP como siempre quiso, bajo palio y tras pactar con Ayuso y Moreno Bonilla, sus primeros pasos confirmaron los peores presagios: congelado en el tiempo, como insecto en el ámbar, actuó como si el golpe de Estado de 2017 hubiera sido una manifestación más del «problema catalán» que se trataba con dinero y mimos lingüísticos. Dos frases mostraron el apego a tan fracasada retórica: el «bilingüismo cordial» y el «encaje catalán», propias de Suárez o del Pacto del Majestic, pero no para combatir a Sánchezstein. Y en el fondo de esas apolilladas endechas latía la esperanza absurda de pactar, como antaño, con el PNV y Convergencia, por ser de derechas, como si el golpe, la traición a Rajoy y el pacto con Sánchez fueran reversibles. Un desastre. Luego llegó el gran éxito de las autonómicas y municipales, Sánchez forzó las generales, y en la campaña vimos el inesperado triunfo de Feijóo en el debate televisivo y su ocultación por los chanquetes del *Verano azul* en la última semana de campaña. Y así, contra pronóstico, pero no sin motivo, llegó el gran chasco.

Tras el golpe de haber creído a pies juntillas a las encuestas y a sus deseos de victoria sin lucha, como la de Rajoy en 2011, llegó el encargo del rey a Feijóo para formar Gobierno, y se manifestó una vez más el eterno desprecio a los votantes del PP, cuando González Pons dijo que Junts, el partido del golpe y Puigdemont, era «impecablemente democrático». Esa chulería traicionera, digna de Sánchez con sus hueviales, hicieron más que el chasco electoral para que los once millones de votantes de las derechas olvidaran que Feijóo había aplastado a Sánchez en el debate televisivo. Y al llegar el debate de investidura, todos esperaban la apoteosis de Sánchez.

Y sucedió el milagro. Previsible, atendiendo a los precedentes de Feijóo; inimaginable, tras la campaña y el cortejo a Puigdemont. Y el efecto fue mayor, porque entre la desesperanza o la desesperación de las derechas, apareció, simplemente, un líder. Hablaba por primera vez en el Congreso y los pulverizó a todos, desde los sociatas y comunistas al PNV y Junts. Aún asomaba un relente nostálgico del pujolismo, pero triunfó la determinación de hacer frente al golpe a la democracia y al régimen constitucional del 78.

De ahí que empezara la campaña de las elecciones vascas contra el PNV, aunque con un PP sin organizar, igual que en Cataluña. Lo que iba a ser un paseo hasta la Moncloa a hombros del partido, se convirtió, gracias a los españoles que salieron a las calles de Madrid indignados con Sánchez, en un líder que rescataba a su partido de la enésima traición a su base social. Y, por esas bromas del destino, el PP, que no pudo gestionar peor la convocatoria partidista de Madrid, puede recuperarse del todo el día 8 en Barcelona, si su líder se deja dar un baño de multitudes que lo consagraría definitivamente.

La estación de Barcelona y el liderazgo de las derechas

Increíblemente, Feijóo aún no ha dicho si va. ¿Teatro o dudas de Génova 13? La obsesión del aparato del PP es siempre evitar que el líder pinche, para lo cual deben convencerle, como en Madrid, de que puede pinchar donde no puede. Y más de una vez, el líder cede. Lo he visto tantas veces con Aznar, con Rajoy y con Casado, que no me sorprendería. Y lo cierto es que el liderazgo absoluto de Feijóo en la derecha necesita aún el refrendo de las masas que van a salir a la calle contra la amnistía y contra Sánchez.

¿No ha bastado la faena parlamentaria del Congreso? No. Falta la estocada, sin la que no hay triunfo. Y eso no se lo puede ya ofrecer la mayoría de escaños que entre PP y Vox lograron no conseguir, sino la única fuente de legitimidad que queda frente el golpe de Sánchez: las masas en la calle. ¿Dudan aún de Feijóo? ¿Cómo no van a dudar si es del PP? Recordemos la convergencitis de Pons, el bilingüismo fatuo de Semper, los balbuceos de Cuca y la catastrófica organización de Bendodo, solo dos días antes de la investidura. Pero cuando militantes y votantes no esperaban nada del PP, la soberbia actuación de Feijóo les ha devuelto la ilusión y las ganas de lucha. ¿Será capaz de desaprovecharlos? Por supuesto. Recuerden que es del PP.

Sin embargo, creo que el curioso destino de Feijóo le obliga a hacer lo que no le apetece, porque es verdad que querría pactar acuerdos con el PSOE. Y es verdad que preferiría no depender de Vox. Y es verdad que le gustaría no recurrir a la calle, porque está cómodo en las instituciones representativas. Sin embargo, para llegar al poder, como ya hemos visto que ha decidido, deberá actuar a la vez como tribuno de la plebe y como senador romano; recuperar, se ve que no las ha olvidado, sus garras de opositor a Touriño. Y acaudillar la resistencia al golpe de Estado que pretende imponer Sánchez.

Al final, decidirá el carácter de Feijóo

En *El retorno de la Derecha*, del único líder que no hago un retrato es de Feijóo. Y la razón es de honestidad intelectual: no veía claro su programa. Hoy empieza a tener uno, pero con el que no contaba. Defender la España de ciudadanos libres e iguales es lo contrario de pactar privilegios con el PNV o el catalanismo traidor. Su éxito en el discurso es que se atuvo a lo que defiende la derecha social, que son valores más que ideas, y entre ellos tiene un papel fundamental la autoridad, que en política es el liderazgo. A falta de un ideario claro, tiene el carácter necesario para la lucha política descarnada que se avecina. Y eso es lo que se pide a un líder. Ni cálculos ni esperas: determinación. Ya ha cumplido, y sobradamente, el encargo del rey. Ahora, la defensa de la Corona y del régimen del 78 lo necesitan al frente de la media nación que no se resigna a morir, y que lo ve como el clavo ardiendo al que aferrarse.

Si su esfuerzo es sincero, si el PP de Cataluña y el País Vasco, pendientes de la enésima reorganización desde Vidal-Quadras y María San Gil, no vuelven a ser la copia desvaída del nacionalismo, traición siempre castigada en las urnas, tendrá el respaldo del pueblo y sus votos. Si rechaza su destino y no baja en la próxima estación, que es Barcelona, el suyo será el mayor chasco de la derecha española en varias décadas. Y sinceramente, no creo que el muchacho de Os Peares acepte una forma tan triste de pasar a la historia.

1 de octubre de 2023

O MONARQUÍA PARLAMENTARIA O REPÚBLICAS BOLIVARIANAS: YA NO HAY ALTERNATIVA

El 8 de octubre de 2023, arranca en Barcelona algo mucho más importante que una manifestación. Es el comienzo de la resistencia de España frente a Sánchez, el dictador que quiere someter la vieja nación y el vetusto Estado a sus intereses personales, que pasan por una alianza vitalicia con todos los partidos que han hecho de la destrucción de España su única razón de vivir y matar. Ya no hay marcha atrás en los planes de Sánchez. En la cumbre de la UE en Granada, con la facundia del tirano complacido en su necedad, explicó que la amnistía a los que la justicia española condenó por el golpe de Estado de 2017 quiere borrar los «efectos judiciales» del proceso que, con todas las garantías, se siguió en España, el cuarto país más importante de la UE, basada en la separación de poderes, la igualdad de los ciudadanos ante la ley y la democracia representativa como modelo político. Es decir, que la amnistía de Sánchez tiene por objeto no indultar a unos condenados por el mayor delito posible en un Estado, sino condenar al Estado, porque ese es el precio para instalarse en el poder, fuera de toda ley y todo control.

Una dictadura sobre la destrucción social

No es seguro, ni siquiera probable, que los líderes de la UE se hayan dado cuenta de lo que significaba para España esa amnistía de Sánchez, que nos condena como democracia e inaugura una dictadura personal abocada a la disgregación social más grave en Europa desde la guerra de los Balcanes. Porque no estamos solo ante una transformación política, en todo caso liberticida, sino ante una destrucción de los lazos sociales en que se basa cualquier régimen democrático. Las reglas del juego que impone Sánchez consisten en que él no tiene reglas y nosotros, los ciudadanos españoles desposeídos de nuestra soberanía y de nuestra dignidad, debemos acatar siempre las suyas, a medida de sus caprichos o conveniencias políticas. En Granada ha nacido formalmente una dictadura europea, y Europa, ni caso.

La manifestación de Barcelona encarna la defensa de esos lazos sociales en una nación Estado o Estado nacional con cinco siglos seguidos de unidad. Ni las guerras civiles, ni la pérdida de América, ni la invasión napoleónica, ni las crisis económicas o religiosas atacaron esa continuidad histórica. Esta vez, sí. Se proclama que la única continuidad social que admite la mitad de la población representada por Sánchez es la ruptura de esa continuidad. Su cancelación inmediata o a plazos es el único factor común del régimen que encabeza Sánchez y dirigen sus socios, terroristas y golpistas sin arrepentir.

Sánchez regaló la amnistía, negocia el referéndum y pactará la ruina

A cambio de la Presidencia del Congreso para pilotar la investidura, Sánchez entregó a Junts la amnistía para su cabecilla Puigdemont, objeto de obscenas endechas por ese tucán teñido que es Barbie Astronauta. A cambio del apoyo de Esquerra, su socio de legislatura vampirizado en las urnas, Félix Bolaños, reintegrado en el favor de Sánchez, negocia ya el referéndum de autodeterminación, y para dar legitimidad izquierdista a su fechoría, Junqueras añade la torna, un aumento sin tasa de gasto público para «ayudar a la gente». ¿Hay mejor forma que endeudarla para siempre?

Así que un Gobierno en funciones y un dictador en ciernes negocian con los separatistas un régimen que niega la igualdad ante la ley de los españoles y chalanea a escondidas privilegios para esas repúblicas carroñeras, que, para nacer, deberán matar la monarquía parlamentaria, la forma de Estado que los españoles votaron masivamente en la Constitución de 1978. Contra ese crimen de lesa patria se manifiestan los ciudadanos este 8 octubre de 2023.

Lo más difícil, cuando se viene encima un proceso revolucionario, es ser capaz de reconocerlo, de no quitarle importancia, de afrontarlo o someterse, pero sin equívocos, porque el proceso no lo permite. Y en la España actual, por desgracia, una parte mayoritaria de la ciudadanía, aunque preocupada, piensa que «aquí, eso no puede pasar», refiriéndose a Venezuela, donde también se decía «eso aquí no puede pasar», refiriéndose a Cuba, donde también se decía «eso aquí no puede pasar», refiriéndose a Rusia, el primer país donde se dijo «esto aquí no puede pasar» y lo que pasaba era Lenin.

El proceso leninista y bolivariano en España

España vive un proceso típicamente leninista, pero al modo bolivariano. Sánchez sigue, a velocidad mucho mayor, la fórmula de asalto al poder de Hugo Chávez, cuyos asesores eran, también, los comunistas de Podemos. En sus cinco años en el poder, todas las leyes de Sánchez han sido y son absolutamente comunistas. Ni una sola es socialdemócrata. Son las típicas del Cártel de Puebla, la nueva Komintern, fundada por Fidel Castro y Lula tras la caída del Muro, que tiene en la ideología de género, el indigenismo y la política de la memoria, las herramientas del derecho alternativo, que cambia el régimen constitucional interpretando la ley según le convenga. No es un proceso constituyente apelando al pueblo, sino a espaldas de él, que se lleva a cabo mediante la estafa semántica y la corrupción judicial.

¿Y qué estamos viviendo ya en España, sino la corrupción absoluta de la ley con la Fiscalía de Garzón y el Tribunal Prostitucional de Conde-Pumpido? ¿Qué respeto a la Constitución, al Código Penal y a la división de poderes cabe esperar de Sánchez, que presume de vulnerarlos cuando le da la gana? ¿Cómo puede sobrevivir la soberanía del pueblo español, el sujeto político, cuando se niega su existencia desde el Gobierno que juró defenderla? Sobre todo, si, además, impone, sin someter a las urnas electorales y a referéndum nacional, un Estado plurinacional, que no sabe cuántas naciones tiene, pero que niega la única históricamente existente, la española, y proclama como indiscutibles las que jamás existieron, como la catalana, la vasca, la gallega y las que vengan, todas ellas soberanas, todas sin relación entre ellas, rotos todos los vínculos legales, morales, culturales y sociales de tantos siglos.

La jura de la bandera y la Constitución por la princesa de Asturias

No, España no puede sobrevivir, ningún Estado lo haría, a la traición de su propio Gobierno, al perpetuo autogolpe que sería la dictadura de Sánchez. Que lo es ya, pero que aún puede ser derrotada por la media España que no acepta su disolución por el interés del tirano y de sus torvos compinches.

La princesa de Asturias, heredera del trono y la Jefatura del Estado según las previsiones constitucionales, juró ayer bandera en la Academia Militar de Zaragoza y jurará la Constitución en pocas semanas, al cumplir la mayoría de edad. El dictador de las repúblicas ibéricas, en rigor balcánicas, no asistió, para evitar la bronca de cuantos respetan la patria y la bandera. Ante nuestros ojos se dibuja con nitidez el futuro de España: la continuidad de la monarquía constitucional o la disolución del Estado en repúblicas bolivarianas bajo la dictadura de Pedro Sánchez. En la manifestación de Barcelona está claro lo que se defiende y defendemos. Enfrente, también.

Europa: ucranianos en Ucrania, españoles en España

Los partidos políticos —PP y Vox— que acompañan esta resistencia cívica, deben entender que ya no hay marcha atrás. Ni para

Sánchez y sus socios —comunistas, terroristas, separatistas— ni para los españoles que abominamos de su tiranía. O España acaba con Sánchez o Sánchez acaba con España. Y que nadie espere nada de la Unión Europea. Europa somos, solo y solos, nosotros, ucranianos en Ucrania o españoles en España. A vida o muerte.

8 de octubre de 2023

La hermosa España de Leonor frente a la horrorosa Antiespaña de Sánchez

Nunca se ha visto de forma tan éticamente inapelable y estéticamente apabullante la razón de ser de España como en el desfile militar de este 12 de octubre de 2023. Se presentaba en su primer acto oficial la princesa de Asturias, en uniforme militar, el del pueblo en armas, el Ejército, legítimo defensor de la integridad nacional. Leonor encantó y emocionó a millones de españoles que vieron a un rey extraordinario, Felipe VI, ofreciendo a la nación, con sencillez y sin alardes, una sucesora digna de encarnar ese gran símbolo de la unidad y permanencia histórica de España que es la Corona.

Un símbolo es una realidad estética y moral. No es un poder ni tiene una función práctica, pero representa unos valores que están por encima de las contingencias de la vida pública. Como la bandera, la Corona representa a un sujeto político, a una nación que se ha dado una ley y un Estado, pero cuya fuente de legitimidad es siempre esa nación, nuestra España, «patria común e indivisible de todos los españoles». El jefe del Estado también lo es de las Fuerzas Armadas, y, por tanto, Leonor tendrá en su día el rango de capitán general de los Ejércitos de Tierra, Mar y Aire, como hoy su padre.

Era importante ver a Leonor de uniforme

Pero si el Ejército es la fuerza física que, en caso de necesidad, debe defender la integridad de la nación, sus fronteras e instituciones, la Corona es la fuerza simbólica y moral que encarna su legitimidad. Y es muy natural unir al símbolo de la continuidad histórica nacional el signo del empeño en defenderla, que es el uniforme militar. Y este 12 de octubre, más que nunca, era importante ver a Leonor de uniforme. Representaba la continuidad de la Corona y también la de los militares dispuestos a dar la vida por la patria. La estética era la superficie de la ética. Lo importante no era el modelo que llevaba, sino cómo llevaba el uniforme. Una diferencia sutil, pero esencial.

Y no lo pudo llevar mejor. Ni un pequeño fallo, ni el menor tropiezo, en dos horas largas de ceremonia. El único elemento de tensión era la torva presencia del siniestro sujeto que pretende acabar con la nación, el Estado y la Corona: Pedro Sánchez. La alegría del bautizo popular de Leonor, que tendrá su refrendo en la jura de la Constitución, era mucho mayor por el peligro inminente que corre la nación. Ver en la tribuna, junto al rey, a esa preciosa joven de uniforme, a punto de cumplir los dieciocho años, como símbolo de continuidad de España, era un necesario, maravilloso consuelo.

Dos imágenes: Leonor y el rey, Sánchez y la ETA

Dos imágenes, con un día de diferencia, resumen la lucha entre España y la Antiespaña. España es Leonor, y su circunstancia: el rey, los Ejércitos y el pueblo que la aclamaba bajo el cielo de Madrid. La Antiespaña es Sánchez estrechando la mano de una condenada por terrorismo, que, por culpa de Zapatero y el Tribunal Prostitucional, representa en las Cortes a un partido ilegalizado por el Supremo como fachada electoral de la banda ETA. Leonor es la hermosa España. Sánchez y su socia, la horrorosa Antiespaña.

Para muchos, aunque no suficientes, era inimaginable que Sánchez llegara al nivel de ignominia de recibir públicamente y estrechar la mano, manchada con la sangre de los asesinados por la banda etarra, incluidos los socialistas, a esa Aizpurúa que, como recordó Santiago González, con el pseudónimo de Marta Sorora, marcaba en el pasquín etarra los blancos de los que deberían ser asesinados, por ejemplo, los periodistas más molestos. López de la Calle fue el símbolo de todos ellos. Pero ¿cuántos vivieron por culpa de gentuza como Aizpurúa muchos años con escolta en el País Vasco y Navarra? ¿Cuántos dejaron de adjetivar o cargaron al «conflicto» o sea, al lado de las víctimas, la culpa del crimen? ¿Cuántos abandonaron su tierra?

Que Sánchez creía que recibir a la representante del partido de la ETA era un límite innegociable en su política lo prueban las veces en que aseguró que jamás negociaría con Bildu, avatar último del escaparate de la banda asesina. Que sobre no tener palabra no tiene dignidad lo demuestra su foto estrechando la mano del crimen. No basta que lo haga un siervo de su grey. Es él mismo quien afea a los cuatrocientos cadáveres aún sin juicio que estorben el paisaje de su poder. El único apoyo seguro, los únicos votos incondicionales para su investidura son ya los manchados con la sangre de casi mil muertos, miles de heridos y doscientos mil desterrados a punta de pistola. Sánchez es lo más vil de la política española desde Fernando VII.

La «amnistía para la conveniencia» de Sánchez

Esta semana, el Felón que ha empeorado al rey Felón venderá su pacto con Puigdemont como una «amnistía para la convivencia», cuando es solo por la conveniencia de Sánchez y sus socios, que rechazan la Constitución y desprecian a once millones de españoles. A cambio, Sánchez tendrá por un día el apoyo de medio millón de antiespañoles, a cuyos pies se arrodilla y quiere acaudillar contra el país en que nació y las leyes que juró guardar y hacer guardar. El perjuro no parará ahí. Pumpido mediante, transformará el régimen del 78 en dictadura personal al servicio de la ETA y los golpistas. En ese trance, nos consolará la imagen de Leonor el 12 de octubre de 2023.

15 de octubre de 2023

España se corona por todo lo alto mientras se hunde por lo más bajo

Esta semana, asistiremos a lo que podríamos llamar coronación de la Corona, con la princesa de Asturias jurando la Constitución de nuestra vieja nación como garantía de futuro de la continuidad de la monarquía constitucional, que es la forma de Estado que los españoles votamos casi por unanimidad en 1978. Y nunca ha habido mayor consenso que el de entonces para ese pacto de continuidad nacional, que pone la unión de todos los españoles y su igualdad ante la ley por encima o al margen de los cambios de Gobierno.

Nunca más hermosa la cumbre, nunca más frágil la montaña

Pero es muy posible que también esta semana se nos anuncie la demolición de la nación española como sujeto político y base del Estado, y que lo haga el Gobierno con menos apoyo popular de la historia. Sánchez solo cuenta con los enemigos de España: terroristas, separatistas, golpistas, comunistas y el PSOE. Pero el precio de su continuidad es la destrucción del régimen constitucional, con una amnistía que condena al Estado de Derecho y un referéndum de autodeterminación en Cataluña, quizás a la vez que el País Vasco y Navarra, para deshacer el Estado nacional más antiguo de Europa. Así que, por un lado, la forma de Estado se asegura de forma deslumbrante; por otra, su base, que es la nación, se deshace ante nuestros ojos. Siempre ha sido España paradójica, pero pocas

veces como ahora: nunca tan hermosa la cima, nunca tan frágil la
montaña que corona.

La razón de esta demolición que se sabe cómo va a empezar,
pero no cómo terminará, si es que acaba, está en la ambición personal de Sánchez, que ayer confesó a los suyos que la verdadera razón
de la amnistía ilegal a los golpistas catalanes de 2017 es evitar la repetición electoral. Es decir, que el pueblo español pueda decidir si apoya su fin como sujeto soberano, en favor de un número indetermi-
nado de soberanías paralelas, o lo rechaza. La liquidación de España
y del régimen de monarquía parlamentaria es el precio que acepta
Sánchez para evitar que los españoles lo echen del poder. No es seguro que se produzca en nuevas elecciones, pero es un riesgo que el
dictador Sánchez, que necesariamente debe serlo, no quiere correr.
Tan sencillo como esto, tan poquita cosa, pero más que suficiente.

El legado discreto de un rey extraordinario

La mayoría de edad de Leonor ha llegado por sorpresa, como las
estaciones que sabemos llegarán, pero cuyo primer día siempre sor-
prende, y ha sido de golpe, en tres meses, como si fuera algo improvisado y sobre la marcha, cuando hay detrás una minuciosa preparación desde que nació la princesa, pero especialmente, desde que
Felipe VI asumió la Corona por la forzosa, que no forzada, abdicación de su padre. Detrás de la entrada fulgurante, casi por sorpresa
de Leonor en el ámbito institucional, y también, y esto es clave, en
los hogares españoles, vía televisión, hay un largo trabajo callado,
pensado, minucioso, del rey, cuyo legado en vida ya le precede, de
la reina, que ha construido una familia de verdad dentro de la familia real, y de la Casa del rey, con Jaime Alfonsín, la discreción
hecha persona, al frente, pero siempre detrás, en segundo plano,
como debe ser y no siempre ha sido. Luego, todo ha acompañado la
aparición de Leonor: la belleza, el encanto, el tiempo, el cielo de
Madrid, el protocolo de la monarquía constitucional, que engran-
dece sin apabullar a la sociedad civil, y, sobre todo, la impresión de
total normalidad en lo que no deja de ser un milagro.

Porque el rey cogió la Corona en su punto más bajo de popularidad desde la Transición y, sobre todo, del golpe del 23F, que supo capitalizar, no impedir. Fue un golpe contra Suárez, abandonado por el rey, y en el que de forma inconsciente participaron muchos, conscientemente, pocos, que se pensó para cambiar la política del Gobierno Suárez, nunca para cambiar de régimen, y que pudo acabar mal, como suele pasar en los golpes de Estado.

También pudo aprovecharse bien y, con el prestigio sobrevenido del rey, votar la LOAPA y encauzar definitivamente el proceso autonómico. Pero Pujol y González, por razones distintas, la sabotearon, Calvo Sotelo la ha olvidado hasta en sus memorias, y Juan Carlos I se acomodó al poder con pujos de eternidad del PSOE, como en última instancia, pensando en sí mismo más que en la Corona, había buscado. A la Corona le convenía lo mismo que a la nación: clausurar el desmantelamiento del Estado por los Gobiernos de izquierda y derecha, al dictado de Pujol, el gran cosechero, todavía más que el PNV, de las nueces ensangrentadas de la ETA.

Pero en 1981-1982 la clase política se dejó llevar, sin ver que nacía un proceso disgregador que, unos pocos, tan pocos que para contarlos sobraban los dedos de una mano, denunciamos entonces, y cuya herramienta letal es la dictadura lingüística. El proceso golpista catalán empezó al llegar Pujol al poder y puede concluir, por desgracia con éxito, en pago a la continuidad en el poder de Sánchez. Así son las cosas desde hace un siglo, como cuenta Roberto Villa en sus dos magníficas obras: *1917. El estado catalán y el soviet español* y *1923. El golpe de Estado que cambió la historia de España*: los golpes de Estado se gestan en Barcelona, pero oficialmente, deben nacer en la corte. Hace falta una dictadura en Madrid para satisfacer por un rato a Barcelona.

El régimen de Sánchez y Pumpido contra el nacional y constitucional

La corrupción de la Justicia a manos de Pumpido y sus secuaces del Prostitucional es tan notoria que nadie duda de que legalizará lo que le mande Sánchez, y para asegurarse del aseo textual, él mismo, con la probable ayuda de Margarita Robles, alhajará el argumentario golpista. La secta sociata, la horda comunista, la ETA, el PNV y los golpistas catalanes están de acuerdo desde el día de las elecciones, negra noche para la nación española. Y es natural, porque si, al cabo, se trata de privar de la capacidad de decidir sobre nuestro futuro al pueblo español, cuanto antes, mejor.

No yerra Feijóo al pedir que todos los españoles puedan votar sobre la amnistía a los socios de Sánchez, que destruye el sistema legal vigente. Y tampoco yerra Sánchez, cuando, pensando en su interés personal, explica a su partido que o se amnistía a los que legalmente no se puede amnistiar, o vamos de nuevo a elecciones, con la evidente posibilidad de perderlas. En la tradición del PSOE, por encima de todo, siempre está el «patriotismo de partido», ni tienen otra patria ni, con raras excepciones, son capaces de renunciar al poder si pueden conservarlo, aunque sea a base de trampas, de las que acusarán a sus víctimas. Esperar algo del PSOE es perder el tiempo. Que es lo que suele hacer el PP, tantas veces que ya no recordamos cuántas.

Sánchez alinea a España con las dictaduras del mundo

Lo que no acaba de asumir Feijóo, pese a su discurso de investidura, es su condición de líder de la resistencia, que no de la oposición, a Sánchez. El dictador en ciernes ya ha alineado a España con los Estados totalitarios del mundo y frente a Israel, escoltando a Guterres, el antisemita de la ONU. Ya no hay duda, si alguien albergaba alguna, sobre la política exterior de su Gobierno: la de Zapatero y el Cártel de Puebla. Y ese será, lo es ya, un claro punto de fricción con el jefe del Estado, cuyos últimos discursos, sólidos y muy bien argumentados, aunque hayan pasado inadvertidos en los medios, dejan clara la posición moral de España, con la UE, Occidente e Israel. La jauría de chihuahuas de Barbie Astronauta tardará poco en criticarlo. En cuanto aprenda a leer, porque el ladridito cursi, idioma en que se expresa, no alcanza el nivel de tra-ducción que exige un lenguaje humano inteligible.

En fin, que el precio de que Sánchez pueda heredarse a sí mis-mo es que Leonor tenga muy difícil heredar un día la España de sus antepasados. Que son los nuestros. Que es la España en la que nacimos. La que, a este paso, no heredarán nuestros hijos y difícil-mente conocerán nuestros nietos. El legado de Sánchez es y solo puede ser ya el de nuestra ruina.

29 de octubre de 2023

SÁNCHEZ ENTREGA CATALUÑA A PUTIN COMO EL SÁHARA A MARRUECOS:
POR SUS HUEVIALES

Estamos asistiendo, en vivo y en directo, al descuartizamiento del Estado, la humillación de la nación que lo sostiene y la burla de las leyes que preservan el Estado de Derecho. Sánchez, con los mismos hueviales para entregar el Sáhara a Marruecos, «en nombre de España», ha entregado a los golpistas catalanes la soberanía nacional española, la independencia judicial, la unidad jurisdiccional, el dinero de todos los españoles y ha concedido a la región catalana el rango de Estado. Rango que niega al único existente desde hace cinco siglos, desde que los Reyes Católicos terminaron la Reconquista de España, que duró ocho siglos, recuperaron el Estado visigodo, de dos siglos, que heredaba la Hispania romana y cristiana que cuajó en tiempos de Octavio y de Cristo. Dos mil años. Pues ni dos mil días, ni dos mil meses, Sánchez y su compinche Pumpido han destruido ese legado bimilenario en dos días. Falta legalizar la pertenencia de ese Estado catalán a su nuevo emperador, Putin. Los catalanes, nunca independientes, seguirán sin serlo. Solo cambiarán la relación con Madrid por la de Moscú.

Cómo borrar el rastro de Putin en el Procés

El último chantaje de Puigdemont a Sánchez es cancelar la deuda que con la Justicia española tiene Moscú desde el Procés. El Parlamento Europeo y la Comisión que gobierna esta UE de plastilina han alumbrado tres informes oficiales que prueban la clara injerencia del Kremlin en el desmantelamiento de España a través de Cataluña. El hombre clave del golpismo catalán para canalizar estas relaciones ha sido Josep Lluís Alay, y la implicación de Moscú está legalmente judicializada en el caso Volhov, véase *El Mundo* del 4 de noviembre de 2023[*]. El mismo diario, el 1 de noviembre de 2023, publicó un excelente resumen de Maite Pagaza de los tres informes oficiales de la UE sobre la participación de Putin en la subversión de la democracia española.

No es la primera vez que agentes de Moscú intervienen en la política española, ni que españoles participan en la dictadura leninista. El caso más conocido es el de Andreu Nin, luego disidente de Stalin, como Gorkin y otros del POUM, y, antes aún, el sector de la CNT de Ángel Pestaña, que visitó al anciano anarquista Kropotkin para llevarle cuatro kilos de manteca pocos días antes de morir, como cuento en *Memoria del comunismo*. La izquierda separatista de ERC y Estat Català buscó siempre el apoyo de los regímenes totalitarios para compensar su debilidad en España. Véanse el *Macià al país dels soviets*[**] o la huida de Dencás a la Italia de Mussolini tras fracasar el golpe de Companys en 1934.

Pero el mayor paralelismo en la relación de los agentes de Moscú con el separatismo catalán nos retrotrae a la Guerra Civil, con la llegada como cónsul a Barcelona de Vladímir Antónov-Ovséyenko. Era la cabeza de puente de la masiva intervención militar de la URSS en la Guerra Civil, que, tras la entrega en Odesa del oro del Banco de España por Negrín, trajo la llegada de tres mil consejeros militares de la URSS, entre ellos sus mejores generales, y cuya dirección política llevaron hasta 1939 Togliatti (Ercoli), la NKVD, el GRU (su equivalente militar), el PCE... y el PSUC. Porque Stalin siempre vio en los nacionalismos catalán y vasco un flanco débil de España, que, como antigua potencia occidental, cabía explotar. Y si Putin piensa lo mismo y ha actuado en Cataluña es por las mismas razones.

---

[*] Germán González, «Junts presiona al PSOE para exonerar la "injerencia rusa" en el Procés», *El Mundo*, 4 de noviembre de 2023.

[**] Enric Ucelay da Cal y Joan Esculies, *Macià al país dels soviets*, Barcelona, Edicions de 1984, 2015.

La escalofriante historia de Antónov-Ovséyenko

¿Pero quién era Vladímir Antónov-Ovséyenko? Dejando aparte la edulcorada biografía de la Wikipedia, era ucraniano de origen (Chernígov, 1883), de familia militar zarista. Había entrado en el Partido Obrero Socialdemócrata Ruso, que era también de Lenin, en 1903 y perteneció al ala menchevique y antileninista tras el fallido golpe de 1905, en que fue uno de los jefes rebeldes en Alexandria (Polonia) y Sebastopol. Detenido allí y condenado a muerte, huyó de la incompetente vigilancia zarista de Siberia, como tantos otros, y durante la Primera Guerra Mundial se dedicó a la propaganda. Director de *Golos* (*La Voz*) y *Nache Slovo* (*Nuestra Palabra*), tuvo relación con los padres de la socialdemocracia rusa, como Lunacharski, autor del libro terrorista *¿Qué hacer?*, título copiado por Lenin, Mártov, Trotski y Manuilski, muchos de los cuales fueron importantes en 1917 y luego en la Guerra Civil española.

Aunque pertenecía al ala menchevique, más ortodoxamente marxista que la de Lenin, se pasó a los bolcheviques en el fallido golpe de julio y el de octubre de 1917. Fue el jefe militar de la subversión de Petrogrado en el golpe contra la democracia rusa, y dirigió la toma del Palacio de Invierno, con la violación y asesinato de mujeres del batallón ciclista, el último en defender el edificio que representaba la legalidad del Gobierno Kerenski, ya huido. Y del saqueo de su bodega y la borrachera de dos días que asombró a los enviados especiales extranjeros y que recuerdo en *Memoria del comunismo*. Fue uno de los comisarios más feroces del Ejército Rojo de Trotski, su viejo amigo; y dirigió políticamente la masacre de Tambov, una de las insurrecciones campesinas más importantes de la guerra civil.

Como revolucionario y militar de carrera, caso rarísimo entre los leninistas, fue el primer comisario político de una gran operación militar, la del aplastamiento de la citada insurrección de Tambov. Su importancia en el Gobierno la revela que los jefes del ataque militar de cien mil soldados contra los cincuenta mil de los socialrevolucionarios o eseristas hermanos Antóvov, que expulsaron a los comisarios de la checa que requisaban el grano y provocaban la hambruna, eran los dos militares más relevantes del Ejército soviético, Tujachevski, entonces su primer general, y Zhukov, que llegó a serlo tras la toma de Berlín al final de la Segunda Guerra Mundial.

Antónov-Ovséyenko, implacable en la guerra civil dentro de Ucrania, era disciplinado y obedeció las órdenes del partido en todos los avances y retrocesos del poder soviético, militares o civiles. Esta probada obediencia al poder político le permitió sobrevivir bajo Stalin. Y así llegó a Barcelona en 1936, como uno de los militares de mayor experiencia en toda la URSS. Esa experiencia le hizo chocar con los embajadores Rosenberg y Galkin, pero le llevó a coordinar la guerra al POUM y la CNT en los *fets de maig*. A su utilización del nacionalismo catalán como elemento legitimador del PSUC y la auténtica dictadura comunista dentro del campo republicano se debe la famosa frase de Negrín de que era «más catalán que los catalanes».

En realidad, cumplida su misión, fue víctima de la gran purga de 1937, detenido en 1938, condenado y salvado por un tiempo, gracias a sus contactos en el Kremlin, fue finalmente fusilado en 1939. Tras morir Stalin, fue uno de los viejos comunistas rehabilitados por Krustchev en 1956. Hoy habita la iconografía de los libros sobre nuestra Guerra Civil, con sus gafas de miope, puño en alto y el atuendo civil que disimula la condición real de uno de los agentes más implacables del terror soviético en España.

Los hombres de Putin en Cataluña

Los datos que recopila el artículo citado de Maite Pagazaurtundúa son tan importantes que no deberían pasar como un comentario de opinión. Dan la pista que Puigdemont y Putin pretenden borrar de la investigación judicial española y, por tanto, de la UE. Veamos algunos.

Alexander Ionov, hoy juzgado por lo mismo en los USA, difundió las primeras noticias falsas sobre el Procés a través de medios financiados por Moscú como *Sputnik* y *Russia Today*, acompañado, por todos los que, desde la extrema izquierda a la extrema derecha, apoyan en España a Putin. La clave es 2016, cuando en septiembre, por primera vez, se publica en *Sputnik*: «Una Cataluña independiente reconocerá que Crimea es rusa». El exdiputado ruso Serguéi Markov reconoció en *El Periódico* el 22 de noviembre de 2019[*] que ofreció ese apoyo al independentismo a cambio del reconocimiento de Crimea, que se había entrevistado tres veces con emisarios de Puigdemont que, en 2019, pidió en *Sputnik* el levantamiento de las sanciones a Rusia.

En tiempos de Pujol, el modelo que se pretendía para una Cataluña independiente era el de Israel, y hubo infinidad de contactos en esa línea. Una pujolista tan recalcitrante como Pilar Rahola pasea por Argentina su condición de amiga de los judíos, cuando defiende en España el *apartheid* y la persecución de los castellanohablantes, incluida la hermana de Messi, que tuvo que volverse a Rosario huyendo de la inmersión. Pero sin Pujol al frente, CDC, como Macià, se encaminó hacia Moscú. En 2018, Víctor Terradellas, responsable de relaciones internacionales y de la Fundación CATmón, fue detenido por presunto desvío de fondos públicos a entidades nacionalistas. En 2022, declaró como investigado en el caso Volhov; y en diciembre de ese año, confesó en France TV que Rusia les había ofrecido diez mil soldados para su rebelión contra el Estado español.

Esos diez mil soldados, verosímilmente del Grupo Wagner, habían sido ofrecidos en realidad, según el consorcio periodístico OCCRP, por el hombre clave de Putin para operaciones encubiertas, Nikolái Sadovnikov, que junto a Serguéi Motin se reunió el 26 de octubre de 2017, la víspera de la declaración de independencia por Puigdemont, con Jordi Sardá Bonvehí. A cambio de los soldados y millones de dólares, la Cataluña independiente promulgaría una legislación favorable para un sistema de criptomonedas, útiles para operaciones, ilegales y sin rastro, de Moscú en todo el mundo.

---

[*] Mark Marginedas, «Serguéi Markov, la voz del Kremlin», *El Periódico*, 22 de noviembre de 2019.

La demolición de España, proyecto internacional

En 2019, Alay, el hombre de Cataluña en Moscú o viceversa, y el propio Puigdemont, confirmaron al *New York Times* que ese año, tras el golpe, hubo varios viajes a Moscú, uno de ellos pagado por la Generalidad, para «asuntos que interesan a la creación de un Estado independiente en un futuro». Pues bien, ese futuro ya es presente. Putin tiene puesto un pie en la República que Sánchez entrega al separatismo catalán, cuyos aliados serán los del eje Moscú-Pekín-Teherán-Puebla. Al Cártel de Puebla —Venezuela, Cuba, Nicaragua, Chile, Argentina, Brasil, Bolivia y demás—, con Zapatero de embajador y Baltasar Garzón de abogado del narco, ya pertenecen el PSOE y Podemos. Así que, hasta sin Sánchez, el proyecto internacional de demolición de España continuará. Con Sánchez y Pumpido, mucho mejor.

5 de noviembre de 2023

Putin y el Grupo de Puebla toman el poder en España. ¡A la resistencia!

El golpe de Estado en España perpetrado por Sánchez y su caterva de etarras, golpistas catalanes y comunistas cubano-argentino-bolivarianos no es solo un problema español, sino internacional, y de una envergadura que no se veía desde la invasión de Ucrania por Putin. Cuando Ursula von der Leyen y Charles Michel corrieron a felicitar a Sánchez por su triunfo contra media España, no solo insultaron a la otra media, sino que, necia y necio, saludaban la creación en el cuarto país de Europa no de un Gobierno salido de las urnas, sino de un régimen que estará tutelado por Putin y el Grupo o Cártel de Puebla que dirige Lula, su fundador con Fidel Castro poco después de la caída del Muro y para compensar la desaparición del imperio soviético. Y es urgente que, como Zelenski hizo en Ucrania, la España leal a su legalidad y a la de la UE sepa dar a nuestra tragedia, que ya lo es, la visibilidad internacional necesaria para combatirla y derrotarla.

Una sesión parlamentaria como las últimas de 1936

La investidura de Sánchez fue más bien una embestidura en el estilo del Cártel de Puebla, narcoheredero fraterno con Putin de la URSS. No hubo programa de Gobierno, sino ataques a la oposición, a la Constitución, a la propiedad privada, que ellos llaman empresarios, a los medios y al rey. Los ataques se repartieron entre las bandas que, juntas y revueltas, llegan al poder. La del partido de la ETA fue la más clara y la más parecida al tono criminal de la Pasionaria. El macarrilla de Santa Coloma el más trilero, el del PNV, con la hoz y el martillo como imposible volante del viejo tractor, casi el más patético, solo superado por la portavocecilla canaria, que dijo estar contra la Ley de Amnistía, precio de la investidura, y votó a favor. Y la intervención más importante, junto a la etarra, fue la de la embajadora de Pusdemón, como llama la gente al heroico fugitivo del maletero de Soraya.

Nogueras dijo que Sánchez no tiene palabra, que solo lo mueve el poder y que solo para impedir un Gobierno del PP busca los votos de Junts. Pero le recordó todo lo firmado con ellos: el reconocimiento de la nación catalana y su derecho a la secesión, vía referéndum, y aunque lo votó, dejó claro que lo dejará caer en cuanto se aparte de lo pactado. Sánchez será, es ya, un presidente presidido por la ETA y por los golpistas. Y los comunistas de Sumar, antes Podemos, lo jalearon porque ahora el jefe socialcomunista es Sánchez, como Largo Caballero, el llamado «Lenin español» en 1936.

La sesión de investidura de Sánchez recordó a la última de 1936, tras el asesinato de Calvo Sotelo por la escolta del socialista Prieto, pero que el Gobierno de Casares, que se proclamó «beligerante contra el fascismo», se negó siquiera a investigar, ignominia que precipitó el alzamiento. La soflama de la portavoz de la ETA recordó las de José Díaz o la Pasionaria a Calvo Sotelo, poco antes de matarlo: «Su señoría morirá con los zapatos puestos». Y la bildutarra no anunciaba el futuro, sino el presente de cientos de asesinatos y doscientos mil vascos expulsados de su tierra. No amenazan como ayer. Proclaman el triunfo, hoy, del terrorismo contra los españoles, por el hecho de serlo. El nuevo paso para subvertir el orden constitucional que Sánchez ha jurado defender ante el rey ya ha sido anunciado por Junts y ERC, y respaldado por la ETA: comisiones (soviets) parlamentarios van a juzgar a los jueces que hayan condenado a separatistas por actos terroristas. Porque eso es la amnistía: el separatismo anula el delito y condena al juez. Los tribunales populares de la Segunda República que citaba el último domingo.

¿Y esto no les importa a los votantes del PSOE? En absoluto. La indiferencia moral de los votantes de izquierdas recuerda a los de 1936, cuando desde principios de julio, los chequistas, respaldados por el Gobierno, torturaban, violaban y asesinaban por el delito de ser de derechas o haber votado contra los que en febrero robaron las elecciones. A los votantes del PSOE de hoy, tan amorales como los de ayer, les da igual la Ley de Amnistía, que negaban por anticonstitucional. Ahora juran que es fiel a lo que los españoles, en 1978, votamos en masa. Pero a la vez dicen que no hay que cumplir la Constitución, sino «interpretarla» según convenga al Gobierno. Los sociatas han alcanzado el nivel moral de los de la ETA, los golpistas y los comunistas. Para ellos lo sustancial es no dejar que gobierne la derecha, o sea, no soltar el poder. Y ahora dirán que el referéndum de secesión, que antes negaban, es el triunfo de la democracia. ¿Las leyes? ¡Bah! Lo importante es que manden los nuestros. Como sea.

El alineamiento internacional de Sánchez contra Occidente

Hasta ahora, Sánchez había jugado a dos bandas en política exterior, con la UE contra Putin y con los de Puebla en favor de Maduro. Ahora ya no puede hacerlo. Por sus alianzas, que son dependencias, apoyará a Putin contra Ucrania, de manera solapada; y, abiertamente, a Irán y Hamás contra Israel. De hecho, lo primero que dijo en la investidura fue que reconocerá «un Estado palestino». Como si ese Estado no lo hubiera creado la ONU en 1947, con el de Israel, y no fueran los países árabes los que han impedido su existencia porque eso los obliga a reconocer el Estado judío. Y cuando los USA habían conseguido ese reconocimiento por Marruecos y estaban a punto de lograrlo con Arabia Saudí, Teherán soltó a la jauría de Hamás.

De inmediato, los comunistas en el Gobierno salieron a la calle para apoyar a degolladores de bebés, violadores, torturadores, secuestradores y asesinos. Gravísimo es el antisemitismo en toda

Europa. En España está en el Gobierno. Al Eje Moscú-Pekín-Te-
herán-Caracas hay que añadir Madrid.

Un gran acierto en la masiva manifestación de ayer en Madrid, que representó en sí misma un millón de aciertos, fue invitar
al diputado Paolo Rangel, del Partido Socialdemócrata portugués,
más liberal que socialista, y que gracias al liderazgo y quizás el
martirio de Sá Carneiro —muerto en un sospechoso accidente de
avión— devolvió a los militares a los cuarteles y llevó al poder un
proyecto democrático que rescataba la propiedad de los claveles
soviéticos y abría Portugal a su integración en la Unión Europea.

Los problemas de España son de Europa

Rangel, con la emoción que el acto requería, dijo que «la amnistía
no es un problema de España, es un problema de Europa»; y que «en
toda mi vida como jurista, como político, como ciudadano, nunca
he visto una democracia en la que se pueda aceptar que los parlamentarios vayan a fiscalizar a los tribunales y al poder judicial». Lo
que nos lleva de nuevo a Europa. Fue un acierto de la organización
que hubiera muchas banderas de la UE junto al mar de banderas de
España, que apenas nadie lleva ya otra. Europa debe saber que lo
que defiende España no es solo su libertad, sino la de todos los europeos, y que, si la corrupta burocracia de las renovables acepta la
dictadura de Sánchez, como los cobardes obispos de Omella, hay
una parte de Europa, la mejor, la de las libertades, que es la nuestra
y la que siempre nos defenderá. Hay que hacer todo lo posible para
que eso quede claro para las opiniones públicas de un continente
desorientado y putinesco.

Los discursos estuvieron muy bien, aunque deberían haber
empezado media hora más tarde, cuando la gente hubiera acabado
de llegar. Sobre todo, me gustaron el de Andrés Trapiello y el *non
serviam* del luciferino Savater, aunque solo de aspecto, porque el
malo de verdad pernocta con los murciélagos en las cavas del Vaticano. Añadió que toda España es nuestra, y que la necesitamos
para poder ser ciudadanos libres e iguales ante la ley. La alternativa

de Sánchez es una dictadura plurinacional, tutelada por Putin y que destruiría las tres instituciones que, con Savater, aclamó el millón de corazones con cerebro: «¡Viva España! ¡Viva la Constitución! ¡Viva el rey!».

¡Y viva la libertad, y abajo el Felón, Putin, los de Puebla y su frutísima madre!

19 de noviembre de 2023

Sánchez se hace antisemita y cruza el Jordán: de Putin y Puebla a Teherán

Solo a un psicópata se le ocurriría ir a orinar a Auschwitz. Y eso ha hecho Sánchez: ir a Israel representando a España y la UE y, delante de Netanyahu, ciscarse en las víctimas de la mayor matanza de judíos desde el Holocausto. En el museo de Jerusalén dedicado a las víctimas de aquel genocidio, hay un montón de zapatitos de niños asesinados por los nazis. Tan monstruosa carnicería quieren completarla, y lo dicen, los países árabes que usan como carne de cañón y tripas de verdugo a los palestinos, que, no desde 1947, sino desde la Guerra de los Seis Días, buscan conseguir con el terrorismo la victoria que los enemigos de Israel no logran en el campo de batalla. Ellos matan judíos de forma cada vez más salvaje; y, a cambio, viven de forma cada vez más miserable. Sánchez prefiere a los terroristas. Y compara a sus aliados de la ETA con los de Hamás. Nada más lógico. Si hay un político occidental que prefiere el delito a la ley, ese es Sánchez.

La Tricontinental de La Habana, el Foro de São Paulo e Irán

Los patronos del terrorismo palestino han sido siempre países árabes aliados a la URSS, o directamente Moscú a través del KGB. Y sus campos de entrenamiento estaban en Argelia, las guerrillas iberoamericanas o en el valle de Bekáa libanés. Allí estaban la ETA, el IRA, las Brigadas Rojas y los palestinos de Al Fatah, de Arafat, o del MLPDLP del doctor Habash. La inauguración de aquella alianza comunista e islamista contra Occidente, que veía a Israel como el eslabón más débil de las democracias capitalistas, tuvo lugar en 1966, en La Habana, con el Che como organizador y Fidel Castro como presidente. Pero lo importante es recordar a los compañeros de viaje de aquella extensión de la Komintern leninista a todo el mundo.

Recordemos su importancia: participaron quinientos delegados de ochenta países. Y el proyecto que allí nacía fue bautizado OSPAAL (Organización de Solidaridad de los Pueblos de África, Asia y América Latina) como ampliación de la OSPAA (Organización de Solidaridad de los Pueblos de África y Asia), que a su vez venía del Pacto de Bandung y la Organización de Países No Alineados, en la práctica alineados con la URSS. La China de Mao, pese a participar en la Guerra de Corea, no tenía el peso de Moscú.

Enviaron mensajes de adhesión Alexis Kosiguin de la URSS, Chu En-Lai de China, Nasser de Egipto, Bumedián de Argelia, Ho Chi Minh de Vietnam, Nyerere de Tanzania y Kim Il-sung de Corea del Norte. Pero la importancia del acto consistía en la ampliación de la subversión comunista a Iberoamérica, con Cuba como cuartel general. Y allí estaban Salvador Allende de Chile (el más importante en el futuro, pero que ya estaba con los comunistas), Amílcar Cabral, de la Guinea portuguesa, Luis Turcios, de Guatemala, junto a otros que se desvanecieron: Medina Silva en Venezuela o Arismendi en Uruguay. Desde la Tercera Internacional, la Komintern de Lenin, los representantes de los países no siempre tenían implantación real, pero sí capacidad de expansión gracias a la ayuda diplomática, económica y militar que recibían todos los partidos comunistas, sobre todo iberoamericanos. La gran escuela de líderes fue la Universidad Patricio Lumumba, en Moscú, heredera de la Academia Frunze, política y, sobre todo, militar. Allí habían estudiado generales luego famosos en la Guerra Civil española, como Líster o Modesto.

Tras la caída del Muro, como ya comentamos aquí, Fidel Castro y Lula reeditaron como Foro de São Paulo aquella Tricontinental que tanto hizo por expandir el comunismo en el llamado Tercer Mundo, como si el Segundo fuera mucho mejor. Así se comprobó al alzarse el Telón de Acero. Pero el comunismo, además de ideología, es una gran estructura de poder internacional que protege a los que atacan a sus enemigos. Y al Grupo de Puebla, que es el Foro de São Paulo ampliado tras llegar al poder Hugo Chávez, y asociado al Irán de Ahmadineyad, como enemigo del Gran Satán americano, es al que hoy se acoge el proyecto dictatorial de Pedro Sánchez.

El nuevo antisemitismo es parecido al antiguo

Israel es el blanco del nuevo antisemitismo que propaga la izquierda en todo el mundo, empezando, como todo lo antioccidental, en las antaño universidades de élite norteamericanas, hoy propagadoras, a rebufo del Mayo del 68, de la «cultura de la cancelación», burda dictadura contra la libre opinión. Varias asociaciones estudiantiles, empezando por Harvard, se lanzaron a condenar a Israel cuando todavía no estaban identificados los cuerpos de la masacre de Hamás, y antes de cualquier represalia. Los mil quinientos muertos, las docenas de bebés degollados, los centenares de mujeres violadas, torturadas y asesinadas, cuyos cuerpos rotos exhibieron los asesinos en las redes, no afectan a estos niñatos, algunos seguramente judíos, que ven en el pueblo de Israel el chivo expiatorio de los crímenes de Occidente, que condenan Teherán, Moscú, Pekín, Caracas y, ahora, Madrid.

¿Por qué? Porque Israel representa el capitalismo y la democracia en un entorno hostil, donde la mujer tiene que vivir tapada y los homosexuales son ahorcados u operados a la fuerza para cambiar de sexo. Los supuestos enemigos de la islamofobia, el machismo y la homofobia defienden al macho islamista, que viola o mata judíos por el «derecho a la defensa» palestino. ¿Defenderse de los bebés a los que degüellan, de las jóvenes a las que violan, de los ancianos a los que queman vivos? Sí. Cualquier crimen deja de serlo en nombre de un derecho abstracto indiscutible. Hitler lo hizo en nombre de Alemania. No era nada personal; sus SS exterminaban ratas.

En la izquierda y parte de la derecha el antisemitismo se ha vuelto a generalizar como una actualización del anticapitalismo y la antidemocracia. La ideologización, que supone la despenalización moral del crimen, tiene una larga tradición comunista racista y religiosa. Y ha calado hondo en una sociedad que es pura superficialidad. La condena de la masacre de Hamás duró un telediario. Aún seguían matando, cuando antisemitas como Sira Rego presentaban a los violadores como heroicas figuras de cómic. El que la ha hecho ministra, Sánchez, tras ver las imágenes terribles de la matanza, no tardó un minuto en afear a Netanyahu lo que, según Hamás, fuente fiable, hacen en Gaza los judíos, tras enterrar a mil quinientas víctimas del terrorismo que dice que condena… pero apoya al pedir que no se lo ataque.

Un despotismo sin marcha atrás

Lógicamente, el Gobierno de Israel reaccionó indignado y criticó la evidencia: que Sánchez y su sucesor belga estaban apoyando a Hamás. El ministro Albares, curtido justificador de las barrabasadas de su jefe, dijo que rechazaba esa crítica. Y algún periódico de la derecha desnortada lo justificó editorialmente. Todos quedaron retratados al publicar Hamás una nota agradeciendo el apoyo de la UE, del belga y del «valiente» Sánchez.

Los que tienen más experiencia internacional que el psicópata de la Moncloa y no creen en su inteligencia, aunque lamenten su buena suerte, están atónitos ante la audacia de ofender públicamente a Israel, y tras ver las imágenes de los cuerpos martirizados, que no le alteraron lo más mínimo. Es que se trata de un enfermo moral y ese era el guion que llevaba escrito para convertirse en una figura internacional para los países indeseables, los únicos con cuyo apoyo puede contar para destruir la democracia española.

Que no ha sido un error, sino un acto deliberado que repitió en El Cairo, y que sus siervos mediáticos alaban como gesto moral, cuando es tan inmoral como aceptar el apoyo a su investidura de la ETA, con la que comparó a Hamás. Lógico: su desprecio a las víctimas de la banda vasca es igual al de las víctimas de Hamás. Nada, por siniestro o monstruoso que sea, lo altera. Sánchez ha cruzado el Jordán como cruzó el Rubicón de asaltar el Estado de Derecho. Atacar a Israel es lo mismo que aprobar comisiones parlamentarias para condenar a los jueces que la ETA o los golpistas quieran: las pruebas de un despotismo, el de Sánchez, que ya no tiene marcha atrás.

26 de noviembre de 2023

ANEXOS

Acuerdo entre el Partido Socialista Obrero Español y Esquerra Republicana de Catalunya para la segunda fase del proceso de diálogo, negociación y acuerdo [*]

1. Marco previo y antecedentes

El acuerdo firmado entre el Partido Socialista Obrero Español (PSOE) y Esquerra Republicana de Catalunya (ERC) para posibilitar la investidura de Pedro Sánchez se configuró en torno al reconocimiento de la existencia de un conflicto sobre el futuro político de Catalunya y de la apertura de un proceso de búsqueda de soluciones con la creación de una mesa bilateral de diálogo, negociación y acuerdo entre Gobiernos. En ese momento, se estableció la oportunidad para sentar las bases de la resolución del conflicto sobre el futuro político de Catalunya y se generó confianza en el proceso de diálogo y entre ambos partidos. Para dar continuidad al proceso de resolución del conflicto político, el PSOE y ERC han decidido firmar el presente acuerdo político para abrir una segunda fase en el proceso de diálogo, negociación y acuerdo, y materializar las visiones que comparten ambas fuerzas en el ámbito político, económico y social. Los firmantes realizan una evaluación positiva de su colaboración y de la primera fase de diálogo, negociación y acuerdo durante la pasada legislatura entre el Gobierno de España y el Govern de la Generalitat de Catalunya a través de la Mesa de Diálogo, Negociación y Acuerdo, particularmente en lo que se refiere a la desjudicialización del conflicto sobre el futuro político de Catalunya, a la defensa y promoción de la lengua catalana y a la progresiva normalización del diálogo político e institucional, que ahora son objetivos ampliamente compartidos a nivel político y social. En este sentido, ambos partidos reafirman los acuer-

---

[*] 2 de noviembre de 2023.

dos y logros alcanzados la pasada legislatura y que resultan imprescindibles a la hora de abordar los acuerdos que se contemplan en el presente documento y la nueva fase de diálogo y negociación. Especialmente ratifican los siguientes principios:

(i) El reconocimiento de la existencia de un conflicto sobre el futuro de Catalunya, que tiene una naturaleza eminentemente política.

(ii) La necesidad de desjudicializar dicho conflicto y de dialogar sobre posibles soluciones en un marco de negociación equilibrado para todas las partes, encontrando las vías políticas y democráticas para su resolución.

(iii) Que las soluciones de fondo a las que se llegue deben ser soluciones con un amplio consenso social y parlamentario en el ámbito de Catalunya y que deben producirse respetando el principio de seguridad jurídica y los procedimientos y el ordenamiento democráticos.

(iv) El reconocimiento de la legitimidad de todas las posiciones políticas democráticas, de los derechos y garantías de las personas que las defienden, así como del compromiso con el ordenamiento estatal e internacional en materia de derechos humanos, civiles y políticos.

(v) El respeto a los símbolos y las instituciones propias de Catalunya, especialmente la lengua catalana, que es uno de los principales instrumentos de integración social y debe también tener presencia y reconocimiento en todas las instituciones del Estado y también en los organismos e instituciones internacionales, particularmente de la Unión Europea.

2. Elementos esenciales del conflicto político

Estos compromisos son especialmente relevantes para entrar en una etapa de resolución del conflicto sobre el futuro político de Catalunya. La situación política actual de Catalunya ha sido objeto de un debate con unas profundas raíces históricas que no pueden resumirse en este acuerdo, pero es evidente que entró en una fase especialmente crítica a partir de la sentencia del Tribunal Constitucional del año 2010 que anuló algunas disposiciones del Estatuto de Autonomía de Catalunya aprobado por el Parlament y las Cortes Generales y ratificado por el pueblo catalán.

Esto llevó el debate a una situación de conflicto en el que convivían distintas legitimidades que operaron en direcciones opuestas: una legitimidad parlamentaria y popular con una voluntad manifiesta concretada en ese texto, y una legitimidad institucional y constitucional, ambas imprescindibles en una democracia avanzada y en un Estado de Derecho.

Desde ese momento, las relaciones políticas e institucionales han estado marcadas por un conflicto que tiene como base tanto las diferentes concepciones de la soberanía por parte de los principales actores como la existencia de mayorías parlamentarias y aspiraciones políticas contrapuestas en Catalunya y en el conjunto de España. PSOE y ERC coinciden en que hubiera sido deseable un proceso de diálogo y de búsqueda de soluciones políticas en aquel momento, pero, lamentablemente, no se produjo.

Los acontecimientos producidos entre la sentencia del Estatut hasta el referéndum anulado por el TC de 2017 generaron una tensión institucional y social, que se agravó con el inicio de múltiples procedimientos judiciales, buena parte de los cuales, todavía hoy, siguen tramitándose.

La evolución del conflicto político, a partir sobre todo de los indultos concedidos en junio de 2021 a los principales líderes del proceso independentista, ha resultado positiva al haber favorecido la convivencia, la confianza y las garantías para impulsar la vía de la solución dialogada. Esta nueva etapa permite, ante todo, identificar correctamente los tres grandes problemas de naturaleza política del conflicto que nos ocupa:

- El debate sobre el reconocimiento nacional de Catalunya y la forma de vehicular dicho reconocimiento a través de la política, del ordenamiento jurídico y de las instituciones, respetando tanto el principio de legalidad como el principio democrático.
- Los recursos de los que debe disponer Catalunya para asegurar los derechos, la cohesión social y la prosperidad de todos sus habitantes.
- La necesidad de que los acuerdos alcanzados como resultado político del diálogo sean refrendados por la ciudadanía, lo que permitirá cerrar una cuestión pendiente, contribuir a cumplir una demanda amplia, sólida y transversal mantenida a lo largo del tiempo y favorecer un consenso sobre el futuro de Catalunya.

3. Acuerdos de la segunda fase del proceso de diálogo, negociación y acuerdo

A partir de este diagnóstico y de los principios y compromisos enunciados, los firmantes consideran que es necesario dar un impulso a la nueva etapa política que ha comenzado a abrirse la pasada legislatura. En el nuevo contexto, ambas partes consideran imprescindible seguir avanzando a través de la negociación, dar continuidad a los acuerdos de la primera fase y abordar las causas, las consecuencias y las vías para encontrar una solución al conflicto político que represente a la voluntad amplia, transversal y mayoritaria de la ciudadanía de Catalunya democráticamente expresada.

En este sentido, adquieren los siguientes compromisos para la siguiente legislatura, que se desarrollarán a partir de los ámbitos parlamentarios o institucionales en los que participan ambas fuerzas:

1. **Voto a favor de la investidura:** todas las diputadas y diputados de ERC en el Congreso votarán favorablemente la investidura de Pedro Sánchez como presidente del Gobierno.

2. **Culminar la desjudicialización a través de la aprobación de una la ley de amnistía,** para procurar la plena normalidad política, institucional y social como requisito imprescindible para afrontar un diálogo y una negociación en unas condiciones óptimas y equilibradas con las que abordar los retos del futuro inmediato.

3. **Ratificar e impulsar el diálogo institucional entre Gobiernos sobre el futuro político de Catalunya mediante el diálogo político e institucional a través la Mesa de Diálogo, Negociación y Acuerdo** que, una vez consolidada la desjudicialización a través de la Ley de Amnistía, pasará a una fase de planteamiento, análisis y diálogo sobre propuestas políticas en esta materia, que debe avanzar a un ritmo constante y satisfactorio para ambas partes, incluyendo reuniones periódicas para abordar todas las propuestas y trabajar sobre mecanismos que posibiliten su viabilidad.

   También debe abordar el debate sobre el modo en que los acuerdos a los que se pueda llegar sobre el marco político de Cataluña puedan ser refrendados por el pueblo catalán.

Cada Ejecutivo designará a su delegación entre los miembros de los respectivos Gobiernos, salvo acuerdo en contrario entre las partes.

Los presidentes de los respectivos Gobiernos tendrán la capacidad de ratificar y anunciar públicamente los acuerdos. El resto de cuestiones sobre el sistema de trabajo de la Mesa será el acordado en los textos metodológicos pactados previamente por las partes.

De forma paralela a la Mesa, se creará un espacio de negociación entre ambos partidos que cuente con un mecanismo que tenga las funciones de acompañar, verificar y realizar seguimiento de todo el proceso de negociación y de los acuerdos a los que se llegue, con el fin de que las propuestas que lleguen a la Mesa de Diálogo, Negociación y Acuerdo puedan implementarse durante la presente legislatura. A estos efectos, se designará de común acuerdo a una persona de reconocido prestigio para realizar dichas labores.

4. **Implementar una agenda de reformas y transferencias** con una incidencia positiva sobre el bienestar social y el progreso económico de Catalunya. A tal efecto, el presente acuerdo incluirá como anexos dos acuerdos sobre la financiación para Catalunya y sobre Rodalies.

Con el fin de poder implementar plenamente este acuerdo, las diputadas y diputados de ERC apoyarán la investidura de Pedro Sánchez y, en paralelo al cumplimiento de los compromisos adquiridos en este acuerdo, darán estabilidad a la legislatura a través de una negociación de buena fe y de la voluntad de aprobar los principales hitos legislativos, especialmente (i) en el ámbito presupuestario y relativo a los fondos de recuperación de la Unión Europea, (ii) de los proyectos de ley remitidos por el Gobierno a las Cortes Generales y (iii) de los reales decretos leyes para responder a situaciones de extraordinaria y urgente necesidad.

Además, para garantizar dicha negociación de buena fe, se informará con antelación sobre la planificación legislativa, se favorecerá el diálogo técnico y político sobre cada proyecto y se establecerán sistemas de reuniones periódicas en las que se pueda advertir sobre cumplimientos pendientes con el fin de resolverlos y seguir avanzando en el presente acuerdo.

ANEXO 1
ACUERDO ENTRE EL PARTIDO SOCIALISTA OBRERO ESPAÑOL Y ESQUERRA REPUBLICANA DE CATALUNYA PARA CULMINAR EL TRASPASO INTEGRAL DEL SERVICIO DE RODALIES Y REGIONALS -RODALIES DE CATALUNYA- A LA GENERALITAT DE CATALUNYA

Los dos partidos reconocen la necesidad de culminar el traspaso integral del servicio de Rodalies y Regionals-Rodalies de Catalunya a la Generalitat de Catalunya, que comenzó en 2009 y 2010. La Comisión Mixta de Transferencias Administración del Estado-Generalitat de Catalunya (CMT) adoptó sendos acuerdos de traspaso de funciones en materia de servicios de ferrocarril, de 29/12/2009 y 17/11/2010, aprobados respectivamente por el Real Decreto 2034/2009, de 30 de diciembre, sobre traspaso a la Generalitat de Catalunya de las funciones de la Administración General del Estado correspondientes al servicio de transporte de viajeros por ferrocarril de cercanías, y el Real Decreto 1598/2010, de 26 de noviembre, de traspaso a la Generalitat de Catalunya de las funciones de la Administración General del Estado correspondientes a los servicios ferroviarios regionales de transporte de viajeros sobre la red de ancho ibérico de la red ferroviaria de interés general. Los dos acuerdos de traspaso, técnicamente complejos y de especial relevancia práctica para los usuarios de los servicios, fijaron obligaciones que todavía no se han cumplido íntegramente.

De manera paralela al acuerdo de la CMT sobre el traspaso de servicios de ferrocarril de cercanías, otras comisiones paritarias adoptaron importantes acuerdos que terminaron de configurar un marco del traspaso, como la propia Comisión Bilateral Generalitat-Estado y, en particular, la Comisión Mixta de Asuntos Económicos y Fiscales Estado-Generalitat de Catalunya (CMAEF). Por otra parte, se suscribió un convenio entre la Generalitat y Renfe-Operadora para la dirección y gestión de la prestación del servicio traspasado. A su vez, el Ministerio de Fomento, la Generalitat y el Administrador de Infraestructuras Ferroviarias (ADIF) formalizaron un acuerdo para el uso de la capacidad de la infraestructura ferroviaria.

A pesar de los acuerdos referidos y por diversas circunstancias, no se ha efectuado la transferencia anual a la Generalitat de los recursos para sufragar el déficit de los servicios traspasados.

Más recientemente, la Comisión Bilateral Generalitat-Estado acordó el 2/8/2021 constituir un grupo de trabajo para dar cumplimiento a las previsiones de la Disposición adicional 154 de la Ley 11/2020, de 30 de diciembre, de Presupuestos Generales del Estado para 2021. Dicha disposición prevé que la CMAEF analice y acuerde el procedimiento para hacer efectivas las transferencias de recursos de la Administración General del Estado a la Generalitat relativas a los servicios traspasados en materia de servicios de ferrocarril de cercanías y regionales. El grupo mencionado, responsable de adoptar acuerdos y elevarlos a la CMAEF para que se cumpla la citada disposición, celebró tres reuniones sin llegar a acuerdos.

Así mismo, de conformidad con lo previsto en la disposición adicional tercera de la Ley 26/2022, de 19 de diciembre, de modificación de la Ley del Sector Ferroviario, el grupo de trabajo constituido para la consecución de lo establecido en la disposición adicional 154 de la Ley 11/2020, de 30 de diciembre, de Presupuestos Generales del Estado para 2021, debió haber concluido sus trabajos en el plazo de tres meses desde la entrada en vigor de la ley, es decir, en marzo de 2023.

De todo lo expuesto, se concluye que varios compromisos pactados que formaban parte de los acuerdos vinculados al traspaso de servicios de cercanías y regionales, aprobados mediante el Real Decreto 2034/2009, de 30 de diciembre, y el Real Decreto 1598/2010, de 26 de noviembre, así como lo previsto en la DA 154 de la Ley 11/2020, de 30 de diciembre, permanecen pendientes.

El transporte público, y en concreto los servicios de cercanías ferroviarios, son unos de los principales elementos de vertebración de cualquier país y elementos de cohesión entre los territorios que lo conforman. Disponer de una red de transporte ferroviario de cercanías es fundamental para garantizar derechos básicos de la ciudadanía, favorecer la cohesión y el dinamismo social y la prosperidad económica de los territorios. Para conseguir estos objetivos, el PSOE y ERC han llegado a los siguientes acuerdos.

Acuerdos

PRIMERO – Culminar y ampliar el traspaso integral de la Administración General del Estado a la Generalitat de Catalunya, a lo largo de la presente legislatura, del servicio de transporte ferroviario de Rodalies de Catalunya.

SEGUNDO – Con la finalidad de dar cumplimiento a lo establecido en el acuerdo primero, ambas partes establecen los siguientes acuerdos:

1. En relación al traspaso de los recursos económicos necesarios para la adecuada gestión de los servicios ferroviarios competencia de la Generalitat de Catalunya se acuerda:

A. Traspasar, durante el año 2024, los recursos económicos necesarios asociados al déficit en el que incurre Renfe del año 2023, como operador del servicio, en relación con la prestación del servicio de Rodalies de Catalunya. En los años sucesivos una vez vencida la anualidad y durante el primer trimestre de cada año, se realizará el cálculo de déficit y la transferencia de recursos al titular del servicio.

Se creará un grupo de trabajo entre MITMA y el Departament de Territori que analizará también las mejoras en los servicios actuales que se deben incorporar, estableciendo los plazos y los costes a asumir. Entre estos servicios cuyo coste asumirá el Ministerio se encontrarán al menos los servicios de Lleida a Manresa.

B. Fijar una fase transitoria de la transferencia de los recursos económicos necesarios, con una duración establecida de mutuo acuerdo antes de la inclusión del traspaso de recursos en el sistema de financiación autonómica.

C. Incluir los mecanismos de flexibilización del cálculo para hacer frente a costes extraordinarios en la prestación del servicio.

D. Traspasar a la Generalitat los recursos necesarios para sufragar la deuda existente con Renfe relativa a los servicios prestados en el marco del plan de acción, que se cifra en 132.723.044 euros, fuera de los servicios acordados en el traspaso. Para ello se determinarán las fórmulas más adecuadas a tal fin, tales como su inclusión en las previsiones en los Presupuestos Generales del Estado u otras con resultados similares. El grupo de trabajo de la cláusula A deberá acordar qué parte del coste del actual plan de acción debe pasar a formar parte de la financiación ordinaria de los servicios de transporte de Rodalies de Catalunya.

E. Asumir, por parte de la Administración General del Estado, los costes derivados de decisiones de dicha administración y, en particular, del incremento de cánones ferroviarios de ADIF de mediados del año 2017. A tal efecto, se analizará la conveniencia de modificar el convenio vigente entre ADIF y el Estado para que dicho incremento se compense a través de aportaciones a esta entidad que se incluyan en los Presupuestos Generales del Estado.

F. Establecer mecanismos reglados, vía convenios o acuerdos, o incluir en la transferencia del apartado A a la Generalitat de Catalunya, las aportaciones para hacer frente a los costes que se puedan derivar de los planes alternativos de transporte que impliquen sobrecostes en servicios de transporte gestionados por esta Administración, cuando el Estado realice obras en la infraestructura ferroviaria que supongan la afectación a servicios ferroviarios, tanto en el marco de las obras programadas como en el caso de situaciones sobrevenidas.

2. En relación a la prestación de la operación del servicio de Rodalies de Catalunya se acuerda:

A. Constituir la empresa mercantil Rodalies Catalunya, con participación mayoritaria de la Generalitat de Catalunya, segregada de Renfe Viajeros, la cual se dotará de los recursos materiales y humanos que hoy son utilizados y necesarios para la prestación de los servicios de Rodalies en Cataluña por parte de Renfe. Esta empresa dispondrá de un consejo de administración de forma paritaria por Generalitat y AGE, y además de estos miembros del consejo, se nombrará un presidente con voto de calidad, también miembro del consejo, propuesto por la Generalitat. Aquellos acuerdos que sus estatutos establezcan como estratégicos se adoptarán con una mayoría cualificada del consejo. Esta empresa dispondrá de un convenio de colaboración y cooperación con Renfe que asegure la movilidad laboral entre ambas y el mantenimiento de los derechos adquiridos.

B. Asignar, en el marco del acuerdo de capacidad, los surcos necesarios para la prestación de los servicios que la Generalitat de Catalunya establezca en Rodalies Catalunya y dar cumplimento efectivo al acuerdo para la utilización de la capacidad de la infraestructura ferroviaria de Rodalies de Barcelona del 8/2/2010 y a su adenda 23/12/2010. Preferentemente, se priorizarán los surcos de Rodalies de Catalunya frente al resto de servicios usuarios de la red. Además, se establecerán mecanismos técnicos que permitan que la Generalitat pueda visualizar de forma dinámica y disponer de los datos el estado de la circulación en toda la red de Rodalies de Catalunya para poder conocer la ubicación de los trenes e incidencias en tiempo real.

3. En relación a las infraestructuras ferroviarias necesarias para la prestación del servicio a la Generalitat de Catalunya, se acuerda:

A. Que el Ministerio de Transportes, Movilidad y Agenda Urbana traspasará a la Generalitat de Catalunya la titularidad de la infraestructura ferroviaria en la que los servicios prestados sean de forma exclusiva titularidad de la Generalitat y puedan excluirse de la explotación conjunta del resto de la Red Ferroviaria de Interés General. Entre los tramos de infraestructura que serán objeto de traspaso, se incluirán al menos la línea del Maresme de la R1, la línea Papiol-L'Hospitalet-Vic-Puigcerdà de la R3 y la línea Sant Vicenç de Calders-Barcelona de la línea R2.

B. Para llevar a efecto este traspaso se constituirá una Comisión Generalitat- Administración General del Estado que determine la adecuación o despliegue del marco normativo para hacerlo posible, y las condiciones económicas asociadas al mismo en términos de la definición de activos infraestructurales y operativos a traspasar, las inversiones infraestructurales necesarias, los recursos económicos asociados a la renovación de activos traspasados, las necesidades económicas para cubrir el mantenimiento, así como los necesarios acuerdos que aseguren la gestión y control de la circulación ferroviaria y la garantía del cumplimiento de las normas de seguridad ferroviaria. Para determinar los tramos a traspasar, se incluirá en el análisis toda la red ferroviaria en Catalunya sin excluir ningún tramo, con el propósito de valorar también posibles traspasos futuros de tramos distintos a los del apartado A.

C. Definir los estándares de calidad en la prestación y el mantenimiento de las infraestructuras ferroviarias, y la manera en que dichos estándares serán incluidos en la repercusión de los cánones ferroviarios, mediante un convenio entre ADIF y la Generalitat de Catalunya que permita establecer criterios objetivos compartidos de seguimiento y control.

D. Crear, durante el primer semestre del 2024, un organismo de seguimiento y participación en la ejecución del Pla de Rodalies, así como de su actualización, en el que participen ADIF, MITMA y Generalitat de Catalunya, que permita compartir el desarrollo de las actuaciones y proyectos del plan, así como determinar las prioridades de las actuaciones a impulsar.

E. En el marco del organismo establecido en el apartado anterior, adoptar una determinación, priorización y calendarización anual de las actuaciones e inversiones infraestructurales previstas en el Pla de Rodalies de Catalunya, así como de otras actuaciones que resulten necesarias para la reposición de activos y mejora de las prestaciones de la infraestructura, en términos de capacidad, funcionalidad o calidad, a establecer de forma coordinada entre el Ministerio de Fomento, ADIF y la Generalitat de Catalunya. Y que será objeto de un compromiso vinculante de inversión para cada una de las anualidades que incluya una cláusula económica de garantía.

ANEXO 2
Acuerdo entre el Partido Socialista Obrero Español y Esquerra Republicana de Catalunya para una mejora significativa de los recursos públicos destinados a la ciudadanía de Catalunya

En el marco de la investidura de Pedro Sánchez como presidente del Gobierno, PSOE y ERC acuerdan los siguientes puntos esenciales relativos a la mejora de la financiación de Catalunya:

1. Diagnóstico común

- Catalunya es uno de los principales motores económicos del Estado y la tercera comunidad que más recursos aporta al Estado por habitante, situándose en el entorno de la media de financiación por habitante en relación con el resto de las CC. AA. dependiendo de los ejercicios liquidados. Catalunya es un contribuyente neto al sistema de financiación de acuerdo con el nivel de renta de sus ciudadanos, y es necesario que a su vez reciba un nivel de financiación e inversiones suficientes.
- Catalunya ha sufrido un problema de infraejecución de inversiones en materia de infraestructuras que ha comportado que en términos de inversión real se encuentre por debajo del lugar que le correspondería en relación a sus necesidades reales.
- Algunos aspectos del actual sistema de financiación, unido a los condicionantes impuestos por la carga de la deuda que soporta Catalunya, así como a incumplimientos de las obligaciones de inversión contenidas en el Estatuto de Autonomía por anteriores Ejecutivos, ha afectado a la autonomía financiera de Catalunya y a su capacidad de lograr una financiación en los mercados.
- Con datos a cierre de 2022, la deuda pública de Catalunya ascendía a 84.518 millones, de los cuales 71.306 millones correspondían a deuda con el Estado. Antes de la crisis financiera, en 2007, la deuda pública de Catalunya ascendía a 15.766 millones. A finales de 2014 se situó en 64.466 millones, multiplicando por 4 la cifra alcanzada en 2007, en línea con la evolución del conjunto de

las CC. AA cuya deuda se multiplicó en el periodo por 3,8. Una parte del crecimiento de la deuda en estos años fue consecuencia del impacto de la crisis en las finanzas públicas autonómicas, es decir, se debió al ciclo económico y a la insuficiente respuesta europea y del Estado ante la crisis, muy diferente de la reacción que se ha producido desde 2020 para hacer frente a los efectos de la pandemia y a la posterior crisis energética provocada por la invasión de Ucrania. A título ilustrativo, la deuda autonómica en el periodo 2019-2022 ha aumentado en torno a un 8%, tasa de crecimiento muy distinta de la observada en la anterior crisis.

El sistema de financiación autonómica en vigor fue diseñado para aplicarse en periodos de estabilidad económica, sin embargo, comenzó a aplicarse en plena crisis financiera, seguida de una crisis de deuda y sus secuelas, por lo que los recursos proporcionados a la Generalitat por el sistema tuvieron que ser completados por esta acudiendo al endeudamiento, en gran parte con el propio Estado.

2. Diálogo sobre financiación

Constituir, durante el primer trimestre de 2024, una comisión bilateral entre el Gobierno del Estado y el de la Generalitat de Catalunya, sobre la base de los puntos identificados en el diagnóstico común y con el objetivo de llegar a un acuerdo y posibilitar avances sobre los siguientes apartados.

- Cómo abordar jurídica y económicamente los puntos identificados en el diagnóstico común.
- Cómo lograr una financiación adecuada que garantice la suficiencia financiera de los servicios públicos en Catalunya.
- Cómo asegurar el cumplimiento de los compromisos de inversión contenidos en el Estatuto de Autonomía de Catalunya.

3. Autonomía financiera y acceso a los mercados

Con el fin de sanear la situación financiera de la Generalitat y facilitar su vuelta a la financiación en los mercados de deuda, se procederá a tramitar una modificación legal de alcance general para todas las comunidades autónomas de régimen común que permita la asunción por parte del Estado de parte de la deuda autonómica con este, originada por el impacto negativo del ciclo económico, para lo cual se determinará qué parte del incremento de deuda obedece al impacto del ciclo, pudiendo también acudirse a transferencias para la cancelación de la deuda en el caso de endeudamiento con terceros distintos del Estado, caso de ser necesario. Lo anterior se entenderá sin perjuicio de que el FLA pueda seguir operando como sistema de último recurso en el caso de situaciones críticas de mercado.

Esta operación supondrá la asunción del entorno del 20% de la deuda viva en el momento de ejecución de este acuerdo, contraída por la Generalitat de Catalunya con la Administración General del Estado en los mecanismos de liquidez estatales, y supondrá unos 15.000 millones de euros de la deuda de Cataluña, y supondrá un ahorro de en torno a 1.300 millones de euros en intereses.

4. Gestión singular

En aquellas cuestiones singulares de Catalunya que son tratadas bilateralmente, regirá el principio de suficiencia financiera, y en concreto:

Financiación de los Mossos

El 5 de noviembre de 2021 se acordó por la Junta de Seguridad de Cataluña (JSC) ampliar los 18.267 efectivos actuales con 3.739 efectivos más hasta alcanzar una plantilla final de 22.006 efectivos, consiguiendo, así, una ratio de 2,628 agentes por cada mil habitantes (frente a la ratio de 2,365 agentes establecida en 2006), que se consideró de este modo actualizada y adecuada a las futuras necesidades operativas y al incremento poblacional en la Comunidad.

El Gobierno se compromete a transferir anualmente, al objeto de que Cataluña ejerza competencias transferidas no homogéneas vinculadas a la seguridad ciudadana, desde 2024 y hasta 2030, el resultado de aplicar al módulo acordado, la diferencia entre el número de efectivos de Mossos d'Esquadra certificado de cada año y los efectivos certificados de 2021. Este compromiso se adoptará mediante un acuerdo de la CMAEF.

Actualización de los módulos de valoración de los nuevos órganos judiciales

Esta actualización se aplicará a los futuros traspasos derivados de la constitución y puesta en funcionamiento de nuevos órganos judiciales en el ámbito territorial de la Comunidad Autónoma de Cataluña. Se aprobará el módulo de gastos generales de funcionamiento incrementado en el 26,6 % para una mejor adecuación con los costes efectivos de la puesta en funcionamiento de los nuevos órganos judiciales.

Financiación de servicios penitenciarios

En el momento del traspaso de competencias en materia penal el 1984 se registró una importante entrada de recursos humanos y materiales en un momento de despliegue del sistema penal catalán. Posteriormente se paralizó la oferta pública de empleo y convocatoria de nuevos procesos selectivos de acceso a este cuerpo. En este contexto se deberá poder gestionar la jubilación de hasta 1.397 efectivos hasta el 2030.

Adicionalmente, por lo que respecta a la financiación ordinaria de la ejecución penal, es necesario adecuar la financiación estatal a su coste real teniendo en cuenta los impactos normativos aprobados desde entonces, a este efecto, en el primer semestre de 2024, se convocará a la comisión correspondiente para evaluar el impacto que haya tenido la normativa estatal sobre la prestación de los servicios penitenciarios.

Investigación y desarrollo

El Estatuto de Autonomía de Catalunya establece, en el artículo 158.1, la competencia exclusiva de la Generalitat en materia de investigación científica y técnica, la competencia exclusiva con relación a los centros y las estructuras de investigación de la Generalitat y a los proyectos financiados por esta. Considerando la dimensión global de la ciencia, el Estatuto también hace referencia a ello en el artículo 172, relativo a las universidades, y en el artículo 203 sobre las competencias financieras de la Generalitat.

Para el pleno desarrollo de Estatuto de Autonomía, la Administración General del Estado consignará en los PGE y transferirá anualmente a la Generalitat la parte correspondiente al Estado sobre proyectos estratégicos cuya cuantía no será inferior a 150 millones de euros.

Becas y ayudas al estudio

Aceptar las valoraciones contenidas en las observaciones realizadas por la Generalitat de Cataluña a la propuesta de coste efectivo del traspaso en materia de becas y ayudas al estudio de la Administración General del Estado en fecha 2/10/2023. Lo que supondría un coste total en el entorno de los 2 millones de euros.

5. Ejecución de inversiones

Con el fin de profundizar en el sistema de gobernanza compartida, en el respeto a la autonomía y de corregir el problema de infraejecución detectado, se sistematizará el nuevo sistema de encomiendas de gestión pactado para los Presupuestos Generales del Estado de 2023 relativo a las inversiones del Estado, de modo que las nuevas inversiones para Catalunya que no sean críticas para infraestructuras de interés general, se materialicen por el Gobierno de la Generalitat. Así, se consensuarán con carácter previo las operaciones a llevar a cabo en los distintos ejercicios de la XV legislatura.

A este fin, se creará una comisión de inversiones entre la Generalitat de Catalunya y el Gobierno del Estado para acordar la priorización y planificación de la actividad inversora y su seguimiento y ejecución. La comisión estará constituida por los representantes de las respectivas consejerías y ministerios con mayor presupuesto inversor al máximo nivel.

La Administración General del Estado asume el compromiso de que la proporción de la inversión pública programada en Catalunya se ajuste a la proporción de la economía de Catalunya en el conjunto del Estado, medido en términos de PIB nominal.

Este sistema deberá tener en cuenta y cubrir los costes de gestión que comporta para la Generalitat.

6. Inmuebles

Se constituirá una comisión entre el Gobierno del Estado y el de la Generalitat de Catalunya con el objetivo de estudiar la situación de los inmuebles titularidad del Estado y desarrollar un trabajo conjunto de optimización de su parque inmobiliario, entre las dos administraciones, para ponerlo al servicio de las políticas públicas y actividades de la Generalitat, siempre en el marco de la mejora del interés general y el mejor servicio público.

7. Seguimiento

Al objeto de hacer seguimiento y evaluar el cumplimento de los compromisos adquiridos en el presente documento, con carácter anual se reunirá una comisión de seguimiento que compruebe su grado de incidencia sobre la situación económica y financiera de la Generalitat y vele por la consecución de los objetivos contemplados en este acuerdo.

Acuerdo PSOE-Junts[*]

El Partido Socialista Obrero Español y Junts per Catalunya constatan que la situación política actual permite alcanzar un acuerdo para abrir una nueva etapa y contribuir a resolver el conflicto histórico sobre el futuro político de Catalunya, incluso partiendo de posiciones divergentes, desarrollar una dinámica para su resolución en términos diferentes a los de la última legislatura y procurar la gobernabilidad durante la XV legislatura atendiendo a la composición de las Cortes Generales resultante de las elecciones celebradas el 23 de julio de 2023.

1. Antecedentes

Una parte importante de la sociedad catalana ha protagonizado en los últimos años una gran movilización en favor de la independencia. Este periodo no puede comprenderse sin la sentencia del Tribunal Constitucional de 2010, a raíz fundamentalmente de un recurso del PP contra el Estatut aprobado por el Parlament, por las Cortes Generales y en referéndum.

Con la aprobación de un nuevo Estatut, la sociedad catalana, que lo refrendó, buscaba tanto el reconocimiento de Catalunya como nación como la solución a las limitaciones del autogobierno y a los déficits acumulados. Reivindicaciones y demandas con un profundo recorrido histórico y que han adoptado diferentes formas desde que los Decretos de Nueva Planta abolieron las constituciones e instituciones seculares de Catalunya. Unas reivindicaciones donde las cuestiones lingüísticas,

---

[*] 9 de noviembre de 2023.

culturales e institucionales han tenido un papel destacado, especialmente en periodos en los que estas fueron objeto de una limitación legal severa e incluso de una prohibición o persecución activa. La complejidad histórica y política de estas cuestiones ha conllevado que una parte relevante de la sociedad catalana no se haya sentido identificada con el sistema político vigente en España.

La sentencia del TC del año 2010 conllevó que hoy Catalunya sea la única comunidad autónoma con un estatuto que no ha sido votado íntegramente por su ciudadanía. Como reacción, se produjo una gran manifestación de protesta y, desde 2015, se han ido repitiendo mayorías absolutas parlamentarias independentistas en el Parlament en las sucesivas elecciones autonómicas, así como movilizaciones masivas de signo independentista. En ese periodo, se aprobaron diferentes propuestas por parte del Parlament y del Govern de Catalunya en materia fiscal, así como la solicitud de delegación de la competencia para la autorización de referendos o la organización de una consulta al amparo de una ley autonómica. Lamentablemente, los Gobiernos de entonces no favorecieron la negociación política y ninguna de estas propuestas, hechas desde la lealtad y el marco legal vigente, fue considerada.

Tras estos hechos, las instituciones catalanas promovieron, primero, una consulta popular el 9 de noviembre de 2014 y, después, un referéndum de independencia el 1 de octubre de 2017 —ambos suspendidos y posteriormente anulados por el TC— con una participación masiva en favor de la independencia de Catalunya. El intento del Gobierno de impedir el referéndum dio lugar a unas imágenes que nos impactaron a todos dentro y fuera de nuestras fronteras.

Todo ello llevó a la aprobación del artículo 155 de la CE, mediante la cual se decretó la disolución del Parlament, la destitución del Gobierno catalán y la convocatoria anticipada de elecciones, que volvieron a dar mayoría absoluta a los partidos independentistas. Y a raíz de lo acontecido se iniciaron múltiples causas judiciales, muchas de ellas aún sin resolver, que afectan a un gran número de personas.

Dichas causas judiciales han tenido una incidencia política relevante, al igual que diversas resoluciones de organismos internacionales, como el Grupo de Trabajo de Detenciones Arbitrarias, el Comité de Derechos Humanos de Naciones Unidas, el Tribunal de Justicia de la Unión Europea, el Tribunal Europeo de Derechos Humanos o la Asamblea Parlamentaria del Consejo de Europa.

2. Oportunidad histórica

Este relato sintético de hechos acredita objetivamente las profundas divergencias que han existido y que han dado lugar a un conflicto que solo la política en democracia puede encauzar para buscar una solución, dado que, seis años después, la cuestión de fondo sigue sin resolverse. Y, a pesar de las discrepancias estructurales que existen dada la distancia entre nuestros proyectos nacionales, estamos preparados para abrir una nueva etapa en la que, a partir del respeto y el reconocimiento del otro, se busque una solución política y negociada al conflicto.

PSOE y Junts asumen que a partir del resultado de las elecciones generales del 23 de julio existe una oportunidad que deben y tienen la voluntad de aprovechar de forma responsable. La resolución debe ser negociada y acordada y por lo tanto corresponde intentarlo a los actores a los que las urnas les han dado esta posibilidad.

Por ello, PSOE y Junts apuestan por la negociación y los acuerdos como método de resolución de conflictos y acuerdan buscar un conjunto de pactos que contribuyan a resolver el conflicto histórico sobre el futuro político de Catalunya.

Estos acuerdos deben responder a las demandas mayoritarias del Parlament de Catalunya que, de acuerdo al Estatut (que tiene carácter de ley orgánica), representa legítimamente al pueblo de Catalunya.

3. Acuerdos

El PSOE y Junts reconocen sus profundas discrepancias y son conscientes de la complejidad y de los obstáculos del proceso que se disponen a emprender. Por un lado, Junts considera legítimo el resultado y el mandato del referéndum del 1 de octubre, así como la declaración de independencia del 27 de octubre de 2017. Por el otro, el PSOE niega toda legalidad y validez al referéndum y a la declaración, y mantiene su rechazo a cualquier acción unilateral. Al mismo tiempo, constatan que se pueden alcanzar acuerdos importantes sin renunciar a las respectivas posiciones.

Para la consecución de estos acuerdos, y dadas las profundas discrepancias sobre la forma final de la resolución del conflicto, además de las desconfianzas mutuas reconocidas por ambos, el PSOE y Junts han acordado dotarse de un mecanismo entre ambas organizaciones, internacional, que tenga las funciones de acompañar, verificar y realizar seguimiento de todo el proceso de negociación y de los acuerdos entre ambas formaciones a los que se llegue.

Es en ese marco en el que ambas partes tendrán que acordar, en su caso:

- **La metodología de la negociación** para dotar al proceso de certidumbre, en la que el mecanismo de acompañamiento, verificación y seguimiento del que se han dotado desarrollará la negociación entre las partes. En ese espacio se negociará, se acordará y se abordarán los disensos, así como las disfunciones que surjan en el desarrollo de los acuerdos.
- **Los contenidos de los acuerdos a negociar** a partir de las aspiraciones de la sociedad catalana y de las demandas de sus instituciones, que en términos generales se agrupan en dos grandes ámbitos permanentes: las de la superación de los déficits y limitaciones del autogobierno y las relativas al reconocimiento nacional de Catalunya. En ese sentido, en la primera reunión de negociación a celebrar este mes de noviembre, se planteará, entre otras cuestiones y de forma no exhaustiva:
  — En cuanto al ámbito del reconocimiento nacional, Junts propondrá la celebración de un referéndum de autodeterminación sobre el futuro político de Catalunya amparado en el artículo 92 de la Constitución. Por su parte, el PSOE defenderá el amplio desarrollo, a través de los mecanismos jurídicos oportunos, del Estatut de 2006, así como el pleno despliegue y el respeto a las instituciones del autogobierno y a la singularidad institucional, cultural y lingüística de Catalunya.
  — Y en el ámbito de los déficits y limitaciones del autogobierno, Junts propondrá de entrada una modificación de la LOFCA que establezca una cláusula de excepción de Catalunya que reconozca la singularidad en la que se organiza el sistema institucional de la Generalitat y que facilite la cesión del 100% de todos los tributos que se pagan en Catalunya. Y, por su parte, el PSOE apostará por medidas que permitan la autonomía financiera y el acceso al mercado de Catalunya, así como un diálogo singular sobre el impacto del actual modelo de fi-

nanciación sobre Catalunya. En este ámbito, también se abordarán los elementos esenciales de un plan para facilitar y promover el regreso a Catalunya de la sede social de las empresas que cambiaron su ubicación a otros territorios en los últimos años.

- **La Ley de Amnistía**, para procurar la plena normalidad política, institucional y social como requisito imprescindible para abordar los retos del futuro inmediato. Esta ley debe incluir tanto a los responsables como a los ciudadanos que, antes y después de la consulta de 2014 y del referéndum de 2017, han sido objeto de decisiones o procesos judiciales vinculados a estos eventos. En este sentido, las conclusiones de las comisiones de investigación que se constituirán en la próxima legislatura se tendrán en cuenta en la aplicación de la Ley de Amnistía en la medida que pudieran derivarse situaciones comprendidas en el concepto *lawfare* o judicialización de la política, con las consecuencias que, en su caso, puedan dar lugar a acciones de responsabilidad o modificaciones legislativas.

- **La ampliación de la participación directa de Catalunya en las instituciones europeas y demás organismos y entidades internacionales**, particularmente en los asuntos que tienen especial incidencia en su territorio.

- **La investidura de Pedro Sánchez**, con el voto a favor de todos los diputados de Junts.

- **La estabilidad de la legislatura**, sujeta a los avances y cumplimiento de los acuerdos que resulten de las negociaciones en los dos ámbitos permanentes señalados en el punto segundo.

PRIMER TEXTO DE LA LEY DE AMNISTÍA[*]

A LA MESA DEL CONGRESO DE LOS DIPUTADOS

Los Grupos Parlamentarios abajo firmantes tienen el honor de dirigirse a la Mesa, al amparo del artículo 124 y siguientes del Reglamento vigente, para presentar la siguiente Proposición de Ley Orgánica de Amnistía para la normalización institucional, política y social en Cataluña.

Asimismo, se solicita que se tramite por el procedimiento de urgencia, al amparo del artículo 93 del vigente Reglamento.

En el Congreso de los Diputados, a 13 de noviembre de 2023.

Exposición de motivos

I

Toda amnistía se concibe como una figura jurídica dirigida a excepcionar la aplicación de normas plenamente vigentes, cuando los actos que hayan sido declarados o estén tipificados como delito o determinantes de cualquier otro tipo de responsabilidad se han producido en un contexto concreto.

Esta facultad legislativa se configura en el ordenamiento como un medio adecuado para abordar circunstancias políticas excepcionales que, en el seno de un Estado de Derecho, persigue la consecución de un interés general, como puede ser la necesidad de superar y encauzar conflictos políticos y sociales arraigados, en la búsqueda de la mejora de la

---

[*] 13 de noviembre de 2023.

convivencia y la cohesión social, así como de una integración de las diversas sensibilidades políticas.

Es, por tanto, una institución que articula una decisión política mediante una ley aprobada por el Parlamento como expresión del papel otorgado por la Constitución a las Cortes Generales, que se erigen como el órgano encargado de representar a la soberanía popular en los poderes constituidos y configurar libremente la voluntad general a través del ejercicio de la potestad legislativa por los cauces preestablecidos.

La amnistía ha sido utilizada en numerosas ocasiones en nuestra tradición jurídica. No es una vía novedosa, cuenta con numerosos precedentes en España. El más importante, pero no el único, es la Ley de Amnistía de 1977 (Ley 46/1977, de 15 de octubre).

Además, se reconoce en el orden constitucional de buena parte de los países de nuestro entorno geográfico e influencia jurídica. Así, está prevista expresamente en los textos constitucionales de Italia, Francia o Portugal, que han aplicado esta medida en diversas ocasiones, siendo la más reciente la Ley 38-A/2023, de 2 de agosto, de Portugal, que amnistía a todos los jóvenes de entre dieciséis y treinta años por la comisión de determinados delitos, con motivo de la visita del papa Francisco a dicho país.

También existen otras normas constitucionales de países europeos que, si bien no mencionan expresamente la amnistía, como en el caso de Alemania, Austria, Bélgica, Irlanda o Suecia, ello no ha impedido que se afirmara su constitucionalidad. Desde la Segunda Guerra Mundial se han promulgado más de medio centenar de estas leyes en los citados países, considerando la propia doctrina que una amnistía es aplicable en el Estado constitucional en circunstancias de especial crisis política.

Desde la perspectiva del derecho de la Unión Europea, la institución de la amnistía está perfectamente homologada. Destacan en este sentido, por ejemplo, la Decisión Marco del Consejo, de 13 de junio de 2002, relativa a la orden de detención europea y a los procedimientos de entrega entre Estados miembros, cuyo artículo 3 prevé que cuando el delito esté cubierto por la amnistía en el Estado miembro de ejecución se denegará la orden de detención europea. Más recientemente, también el Acuerdo de Comercio y Cooperación entre la Unión Europea y la Comunidad Europea de la Energía Atómica, por una parte, y el Reino Unido de Gran Bretaña e Irlanda del Norte, cuyo artículo 600 contiene una previsión similar a la mencionada anteriormente.

Coherentemente, el Tribunal de Justicia de la Unión Europea, en su sentencia de 29 de abril de 2021, dictada en el asunto C-665/20 PPU, no solo reconoce la posibilidad de la existencia de amnistías, sino que, además, establece que la misma «tiene por finalidad despojar de su carácter delictivo a los hechos a los que se aplica, de tal modo que el delito ya no pueda dar lugar al ejercicio de acciones penales y, en caso de que ya se haya impuesto una condena, que se ponga fin a su ejecución, implica por tanto, en principio, que la sanción impuesta ya no pueda ejecutarse». Y más recientemente, en su sentencia de 16 de diciembre de 2021, dictada en el asunto C-203/20, el mismo tribunal ha establecido la posibilidad de archivar diligencias penales y de poner fin a las penas, basándose en resoluciones judiciales dictadas al amparo de una amnistía resultante de un procedimiento de índole legislativa.

En esa misma línea, el Tribunal Europeo de Derechos Humanos ha reconocido la validez y oportunidad política de la amnistía, fijando como límite las graves violaciones de los derechos humanos, por tratarse de hechos que no pueden quedar al margen de la obligación de los Estados de enjuiciarlos y sancionarlos (entre otras, la sentencia de 27 de mayo 2014 de la Gran Sala, dictada en el caso Marguš contra Croacia).

Y, por su parte, la Comisión Europea para la Democracia mediante el Derecho (Comisión de Venecia) también ha dejado clara la validez de medidas como la amnistía y su compatibilidad con las decisiones judiciales, tanto en su Recomendación CM/Rec (2010)12, como en su sesión plenaria del 8 y 9 de marzo del año 2013.

II

La presente ley orgánica amnistía los actos que hayan sido declarados o estuvieran tipificados como delitos o como conductas determinantes de responsabilidad administrativa o contable, vinculados a la consulta celebrada en Cataluña el 9 de noviembre de 2014 y al referéndum de 1 de octubre de 2017 (declarados ambos inconstitucionales en las sentencias del Tribunal Constitucional 31/2015, de 25 de febrero, y 114/2017, de 17 de octubre), que se hubiesen realizado entre el 1 de enero de 2012, año en el que comenzaron a desarrollarse los hechos del proceso independentista, y el 13 de noviembre de 2023. La amnistía abarca no solo la organización y celebración de la consulta y el referéndum, sino también otros posibles ilícitos que guardan una profunda conexión con los mismos, como pueden ser, a modo de ejemplo, los actos preparatorios, las diferentes acciones de protesta para permitir su celebración o mostrar oposición al procesamiento o condena de sus responsables, incluyendo también la asistencia, colaboración, asesoramiento o representación de cualquier tipo, protección y seguridad a los responsables, así como todos los actos objeto de la presente ley que acreditan una tensión política, social e institucional que esta norma aspira a resolver de acuerdo con las facultades que la Constitución confiere a las Cortes Generales.

Los hechos enmarcados en el denominado proceso independentista, impulsado por las fuerzas políticas al frente de las instituciones de la Generalitat de Catalunya (president, Parlament y Govern) y apoyados por parte de la sociedad civil, así como los representantes políticos al frente de un buen número de los ayuntamientos de Catalunya, tuvieron como precedente el intenso debate sobre el futuro político de Catalunya abierto a raíz de la sentencia del Tribunal Constitucional 31/2010, de 28 de junio. Además, desembocaron en una serie de movilizaciones intensas y sostenidas en el tiempo, así como en mayorías parlamentarias independentistas.

Estos hechos comportaron una tensión institucional que dio lugar a la intervención de la Justicia y una tensión social y política que provocó la desafección de una parte sustancial de la sociedad catalana hacia las instituciones estatales, que todavía no ha desaparecido y que es reavivada de forma recurrente cuando se manifiestan las múltiples consecuencias legales que siguen teniendo, especialmente en el ámbito penal.

En este tiempo, las Cortes Generales han tenido un papel preponderante a la hora de configurar la respuesta de la soberanía popular a ese proceso independentista. Un papel que esta ley orgánica reafirma al reconocer su competencia y legitimidad para hacer una evaluación de la situación política y promover una serie de soluciones que deben ofrecerse en cada contexto, de acuerdo con el interés general.

Así, con esta ley orgánica de amnistía las Cortes Generales acuden de nuevo a un mecanismo constitucional que refuerza el Estado de Derecho para dar una respuesta adecuada más de diez años después del comienzo del proceso independentista, cuando ya se han superado los momentos más acusados de la crisis y toca establecer las bases para garantizar la convivencia de cara al futuro. De esta manera, al asumir las Cortes Generales esta decisión de política legislativa, no solo no invaden otros espacios, sino que, muy al contrario y en uso de sus competencias, asumen la mejor vía de las posibles para abordar, desde la política, un conflicto político.

La aprobación de esta ley orgánica se entiende, por tanto, como un paso necesario para superar las tensiones referidas y eliminar algunas de las circunstancias que provocan la desafección que mantiene alejada de las instituciones estatales a una parte de la población. Unas consecuencias, además, que podrían agravarse en los próximos años a medida que se sustancien procedimientos judiciales que afectan no solo a los líderes de aquel proceso (que son los menos), sino también a los múltiples casos de ciudadanos e incluso a empleados públicos que ejercen funciones esenciales en la Administración autonómica y local, y cuyo procesamiento y eventual condena e inhabilitación produciría un trastorno grave en el funcionamiento de los servicios en la vida diaria de sus vecinos y, en definitiva, en la convivencia social.

Con la aprobación de esta ley orgánica, por tanto, lo que el legislador pretende es excepcionar la aplicación de normas vigentes a unos hechos acontecidos en el contexto del proceso independentista catalán en aras del interés general, consistente en garantizar la convivencia dentro del Estado de Derecho, y generar un contexto social, político e institucional que fomente la estabilidad económica y el progreso cultural y social tanto de Cataluña como del conjunto de España, sirviendo al mismo tiempo de base para la superación de un conflicto político.

Además, y en relación directa con lo anterior, debe tenerse presente que en nuestro ordenamiento constitucional no tiene cabida un modelo de democracia militante, esto es, un modelo en el que se imponga no ya el respeto, sino la adhesión positiva al ordenamiento. Las metas a perseguir dentro del marco constitucional son plurales. No obstante, todos los caminos deben transitar dentro del ordenamiento jurídico nacional e internacional.

Así, esta amnistía no puede interpretarse como un alejamiento de nuestro marco legal. Muy al contrario, es una herramienta que lo fortalece y mira hacia el futuro, devolviendo al debate parlamentario las divisiones que siguen tensando las costuras de la sociedad, mediante una renuncia al ejercicio del *ius puniendi* por razones de utilidad social que se fundamenta en la consecución de un interés superior: la convivencia democrática.

Esta ley orgánica es un paso más en un camino difícil, pero a la vez valiente y reconciliador; una demostración de respeto a la ciudadanía y de que la aplicación de la legalidad es necesaria, pero, en ocasiones, no es suficiente para resolver un conflicto político sostenido en el tiempo. Por tanto, esta amnistía constituye una decisión política adoptada bajo el principio de justicia en el entendimiento de que los instrumentos con los que cuenta un Estado de Derecho no son, ni deben ser, inamovibles; toda vez que es el Derecho el que está al servicio de la sociedad y no al contrario, y que por tanto este debe tener la capacidad de actualizarse adaptándose al contexto de cada momento.

III

El contexto jurídico y político en el que se aprueba esta amnistía es muy diferente de aquel en el que se aprobaron las dos últimas normas que implementaron esta medida en nuestro país: el Real Decreto Ley 10/1976, de 30 de julio, y la Ley 46/1977, de 15 de octubre. En ese momento, formaban parte del conjunto de actos con los que se pretendía poner fin a una larga dictadura para iniciar la construcción de un Estado social y democrático de derecho en el marco de la Unión Europea, presidido por el reconocimiento de un amplio elenco de derechos fundamentales y por la división de poderes. Hoy, en el año 2023, España se caracteriza por ser una democracia y un Estado de Derecho, en el que el principio 6 de legalidad, el principio democrático y el respeto a los derechos fundamentales se configuran como pilares esenciales.

Desde el año 1978, España cuenta con un texto constitucional homologable al de los países de nuestro entorno, que garantiza los derechos fundamentales individualmente considerados y preserva los derechos ideológicos y políticos de todos, y que establece para los poderes públicos la obligación de interpretar las normas relativas a los derechos fundamentales y a las libertades de conformidad con la Declaración Universal de Derechos Humanos y los tratados y acuerdos internacionales ratificados, tal y como reconoce la propia Constitución.

De acuerdo con este marco, una ley de amnistía solo puede fundamentarse en la solidez del sistema democrático, que demuestra así su capacidad de conciliación a través de un acto soberano de las Cortes Generales, cuya legitimidad encuentra fundamento en dos pilares de distinta naturaleza: por un lado, la constitucionalidad de la medida y, por otro, la necesidad de abordar una situación excepcional en pro del interés general, apostando por un futuro de entendimiento, diálogo y negociación entre las distintas sensibilidades políticas, ideológicas y nacionales. Una sociedad que pretende avanzar desde un punto de vista democrático debe tener la capacidad de favorecer y ubicar entre sus prioridades la convivencia, el diálogo, el respeto y el eventual entendimiento entre las diferentes posiciones y reivindicaciones políticas democráticas.

Y es que, en coherencia con el Convenio Europeo de Derechos Humanos y con la Carta Europea de Derechos Fundamentales, es necesario recordar que la Constitución española de 1978 consagra el pluralismo político como uno de los valores superiores de nuestro ordenamiento jurídico (artículo 1), configura los partidos políticos como cauce de expresión de la voluntad popular y como instrumento fundamental para la participación política (artículo 6), el principio de legalidad, la seguridad jurídica y la interdicción de la arbitrariedad de los poderes públicos (artículo 9), y garantiza el derecho fundamental a la libertad ideológica (artículo 16), así como los derechos a la libertad de expresión y de información (artículo 20), el derecho de reunión y manifestación pacífica y sin armas (artículo 21) y el derecho de asociación (artículo 22). A partir de estos presupuestos, se da una adecuada articulación con los principios y valores generales del texto constitucional, especialmente teniendo en cuenta que la Constitución de 1978 se integra en la tradición liberal-democrática que ha alumbrado los Estados sociales y democráticos de derecho contemporáneos. Ello exige que valores como el pluralismo político, la justicia y la igualdad presidan el fundamento, la finalidad, el ámbito y las condiciones de una ley de amnistía.

Este es el marco jurídico general en el que se concibe la presente ley de amnistía, en el claro entendimiento de que, si bien no hay democracia fuera del Estado de Derecho, es necesario crear las condiciones para que la política, el diálogo y los cauces parlamentarios sean los protagonistas en la búsqueda de soluciones a una cuestión política con una presencia recurrente en nuestra historia. Se trata, pues, de utilizar cuantos instrumentos estén en manos del Estado para procurar la normalización institucional tras un periodo de grave perturbación, así como seguir favoreciendo el diálogo, el entendimiento y la convivencia. Este proceso está inspirado, además, por la interpretación que ofrece el Tribunal Constitucional sobre las obligaciones políticas de los poderes públicos al decir que «la Constitución no aborda ni puede abordar expresamente todos los problemas que se pueden suscitar en el orden constitucional (…). Por ello, los poderes públicos y muy especialmente los poderes territoriales que conforman nuestro Estado autonómico son quienes están llamados a resolver mediante el diálogo y la cooperación los problemas que se desenvuelven en este ámbito» (sentencia 42/2014, de 24 de marzo).

IV

La constitucionalidad de la amnistía fue declarada por el Tribunal Constitucional, en su sentencia 147/1986, de 25 de noviembre, a propósito precisamente de la aplicación de la Ley 46/1977. En este pronunciamiento, se afirma taxativamente que «no hay restricción constitucional directa sobre esta materia».

La Constitución no prohíbe la institución jurídica de la amnistía, sino solo una manifestación concreta del derecho de gracia, como son los indultos generales, que cuentan con una naturaleza jurídica muy diferente a la que es propia de una ley orgánica de amnistía, al ser el indulto una prerrogativa del Poder Ejecutivo. La propia sentencia 147/1986 abunda en esta cuestión al afirmar que «es erróneo razonar sobre el indulto y la amnistía como figuras cuya diferencia es meramente cuantitativa, pues se hallan entre sí en una relación de diferenciación cualitativa».

Parece razonable entender que el constituyente de 1978 no prohibió la institución de la amnistía porque, entre otras razones, ello hubiera implicado la derogación del ya mencionado Real Decreto Ley 10/1976, de 30 de julio, y la Ley 46/1977, de 15 de octubre, que constituyeron el punto de partida del pacto constitucional y sin las cuales no hubiera sido posible la Transición democrática ni el amplio consenso parlamentario y social que avalaron e hicieron posible que la Constitución española de 1978 viera la luz. Esta circunstancia se revela evidente en la jurisprudencia, toda vez que el Tribunal Supremo ha afirmado de forma taxativa que la Ley 46/1977 es «una ley vigente cuya eventual derogación correspondería, en exclusiva, al Parlamento» (sentencia 101/2012, de 27 de febrero).

Todo ello nos permite inferir que la amnistía, lejos de ser una figura inconstitucional, forma parte del pacto fundacional de la democracia española y se presenta como una facultad de las Cortes Generales, en las que está representado todo el pueblo español, titular de la soberanía nacional. De esta manera, a quien se halla legitimado para tipificar o destipificar una determinada conducta se le reconoce, en lógica consecuencia, la facultad de amnistiar esos mismos hechos sin otros límites que los que directamente dimanen de la Constitución.

Cabe subrayar que la amnistía no afecta al principio de separación de poderes ni a la exclusividad de la jurisdicción prevista en el artículo 117 de la Constitución porque, como reza su propio texto, el Poder Judicial está sometido al imperio de la ley y es precisamente una ley con valor de orgánica la que, dentro de los parámetros antes expuestos, prevé los supuestos de exención de la responsabilidad, correspondiendo a los jueces y tribunales, así como al Tribunal de Cuentas o a las autoridades administrativas que sigan o hubieran seguido las diligencias, procesos, expedientes y causas a las que afecten los actos amnistiados, su aplicación a cada caso concreto.

Lo anterior es así tal cual se ha venido reconociendo implícitamente en nuestro ordenamiento jurídico que, con normalidad, incorpora en distintos preceptos la figura de la amnistía.

Entre la legislación estatal cabría destacar, por ejemplo, el artículo 666.4a del Real Decreto de 14 de septiembre de 1882 por el que se aprueba la Ley de Enjuiciamiento Criminal, donde se prevé la amnistía como una de las causas que obligan al sobreseimiento. Así como toda una serie de normas que han sido aprobadas desde los años 80, como (i) el artículo 16 del Real Decreto 796/2005, de 1 de julio, por el que se aprueba el Reglamento General de Régimen Disciplinario del personal al servicio de la Administración de Justicia; (ii) el artículo 163 del Real Decreto 1608/2005, de 30 de diciembre, por el que se aprueba el Reglamento Orgánico del Cuerpo de Secretarios Judiciales; (iii) el artículo 108 del Real Decreto 429/1988, de 29 de abril, por el que se aprueba el Reglamento Orgánico del Cuerpo de Secretarios Judiciales; (iv) el artículo 88 del Real Decreto 2003/1986, de 19 de septiembre, por el que se aprueba el Reglamento Orgánico de los Cuerpos Oficiales, Auxiliares y Agentes de la Administración de Justicia; y (v) el artículo 19 del Real Decreto 33/1986, de 10 de enero, por el que se aprueba el Reglamento de Régimen Disciplinario de los Funcionarios de la Administración del Estado, en los que se prevé que la responsabilidad disciplinaria de los integrantes de estos cuerpos puede extinguirse, entre otras causas, por la amnistía. O la exposición de motivos y el artículo 2 de la más reciente Ley 20/2022, de 19 de octubre, de Memoria Democrática, donde se reconoce que la Ley de 46/1977, de 15 de octubre, de Amnistía, forma parte de las leyes plenamente vigentes del Estado español.

En la normativa autonómica también encontramos referencias a la amnistía como causa de extinción de responsabilidad disciplinaria en normas aprobadas desde los años 90, por ejemplo, (i) el artículo 144 del Decreto Legislativo 1/2020, de 22 de julio, por el que se aprueba el texto refundido de la Ley de Policía del País Vasco; (ii) el artículo 57.4 de la Ley Foral 8/2007, de 23 de marzo, de la Policía Navarra; (iii) el artículo 89.1 de la Ley 6/1989, de 6 de julio, de la Función Pública Vasca; (iv) el artículo 64 de la Ley 6/2005, de 3 de junio, de coordinación de las Policías Locales de las Illes Balears; (v) el artículo 78.1 de la Ley del Parlament de Cataluña 10/1994, de 11 de julio, de la Policía de la Generalitat; o (vi) el artículo 58.1 de la Ley del Parlament de Cataluña 16/1991, de 10 de julio, de las Policías Locales.

Por último, cabe destacar que la amnistía se contempla en más de treinta acuerdos internacionales suscritos por España en materia de traslado de personas condenadas o extradiciones, teniendo más de veinte de ellos rango de tratado o convenio internacional, lo que implica una revisión previa sobre su plena constitucionalidad.

V

El Tribunal Constitucional no solo ha dejado clara la constitucionalidad de las leyes de amnistía con carácter general, sino que, con ocasión de la amnistía aprobada en 1977, ha establecido los requisitos para que una ley de estas características pueda ser válida en nuestro ordenamiento jurídico. En este sentido, ha insistido en que este tipo de normas, como el resto del ordenamiento jurídico, han de ajustarse a los principios constitucionales (sentencias 28/1982, de 26 de mayo; 63/1983, de 20 de julio; 116/1987, de 7 de julio, entre otras).

En este mismo sentido, cabe destacar que el Consejo de Estado, cuyo cometido es también el examen de la constitucionalidad de los proyectos de disposiciones generales, en su Dictamen 895/2005, emitido con ocasión de la tramitación del ya citado Real Decreto 796/2005, por el que se aprueba el Reglamento Disciplinario del personal al servicio de la Administración de Justicia, no efectuó reproche alguno a la inclusión de la amnistía como causa de extinción de la responsabilidad disciplinaria (art. 16).

Pues bien, declarada su constitucionalidad, solo cabe entender esta opción legislativa en el marco de las leyes singulares, respecto de las que el Tribunal Constitucional ha venido sosteniendo su excepcionalidad, pero también su conformidad con el texto constitucional al afirmar que «el dogma de la generalidad de la ley no es obstáculo insalvable que impida al legislador dictar, con valor de ley, preceptos específicos para supuestos únicos o sujetos concretos» (sentencia 166/1986, de 19 de diciembre). Esta jurisprudencia se ha mantenido en el tiempo y, décadas después, nuestro intérprete supremo ha seguido afirmando que «el concepto de ley presente en la Constitución no impide la existencia de leyes singulares» (sentencia 129/2013, de 4 de junio).

Ahora bien, la regulación *ad casum* que supone toda ley singular solo supera el canon constitucional de igualdad cuando se trata de normas «dictadas en atención a un supuesto de hecho concreto y singular, que agotan su contenido y eficacia en la adopción y ejecución de la medida tomada por el legislador ante ese supuesto de hecho, aislado en la ley singular» (sentencia del Tribunal Constitucional 129/2013, de 4 de junio). Este es precisamente el parámetro de constitucionalidad que cumple la presente ley orgánica de amnistía, toda vez que su objeto y ámbito se dirige a un grupo concreto de destinatarios y agota su contenido en la adopción de la medida para un supuesto de hecho singular, en este caso el conjunto de actos vinculados, de diversas formas, al ya mencionado proceso independentista, que quedan acotados material y temporalmente.

En efecto, el principio de igualdad no implica la necesidad de dar un alcance universal a los efectos de la amnistía, sino a que no existan discriminaciones entre personas que se encuentren comprendidas en el supuesto habilitante de la norma (en este caso, los actos determinantes de distintos tipos de responsabilidad en relación con el proceso independentista). Y ello porque, como ha dejado claro el máximo intérprete de la Constitución, el principio de igualdad debe aplicarse cuando exista «identidad sustancial de las situaciones jurídicas», sin que se pueda «trabar comparación (…) entre situaciones jurídicas que en origen no han sido equiparadas por las propias normas que las crean» (sentencia 194/1999, de 25 de octubre), atendiendo para ello al principio de justificación y razonabilidad (sentencias 62/1982, de 15 de octubre; 112/1996, de 24 de junio; 102/1999, de 31 de mayo). Esta ley orgánica respeta, por tanto, el principio de igualdad en la medida en que el ámbito de aplicación se identifica de forma objetiva y justificada, de acuerdo a valores constitucionales, y sin que arbitrariamente se excluyan de la misma supuestos con una identidad sustancial.

Enmarcada la presente ley orgánica de amnistía en la categoría de ley singular y definida la situación excepcional a la que pretende dar respuesta, se inspira, como no puede ser de otra manera, en los principios de razonabilidad, proporcionalidad y adecuación.

La razonabilidad de la misma se vincula a la justificación objetiva y razonable de su singularidad, que se enmarca en la necesidad de superar, como ya se ha puesto de manifiesto, la situación de alta tensión política que vivió la sociedad catalana de forma especialmente intensa desde 2012. Se consagra así legalmente la voluntad de avanzar en el camino del diálogo político y social necesario para la cohesión y el progreso de la sociedad catalana, en el entendimiento de que el refuerzo de la convivencia justifica la presente ley de amnistía, que supone un punto de inflexión, con la finalidad de superar obstáculos y mejorar la convivencia avanzando hacia la plena normalización de una sociedad plural que aborda los principales debates sobre su futuro mediante el diálogo, la negociación, y los acuerdos democráticos. De esta manera, se devuelve la resolución del conflicto político a los cauces de la discusión política.

La proporcionalidad de la ley deriva de la concreción del elenco de actos que hayan sido declarados o estén tipificados como delitos y conductas que se amnistían y de su necesaria vinculación con los actos realizados en un periodo de tiempo acotado por la ley. De este modo, se elude una referencia genérica e imprecisa, evitando que la amnistía pueda abarcar otro tipo de actos no conectados directamente con el proceso independentista y las consecuencias de este, cuya exoneración no tendría cabida dentro del fundamento sobre el que se erige esta medida.

Todo ello conecta con el principio de adecuación y con la finalidad que pretende la norma, vinculada al mandato de optimización que se deriva del artículo 9 de la Constitución y que se dirige a todos los poderes públicos, pero particularmente al legislador, que es quien configura los tipos penales, quien los deroga y quien aprueba, como es el caso, una ley de amnistía con una finalidad legítima y constitucional. Finalidad, además, que, debido a su naturaleza jurídica o a la diversidad de situaciones procesales vigentes en el momento de la promulgación de esta norma, no podría lograrse con otro tipo de figuras legales como la concesión de indultos o la reforma del Código Penal.

Por otra parte, el carácter de ley singular que excepciona la aplicación de normas vigentes a los hechos acontecidos en un determinado contexto en aras del interés general deberá conllevar el inmediato alzamiento de las medidas cautelares que hubieran sido adoptadas, incluso cuando tenga lugar el planteamiento de un recurso o una cuestión de inconstitucionalidad, así como la finalización de la ejecución de las penas impuestas.

VI

Esta ley consta de 16 artículos, divididos en tres títulos, dos disposiciones adicionales y una disposición final.

El Título I delimita el ámbito objetivo de la amnistía. A estos efectos, primero describe los actos tipificados como delito o determinantes de responsabilidad administrativa o contable vinculados, de una u otra forma, a la consulta del 9 de noviembre de 2014 y al referéndum del 1 de octubre de 2017, declarados ambos inconstitucionales, que quedan exonerados, delimitando el periodo marco temporal en el que deben haberse producido desde el 1 de enero de 2012 hasta el 13 de noviembre de 2023.

Después identifica los actos delictivos a los que, en todo caso, no resultará de aplicación esta amnistía, en el entendido de que no todo hecho ni delito puede ni merece ser amnistiado. Como sucede con los hechos previstos en el artículo 3 de la Directiva (UE) 2017/541 del Parlamento Europeo y del Conejo de 15 de marzo de 2017, relativa a la lucha contra el terrorismo, o con el artículo 3 del Convenio Europeo de Derechos Humanos, que prohíbe la tortura y las penas o tratos inhumanos o degradantes, que supone a la par un límite infranqueable, un claro ejemplo de ello. No obstante, conviene recordar que no todo acto degradante tiene encaje en dicho precepto, pues para ello se precisa que la acción, además de ser ilícita, alcance un nivel mínimo de gravedad.

Así, de acuerdo con la jurisprudencia del Tribunal Europeo de Derechos Humanos, para que el acto sea considerado degradante con arreglo al artículo 3 del mencionado convenio, usualmente será preciso que las lesiones corporales ocasionadas o el sufrimiento experimentado por la víctima revistan cierta intensidad o, en todo caso, sean capaces de quebrar la resistencia moral o física de una persona. Se opta por un criterio restrictivo de exclusiones en la aplicación de la presente ley, debido a que determinadas conductas podrían generar confusión con otros delitos, lo que sucedería en algunas acciones comprendidas en el Capítulo VII del Título XXII del Libro II del Código Penal.

Sobre el artículo 1.1, conviene precisar que el hecho de que la presente ley extienda la amnistía a las acciones delictivas que pudieran haberse ejecutado en la defensa de la legalidad y del orden constitucional no supone demérito o reproche alguno para los colectivos concernidos. En ningún caso implica la criminalización de los funcionarios que intervinieron en defensa del orden público, pues la presunción de inocencia es un principio básico de nuestro ordenamiento jurídico. Lejos de ello, persigue aliviar la situación procesal de los encausados y con ello las tensiones derivadas de unos hechos que se enmarcaron en un determinado momento y como consecuencia de las tensiones existentes entonces y a lo largo de más de diez años. Asimismo, la presente ley aspira a sentar unas sólidas bases para, de una vez por todas, continuar mitigando las consecuencias de un conflicto que jamás debió producirse y que, a pesar de los pasos de los últimos años, aún sigue latente.

El Título II describe los efectos de la exoneración de responsabilidad que supone la aprobación de esta medida en el ámbito penal, administrativo y contable. Asimismo, dedica un artículo a concretar las consecuencias que se derivan de dicha exoneración para los empleados públicos. Y, por último, determina que la amnistía no dará derecho a percibir indemnización alguna, ni dará lugar a la restitución de las cantidades abonadas en concepto de multa o sanción, ni exonerará la responsabilidad civil frente a particulares.

Y, por último, el Título III identifica la competencia para aplicar esta amnistía a cada caso concreto y describe el procedimiento en el orden penal y contencioso-administrativo, así como en el ámbito administrativo y contable, estableciendo un plazo de prescripción de cinco años para que los afectados puedan solicitar la amnistía aquí reconocida. Adicionalmente, se reconoce la posibilidad de interponer los recursos que en derecho procedan contra las resoluciones que se dicten en aplicación de esta ley.

Por su parte, la disposición adicional primera tiene por objeto modificar el artículo 130 del Código Penal para incluir expresamente la amnistía como un supuesto de extinción de responsabilidad criminal, en línea con las previsiones que ya contiene la Ley de Enjuiciamiento Criminal. La disposición adicional segunda tiene por objeto modificar el artículo 39 de la Ley Orgánica 2/1982, de 12 de mayo, del Tribunal de Cuentas, para adaptarlo a la entrada en vigor de la presente ley. Y la disposición final determina que esta ley entrará en vigor el día de su publicación en el *Boletín Oficial del Estado*.

Por todo lo expuesto, y atendiendo al ámbito penal de esta regulación (artículo 149.1.6a CE) y a su afección a derechos fundamentales (artículo 81.1 CE), las Cortes Generales aprueban la siguiente proposición de ley orgánica.

TÍTULO I
Ámbito objetivo y exclusiones

Artículo 1. Ámbito objetivo

1. Quedan amnistiados los siguientes actos determinantes de responsabilidad penal, administrativa o contable, ejecutados en el marco de las consultas celebradas en Cataluña el 9 de noviembre de 2014 y el 1 de octubre de 2017, de su preparación o de sus consecuencias, siempre que hubieren sido realizados entre los días 1 de enero de 2012 y 13 de noviembre de 2023, así como las siguientes acciones cometidas entre estas fechas, aunque no se encuentren directamente relacionadas con estas consultas o incluso hayan sido realizadas con posterioridad a su respectiva celebración:

a) Los actos cometidos con la intención de reivindicar, promover o procurar la secesión o independencia de Cataluña, así como los que hubieran contribuido a la consecución de tales propósitos.

En todo caso, se entenderán comprendidos en este supuesto los actos tipificados como delitos de usurpación de funciones públicas o de malversación dirigidos a financiar, sufragar o facilitar la realización de cualesquiera de las conductas descritas en el primer párrafo de esta letra, directamente o a través de cualquier entidad pública o privada, así como cualquier otro acto tipificado como delito que tuviere idéntica finalidad. También se entenderán comprendidas en este supuesto aquellas actuaciones desarrolladas, a título personal o institucional, con el fin de divulgar el proyecto independentista, recabar información y adquirir conocimiento sobre experiencias similares o lograr que otras entidades públicas o privadas prestaran su apoyo a la consecución de la independencia de Cataluña.

Asimismo, se entenderán comprendidos aquellos actos, vinculados directa o indirectamente al denominado proceso independentista desarrollado en Cataluña o a sus líderes en el marco de ese proceso, y realizados por quienes, de forma manifiesta y constatada, hubieran prestado asistencia, colaboración, asesoramiento de cualquier tipo, representación, protección o seguridad a los responsables de las conductas a las que se refiere el primer párrafo de esta letra, o hubieran recabado información a estos efectos.

b) Los actos cometidos con la intención de convocar, promover o procurar la celebración de las consultas que tuvieron lugar en Cataluña el 9 de noviembre de 2014 y el 1 de octubre de 2017 por quien careciera de competencias para ello o cuya convocatoria o celebración haya sido declarada ilícita, así como aquellos que hubieran contribuido a su consecución. En todo caso, se entenderán comprendidos en este supuesto los actos tipificados como delitos de usurpación de funciones públicas o de malversación dirigidos a financiar, sufragar o facilitar la realización de cualesquiera de las conductas descritas en el párrafo anterior, así como cualquier otro acto tipificado como delito que tuviere idéntica finalidad.

c) Los actos de desobediencia, cualquiera que sea su naturaleza, desórdenes públicos, atentado contra la autoridad, sus agentes y los funcionarios públicos o resistencia que hubieran sido ejecutados con el propósito de permitir la celebración de las consultas populares a que se refiere la letra b) del presente artículo o sus consecuencias, así como cualesquiera otros actos tipificados como delitos realizados con idéntica intención. En todo caso, se entenderán comprendidos en este supuesto los actos tipificados como delitos de prevaricación o cualesquiera otros actos que hubieran consistido en la aprobación o ejecución de leyes, normas o resoluciones por autoridades o funcionarios públicos que hayan sido realizados con el propósito de permitir, favorecer o coadyuvar a la celebración de las consultas populares a que se refiere la letra b) del presente artículo. También quedarán amnistiados los actos de desconsideración o crítica vertidos contra las autoridades y funcionarios públicos, los entes e instituciones públicas, así como sus símbolos o emblemas, en el curso de manifestaciones, asambleas, obras o actividades artísticas u otras de similar naturaleza que tuvieran por objeto reivindicar la independencia de Cataluña o la celebración de las consultas a las que se refiere la letra b), o prestar público apoyo a quienes hubieran ejecutado los actos amnistiados con arreglo a esta ley.

d) Los actos de desobediencia, cualquiera que sea su naturaleza, desórdenes públicos, atentado contra la autoridad, sus agentes y los funcionarios públicos, resistencia u otros actos contra el orden y la paz pública que hubieran sido ejecutados con el propósito de mostrar apoyo a los objetivos y fines descritos en las letras precedentes o a los encausados o condenados por la ejecución de cualesquiera de los delitos comprendidos en el presente artículo.

e) Las acciones realizadas en el curso de actuaciones policiales dirigidas a dificultar o impedir la realización de los actos determinantes de responsabilidad penal o administrativa comprendidos en este artículo.

f) Los actos cometidos con el propósito de favorecer, procurar o facilitar cualesquiera de las acciones determinantes de responsabilidad penal, administrativa o contable contempladas en los apartados anteriores del presente artículo, así como cualesquiera otros que fueran materialmente conexos con tales acciones.

2. Los actos determinantes de responsabilidad penal, administrativa o contable amnistiados en virtud del apartado 1 de este artículo lo serán cualquiera que sea su grado de ejecución, incluidos los actos preparatorios, y cualquiera que fuera la forma de autoría o participación.

3. Los actos cuya realización se hubiera iniciado antes del día 1 de enero de 2012 únicamente se entenderán comprendidos en el ámbito de aplicación de la presente ley cuando su ejecución finalizase con posterioridad a esa fecha.

Los actos cuya realización se hubiera iniciado antes del día 13 de noviembre de 2023 también se entenderán comprendidos en el ámbito de aplicación de la presente ley aunque su ejecución finalizase con posterioridad a esa fecha.

Artículo 2. Exclusiones

En todo caso, quedan excluidos de la aplicación de la amnistía prevista en el artículo 1:

a) Los actos dolosos contra las personas que hubieran producido un resultado de muerte, aborto o lesiones al feto, la pérdida o la inutilidad de un órgano o miembro, la pérdida o inutilidad de un sentido, la impotencia, la esterilidad o una grave deformidad.

b) Los actos tipificados como delitos de torturas o de tratos inhumanos o degradantes con arreglo al artículo 3 del Convenio para la Protección de los Derechos Humanos y de las Libertades Fundamentales, siempre que superen un umbral mínimo de gravedad.

c) Los actos tipificados como delitos de terrorismo castigados en el Capítulo VII del Título XXII del Libro II del Código Penal, siempre y cuando haya recaído sentencia firme y hayan consistido en la comisión de alguna de las conductas descritas en el artículo 3 de la Directiva (UE) 2017/541 del Parlamento Europeo y del Consejo de 15 de marzo de 2017.

d) Los delitos de traición y contra la paz o la independencia del Estado y relativos a la defensa nacional del Título XXIII del Libro II del Código Penal.

e) Los delitos que afectaran a los intereses financieros de la Unión Europea.

f) Los delitos en cuya ejecución hubieran sido apreciadas motivaciones racistas, antisemitas, antigitanas u otra clase de discriminación referente a la religión y creencias de la víctima, su etnia o raza, su sexo, edad, orientación o identidad sexual o de género, razones de género, de aporofobia o de exclusión social, la enfermedad que padezca o su discapacidad, con independencia de que tales condiciones o circunstancias concurrieran de forma efectiva en la persona sobre la que recayó la conducta.

TÍTULO II
Efectos

Artículo 3. Extinción de la responsabilidad penal, administrativa o contable

La amnistía declarada en virtud de la presente ley produce la extinción de la responsabilidad penal, administrativa o contable, en los términos previstos en este Título.

Artículo 4. Efectos sobre la responsabilidad penal

1. El órgano judicial competente ordenará la inmediata puesta en libertad de las personas beneficiadas por la amnistía que se hallaran en prisión. Las penas privativas de libertad total o parcialmente cumplidas no podrán ser abonadas en otros procedimientos penales para el caso de que los actos que motivaron la condena ejecutada resulten amnistiados en aplicación de esta ley. Idéntica regla se aplicará en relación con los periodos de prisión preventiva no seguidos de condena a causa de la entrada en vigor de la presente ley.

2. Se procederá a la eliminación de antecedentes penales derivados de la condena por el acto delictivo amnistiado.

3. Quedarán sin efecto las órdenes de busca y captura e ingreso en prisión de las personas a las que resulte de aplicación esta amnistía, así como las órdenes nacionales, europeas e internacionales de detención.

4. La entrada en vigor de esta ley implicará el inmediato alzamiento de las medidas cautelares que hubieran sido adoptadas respecto de acciones u omisiones amnistiadas en relación con las personas beneficiadas por la amnistía, con la única salvedad de las medidas de carácter civil a las que se refiere el artículo 8.2. Asimismo, supondrá la finalización de la ejecución de las penas impuestas por aquellas acciones u omisiones que hubieran sido amnistiadas. En todo caso, se alzarán las citadas medidas cautelares incluso cuando tenga lugar el planteamiento de un recurso o una cuestión de inconstitucionalidad contra la presente ley o alguna de sus disposiciones.

Artículo 5. Efectos sobre la responsabilidad administrativa

1. El órgano administrativo competente acordará el archivo definitivo de todo procedimiento administrativo incoado al objeto de hacer efectivas las responsabilidades administrativas en que se hubiera incurrido.
2. Se procederá al alzamiento de las medidas cautelares de cualquier tipo adoptadas en el procedimiento administrativo, sin perjuicio de aquellas medidas que deban mantenerse a efectos de satisfacer la responsabilidad civil prevista en el artículo 8.2 de esta ley, devolviéndose, en su caso, las cantidades que hayan sido consignadas.

Artículo 6. Efectos sobre los empleados públicos

1. Se procederá a la reintegración en la plenitud de sus derechos activos y pasivos de los empleados públicos sancionados o condenados, así como a la reincorporación de los mismos a sus respectivos cuerpos, si hubieran sido separados.
2. Los empleados públicos no tendrán derecho a recibir ningún haber por el tiempo en que no hubieran prestado un servicio efectivo, pero será reconocida su antigüedad como si no hubiera habido interrupción en la prestación de los servicios.
3. Se procederá a la eliminación de las notas desfavorables en las hojas de servicio por cualquier otra razón que no fuera la sanción, incluso cuando la persona sancionada hubiera fallecido o causado baja por enfermedad.

Artículo 7. Efectos sobre indemnizaciones y restituciones

1. La amnistía de un acto determinante de responsabilidad penal, administrativa o contable no dará derecho a percibir indemnización de ningu-

na clase ni generará derechos económicos de ningún tipo en favor de persona alguna.

2. Tampoco dará derecho a la restitución de las cantidades abonadas en concepto de multa.

Artículo 8. Efectos sobre la responsabilidad civil y contable

1. Quedarán extinguidas las responsabilidades civiles y contables derivadas de los actos descritos en el artículo 1.1 de esta ley, incluidas las que estén siendo objeto de procedimientos tramitados ante el Tribunal de Cuentas, salvo aquellas que ya hubieran sido declaradas en virtud de sentencia o resolución administrativa firme y ejecutada.

2. Sin perjuicio de lo establecido en el apartado anterior, la amnistía otorgada dejará siempre a salvo la responsabilidad civil que pudiera corresponder por los daños sufridos por los particulares, que no se sustanciará ante la jurisdicción penal.

3. Se procederá al alzamiento de las medidas cautelares acordadas en fase de actuaciones previas o de primera instancia previstas en los artículos 47 y 67 de la Ley 7/1988, de 5 de abril, de Funcionamiento del Tribunal de Cuentas.

TÍTULO III
Competencia y procedimiento

Artículo 9. Competencia para la aplicación de la amnistía

1. La amnistía de actos tipificados como delitos será aplicada por los órganos judiciales determinados en el artículo 11 de esta ley, de oficio o a instancia de parte o del Ministerio Fiscal y, en todo caso, previa audiencia del Ministerio Fiscal y de las partes.

2. La amnistía de las conductas que constituyan infracciones de naturaleza administrativa o que sean determinantes de responsabilidad contable corresponderá aplicarla a los órganos competentes para el inicio, tramitación o resolución de los procedimientos que se sigan por tales conductas, según el estado en que se encuentren, previa audiencia del interesado.

3. Solo podrá entenderse amnistiado un acto determinante de responsabilidad penal, administrativa o contable concreto cuando así haya sido declarado por resolución firme dictada por el órgano competente para ello con arreglo a los preceptos de esta ley.

Artículo 10. Tramitación preferente y urgente

La aplicación de la amnistía en cada caso corresponderá a los órganos judiciales, administrativos o contables determinados en la presente ley, quienes adoptarán, con carácter preferente y urgente, las decisiones pertinentes en cumplimiento de esta ley, cualquiera que fuera el estado de tramitación del procedimiento administrativo o del proceso judicial o contable de que se trate.

Las decisiones se adoptarán en el plazo máximo de dos meses, sin perjuicio de los ulteriores recursos, que no tendrán efectos suspensivos.

Artículo 11. Procedimiento en el ámbito penal

1. La amnistía se aplicará por los órganos judiciales en cualquier fase del proceso penal.

2. De aplicarse durante la fase de instrucción o la fase intermedia, se decretará el sobreseimiento libre, previa audiencia del Ministerio Fiscal y de las partes, por el órgano judicial competente con arreglo al art. 637.3 de la Ley de Enjuiciamiento Criminal.

3. De aplicarse durante la fase de juicio oral, el órgano judicial que estuviera conociendo del enjuiciamiento dictará auto de sobreseimiento libre o, en su caso, sentencia absolutoria, previo cumplimiento de los siguientes trámites:

a) Las partes y el Ministerio Fiscal podrán proponer la aplicación de la amnistía como artículo de previo pronunciamiento de acuerdo con lo dispuesto en el artículo 666.4a de la Ley de Enjuiciamiento Criminal, con arreglo a lo establecido en el Título II del Libro III de la Ley de Enjuiciamiento Criminal o, en su caso, en el artículo 786 de la misma ley.

b) También podrán las partes y el Ministerio Fiscal interesar su aplicación al momento de formular sus conclusiones definitivas.

c) Cuando las partes o el Ministerio Fiscal no interesaran la aplicación de la amnistía, el órgano judicial deberá hacerlo de oficio, previa audiencia del Ministerio Fiscal y de las partes, si concurrieran los presupuestos para ello, dictando a tal efecto auto de sobreseimiento libre o, en su caso, sentencia absolutoria.

4. En el caso de sentencias que no hubieran adquirido firmeza, se observarán las siguientes reglas:

a) Si el recurso contra la sentencia aún no se hubiera sustanciado, las partes y el Ministerio Fiscal podrán invocar al interponerlo los preceptos de la presente ley e interesar que los delitos atribuidos a la persona encausada se declaren amnistiados.

b) Si el recurso contra la sentencia se estuviera sustanciando, el tribunal, de oficio o a instancia de parte o del Ministerio Fiscal, les dará audiencia por un plazo de cinco días para que se pronuncien sobre si consideran amnistiados todos o alguno de los delitos que constituyen objeto del procedimiento con arreglo a los preceptos de la presente ley.

c) En todo caso, al resolver el recurso contra la sentencia, el tribunal declarará de oficio que los actos tipificados como delitos cometidos por la persona encausada quedan amnistiados cuando concurran los presupuestos para ello en aplicación de la presente ley.

5. De aplicarse durante la fase de ejecución de las penas, los órganos judiciales a los que correspondió el enjuiciamiento en primera instancia revisarán las sentencias firmes en aplicación de la presente ley, incluso en el supuesto de que la pena impuesta estuviera suspendida o la persona condenada se hallara en libertad condicional.

6. La concesión de un indulto total o parcial con anterioridad a la entrada en vigor de la presente ley no impedirá la revisión de la sentencia firme.

7. No se revisarán las resoluciones judiciales firmes que hubieran apreciado la extinción de la responsabilidad criminal a causa de la prescripción del delito con arreglo al artículo 130.1.6 del Código Penal.

Artículo 12. Procedimiento en el ámbito contencioso-administrativo

1. En los procedimientos tramitados ante la jurisdicción contencioso-administrativa que tengan por objeto la revisión de resoluciones administrativas de imposición de sanciones por actos determinantes de responsabilidad administrativa o contable, la aplicación de la amnistía, cuando concurran los presupuestos establecidos para ello en la presente ley, corresponderá a los órganos judiciales ante los cuales se esté tramitando el recurso contencioso-administrativo, en cualquier fase del proceso.

2. Una vez recibido el expediente administrativo y en cualquier momento previo al del dictado de la sentencia, el Juzgado o Sala, de oficio o a instancia de parte, aplicará la amnistía previa audiencia de las partes y dictará sentencia declarando la nulidad sobrevenida del acto administrativo impugnado.

3. Cuando el procedimiento ya haya sido resuelto por sentencia que no hubiera adquirido firmeza, se observarán las siguientes reglas:

a) Si el recurso aún no se hubiera interpuesto, las partes podrán invocar al formularlo los preceptos de la presente ley e interesar que se aplique la amnistía y se declare la nulidad sobrevenida del acto administrativo.

b) Si el recurso estuviera pendiente de resolución, el tribunal competente para resolverlo, de oficio o a instancia de parte, dará audiencia por un plazo de cinco días para que las partes se pronuncien sobre si consideran de aplicación la amnistía y la consiguiente declaración de nulidad sobrevenida del acto.

c) En todo caso, al resolver el recurso, el tribunal aplicará la amnistía y declarará la nulidad sobrevenida del acto impugnado cuando concurran los presupuestos de la presente ley.

4. Si al tiempo en que hubiera de aplicarse la amnistía hubiera recaído sentencia firme se aplicará el procedimiento previsto en el artículo 102 de la Ley 29/1998, de 13 de julio, de la Jurisdicción Contencioso-Administrativa.

Artículo 13. Procedimiento en el ámbito contable

1. La amnistía se aplicará por el Tribunal de Cuentas en cualquier fase del proceso.

2. En las actuaciones previas previstas en los artículos 45, 46 y 47 de la Ley 7/1988, de 5 de abril, de Funcionamiento del Tribunal de Cuentas, se dictarán las correspondientes resoluciones declarando el archivo de las actuaciones, previa audiencia del Ministerio Fiscal y de las entidades del sector público perjudicadas por el menoscabo de los caudales o efectos públicos relacionados con los hechos amnistiados, cuando estas no se hayan opuesto.

3. Si el proceso de exigencia de responsabilidad contable tramitado por el Tribunal de Cuentas se hallara en fase de primera instancia o de apelación, los órganos competentes de dicho Tribunal, previa audiencia del Ministerio Fiscal y de las entidades del sector público perjudicadas por el menoscabo de los caudales o efectos públicos relacionados con los hechos amnistiados, dictarán resolución absolviendo de responsabilidad contable a las personas físicas o jurídicas demandadas, cuando dichas entidades no se hayan opuesto.

Artículo 14. Procedimiento en el ámbito administrativo

1. En los procedimientos que estén en la fase de instrucción en relación con la comisión de infracciones administrativas, la apreciación de la amnistía se realizará de oficio o a instancia de parte por el órgano administrativo competente, si concurrieran los presupuestos para ello, dictando a tal efecto la resolución de finalización del procedimiento y el archivo de las actuaciones.

2. De apreciarse la amnistía frente a actos administrativos firmes o durante la fase de ejecución de las sanciones, los órganos administrativos com-

petentes procederán a revisar, de oficio o a instancia de parte, las resoluciones correspondientes.

3. En el caso de resoluciones que no hubieran adquirido firmeza por haber sido recurridas, el órgano competente para la resolución del recurso administrativo correspondiente, declarará, de oficio o a instancia de parte, que los hechos objeto del procedimiento quedan amnistiados cuando concurran los presupuestos para ello en aplicación de la presente ley.

Artículo 15. Plazo para el reconocimiento de los derechos comprendidos en esta ley

Las acciones para el reconocimiento de los derechos establecidos en esta ley estarán sujetas a un plazo de prescripción de cinco años.

Artículo 16. Recursos

1. Contra las resoluciones que resuelvan sobre la extinción de la responsabilidad criminal o de las infracciones administrativas y contables en aplicación de la presente ley, cabrá interponer los recursos previstos en el ordenamiento jurídico.

2. Frente a las resoluciones que resuelvan la revisión de sentencias o de resoluciones administrativas firmes, cabrá interponer los mismos recursos que, en su caso, hubieran procedido contra la sentencia dictada en primera instancia.

Disposición adicional primera

Se modifica el apartado 1 del artículo 130 del Código Penal, que queda redactado con el siguiente tenor:

1. La responsabilidad criminal se extingue:

1.º Por la muerte del reo.

2.º Por el cumplimiento de la condena.

3.º Por la remisión definitiva de la pena, conforme a lo dispuesto en los apartados 1 y 2 del artículo 87.

4.º Por la amnistía o el indulto.

5.º Por el perdón de la persona ofendida, cuando se trate de delitos leves perseguibles a instancias de la persona agraviada o la ley así lo prevea. El perdón habrá de ser otorgado de forma expresa antes de que se haya dictado sentencia, a cuyo efecto la autoridad judicial sentenciadora deberá oír a la persona ofendida por el delito antes de dictarla. En los delitos cometidos contra personas menores de edad o personas con discapacidad necesitadas de especial protección que afecten a bienes jurídicos eminentemente personales, el perdón de la persona ofendida no extingue la responsabilidad criminal.

6.º Por la prescripción del delito.

7.º Por la prescripción de la pena o de la medida de seguridad.

Disposición adicional segunda

Se modifica el artículo 39 de la Ley Orgánica 2/1982, de 12 de mayo, del Tribunal de Cuentas, que queda redactado con el siguiente tenor:

Artículo treinta y nueve.

Uno. Quedarán exentos de responsabilidad quienes actuaren en virtud de obediencia debida, siempre que hubieren advertido por escrito la imprudencia o legalidad de la correspondiente orden, con las razones en que se funden.

Dos. Tampoco se exigirá responsabilidad cuando el retraso en la rendición, justificación o examen de las cuentas y en la solvencia de los reparos sea debido al incumplimiento por otros de sus obligaciones específicas, siempre que el responsable así lo haya hecho constar por escrito.

Tres. Quedarán exentos de responsabilidad quienes hubiesen cometido actos que hayan sido amnistiados en los términos en los que se establezca en la ley.

Disposición final

La presente ley entrará en vigor el mismo día de publicación en el *Boletín Oficial del Estado*.

ANTECEDENTES

Constitución Española. Ley 46/1977, de 15 de octubre, de Amnistía. Ley Orgánica 10/1995, de 23 de noviembre, del Código Penal. Real Decreto de 14 de septiembre de 1882, por el que se aprueba la Ley de Enjuiciamiento Criminal.

Declaración institucional del Pleno del CGPJ[*]

El Pleno del Consejo General del Poder Judicial, reunido hoy en sesión extraordinaria, ha aprobado la siguiente declaración institucional:

I

El Consejo General del Poder Judicial ha venido observando con creciente preocupación las declaraciones de miembros de algunos partidos políticos minoritarios, algunos de ellos con responsabilidades de Gobierno, sobre la eventual amnistía de los delitos cometidos con ocasión de los episodios acaecidos el 1 de octubre de 2017, así como los también cometidos con anterioridad para su preparación, incluidos delitos de corrupción, y los que también se cometieron con posterioridad para oponerse a la acción legítima del Estado para llevar a sus autores ante la justicia y restablecer el orden público y constitucional alterado.

En la medida en que esas declaraciones no se respaldaban con una manifestación del presidente del Gobierno en funciones, este Consejo ha preferido mantenerse en una actitud de prudente expectativa. El silencio del presidente del Gobierno en funciones, sin embargo, se rompió el pasado sábado 28 de octubre y en una declaración personal de amplia difusión pública ha afirmado dos cosas: la primera, que efectivamente ha pactado una Ley de Amnistía con partidos políticos que incluye, entre otros, el dirigido por un prófugo de la justicia que se beneficiará personalmente de la medida; la segunda, que la medida se

---

[*] 6 de noviembre de 2023. El texto fue aprobado con 9 votos a favor, 5 en contra y 1 en blanco.

adoptará en «interés de España» para impedir un eventual Gobierno de partidos de derecha en caso de que hubiese repetición electoral.

II

Ante los comentarios vertidos en las últimas horas acerca de la extemporaneidad de esta declaración bajo el argumento de que este Consejo debió esperar a conocer el texto de la proposición de ley para emitir su opinión, afirmamos tanto nuestra legitimidad como la oportunidad para hacerlo ahora.

La legitimidad para pronunciarnos en relación con iniciativas legislativas como las relativas a una ley de amnistía no solo resulta del art. 561.1.8ª LOPJ, sino que es parte también de los estándares europeos en materia de independencia judicial. Como señala el Comité Consultivo de Jueces Europeos, órgano asesor del Consejo de Europa, organización internacional de la que forma parte España, «40. Los parlamentarios y los miembros del Poder Ejecutivo deben, por supuesto, respetar la ley en sus relaciones con el Consejo de Justicia y no infringir su papel y su funcionamiento vulnerando o eludiendo las normas jurídicas. Además, las relaciones con el Consejo deben basarse en una cultura de respeto al Estado de Derecho y al papel del Consejo de Justicia en su respectivo Estado miembro. 41. Los Consejos de Justicia deben participar activamente en el diálogo con los otros poderes del Estado, especialmente cuando hacen aportaciones sobre proyectos legislativos. Este diálogo debe realizarse en un ambiente de respeto mutuo» (Dictamen del Comité Consultivo de Jueces Europeos del Consejo de Europa n.º 24.2021). No puede considerarse en ningún caso ajeno a las funciones de los Consejos de Justicia, ni desde luego de este Consejo General del Poder Judicial, alzar su voz cuando la democracia, las libertades fundamentales y el Estado de Derecho puedan estar en peligro.

Ante una iniciativa tan trascendental, razones de prudencia y lealtad institucional justificaban su tramitación como proyecto de ley y no como proposición para dar oportunidad a que los órganos consultivos del Estado emitiesen su opinión técnica. No va a ser así. Los partidos que impulsan la iniciativa legislativa, los mismos que sostienen la acción del Gobierno en funciones, anuncian que han optado por la tramitación parlamentaria que permite prescindir de tales informes. Resulta por ello absurdo que se nos pida esperar a hacer algo que no se podría hacer porque deliberadamente se ha escogido la vía que lo impide.

La presente declaración no pretende sustituir el informe que se elude con la vía de tramitación escogida para la iniciativa legislativa, pero se emite ante la imposibilidad de formularlo. Y para hacerla no es preciso conocer los aspectos objetivos y subjetivos que delimitarán los contornos de la ley que se anuncia. No es necesario porque lo sustancial ha sido anunciado ya por los diferentes responsables políticos que están negociando la futura ley, entre ellos algunos con responsabilidades pendientes de dilucidar ante los tribunales y que están negociado y determinando su propia exención de responsabilidad. Y a ello hay que añadir que, en cualquier caso, la aprobación de una ley de amnistía, cualquiera que fuese su fundamentación, y cualquiera que fuesen sus aspectos objetivos y subjetivos, entra en conflicto con principios constitucionales diversos, como seguidamente se pondrá de manifiesto, entre ellos el de exclusividad de la jurisdicción, que justifican que este Consejo, como órgano constitucional cuya misión esencial es velar por la independencia judicial, exprese su preocupación ante la inminente tramitación de aquella.

III

La presente declaración institucional parte de una serie de consideraciones que constituyen su fundamento: por un lado, que los derechos fundamentales vinculan a todos los poderes (artículo 53 de la Constitución); por otro, que la concesión de una amnistía en nuestro actual sistema constitucional constituye una grave vulneración de los derechos fundamentales y del propio sistema de división de poderes en que se inspira nuestra Constitución y sobre el que se asienta el Estado de Derecho. Este órgano constitucional no puede permanecer en silencio ante una iniciativa como la referida, por las graves consecuencia que tiene en la misma configuración del Poder Judicial que se hace en la Constitución, fuente de legitimidad de todos los poderes del Estado que condiciona el ejercicio de sus potestades.

Este Consejo no discute las potestades de los grupos parlamentarios con representación en las Cortes para realizar cuantas propuestas de leyes consideren pertinentes; pero tampoco puede aceptar que se acometa una iniciativa que cercene de una forma tan ostentosa los derechos fundamentales de los ciudadanos y las potestades que la Constitución reser-

va al Poder Judicial. Y ello se afirma sin perjuicio del concreto contenido de la referida proposición, porque tan claros incumplimientos
constitucionales se producen por el mero hecho de acometerse una ley
—que deberá ser de naturaleza orgánica— que conceda una amnistía.

Sin perjuicio del debate sobre si la institución de la amnistía puede
ser constitucionalmente admisible —en los más de cuarenta años de vigencia de la Constitución los partidos de mayor implantación han venido
sosteniendo que no es admisible, como la doctrina constitucionalista
más autorizada— es lo cierto que no existe en nuestro ordenamiento
una Ley de Amnistía, lo que obligará a que la proyectada amnistía que
se pretende someter a las Cortes sea una ley singular que, siempre según
palabras del presidente del Gobierno en funciones, tendría por finalidad
solucionar el conflicto de Cataluña con España y desjudicializar el referido «conflicto político en Cataluña».

La vinculación al referido conflicto con la proyectada amnistía hace
recaer en el ámbito de los tribunales si no la génesis de ese conflicto, sí al
menos el haberlo sostenido. Con esa idea, que inspira la promesa de iniciativa, se olvida que la intervención de los Tribunales en los hechos
acontecidos en Cataluña desde el año 2013, o incluso desde el año 2006,
han sido, por lo que se refiere al Tribunal Constitucional, a la defensa de
la Constitución que le viene encomendada por mandato constitucional.
Por lo que se refiere a los Tribunales de Justicia (Tribunal Supremo, Audiencia Nacional, Tribunal Superior de Justicia de Cataluña, Audiencias
Provinciales y Juzgados de dicha Comunidad), de manera especial, aunque no solo, los del orden penal, se han limitado a la persecución y punición de los delitos que se cometieron en relación con los mencionados
hechos, como, por otra parte, era su cometido constitucionalmente impuesto. Esas actuaciones se han llevado a cabo con una pulcritud procesal que ha comportado la confirmación de todas sus decisiones en las
vías procesales oportunas.

Una Ley de Amnistía como la anunciada por el presidente del Gobierno en funciones tan solo puede tener por objeto dejar sin efecto las
decisiones —generalmente en sentencias— adoptadas por los Tribunales con relación a los mencionados hechos del pretendido conflicto catalán. Es decir, pura y simplemente, una ley de esas características solo
puede suponer declarar la nulidad de esas decisiones. En otras palabras,
que las Cortes vendrían a incidir en el Poder Judicial declarando la nulidad de las sentencias dictadas por los tribunales que se integran en él.

La circunstancia de que en nuestro derecho no exista, como ya se dijo, una Ley de Amnistía, comporta que solo podrá concederse una amnistía como la anunciada mediante la promulgación de una ley singular en la que se haga tal declaración. En otras palabras, mediante esa ley (singular) se vendrían a declarar nulas las sentencias dictadas por los diferentes Tribunales y esa ley (singular) vendría a invadir las competencias que, en exclusividad (artículo 117.3 de la Constitución), tienen encomendadas los Tribunales.

Es cierto que la amnistía, por su propia naturaleza, comporta dejar sin efecto las decisiones jurisdiccionales, pero en el caso de la proposición de ley proyectada no se trata de una ley de esa naturaleza, sino que, por no existir previo reconocimiento de la institución, acuerda conceder directamente la amnistía a personas concretas y determinadas (todos aquellos que intervinieron en el «conflicto») por hechos concretos y determinados (todos los ejecutados en ese «conflicto» que eran constitutivos de delito conforme al ordenamiento) y durante un tiempo concreto (el plazo en que se generó y desarrollo el conflicto), por lo que se trata de una decisión de las Cortes que invade competencias muy concretas de los Tribunales, la anulación de sentencias, mediante una ley *ad hoc*.

Las leyes singulares, si bien la jurisprudencia del Tribunal Constitucional no las declara contrarias a la Constitución, sí las considera una institución de uso muy restrictivo y excepcional, porque desnaturalizan las características propias de la ley, que se rige, entre otras características, por la generalidad de sus efectos y, además, limita los derechos fundamentales de la tutela judicial y los diversos derechos fundamentales a que afecten dichas leyes; de ahí la necesidad de que esa excepcionalidad requiera una motivación especial y específica que justifique su necesidad y razonabilidad. Es uno de los supuestos en que la potestad legislativa requiere una específica motivación, que no es exigible, con carácter general, para las leyes aprobadas por las Cortes, que tienen como límites las exigencias que impone la Constitución, única norma que vincula al Poder Legislativo.

En el supuesto de la anunciada proposición de ley, en la medida que viene a incidir —declarando su nulidad radical o de pleno derecho— en sentencias firmes dictadas por los Tribunales, comporta una invasión inadmisible en nuestra Constitución, en concreto, de las potestades que, en régimen de exclusividad, la Norma Suprema encomienda a los Tribunales. Y esa invasión por una ley de esas características no puede legitimarse, tan siquiera, por una motivación que pudiera considerarse razonable, porque no haya razón admisible para que por este tipo de leyes pueda el Parlamento arrogarse potestades que la Constitución encomienda a los Tribunales. El Parlamento podría, si es que realmente nuestra Constitución lo legitimase para ello, aprobar una Ley de Amnistía con las características propias de toda ley, que es su imperatividad, generalidad y abstracción; y, en aplicación de esa normativa concreta, adoptar la decisión de aplicar la amnistía a supuestos concretos y determinados y con los efectos ya contemplados en la ley general que, por otra parte, deberán aplicar los mismos tribunales. Lo que no es admisible es que una ley *ad hoc* reconozca la institución para su aplicación a un supuesto concreto y determinado.

Una ley de esas características no puede tener ni fundamento ni razón alguna y vanos resultarán los argumentos para su motivación. La Constitución no solo configura el Estado de Derecho que la inspira bajo el principio de la separación de poderes, sino que, de manera concreta, trata de preservar que ninguno de los poderes invada las competencias asignadas constitucionalmente a otro. De manera particular —como sucede con la misma denominación como Poder exclusivamente al Judicial—, el constituyente tuvo especial empeño en garantizar, en favor de los ciudadanos, las competencias de los juzgados y tribunales y llevó al artículo 117.3 el axioma [«*il n'y a point encore de liberté si la puissance de jugar n'est pas separeé de la Puissance Lesgialtive et de l'Executive*» («no hay libertad si el poder de juzgar no se separa del Poder Legislativo y del Ejecutivo»)] de que corresponde «exclusivamente» a los Tribunales «el ejercicio de la potestad jurisdiccional»; es decir, juzgar y ejecutar lo juzgado. Si se autoriza que mediante leyes singulares pueda alterarse una faceta no menor de esa potestad como es la de ejecutar lo juzgado, mediante la declaración particular se dejara sin efecto lo declarado en sentencia firme, como es una amnistía *ad hoc*, se produciría una muy peligrosa injerencia del Poder Legislativo en el Poder Judicial, alterando la exigencia de la separación de poderes y, con ello, el principio esencial del Estado de Derecho que garantiza nuestra Constitución. El Parlamento no puede, por una mínima lógica constitucional, arrogarse, al amparo de mayorías coyunturales —que son depositarias, pero no titulares de la soberanía nacional—, incidir en concretas sentencias de los Tribunales declarando su nulidad, cualquiera que fuese la motivación que motivara esa declaración.

IV

Expuestas las anteriores consideraciones, el Consejo General del Poder Judicial expresa con esta declaración su intensa preocupación y desolación por lo que la proyectada Ley de Amnistía supone de degradación, cuando no de abolición, del Estado de Derecho en España, que a partir del momento en el que se adopte pasará a ser una mera proclama formal que inevitablemente tendrá que producir consecuencias en perjuicio del interés real de España.

Cualquiera que sea la justificación formal o aparente que se le quiera dar en el preámbulo de la futura ley, su motivación real ya ha quedado expresada, y más allá de la discusión sobre si realmente son constitucionalmente aceptables leyes singulares de amnistía para soslayar la prohibición constitucional de indultos generales, lo que en ningún caso cabe aceptar es una amnistía, y ni tan siquiera un indulto particular de los admitidos genéricamente por la Constitución, con el fundamento real expresado por el presidente del Gobierno en funciones.

Confundir el «interés de España» con el interés del presidente del Gobierno en funciones para evitar la hipotética formación de Gobiernos de partidos de una ideología diferente a la suya es algo manifiestamente incompatible con la alternancia política, ínsita en el principio básico de pluralismo político que, según el artículo 1 de nuestra Constitución, es un valor superior de nuestro ordenamiento jurídico. Pero hacerlo exceptuando la aplicación de la ley para impedir la acción en curso de los tribunales o dejar sin efecto la que ya se hubiese producido mediante sentencias firmes, convirtiendo en papel mojado esas sentencias, es algo rotundamente incompatible con el principio de Estado de Derecho en el que, nuevamente según el artículo 1 de nuestra Constitución, se quiso constituir España y efectivamente se constituyó… al menos hasta ahora.

Utilizar la promulgación de una ley singular para invadir competencias propias del Poder Judicial como medio de negociación política constituye una perversión del régimen constitucional, porque nada impediría que mayorías coyunturales en la composición de las Cortes impongan su criterio por encima de las exigencias constitucionales, al amparo de que una norma con ese rango no puede ser cuestionada por los ciudadanos.

Ello es así, primero, porque no es compatible con el principio de Estado de Derecho proclamado por el artículo 1 de nuestra Constitución, y ni tan siquiera con el principio de responsabilidad de los poderes públicos al que se refiere su artículo 9.3, que los responsables políticos queden exentos de responder de sus delitos ante los tribunales, cualquiera que sea la naturaleza de sus delitos, para que un aspirante a presidente del Gobierno pueda conseguir el beneficio personal y político de impedir el Gobierno de otras fuerzas políticas o, expresado por su reverso, para poder mantenerse en el Gobierno. Ello supone degradar y convertir nuestro Estado de Derecho en objeto de mercadeo al servicio del interés personal que pretende presentarse, desde el rechazo al pluralismo político, como el «interés de España».

Segundo, porque supone generar una clase política jurídicamente irresponsable e impune por sus delitos lo que, con no justificarse en ningún fin constitucionalmente legítimo, supone contravenir no ya el principio de responsabilidad de los poderes públicos, sino incluso el más elemental principio de igualdad de los ciudadanos ante la ley que proclama el artículo 14 de la Constitución.

Tercero, porque se violenta la independencia de los tribunales en su aspecto más básico: si la independencia es el instrumento necesario para que los tribunales puedan actuar con neutralidad y garantizar, mediante la efectividad de sus decisiones, el principio de seguridad jurídica, mal puede hablarse de independencia ni de seguridad jurídica cuando unas fuerzas políticas utilizan las leyes en su beneficio para impedir la acción de los tribunales. La enormidad de las consecuencias de lo que se ha anunciado por el presidente del Gobierno en funciones es que convierte la independencia de los tribunales y la seguridad jurídica, la justicia en suma, en una quimera.

Y, por último, este Consejo General del Poder Judicial no puede dejar de señalar que lo que se violenta con la medida anunciada por el presidente del Gobierno no solo es la Constitución con la que nos dotamos los españoles como marco de convivencia, sino también los compromisos asumidos por España en los artículos 2 y 19 del Tratado de la Unión Europea para que en todo momento prevalezcan los principios de Estado de Derecho e independencia judicial. El riesgo de que llegue el momento en el que la Unión Europea decida no ser la coartada de un Estado que no cumple con sus principios debiera estar muy presente, en este momento crítico, en la previsión de quienes pretendan realmente actuar en el «interés de España».

Votaciones

El texto ha sido aprobado con los votos a favor de los vocales José Antonio Ballestero, Gerardo Martínez Tristán, Juan Martínez Moya, Nuria

Díaz Abad, Carmen Llombart, Juan Manuel Fernández, José María Macías, Ángeles Carmona y Wenceslao Olea.

Los vocales Roser Bach, Mar Cabrejas, Clara Martínez de Careaga, Pilar Sepúlveda y Enrique Lucas han votado en contra y el presidente del Consejo General del Poder Judicial, p. s., Vicente Guilarte, lo ha hecho en blanco.

Las vocales Bach, Cabrejas, Martínez de Careaga y Sepúlveda han justificado su voto señalando que «con la proposición de declaración institucional se corre el grave riesgo de confundir a la ciudadanía sobre la opinión de los propios jueces y magistrados sobre el contenido de una norma que no existe y que, de aprobarse por el Poder Legislativo, el competente para hacerlo, se verán obligados a aplicar, o en su caso, a someter a los controles constitucionales legalmente previstos».

Estas vocales añaden que «la declaración institucional propuesta, con el argumento de proteger la independencia de los tribunales, daña su imagen, ya que su independencia está suficientemente garantizada, y tan solo consigue situar a este órgano de Gobierno en un campo de batalla política al que nunca debe bajar por respeto y obligada protección de la imagen de independencia e imparcialidad de aquellos a quienes gobernamos».

Por su parte, el vocal Enrique Lucas ha argumentado su voto manifestando que siempre se ha opuesto a la aprobación de declaraciones institucionales de este tipo.

Por último, el presidente del Consejo General del Poder Judicial, p. s., el vocal Vicente Guilarte, ha anunciado un voto explicativo de su decisión en el que señalará que no se puede sustraer a la preocupación derivada de los hechos que se describen en la declaración aprobada y que entiende como indeclinable labor institucional del CGPJ defender la actividad jurisdiccional llevada a cabo por los órganos judiciales, que no puede verse cuestionada por una hipotética normativa futura, y que de igual manera deberá defenderse la actividad jurisdiccional futura que eventualmente se vincule con estos hechos, sea cual sea.

Guilarte añadirá que, sin embargo, cree que en tanto no se conozca un texto prelegislativo que plasme las ideas que se han avanzado, el debate debiera quedar residenciado en el terreno estrictamente político al que el CGPJ debiera permanecer ajeno y, finalmente, que es su objetivo, reiteradamente manifestado, buscar consensos para la renovación del Consejo que propicien la plena independencia judicial y que entiende que la declaración aprobada no ayuda a lograr ese objetivo.

COMUNICADO DE LA COMISIÓN PERMANENTE DEL CGPJ EN RELACIÓN CON LAS REFERENCIAS AL *LAWFARE* CONTENIDAS EN EL ACUERDO SUSCRITO HOY POR EL PSOE Y JUNTS[*]

La Comisión Permanente del Consejo General del Poder Judicial, reunida hoy en sesión extraordinaria, ha aprobado el siguiente comunicado:

Ante las inadmisibles referencias, que lo son tanto semántica como sustantivamente, al *lawfare* —judicialización de la política— contenidas en el acuerdo suscrito entre el PSOE y Junts con la finalidad de facilitar la investidura y, especialmente, frente al anuncio de la eventual constitución de comisiones parlamentarias de investigación que puedan llegar a determinar lo que ambiguamente se denominan «responsabilidades» derivadas, precisamente, de advertirse situaciones de *lawfare*, nos hacemos eco y compartimos el frontal rechazo a tales iniciativas, en línea con lo ya manifestado por la totalidad de las asociaciones judiciales.

Tal repudio se funda, de manera muy justificada, en la evidencia de que ello implica potencialmente someter a revisión parlamentaria decisiones enmarcadas en la exclusividad del ámbito competencial de nuestros Tribunales que, por otro lado, entendemos se produjeron de forma plenamente acorde con la legalidad entonces enjuiciada. Por todo ello, la iniciativa apuntada implicaría una inadmisible injerencia en la independencia judicial y un flagrante atentado a la separación de poderes. La continuidad de tal iniciativa parlamentaria, de llegar a materializarse, determinaría nuestra más frontal oposición a través de los cauces legalmente establecidos.

Paralelamente hemos de expresar nuestro apoyo real y no meramente nominal a todos los órganos del Poder Judicial con ocasión de las futuras actuaciones que puedan llevar a cabo en el marco de la legalidad en cada momento, vigente garantía última de los derechos y libertades de todos nuestros ciudadanos.

---

[*] 9 de noviembre de 2023.

El comunicado ha sido aprobado con los votos a favor del presidente del CGPJ, p. s., Vicente Guilarte; y de los vocales Roser Bach, José Antonio Ballestero, Mar Cabrejas, Ángeles Carmona y Carmen Llombart. La vocal Pilar Sepúlveda ha votado en contra.

La declaración ha sido remitida al resto de los vocales del órgano de Gobierno de los jueces para que, si lo desean, expresen su adhesión a la misma. Hasta las 22:00 horas lo han hecho los vocales Nuria Díaz, Juan Manuel Fernández, Enrique Lucas, José María Macías, Juan Martínez Moya y Wenceslao Olea.

Documento de la denuncia de las cuatro asociaciones de jueces al pacto de Sánchez y Puigdemont[*]

Ante el documento suscrito por PSOE y Junts para facilitar la investidura, las asociaciones judiciales firmantes mostramos nuestro rechazo por las referencias al *lawfare* o «judicialización de la política» y sus consecuencias. El texto del acuerdo alcanzado contiene explícitas referencias a la posibilidad de desarrollar comisiones de investigación en sede parlamentaria a fin de determinar la presencia de situaciones de judicialización de la política, con las consecuencias que, en su caso, pudieran dar lugar a acciones de responsabilidad o modificaciones legislativas.

Ello podría suponer, en la práctica, someter a revisión parlamentaria los procedimientos y decisiones judiciales con evidente intromisión en la independencia judicial y quiebra de la separación de poderes.

Los jueces han de estar sometidos únicamente al imperio de la ley, puesto que así lo establece expresamente el artículo 117.1 de la Constitución.

Estas expresiones, en cuanto traslucen alguna desconfianza en el funcionamiento del Poder Judicial, no son aceptables. El Poder Judicial en España es independiente, no actúa sometido a presiones políticas y dispone de un sistema de garantías jurisdiccionales que aparta el riesgo que se apunta.

Asociación Profesional de la Magistratura (APM)
Asociación Judicial Francisco de Vitoria
Asociación Juezas y Jueces por la Democracia
Asociación de Jueces Foro Judicial Independiente

---

[*] 9 de noviembre de 2023.

Comunicado de la Asociación de Fiscales en relación al acuerdo PSOE-Junts[*]

Tras haber tenido conocimiento en el día de hoy del acuerdo de investidura pactado entre PSOE y Junts, donde se incluye la aprobación de una Ley de Amnistía que contempla la posibilidad de establecer comisiones de investigación sobre actuaciones judiciales que pueden generar acciones de responsabilidad, la Asociación de Fiscales quiere mostrar su más firme oposición a esta medida, un ataque sin precedentes a la independencia judicial que se traduce en un absoluto desprecio a nuestro Estado de Derecho.

Es inadmisible la utilización del término «guerra judicial» (*lawfare*) utilizado en el acuerdo, al tratarse de un concepto que no tiene encaje en nuestro orden constitucional vigente.

Comisión Ejecutiva, Asociación de Fiscales
Jerez de la Frontera, a 9 de noviembre de 2023

---

[*] 9 de noviembre de 2023.

Comunicado sobre el acuerdo PSOE-Junts* Asociación de Diplomáticos Españoles

Tras conocer el contenido del acuerdo alcanzado ayer por los partidos PSOE y Junts, la Asociación de Diplomáticos Españoles (ADE) desea expresar su opinión sobre algunos aspectos de dicho acuerdo que afectan a la labor profesional de los diplomáticos y que, por lo tanto, atañen a la ADE como organización de carácter sindical:

- La ADE manifiesta su preocupación por la inclusión en el acuerdo de una cláusula de «ampliación de la participación directa de Catalunya en las instituciones europeas y demás organismos y entidades internacionales», que, al igual que la reciente propuesta de creación de un cuerpo de «acción exterior y Union Europea» de la Generalitat de Cataluña, puede socavar la competencia exclusiva del Estado en la materia de relaciones internacionales que establece el artículo 149.1.3 de la Constitución. La ADE desea recordar en este sentido que a la carrera diplomática se le encomienda la representación de España en el exterior y que en cumplimiento de esta misión los diplomáticos defendemos los intereses del conjunto de España y de los españoles en el exterior.
- La ADE manifiesta asimismo su incomprensión por la valoración que hace el acuerdo como «incidencia política relevante» de «diversas resoluciones de organismos internacionales, como el Grupo de Trabajo de Detenciones Arbitrarias, Unión Europea, el Tribunal Europeo de Derechos Humanos o la Asamblea Parlamentaria del Consejo de Europa».

---

* 9 de noviembre de 2023.

Los diplomáticos españoles hemos trabajado desde 2017 —siguiendo instrucciones de los sucesivos Gobiernos— para explicar y defender los fundamentos de nuestro régimen democrático y de nuestro Estado de Derecho en la UE y en los organismos multilaterales, ante la campaña internacional de desprestigio alentada contra España por el independentismo. Esta tarea se ha realizado con notable éxito y los diplomáticos la reivindicamos con legítimo orgullo.

COMUNICADO APIF SOBRE LOS ACUERDOS DE INVESTIDURA PSOE-JUNTS[*]
ASOCIACIÓN PROFESIONAL INDEPENDIENTE DE FISCALES

El acuerdo que acabamos de conocer entre el PSOE y Junts, celebrado en Bruselas, tiene varios aspectos que a la APIF le preocupan gravemente en cuanto a la vigencia de la Constitución y del Estado de Derecho.

1. Supone aceptar la intervención de un «mecanismo internacional» para verificar el proceso de seguimiento de los acuerdos, que se da en escenarios de Estados bajo sospecha, y desde luego, no en la Unión Europea.

2. Supone aceptar que se va a alcanzar la «normalidad política» a través de una Ley de Amnistía, que alcanzará las actividades delictivas derivadas de las consultas independentistas de 2014 y 2017. La amnistía supone una excepción al principio de responsabilidad penal por actos delictivos, básica en un Estado de Derecho democrático.

3. Supone además acudir a una negociación en la que Junts propondrá la celebración de un referéndum de autodeterminación, es decir, se va a discutir cómo sortear el artículo 2 de la Constitución española.

4. Se plantean las causas abiertas contra los responsables de los hechos amnistiados como el resultado de *lawfare* (o guerra jurídica) creándose comisiones de investigación que podrán dar lugar a acciones de responsabilidad, en un ataque insólito a la independencia del Poder Judicial. Esto lo firma el Partido Socialista. Esa medida que se acuerda supone lanzar una intolerable sombra de sospecha sobre la actuación —que la APIF respalda— de jueces,

---

[*] 9 de noviembre de 2023.

fiscales y fuerzas de seguridad del Estado, y una lamentable hipocresía por parte de aquellos que llevan politizando la cúpula de la Justicia española en su beneficio desde hace casi cuatro décadas.

5. Junts y PSOE acuerdan negociar como si representaran ellos a Catalunya y a España, cuando ni uno ni otro ostentan —ni mucho menos— tal representación. Además, Junts sostendrá en el Gobierno al PSOE, por lo que la posición de un negociador depende de la voluntad del otro.

6. El fiscal general permanece silente ante la amnistía y los ataques al trabajo de la Fiscalía, no vaya a ser que el nuevo Gobierno no le renueve en el cargo.

COMISIÓN EJECUTIVA DE LA APIF

Comunicado de la Unión Progresista de Fiscales [*]

La UPF quiere dejar claro ante la ciudadanía su confianza absoluta de nuestro Poder Judicial, que es neutral, independiente y, además, garante de la democracia española.

Por esta razón mostramos nuestro absoluto rechazo de las referencias al *lawfare* o judicialización de la política contenidas en el documento suscrito entre PSOE y Junts con objeto de la investidura. Entendemos inadmisible la posible creación de comisiones de investigación en sede parlamentaria sobre actuaciones judiciales, ya que pervertiría completamente el sistema constitucional de separación de poderes.

Los jueces y Tribunales están únicamente sometidos al imperio de la ley y sus resoluciones tan solo deben ser revisables por medio de los recursos jurisdiccionales legalmente previstos, sin que quepa supervisión alguna por ningún otro poder del Estado.

Unión Progresista de Fiscales

---

[*] 9 de noviembre de 2023.

Comunicado aprobado por unanimidad en el Consejo Directivo extraordinario de la Asociación de Abogados del Estado [*]

La Asociación de Abogados del Estado, ante la publicación, en el día de ayer, del acuerdo PSOE-Junts, quiere expresar lo siguiente:

1. Los Abogados del Estado defendimos el Estado de Derecho y la legalidad constitucional en la reacción del Estado frente a los graves acontecimientos sucedidos en Cataluña en el año 2017. La Asociación traslada su total reconocimiento y apoyo a todos los Abogados del Estado que han intervenido profesionalmente en todos los procesos, haciendo extensivo tal reconocimiento a los restantes empleados públicos que, con objetividad y abnegación, también garantizan la plena vigencia de la Constitución.

2. En consecuencia, rechazamos cualquier alusión al concepto *lawfare*, entendido como un uso alternativo del derecho, ajeno a las normas sustantivas y procesales que resultan de aplicación en cada caso. Expresamos nuestra solidaridad con los Jueces y Magistrados, quienes actúan con independencia, sometidos únicamente al imperio de la ley.

3. Expresamos nuestra gran preocupación por la ruptura de la separación de poderes y del principio de igualdad entre todos los españoles. El debilitamiento de las instituciones democráticas del Estado supone una inaceptable deslegitimación de las mismas que esta Asociación no puede compartir.

---

[*] 10 de noviembre de 2023.

Declaración institucional de la Junta de Gobierno del ICAM en Defensa del Estado de Derecho[*]

La Junta de Gobierno del ILUSTRE COLEGIO DE LA ABOGACÍA DE MADRID, en sesión extraordinaria de fecha 9 de noviembre de 2023, ha aprobado por unanimidad la siguiente declaración institucional:

En relación con el documento suscrito por el PSOE y Junts hecho público en el día de hoy, esta Junta de Gobierno, de conformidad con el artículo 3.1 de sus Estatutos y el artículo 1.5 del Estatuto General de la Abogacía Española, que le confieren la defensa del Estado social y democrático de derecho proclamado en la Constitución, desde la absoluta neutralidad institucional y pleno respeto a la pluralidad política, muestra su enorme preocupación por su contenido. Y, a tal efecto, MANIFIESTA:

1. La conformación de mayorías parlamentarias ha de estar supeditada siempre al principio de legalidad constitucional.
2. La separación de poderes, fundamento del Estado democrático, y sus mecanismos de control y contrapesos, imponen el pleno respeto y acatamiento a los tribunales de justicia y su función jurisdiccional.
3. El uso del término *lawfare* (instrumentalización de la justicia con fines políticos) referido a los juzgados y tribunales no tiene cabida en un Estado democrático. En consecuencia, es inaceptable la creación de comisiones parlamentarias de investigación que fiscalicen la actuación jurisdiccional.
4. La sumisión de los jueces a la ley y la independencia judicial constituyen un presupuesto del Estado de Derecho, que debe

---

[*] 9 de noviembre de 2023.

ser respetado y acatado por todos los actores públicos y privados, lo que exige un llamamiento a la responsabilidad.

5. La Constitución española y el Tratado de la Unión Europea rigen toda actuación, incluyendo la de los partidos políticos, debiendo ser no solo asumidos y aplicados, sino también defendidos por todos los poderes del Estado y la sociedad civil.

Por las razones expuestas, el ICAM, en cumplimiento de sus fines, ejercitará cuantas acciones sean procedentes en defensa del Estado de Derecho y la separación de poderes.

COMUNICADO DE LAS ASOCIACIONES DE LA GUARDIA CIVIL[*]

Las asociaciones representativas de la Guardia Civil quieren trasladar a la sociedad española nuestro absoluto respeto y defensa de la Constitución, el Estado de Derecho y la separación de poderes, junto con nuestra inquebrantable lealtad al rey.

Decálogo de la Guardia Civil, punto 2:
Defensa de España y de la Constitución: «Mi primer deber es defender a España, guardando y haciendo guardar la Constitución y las leyes, con lealtad al rey».

Tras tener conocimiento del documento suscrito en el día, 9 de noviembre de 2023 del acuerdo de la Ley de Amnistía, que contempla la posibilidad de establecer comisiones de investigación por parte del poder político sobre las actuaciones judiciales y por ende de las Fuerzas y Cuerpos de Seguridad en su calidad de Policía Judicial, mostrando nuestro rechazo a esta medida por tratarse de un ataque a la línea de flotación de la independencia judicial, la cual quebranta la separación de poderes, el pilar básico de un Estado de Derecho.

Los guardias civiles sentimos que estamos siendo utilizados como moneda de cambio en las negociaciones para formar Gobierno y esto tendrá graves consecuencias permanentes para la seguridad de los ciudadanos. La Guardia Civil ya perdía influencia y ahora se pretende que pierda competencias y se expulse a los guardias civiles y sus familias del País Vasco y Cataluña, cuestión que desde las asociaciones representativas de la Guardia Civil no estamos dispuestos a tolerar.

---

[*] 11 de noviembre de 2023.

Queremos expresar que habiendo conocido los acuerdos suscritos entre PSOE y las fuerzas independentistas para la investidura, observamos con gran preocupación como en los mismos se pretenden inyectar importantes cantidades económicas a las policías autonómicas, y se somete a la pérdida de competencias a la Guardia Civil.

Por lo anteriormente expuesto, en virtud de la Ley de Orgánica 2/86, de 13 de marzo, de Fuerzas y Cuerpos de Seguridad: «Se ejercerá su función con absoluto respeto a la Constitución y al resto del ordenamiento jurídico».

El Estado de Derecho está en serio peligro[*]
Letrados de la Administración de Justicia

Los letrados de la Administración de Justicia somos garantes del cumplimiento de principios esenciales de los procesos judiciales que tenemos bajo nuestra responsabilidad. Entre ellos destacan los que están reconocidos en el artículo 9 de la Constitución: el de legalidad, el de seguridad jurídica y el de igualdad.

Hasta que no se ha publicado en el día de hoy el texto que contiene el acuerdo entre las fuerzas políticas que pretenden gobernar España en los próximos años hemos mantenido un respetuoso silencio.

Hoy resulta evidente que el principio de legalidad, unido al Estado de Derecho reconocido ya en el artículo 1 de la Constitución, la seguridad jurídica y la igualdad de los ciudadanos españoles, están en serio peligro.

Ello enmarcado en un momento histórico de sucesiva erosión de la confianza en el Tribunal Constitucional, en el CGPJ, o en los Tribunales de Justicia, compromete a quienes ejercen el tercer poder del Estado, el que, precisamente, debe ser el encargado de la salvaguarda de los principios que ahora se ven limitados, cuestionando nuevamente su independencia con veladas amenazas. España no es ni puede convertirse en un régimen asambleario en el que los poderes Ejecutivo y Judicial están sometidos al Legislativo. Por el contrario, es una democracia occidental parlamentaria con división de poderes.

El compromiso con estos principios, junto al de la indisoluble unidad de la Nación española del artículo 2, o el avance hacia una diferente organización del Estado, pone de manifiesto que se está asumiendo una

---

[*] 9 de noviembre de 2023.

reforma constitucional encubierta, sin usar la vía que viene establecida en los artículos 166 y siguientes de la Constitución.

Por ello, entendemos que debemos manifestar públicamente la misma inquietud y el respaldo al comunicado publicado en el día de hoy por todas las asociaciones judiciales, al tiempo que exigimos respeto al Poder Judicial y a la Administración de Justicia en general.

Unión Progresista de Letrados de la Administración de Justicia[*]

Ante el pacto hecho público hoy por los partidos políticos PSOE y Junts, UPSJ expresa su preocupación por la previsión en dicho acuerdo de comisiones parlamentarias que revisarán la actuación de jueces y tribunales, y la deslegitimación de estos atribuyéndoles voluntad política y *lawfare* en su actuación.

El Estado de Derecho se fundamenta en la división de poderes y el respeto institucional entre ellos. Los jueces y magistrados son independientes y están sujetos a la ley. Sus resoluciones son susceptibles de los recursos legalmente previstos. Su señalamiento público no casa con la convivencia entre ciudadanos que sí entendemos necesaria.

Los Letrados de la Administración de Justicia, como parte integrante de los tribunales y garantes de los principios en los que se sustenta el proceso judicial, mostramos nuestro rechazo a cualquier intento de poner en duda la limpieza del mismo.

---

[*] 9 de noviembre de 2023.

Comunicado de la Comisión Permanente de los/las presidentes/as de Audiencias Provinciales en relación a las referencias al *lawfare* contenidas en el acuerdo suscrito por el **PSOE** y **Junts** [*]

La Comisión Permanente de los Presidentes y Presidentas de Audiencias Provinciales de España, ante el documento suscrito por PSOE y Junts para facilitar la investidura, y en línea con el acuerdo adoptado al respecto por la Comisión Permanente del Consejo General del Poder Judicial, en su reunión celebrada en fecha 9 de noviembre de 2023, quiere mostrar su más enérgico rechazo a la referencia efectuada en el documento pactado por los referidos partidos políticos al *lawfare* y judicialización de la política.

Nos adherimos al acuerdo adoptado por la Comisión Permanente del Consejo General del Poder Judicial tanto en lo relativo al rechazo de tal iniciativa como a su justificación para repudiar la misma ante el riesgo evidente de que se pretenda someter a revisión parlamentaria decisiones judiciales en una flagrante vulneración del principio de separación de poderes que constituye el pilar fundamental de nuestro Estado democrático y de Derecho.

Por último, mostramos nuestra sorpresa e indignación ante el documento en cuestión en la medida en que plantea serias dudas sobre la independencia del Poder Judicial en España, lo que supone alejarnos de manera irresponsable de una de las exigencias más importantes para formar parte de la Unión Europea.

---

[*] 10 de noviembre de 2023.

Inspectores de Hacienda del Estado ante los acuerdos de investidura del candidato a la presidencia del Gobierno de España[*]

La Asociación Profesional del Cuerpo Superior de Inspectores de Hacienda del Estado (IHE), como representante de un colectivo superior de funcionarios de la Administración General del Estado (AGE), en su obligación de defensa del interés general amparado en el artículo 103 de la Constitución, y en defensa del Estado de Derecho, al que están sometidos todos los ciudadanos,
MANIFIESTA:

Su RECHAZO frontal y absoluto a los acuerdos que se derivan de la negociación para una futura investidura del actual presidente del Gobierno de España.

Entre esos acuerdos, se vislumbra de manera clara y evidente la ruptura del régimen constitucional actual, en varias materias, entre las cuales se encuentra la materia financiera.

Bajo el reconocimiento de una singularidad histórica, que no queda amparada en nuestra norma fundamental, se reivindica la cesión del 100 % de los tributos que se pagan en Cataluña, exigiendo que el PSOE adopte las medidas que permitan la autonomía financiera y la revisión del actual modelo de financiación de dicha comunidad autónoma, que actualmente se recoge en la Ley Orgánica de Financiación de las Comunidades Autónomas (LOFCA).

La exigencia de la cesión del rendimiento podría implicar la cesión de todas las competencias, incluidas las que hoy ejerce la AEAT en Cataluña, por lo que nuestro colectivo se vería grave y directamente afectado, como lo estarán otros colectivos pertenecientes a otros cuerpos de la AGE.

---

[*] 9 de noviembre de 2023.

Esta situación implica, sin lugar a duda, la ruptura del principio de igualdad entre todos los españoles recogido en el artículo 14 de la Constitución, permitiendo la existencia, por la vía de hecho, de comunidades autónomas de primera y comunidades de segunda, así como la vulneración de la interdicción de la arbitrariedad de los poderes públicos, consagrada en el artículo 9 de la Carta Magna.

Lo anterior se produce en el marco de unos acuerdos que sirven de contrapartida a los votos que determinadas formaciones políticas le otorgarían al candidato con la finalidad de ser investido como presidente del Gobierno, por lo que conllevan, implícitamente, el abuso de poder y de las instituciones del Estado que tienen como único fin servir a los intereses generales de TODOS los españoles, y derivan en un trato de favor, sin ningún amparo legal, hacia una parte de los españoles que residen en un territorio de la Nación.

En consecuencia, desde IHE se hace un llamamiento URGENTE a la recuperación de la racionalidad, del sentido común, de los principios que inspiran nuestro régimen constitucional y de la búsqueda de consensos políticos estables que logren la unidad, se alejen de la confrontación y representen, en última instancia, a la gran mayoría de la Nación española.

En defensa del Estado de Derecho.[*] Sindicato de Inspectores de Trabajo y Seguridad Social

Desde el Sindicato de Inspectores de Trabajo y Seguridad Social, manifestamos nuestro rechazo frontal y absoluto a los acuerdos para una futura investidura del actual presidente de Gobierno de España.

La Administración Pública, de acuerdo con el artículo 103 de la Constitución española, sirve con objetividad los intereses generales, actuando con sometimiento pleno a la ley y al derecho, de ahí nuestro rechazo a un pacto de investidura que vulnera el principio de igualdad del artículo 14 de la Constitución española, un pacto que pretende eliminar la obligación que les encomienda el artículo 9.2 de la Constitución española a los poderes públicos, para promover que la libertad e igualdad del individuo sean reales y efectivas y, en definitiva, un pacto que vulnera la legalidad vigente y supone la ruptura del régimen constitucional actual.

La Constitución garantiza el principio de legalidad, la jerarquía normativa, la publicidad de las normas, la irretroactividad de las disposiciones sancionadoras no favorables o restrictivas de los derechos individuales, la seguridad jurídica, la responsabilidad y la interdicción de la arbitrariedad de los poderes públicos, principios todos ellos vulnerados por los actuales acuerdos presentados.

La historia de los funcionarios de carrera españoles es también la historia de nuestra Administración. La inamovilidad e independencia del personal al servicio de la Administración por quienes superan un riguroso proceso selectivo en el acceso a su puesto en plena igualdad y a salvo de servilismos políticos, es la mayor garantía democrática de los intereses políticos o partidistas. Sin embargo, llevamos tiempo alertan-

---

[*] 9 de noviembre de 2023.

do sobre el grave deterioro de la función pública y, por ende, del personal a su servicio.

En los próximos días se presentará una iniciativa legislativa con el fin de conceder la amnistía a aquellos que participaron en los acontecimientos acaecidos en Cataluña desde el 1 de octubre de 2017, hechos constitutivos de delitos graves según pronunciamiento de los Tribunales.

Dicha Ley de Amnistía pone, por tanto, en cuestión la labor de los jueces españoles que aplicaron las leyes ordinarias democráticamente elaboradas por el Poder Legislativo.

Desde el Sindicato de Inspectores de Trabajo y Seguridad Social, expresamos nuestro rechazo a una futura Ley de Amnistía en la medida en la que anule las decisiones dictadas por el poder judicial dentro de su autonomía e independencia, quebrando un principio esencial en democracia, como es el de la separación de poderes.

Los funcionarios públicos seguimos y seguiremos al servicio de la sociedad velando por el cumplimiento de la normativa, garantizando la imparcialidad en el ejercicio de nuestras funciones, sin que se produzca injerencia política alguna, al actuar como indica el artículo 103 antes citado de la Constitución, con sometimiento pleno a la ley y al derecho.

Declaración de la Asociación Profesional de Secretarios, Interventores y Tesoreros de Administración Local (Apistal) en defensa del Estado de Derecho[*]

Ante el posicionamiento y preocupación de otros cuerpos funcionariales que se están manifestando recientemente queremos dejar claro, como habilitados nacionales, nuestro compromiso con la Constitución, la ley y la democracia. Su defensa y cumplimiento son nuestra razón de ser, el fundamento de nuestra propia existencia y nuestra vocación, que hacemos visible a través de nuestro servicio público, que se debe al pueblo en general y a cada Ayuntamiento en el que prestamos servicios en particular.

En la base de nuestro Estado democrático y parlamentario se encuentran las Administraciones Locales, los Ayuntamientos y otras entidades, de diferente tamaño, forma jurídica o dimensión geográfica y de personal, pero todas ellas sujetas a un mismo orden superior: el de la Constitución. Los habilitados nacionales llevamos viendo con preocupación, desde hace años ya, una preocupante deriva de ataques más o menos disimulados a nuestra propia existencia desde instancias más bajas (incontables casos de acoso o *mobbing* a funcionarios que ejercen simplemente las funciones que les corresponden) hasta las más altas (cambios arbitrarios de criterio y solución en los sistemas de provisión y concurso, desprecio al régimen de selección por criterios de mérito, capacidad e igualdad, favorecimiento de nombramientos temporales de personas afines en detrimento de profesionales de la oposición ganada…).

Esta terrible tendencia parece estar recientemente alcanzando su culmen en la consideración de que todo es posible desde un asiento de elección política, desoyendo e ignorando las líneas rojas que nuestra

---

[*] 10 de noviembre de 2023.

norma fundamental, la Constitución, estableció en un momento histórico necesario y con gran esfuerzo y entendimiento entre las diferencias sensibilidades e inclinaciones ideológicas existentes en nuestro país.

Las normas existen para cumplirlas, se dictan para que obliguen a todos por igual, y la labor del servidor público es cumplirlas, velar por ese cumplimiento y la del Poder Judicial sancionar su incumplimiento. Igual. Para todos.

Una de las garantías de la defensa de la legalidad y de la observancia de la buena gestión económica en las Administraciones Locales, de ese velar por el cumplimiento de la norma, es la independencia en la prestación del servicio público, pues los funcionarios queremos y debemos estar ajenos a cualquier tipo de injerencia política; pero esta independencia no podemos tenerla solo por nuestro empeño y nuestra dedicación, sino también porque podamos ejercer nuestras funciones sin miedo a represalias políticas presentes o futuras, sin miedo a que nuestro trabajo y nuestro esfuerzo se vea evaluado en cualquier momento por conveniencias políticas.

Los funcionarios, a pesar de que una ya recalcitrante campaña de desprestigio pretenda convencer de lo contrario, somos la garantía del ciudadano ante el poder político, ante la arbitrariedad, la injusticia y la ilegalidad. El papel del habilitado nacional es crucial al nivel más cercano al ciudadano, atacar su independencia y que su actuación se deba solo y exclusivamente a la ley es atacar el derecho del ciudadano a una Administración independiente, justa, eficaz y servidora del interés público.

Como asociación, nos posicionamos en la defensa a ultranza del Estado de Derecho, de la separación de poderes, del derecho de todo a ciudadano a tener resortes que frenen el insaciable ansia de poder del estamento político.

Pedimos la reflexión serena y formada sobre los anuncios de actuaciones y futuras decisiones de hondo calado que pueden desequilibrar el Estado de Derecho y que tienen dudoso encaje en una democracia libre regida por el imperio de la ley.

MANIFIESTO EN DEFENSA DE LA IGUALDAD DE TODOS LOS ESPAÑOLES [*]

Hoy se escucha a los españoles con una sola voz desde las plazas de todo el país. Hoy **España es un clamor** por la igualdad, la dignidad, la justicia, la convivencia y la diversidad. En cada rincón de nuestro territorio decimos: «No al privilegio. No a la impunidad. **No a la amnistía**».

Somos una nación con siglos de historia que **nunca se ha callado ni se va a callar** ante la desigualdad y que siempre ha sabido sobreponerse a las dificultades. Lo hicimos también cuando el separatismo catalán dio un golpe a la Constitución y la convivencia, y lo volveremos a hacer ahora que lo vuelve a intentar liderado por aquel que debería ser el primero en impedirlo.

Hace 45 años los españoles aprobamos masivamente una Constitución con la que construimos una democracia de ciudadanos libres e iguales, asentada sobre la unidad y la pluralidad, con unos poderes públicos sometidos a la ley y el Estado de Derecho. **Nos convertimos en un ejemplo en todo el mundo**.

Y lo volveremos a ser con esta reacción firme y serena del pueblo español al ataque que sufren nuestra Carta Magna, la división de poderes y las bases mismas de nuestra democracia.

En esta ocasión, la amenaza se redobla porque **es el presidente del Gobierno el que, tras perder las elecciones y con la única intención de perpetuarse en el poder, se ha puesto al frente del movimiento independentista** que busca derrotar al Estado, buscando romper la igualdad entre los españoles, amordazando a jueces y fiscales y humillando a nuestro país.

---

[*] 11 de noviembre de 2023. Este es el manifiesto completo que se leyó en las concentraciones del domingo 12 de noviembre convocadas por el PP en todas las capitales de provincia para protestar contra el pacto del PSOE y Junts para la investidura de Pedro Sánchez.

Están vendiendo la libertad y la igualdad de los españoles y lo hacen como suelen hacerlo los delincuentes: a escondidas, ocultándose, engañando. La gobernabilidad de nuestro país se ha decidido fuera de nuestro país. **Se han ido fuera de España en su intento de destruir la democracia española**. No dan la cara.

Nosotros sí. No nos escondemos. No nos ponemos de rodillas ante los que odian la democracia. Tampoco nos vamos lejos, sino que **salimos a las calles y plazas de nuestra nación, orgullosos** de nuestra democracia, orgullosos de nuestros jueces, de nuestros policías, de nuestros ciudadanos, de nuestra Constitución. Orgullosos de España.

Estamos juntos, pese a que quieren dividirnos. Estamos ante un desafío a nuestra democracia que requiere la **reacción de los demócratas, sin distinción de ideología**. Aquellos que hoy miran a otro lado y no hacen nada, aun siendo conscientes de la gravedad del ataque, se arrepentirán en el futuro de haber sido cómplices con su pasividad en un momento clave de nuestra historia.

¿Queremos vivir en esa España rota y desigual que han pactado lejos de España? ¿Queremos una nación así para nuestros hijos? No. Queremos que **la libertad, la igualdad y la convivencia sigan marcando nuestro horizonte**.

Vamos a dar la batalla contra la impunidad. Lo haremos en las instituciones, en los Parlamentos, en los tribunales de justicia, en la Unión Europea y, sí, también en las calles. De forma pacífica, cívica y legítima. Como estamos haciendo hoy.

Frente a la desestabilización y el deterioro al que están sometiendo a las instituciones, nos comprometemos a fortalecerlas. **Frente al intento de acabar con la ley, nos comprometemos a garantizarla**.

Es hora de preguntarnos qué podemos hacer por nuestro país. Este es el camino. **La indignación que sentimos ha de convertirse en un clamor que se oiga en toda España** y llegue a todas las democracias amigas. Porque la democracia europea está en juego cuando la democracia española está en peligro.

Quieren nuestro silencio, pero van a tener una respuesta serena y firme. Tenemos la convicción de que la democracia española prevalecerá. Algún día la historia contará que España se puso en pie, con serenidad y firmeza, para decir basta y para defender la igualdad entre los españoles.

¡España no se rinde!